# ユダの謎解き

Judas:
Betrayer or Friend of
Jesus?

ウィリアム・クラッセン
William Klassen
森夏樹 訳

青土社

ユダの謎解き

# 目次

序　ユダはどんな人物として見られてきたのか　7
1　ユダの資料にはどんな特徴があるのか　25
2　「イスカリオテのユダ」という名の意味　57
3　ユダが行ったこと——伝統的な視点から見ると　83
4　密告者としてのユダ　123
5　マルコの目から見たユダ　151
6　マタイが描いたユダ　185
7　ルカの文書に登場するイスカリオテのユダ　219

8　第四福音書（ヨハネ）　257
9　ユダの死　301
10　神学者が見たイスカリオテのユダ　333
11　ユダヤ人学者のユダ観　369
エピローグ　ユダはこんな人物だった　385
ユダの自殺ノート　393
謝辞　401
原注　405
訳者あとがき　445
参考文献　viii
索引　i

ダーフィト・フルッサーへ

敵対する者にも神の許しをと祈った
あのユダヤ人を称えて

# ユダの謎解き

# 序　ユダはどんな人物として見られてきたのか

ユダはキリスト教世界では、これまでけっして周辺に置かれた二義的な人物ではなかった。彼はむしろ、主要な問題をわれわれに投げかけている。それは人間らしさとキリスト教徒らしさの問題だ。敵やよそ者に対してわれわれはどのように対処すべきなのか、そして、悪についてわれわれはどのように理解すべきなのかという問いかけである。

――ベルンハルト・ディークマン(1)

ナザレ時代のイエスの生活で、もっとも注目すべきもののひとつは、彼が自分の周辺に、何の変哲もないふつうの人々を集めて、共同体を作り上げていたそのやり方である。イエスの弟子として知られているこの人々は、のちのちまでイエスの記憶をいきいきと持ち続け、物語にして語ったり、文字で書き残したりした。イエスに追随した人々の中にいたのが十二人の使徒だが、この十二という数はイスラエルの十二支族を表していた。十二人の中でも、福音書記者たちがイエスの物語を語るとき、もっとも注目したのがペトロとユダである。「キリストの受難物語」は、イエスの最後の日々と十字架上の死を描いたものだが、この物語が福音書の核心をなしていることは大方の認めるところだ。そして、受難物語でも中心の位置を占めていたのがユダだった。キリスト逮捕のときに演じた役回りのために、ユダはそれ以後、あらゆる時代を通じていたるところで糾弾の的となった。

共観福音書（内容・叙述に共通点の多いマタイ、マルコ、ルカによる福音書をいう。以下略してマタイ、マルコ、ルカ）では、そのどれもがこぞってはじめの部分で、ユダを使徒のひとりとして紹介している。が、つねに彼は十二使徒の最後に名を連ねていた。(2) しかし、ここで重要なことは、イエスが弟子たちから選んで「使徒」(3) と名付けた中にユダがいたことである。他の十一人の使徒とともに、ユダはイエスによって、「そばに置くため、また、派遣して宣教させ、悪霊を追い出す権能を持たせるため」（マルコ三・一四―一五）に、さらには「あらゆる病気や患いをいやすため」（マタイ一〇・一）に、イエスのもとへと呼び寄せられた[4]。

ヨハネによる福音書（以下、略してヨハネ）は、六・五九―七一にいたるまで、ユダについては何ひとつ触れていない。六章ではある出来事が描かれている。それはイエスが宣教をはじめた頃のことで、場所はカペナウム（カファルナウム）。イエスはシナゴーグ（会堂）で次のような教えを垂れた。「人の子の肉を食べ、その血を飲まなければ、あなたたちの内に命はない」（六・五三）。イエスの言葉を聞くと、弟子たちの多くは「実にひどい話だ。だれが、こんな話を聞いていられようか」（六・六〇）といって彼に背を向けた。ガリラヤ湖の北岸にある小村カペナウムは、ペトロの故郷であり、おそらくはイエス自身の故郷でもあっただろう（マルコ二・一、一五）。この村でイエスの話を聞いた弟子たちは、その多くがイエスをさげすみの目で見ると、彼を拒否して去っていった。ヨハネ六・六四には、これらの「信じない者たち」をイエスが立ち去らせたと書いてある。

そのあとでヨハネは次のようなコメントを付け加えた。「イエスは最初から、信じない者たちがだれであるか、また、御自分を裏切る者がだれであるかを知っておられた」（六・六四）。さらにヨハネは、カペナウムでイエスのもとを去っていった信仰薄い者とユダを結びつけると、ユダに背信と変節の色合いを付けて彼を汚した。続けてヨハネは、イエスに次のようにいわせている。「あなたがた十二人は、わたしが選んだのではないか。ところが、その中の一人は悪魔だ」。ヨハネはここでイエスの言葉にふたたび説明を加えている。「イスカリオテのシモンの子ユダのことを言われたのである。このユダは、十二人の一人でありながら、イエスを裏切ろうとしていた」。他の福音書記者たちの中では、だれひとりとして、これほどおおっぴらにユダを悪魔呼ばわりした者はいない。そして、イエスの生涯のこんなにも早い時期に、悪魔の感化がユダに及んでいたと言明した者も、ヨハネ以外にはだれひとりいなかった。

この記述が歴史的な真実に基づいているかどうかについては、学者たちもおおむね懐疑的だ。ヨハネはこの話をある問題（それは、なぜイエスが、ユダの正体を知ることができなかったのかという問題）を解決しようとして使ったのだが（ヨハネはここで、イエスが宣教をはじめた時期に、すでにイエスはユダが悪魔に感化されていたことを知っていたという）、案に相違して、彼はもうひとつ別の問題を新たに作り出してしまった。それは、それならなぜ「悪魔」がかくも長い間、弟子たちの間で黙許され、寛容に扱われてきたのかという問題である。だいたい、悪魔を追い出す権能はイエスや弟子たちのお家芸だったはずなのだから。

すべての福音書がそろってユダを前面に押し出してくるのは、イエスの生涯が最後の週にさしかかったときである。ユダはここで次のように描かれている。ベタニアのマリアがイエスの足に高価な香油を塗りつけたのを見て、ユダは不満の意見を述べる（が、それは、マリアが自分の葬りの日のためにしてくれたことだとイエスはいう。このマリアの行為に不満を述べたのがユダだった、と名指しで言明しているのはヨハネ［一二・四―八］だけである）。続いて、ユダが最後の晩餐（過越祭の食事）に出た場面が描かれ、（共観福音書では）その前にユダは祭司長たちのもとへと出向き、イエスを引き渡す相談をした。

最後の晩餐の席でイエスは弟子たちに向かって、この中のだれかが私を裏切ろうとしているという。そして、はっきりといったわけではないが、それがユダであることをほのめかした。イエスはその人物の運命に警告を発するのだが、最終的には、ユダに向かって自分の使命を果たすようにと示唆する。ユダの使命とは、祭司長たちのところへいき、彼らが派遣する群衆を先導して、ゲッセマネで休んでいたイエスのもとへと向かい、彼らにイエスを引き渡すことである。ユダは祭司長たちにイエスの居場所を教え、その報酬として銀貨三〇枚を受け取った。オリーブ山麓の園（ゲッセマネ）までやってくると、ユダはイエスに近寄ってキスをし、逮捕するためにきた群衆に彼がイエスであることを知らせた。そして、彼を捕まえるようにと指示した。イエスは捕縛されると大祭司のもとへと連行されていった。

そのあともユダは、あきらかに、イエスへ降りかかった出来事のすべてを見届けていた。それが証拠には、イエスが大祭司の手からローマのユダヤ総督ピラト（ピラトゥス・ポンティウス）の手へと引き渡されたのを知ると、ユダは急いで神殿へ取って返す。後悔の念に駆られたユダは、自分はあやまちを犯してしまったと告げて、銀貨三〇枚を祭司長たちに返そうとした。が、祭司長たちは受け取りを拒否する。ユダは銀貨を神殿へ投げ入れると、首を吊って自殺した（マタイ二七・一―一〇）。ルカによれば、ユダは報酬で得た土地の地面にまっさかさまに落ち、体は裂けて、はらわたが出てしまい、無惨な死に方をしたという（使徒言行録一・一五―二二）。

以上が何世紀にもわたって語り継がれてきたユダの物語である。が、ここにはいくつか問題点があり、それがこの物語を静かに眠らせておくことを妨げていた。

1　なぜ、イエスは裏切り者を自分の弟子のひとりとして選んだのだろう。この選択は次のような形でじかにイエスにはね返ってくる。それはまず、ユダが弟子となった時点で、なぜイエスはユダを改心させることができなかったのかという点。次に、ユダに取り憑いたといわれている悪魔を、どうしてイエスは追い払うことができなかったのかという点である。

2　だいたい、ユダはなぜあんな行為をしたのだろう。そこには、どんな動機があったのだろう。もし「イエスを裏切った」という彼の行為が悪魔の仕業だったとしたら、なぜユダは、かくも長い間、イエスの感化を受けずにいることができたのだろう。

3　ユダの行為やその目的の中に、どんな学ぶべき教訓があるというのだろう。それはわれわれに、次のような点に注意をすべきだと忠告しているのだろうか。つまり、あれほどまでにイエスの近くにいたユダでさえも、離脱者となり裏切り者となりうる。それなら、彼に付き従っていた弟子たちはそのだれもが、ユダと同じような行動をいつ何時とるやもしれないということ。

4　ユダという人物の背後には、どんなシンボルが潜んでいるのだろう。それはまた、どんなイメージのものなのだろうか。ヨセフ（族長ヤコブの第十一子で、父に偏愛されたために兄たちの嫉妬を買い、奴隷に売られる。が、堅く信仰を守り、やがてエジプト全土の宰相となった〔創世記三〇・二二―二四、三七〕）をイシュマエル人に売ろうと提案したヨセフの兄ユダのイメージなのだろうか。あるいはまた、いまいましいユダヤ人のイメージなのか。そうではなく、主人のためならあらゆる危険を犯して悔いることのない、献身的な召使いのイメージなのだろうか。はたまたそれは、もっと世俗的な、単に金勘定を任された会計係のイメージなのだろうか。

5　たくさんの教会関係者たちに対してユダは、これまで、いったいどれくらい長い間、「スケープゴート」（身代わり）として奉仕し続けてきたのだろう。その昔ユダヤでは、毎年、贖罪の儀式が執り行われていた。贖罪の日になると一匹のヤギが選ばれる。それに祭司が、あらかじめ人々から聴聞したすべての罪を背負わせて荒野へと解き放った（スケープゴートとはもともと荒野へ放たれたこのヤギのこと）。こうして、人々の罪は永久に忘却の彼方へと追いやられたのである。それなら西方社会の人々は、ユダをスケープゴートに見立てて、自分たちの怒りや不安のすべてを彼にゆだねたのだろうか。そして、集団としての罪業意識から逃れるためにユダヤ人を苦しめ、彼らを殺したのだろうか。おそらくこの贖罪意識の中にこそ、ユダの物語をわれわれが読むことで、あるいは読み違えることで生じる難問が潜んでいるのかもしれない。そしてこの難問こそが、ユダの物語を再発見し、それが現代に投げかける意味を探ろうとするわれわれの試みを避けがたいものにしているのかもしれない。

カーク・ヒューズがユダの問題に取り組み、想像力に富んだエッセーを書いている。彼はエッセーの中で絵の額縁というアナロジーを用いた。[5]「ユダがイエスのフレーム（額縁）の役割を果たしている」という。キリストの受難物語でもユダは重要な位置にいて、最後の晩餐の場面では、ユダが大きな姿で前面に立ち現れてくる。そしてユダの物語が、「福音書で語られた最後の晩餐のストーリーの枠組みを構成している」という。ヒューズは、古代の教会の作者や中世の学者たち、それに現代の文学者や注釈者などの文章を巧みに取捨選択して引用しながら、「裏切り者」として見られてきたユダが、現代人にとって持つ意味について複雑な絵柄を描き出している。が、彼はまた、われわれの能力を研ぎ澄ますことにより、一歩退いて全体の中でユダをとらえ直すことを教えてくれる。ストーリーから少し身を引いて眺めてみると、実のところイエスもまた、ユダを引き立てる額縁の役割を果たしていることがわかるし、さらにはまた、それぞれの福音書記者たちもやはり、イエスと同じ役目を果たしていたことがわかる。

**最近のユダ像**

われわれの世紀をも含めて何世紀もの間、イスカリオテのユダは、教会関係者のみならずフォークロアや文化を扱う歴史家たちの間でも、もっとも多くの注目を集めてきた。[6]注目度という点では、十二使徒中いちばんといってもいいだろう。それは、イエスの生涯を扱った絵画[7]や文学[8]、それに音楽のジャンルにおいても同じことがいえる。こうした一連のジャンルで、もっとも強い関心を呼び、それを保持しているのは他ならぬユダなのだから。ユダの毛髪でさえ研究の対象とされたほどだ（それを赤だと主張する者もいた）。[9]その結果、描き出されたユダ像は驚くほどバラエティーに富んでいて、それぞれが独特なタイポロジー（予型論＝新約聖書中の出来事はすでに旧約聖書で予表されているとする説）とポートレートを生み出している。

## 悪人ユダ——裏切り者

ユダという名前はおおむね、「悪魔のような人」と同義に使われている。ときにユダは悪の典型として描かれた。それは偽善、貪欲、不実、忘恩、とりわけ裏切りといった形で現れる。[10] 彼の名前は「裏切り者」と等価なのである。ユダについて書かれたたくさんの書物を見ても、作者たちは、わざわざユダという名前を使う労を惜しんで、たいていは「裏切り者」という言葉ですませている。そのことがほのめかしているのは、ユダがイエスを裏切った行為が、彼を十二使徒の中で突出した存在にしていることだ。ユダの行為は人間の歴史の中でも、邪悪さの点で際立っていると作者たちは判断していた。[11] 最近の作者は、ユダのことを「キリスト教史において、もっとも悪名高い犯罪人」と呼んでいる。[12] また別の作者は、ユダが「キリスト教徒の意識の中では、もっとも忌むべき裏切りと、もっとも腹黒い背信行為を擬人化した人物」にされていると書いていた。[13]

イエスの逮捕に関わった行為を別にしても、ユダという名はひとつのシンボルとしてあまねくいきわたり、大きな意味を持っている。たとえば聖書について語るときですら、ヨハネ黙示録は「キリスト教の書物としては下位に属する、いわば新約聖書のユダ」[14] であるといったいい方をした。黙示録が作者のイメージした新約聖書の水準に達していなかったことから出た表現である。また碑文に「ユダの呪い」を記した石碑が少なくとも三つほど見つかっている。三世紀から四世紀のもので、ひとつはアルゴスに、他のふたつはアッティカにある。[15]

一九世紀の洞察に満ちた、しかし、アブのようなうるさ型の哲学者にゼーレン・キルケゴール（一八一三―五五）がいる。彼は大胆にも次のような発言をした。現代のユダの化身は、銀貨三〇枚を一時になどけっして受け取ろうとはしない。むしろ彼らは、神学教授の姿に身をやつし、一生を通じてたくさんの金をせしめては身の安全を図っているという。[16] さらにキルケゴールは次のように述べている。「ユダヤ人（ユダのことだ）はたかだか銀貨三〇枚で、イエス・キリストのような、とてつもない価値のある人物を売り渡そうとした（そんなふうに書かれている）。が、ユダヤ人の心中を推し量ってみると、どう考えても、それが歴史的事実かどうかを疑いたくなる。それはそうだろう。キリストといえば、世界にかつて存在しなかったほど大きな財貨を生み出そうという代物なのだから。巨万の富をもたらす財源をたかだか銀貨三〇枚で処分してしまうなど、とても考えられないことだ[17]」

ユダの体現していた悪がどれくらいのものだったのかを知るためには、ドイツの法律を見ればよい。そこでは、両親が子供にユダという名前を付けることが（サタンとともに）禁じられている。[18] もちろんそれは、子供の行く末を思ってのことだ。イエス以前に、何世紀にもわたってユダヤ人の間で愛されてきた「ヤフーダ」（ユダのヘブライ語読み）という名も、ユダヤ人の親たちは息子に付けることができない。このことは彼らにとって、かなり解決の困難なジレンマであるにちがいない。

ユダに対する関心はまた、次のような事実によっても支えられてきた。それは教会の歴史を通して、つねに、ユダの邪悪な性格に取り憑かれた人たちがいたことだ。取り憑かれたというよりわれわれにはむしろ、彼らがほくそ笑んでいるように感じられる。[19]

新約聖書の中で、ユダの登場する場面があまりに少ないことを考慮に入れると、それにもかかわらず、神学者たちがユダを悪魔のモデルと見なし、彼について膨大な量の著作を生み出している状況はまさに驚くべきことだ。そんな例のひとつがカール・ダウプである。ダウプはフリードリヒ・シュライエルマッハ（一七六八―一八三四。ドイツのプロテスタント神学者・哲学者）に次いで、「おそらくは、一九世紀はじめにドイツが生んだ、もっとも独創的な組織神学者」といわれている。ダウプにとってイエスの弟子ユダは、「善なるものの形而上的な対立概念を、人間の形で表わしたものに他ならず、それは早晩、神によって打ち負かされる運命にあった[20]」

ダウプは著書の冒頭から、ユダとイエスの根本的な差異を示そうと試みている。彼によると、イエスが全《まった》き善の具現化した存在であるのに対して、ユダは並ぶ者なき邪悪な存在だという。今までだれひとりとして、ユダのように邪悪になりえた者はいない。たしかに悪にはたくさんの形があるが、ユダが体現しているのは悪の極致である。アダムの子孫の中でも「ユダはその罪業がピークに達した唯一の存在だ。彼が持ち出してきた悪の面貌は、もっとも激しい嫌悪感を抱かせる、もっとも忌まわしいものだ。不実で愛の欠けた恩知らずの彼は、誠実と愛と感謝のシンボルであるキスをイエスに投げかけることによりイエスを裏切った[21]」

人間の歴史の中で悪徳が、これほどまでに厚かましい行為によって示された例はかつてなかった。しかもそれは、こともあろうに神の善なるもの、すなわち神の御子の面前で行われた。ユダの行為の極悪さを前にしては、他の弟子たちが行った所業、とりわけペトロが行ったことや、聖書に記されたいかなる罪業といえどもまったく影が薄い。それは当然で、ユダが裏切ったのは他ならぬ神の子だったのだから。ユダの後悔も結局は絶望の内に終わりを告げる[22]。そしてダウプは次のように結論づけた。イスカリオテのユダこそ、有罪の判決が下されてしかるべき唯一の人物である。それは彼が完全に無垢なるものを拒否したからだ。有罪の判決を妥当にするものは、ユダがあらかじめ承知していた数々の事実である。つまりユダは、イエスが完全に潔白であることを知っていた。彼は単に邪悪なことをしでかして罪を犯したのではない。完全に善なる人に対して、その人が善なることを知りながら邪悪な行為に走った。そのことにより彼は罪を犯してしまったのである。もはやユダにいいわけの余地は残されていない。むろん、後悔は不可能だ。彼は神の恩寵を受けることすらできないだろう。[23]

こうしてダウプは、ユダが自分のしていることに気がつかなかったという、ユダのための弁論に対して、あらかじめ防御を試みた。実際、彼の著書の重要な役目は、ユダを弁護しようとする人々を前にして、ひとまとめに彼らと対決しようとする点にあった。ダウプは自分の本の半分を、ユダのために語られたさまざまな弁明を記すことに費やした。[24]ユダを弁護するケースを巧みに並べ立て、とりわけ、ユダを人道にかなったものとし、進んでその証人になろうとする心理学者や釈義学者たちに対して強い関心を示したのである。対決の相手をとくに名指ししているわけではないが、彼が標的にしていた（少なくともいくぶんか狙いを定めていた）のがユダに対する新しいアプローチだった、と考えてよい理由はいたるところにある。[25]それはフリードリヒ・ゴットリープ・クロプシュトック（一七二四—一八〇三。ドイツの詩人）に導かれ、ゲーテ（一七四九—一八三二）などの詩人らによって支持されていた考え方だった。

## 救済の手段としてのユダ

たしかに教会の歴史の中には、これまでにも、ユダを悪魔とすることに異議を唱えた者がいた。たとえば三世紀に活躍した教父オリゲネス（一八五？—二五四？）。彼は議論に若干の誠実さを持ち込もうとして、四つの福音書の間に存在する差異を懸命になって見つけようとした。[26]

ユダに対する研究はまた、次のような確信によっても動機づけられた。それは、最近、ポーランドのカトリック学者が学術誌に書いていたように、たとえ、ユダの行為がどんなものだったとしても、「ユダが持つテーマは、救済という神の摂理にとっては重要だった[27]」という確信である。のちに本書の中で、とくに注目して取り上げることになる神学者にハラルト・ヴァグナーがいる。彼はイエスの行動をつぶさに調べ、そこに含まれている神の要素と人間の要素を整理した。そして彼が結論づけたことは、ユダが神の救済史に「決定的な」影響を及ぼしていることだ。というのも、ユダの行為から生じた出来事に、人類の救済はことごとく依拠しているからである。[28]

## 典型的なユダヤ人としてのユダ

そして最後に挙げられるのが、ユダと反ユダヤ主義をつなぐという邪悪極まりない連想だ。この主題は奥が深いので、ここではほんの少ししか触れることができない。が、もしこれ（ユダと反ユダヤ主義との結びつき）を説明するのに、イエスが十字架上で示した愛という無私の行為（イエスは人々の罪を償うために死んだ）が、これほどまでに悪魔的な副作用をともないかねないといった程度の理屈しか持ち出すことができないのなら、さらにいっそう持続した注意を、この主題に対して持ち続ける必要があるだろう。ユダと反ユダヤ主義とのつながりが、ユダヤ系学者たちのユダに対する強い関心を部分的にしろ説明するものであることに疑いの余地などないからだ（11章を参照のこと）。

## イエスの従者ユダ

当初から、ユダの持つもうひとつの面、それは信頼された弟子という側面だが、この側面をさかんに吹聴する人々もいた。彼らが強調したのは、ユダがイエスに喚ばれた弟子だったこと、そして彼が十二使徒のひとりに選ばれていたことだ。また、いい伝えによると、ユダは弟子たちのグループの会計係を務めていたという。そのことから考えると、イエスを取り巻く共同体の中で、ユダは仲間たちから尊敬や愛情とまではいかないにしても、持続した信頼を勝ち得ていたにちがいない。
小説家のドロシー・セイヤーズ（一八九七—一九五七。イギリスの探偵小説作家）は次のように結論づけている。「ひとつだけ確かなことがある。それは彼（ユダ）が、単純な頭の人たちがいい立てているような、卑屈で、こそこそと人に取り入るだけの、見下げはてた札つきの悪党などではけっしてないということだ。ユダに対する中傷はむしろ、イエスの知力と性格に向かって深甚な侮辱を投げつけることになる」[29]
ユダの福音書（初期キリスト教の外典）が作られたとされる二世紀からわれわれの時代に至るまで、ユダを擁護するために数多くの声が挙げられてきた。カトリック教会でも、大きな影響力を持っていたドミニコ修道会の説教者ヴィンツェンツ・フェレール（一三五〇—一四一九）は、一三九一年に行った説教の中で次のように述べている。

主人（イエス）を裏切り、売り渡したユダは、イエスが十字架にかけられることを知ると、心の底から後悔の念に駆られた。そして、何としてもイエスの近くへいき、みずから行った裏切りと売り渡しの行為について謝罪をしたいと思った。が、イエスはすでに大きな人波に伴われてゴルゴダの丘へと向かっている。ユダは、とてもイエスに近づくことなどできないと感じた。彼はつぶやいた。主人のもとへいけないのなら、仕方がない。自分は心の中でイエスのそばへいこう。そして心からイエスに許しを請おう。ユダはそれを実行した。ロープを手に取ると、それで首を吊って自殺した。彼の魂はそのまま、ゴルゴダの丘にいたキリストのもとへと直行する。そしてユダは許しを請い、キリストに受け入れられた。ユダの魂はキリストとともに天国へいって、選ばれた人々とともに神の救済を喜んだ。[30]

これはユダの物語を驚くほど大胆に改作したもので、その点については、ほとんど並ぶものがないほど孤立している。そのために、教会のリーダーたちからは異端の扱いを受けたが、一般の人々には暖かく迎えられた。(31)

近年、人気を博したロック・オペラに『ジーザス・クライスト・スーパースター』がある。これが先の説教で見たユダの言明と似た立場をはっきりと打ち出していた。ユダがいるのは神殿の高位聖職者たちが居並ぶ中である。

> 私があなたがたとここにいることを、イエスはちっとも気に留めてなんかいません。
> 自分が手にする報酬のことなんて、私は少しも考えたことなどありません。
> だいたい私は、自分から進んでここへきたわけではないのですから。

ユダの苦悩はイエスと交わしたドラマティックな対話の中に現れる。そしてそれに、彼の哀調を帯びた悲しげな告白が続く。「私はあの人をどのように愛すればよいのか、それがわからない」。そしてユダは、繰り返し問いかける。「あの人ははたして、私を愛してくれているのだろうか。だいたい、私のことを気に入ってくれているのだろうか」。オペラの作者であるティム・ライスとアンドリュー・ロイドが採用したのは、ヨハネによる福音書のモティーフだった。それは、イエスがユダを含めて彼の弟子たちを、終わりも終わり、最後のときまで愛し抜いたという記述だ（「イエスは、この世から父のもとへ移る御自分の時がきたことを悟り、世にいる弟子たちを愛して、この上なく愛し抜かれた」一三―一）。イエスは自分の愛情を示すために、召使いの格好をしてユダの足まで洗うのである。[32]

『ジーザス・クライスト・スーパースター』の台本はその七分の一がユダのせりふにあてられている。同じタイトルの映画の中では、復活を果たすのはユダの方で、イエスではなかった。実際、映画はユダにはじまり、ユダで終わっている。作者のティム・ライスも否定しているし、出所も怪しげな話なのだが、ロック・オペラには当初、『ユダの福音書』というタイトルがつけられていたという。が、タイトルは興行の成果を考慮して変更された。それは、キリスト教史上、究極の「負け犬」とされていたユダにくらべると、イエスの方がはるかに観客の共鳴を獲得しやすいという判断だった。[33] この話が真実かどうかはともかく、オペラのマーケティング戦略の方はみごとに成功を収めた。

『ジーザス・クライスト・スーパースター』の結末で、登場人物のユダは次のようなことを信じはじめる。自分はたしかに悪事をしでかした。が、実のところ自分は裏切りという悪事の実行犯ではなく、その犠牲者だったのではないか。

神よ。私はもううんざりだ。使われてばかりいたのだから。
あなたは終始ご存じだったはずだ。
神よ、なぜ、あなたが私にこの罪を犯させたのか、それが私にはわからない。
あなたは私を殺した。あなたが私を殺したのだ。

このような劇はもちろん、芸術家の想像力が作り出す、純粋に詩的な奔放さの表現である。したがって、同じ資料をもとにしていても、そこから、まったく逆のベクトルの独断的な表現が生み出されることもありうる。それは、ユダがイエスを裏切ったと断定し、なぜ彼はそんなことをしたのか、そして、その罪がなぜ許されざるものなのかを問い詰める劇となるだろう。が、神学者の方は芸術家のように想像力を駆使することはしない。それに独断的な見解を事実として差し出すこともしない。たとえばE・W・ヘングステンベルクは次のようにいったと引用されている。「ユダは永遠の断罪を受けているとわれわれが確実に承知している唯一の人物である」[34]。R・L・バリーはヨハネの六・七一と一三・二七を引用しながら、「キリスト教の伝統では、ユダは王国から確実に閉め出されたただひとりの人物だといわれている。それはユダが自殺を悔い改めなかったからだ」という（「ユダは、十二人の一人でありながら、イエスを裏切ろうとしていた」ヨハネ六・七一、「ユダがパン切れを受け取ると、サタンが彼の中に入った」ヨハネ一三・二七）[35]。

ダウプは次のようにいっている。「すべての人間の中でユダは、人々が永遠の断罪という判決を下すことのできる、そして、何としてもそれをしなくてはならない唯一の人物である」。あるいは、ユダの罪は「けっしてぬぐい去ることができないと考えてしかるべき、唯一の犯罪である」[36]。このようなダウプの断定に対して、はたしてわれわれはこれに代わるべき、どのような説明をすることができるのだろう。現代においてでさえユダはなお、イエスの死に対して責めを負うべきだと思われているし、ユダの自殺は、神が彼の行為に対して下した刑罰だと受けとめられている[37]。

このジレンマから脱出する道を、次のようなことをほのめかすことによって探っている人々もいる。それはユダが神殿にいる間に、祭司長の手下たちによって捕らえられたという想定だ[38]。ユダは彼らにイエスの居場所を教えるように強要され、イエスを捕まえるためにそこへ道案内せよと脅されたというのだ。むろんこれはまったくの想像にすぎない。が、これもまた、解決の非常に難しい歴史上の問題から、何とかして抜け出そうとするひとつの方便であったことは確かだ。

しかしそれにしても、なぜこれほどまでに人々は、ひとりの「邪悪な」人物に心惹かれるのだろう。それも、十一人の「善良な」人々（使徒たち）をないがしろにしてまで。が、この質問は、神学者たちの興味をいくぶんかはそそることがあっても、最終的には心理学者の手にゆだねられるべきものにちがいない。この時点でわれわれの注意を引くのは、聖書学者たちが責任を持って勤勉に研究し続けてきた課題である。それはイスカリオテのユダという歴史上の人物について、今の段階で比較的確信を持っていえることはいったい何かということだ。

この本が目指すところは、読者にユダに関する最近の研究成果を紹介すること、そして「ユダについて語ってはいけないこと」をいくつか推断して示すことだ。ユダをめぐる議論の中には、どこから見ても、われわれの利用可能な情報源の域をはるかに超えたものが含まれている。このような整理整頓作業を進めることによりはじめてわれわれは、ためらいがちにではあるが、ユダについていくつかの断定と主張を行うことができるのだと思う。

# 1

# ユダの資料にはどんな特徴があるのか

古代のギリシア・ローマ世界やユダヤ世界で見られるさまざまなタイプの伝記を調べたり、福音書と古代の伝記の相違点を研究した結果、多くの学者がこぞって主張していることは、福音書のジャンルが比較されてしかるべき唯一のテクストは伝記に他ならないということだ。……たしかに福音書には文学上のスタイルや語法の点でいくぶんか欠けるところはある。が、どこから見てもそれは伝記以外のものではありえない。

——W・フォアスター（1）

ユダについていえば、これまで、事実を探る試みがいくつかなされてきた。が、にもかかわらず、純粋に客観的な伝記は今なお存在していない。探索の困難のいくぶんかは、われわれの手にしている資料がことごとく偏りを持っていることからきている。だいたいわれわれが、古代世界に生きた歴史上の人物の姿を探っていこうとするとき、そこにある種の危険がつねにともなうことは否定しがたい。それは対象がソクラテスであれ、クレオパトラであれ、ヨセフス（三七／三八頃—一〇〇。ユダヤの歴史家・軍人）であれ同じである。もちろんそれがヘロディアス（紀元前一四？—紀元四〇？。ヘロデ・アンティパスの姪でその二番目の妻。サロメの母。洗礼者ヨハネを殺すよう画策した）であっても、ムソニウス・ルフス（三〇頃。ストア派の哲学者）であっても、クサンティッペ（ソクラテスの妻）であっても事情に変わりはない。そこではほとんどの作者が、実証的な事実の上に何かを付け加えたり、そこから何かを差し引いたりしているからだ。また、一世紀に生きたユダヤの歴史家ヨセフスとギリシアのソクラテスの場合では、人物の追求も非常に異なった形にならざるをえない。ヨセフスは自分自身について、おそろしいほどたくさんのことを書いているのに対して、ソクラテスはわれわれの知るかぎり、まったくといっていいほど、自分自身について書き残していないからだ。それではイエスはどうなのか。われわれの手もとに残されているのは、イエスを愛した人々や、イエスの思い出と教えをいきいきと持ち続けることで、彼に栄誉をもたらそうとした人々、そんな人たちによって書かれたものばかりである。

ユダについてわれわれが目にすることができるのは、時代が下るにつれて、悪人へと変質していくその過程だ。ユダはますます否定的な言葉で描かれていく。理由のひとつとして考えられるのは、ユダがイエスを取り囲む仲間たちの輪から出て、ふたたびその中へ立ち戻ることがなかったことだ。これは一般的にいえることだが、ひとつの大義を掲げた小さな集団のつねとして、グループを捨てて出ていった者を容易に許すことはしない。波風立てずに出ていった場合ですらそうである。残った者たちが脱退者の心中を憶測しようする際、持ち出してくる動機は、きまって悪意に満ちた光によって染め抜かれていた。

文書に書き記したり、口承で後世に伝える者たちがいる。彼らが「善良な」人物を描くときには、それに対比して「邪悪な」人物を配置することがきわめて効果的だった。たとえばソクラテスの妻のクサンティッペの例を見てみよう。彼女はもっとも早い時期に書かれた書物では、もの柔らかでやさしい女性に描かれていた。ところがどうだろう、プラトンがソクラテスを正義の人として描きはじめると、とたんにクサンティッペは口うるさいがみがみ女として登場しはじめ、ソクラテスを手ひどく悩ませることになる。こんなクサンティッペの肖像を裏付ける歴史的な証拠など何ひとつない。が、これがソクラテスをより立派な男性に見せるという目的に適っていたのである。実際は少し前まで、ソクラテスにはふたりの妻がいたといわれている。そしてこのふたりが、何とかして腹のすわった男になろうとするソクラテスの気力を、さかんによそへ「そらせて」いたということだった。(2)

したがって、古代の人々について語るときには、そこに織り込まれているさまざまな要素を、もう一度、点検し直してみることがどうしても必要となる。

さてここにふたつばかり、われわれが仕事を進めていく上で考慮すべき問題がある。ひとつは、紀元一世紀頃に書かれた伝記風の書物とは、いったいどんな性格を持っていたのかということだ。ユダヤ人の世界では、自伝を書いたヨセフスを除けば、現代風な意味で伝記を書いた者などひとりとしていなかった。(3) 現代の伝記が目指しているのは、彼または彼女を歴史の中に置き、その誕生から死にいたるまで、通常は主人公の生涯を年代順に物語っていくことだろう。さらにそこでは、主人公の風貌が描かれるのと同時に、彼または彼女の心理的な成長や知的な成長がつづられる。その上、現代の伝記作者が詳細に記述しようとするのは、描かれた人物の生涯に大きな影響を与えた外的な衝撃であったり、それとは逆に、今度は主人公が、自分の生きた時代の人々や事件に及ぼした深い影響である。記述に際して伝記作者がみずから律してしていることは、歴史的に見て検証が可能なこと、少なくとも読者に妥当と思われること以外はけっして書かないということだった。したがって、記述するのはもっぱら出来事に終始し、神話や信仰、あるいは伝承のたぐいにはいっさい手を出さない。厳密にいえば、現代の伝記は人物を褒めあげることもしないし、けなすこともしない。それはもっぱら読者がなるほどと納得できるような客観的事実を追求するものだった。

それとは対照的に古代の伝記作者は、神話作りこそ自分の役割だと見なしていた。それは共同体のヒーローを褒めたたえたり、それとは逆に共同体の悪党をこらしめ糾弾することである。それも永久に。つまり、伝記作者が求められたのは、共同体の行動を組織立ったものにするために、道徳上の目標をひとつ共同体へ指し示すことだった。したがって、ユダに関する資料でわれわれが利用できるものは（おもに四福音書だが）、おおむね、われわれが頭に描く伝記というより、むしろ、同時代の要求を反映したものとして見た方がいい。当時、ユダヤ人や非ユダヤ人たちが深甚な興味を持って見ていたのは、卓越した人々の生涯であり、作者（たとえば、『英雄伝』を書いたプルタルコスのような人）が著名な人物の特徴をどんなふうにとらえているのか、そのとらえ方だった。ルキアノスが書き記しているところによると、彼は伝記作者の仕事を、人物の持つおびただしい特徴から、「読者に、その人物の人となりについて」（『デモナクス』六七）伝えうるものを、ほんの少しだけ選んで書いてやることだという。とすると、この点に関していえばあきらかに、古代に「伝記」と目されていたものと、現代の伝記作者が目指すものとの間にある種のつながりが見てとれる。そこでタルバートは、この特徴に注目して次のような結論を下した。「早い時期に書かれた福音書と古代の伝記風な書き物との間に、少しでもつながりがあるとすれば、正典として認められた四つの福音書にもっとも類似したものとして、古代の『伝記』を持ち出してきたとしても、それはそれで、大方の賛同を得ることができるのではないか。そして、おそらくは、キリスト教の初期に作られた他の福音書についても正典と同じことがいえるだろう[4]」

## 四つの福音書

ふたつ目の問題点は、われわれが手にしているものが文字で記された四つの資料（四福音書）で、それらがたがいに何らかの関係を有しているということだ。新約聖書の四人の記者はそれぞれがユダについて述べている。彼らは各自でひとつずつ福音書を書いたわけだが、各記者の背後には、それぞれの共同体が控えていて、創造力に富む彼らは、その中に身を置きながら福音書を書いた。が、四人の内のだれひとりとして、イスカリオテのユダ本人を描こうとした者はいない。四人がそろって描こうとしたのは、イエスの死についてユダが演じた役割だった。イエスの受難劇の中で、ユダはほんの端役として登場したにすぎない。が、それにもかかわらず、福音書の記者たちはたくさんの言葉をユダに費やした。語数の点でユダにまさっている者といえば、わずかにペトロだけである。ユダに費やされた語数は、マルコで一六九、マタイで三〇九、ルカと使徒言行録とが合わせて二三三（ルカ福音書と使徒言行録はともにルカの書いたものといわれている）、ヨハネでは四八九だった。こまかなことは大目に見るとしても、単純にわれわれが見てとれるのは、第四福音書（ヨハネ）の記者が他の記者にくらべて、かなり強い興味をユダに抱いていたことだ。また、ユダに対する興味が強くなるにしたがって、ユダに向けられたあからさまな敵意もいちだんと激しさを増している。が、たとえそれを認めることが困難だとしても、早い時期に書かれたとされる福音書の記者たちが、中傷というあやまちを犯していることは簡単に見てとれるだろう。ロマーノ・グァルディーニがいっているように[5]、ヨハネが「ユダをひどく嫌っていたにちがいない」ことは、今ではだれもが認めていることなのだから。たしかに新約聖書学者の間では、中傷・悪口は人気のあるテーマだった。が、これまでのところ、ユダに向けられたヨハネの中傷について、学者たちはほとんど注意を払っていない。このテーマについては8章で改めて詳細に論じることにしたい。ユダにくらべてペトロは七倍に達するほどしばしば福音書の中で触れられている（登場する頻度はユダが二二回に対してペトロは一五四回）。が、にもかかわらず、その後の経過を見てみると、ユダの方が断然、作者たちの注目を集めていることがわかる。

## イエスと弟子たち

福音書を、今日われわれが手にする形に編纂した編者（福音書記者）たちにとって、イエスと弟子たちのグループとの関係は、ほとんど二次的な興味の対象でしかなかったようだ。編者たちが求めていたのは、あきらかに、イエス（福音書を書く頃には編者たちはみんな、イエスのことをメシア〔救世主〕だと主張するようになっていた）がどのようにして逮捕され、十字架刑に処せられ、そして死から甦ったのかを説明することだった。弟子たちがイエスの生涯で何らかの役割を果たしていたことは確かだったが、その役割は、イエス自身の使命を明らかにすることやそれを成就することとはほとんど関わりのないものだった。福音書が期せずして異口同音に述べているのは、ゲッセマネの園で深更、イエスが避けられぬ決断と必死になって格闘しているとき、それも知らぬげに、まったく安穏に眠りこけていた弟子たちの姿である。おそらく彼らは、過越祭が無事に終わりを迎えたことに安心しきっていたのだろう。

どの福音書でも、弟子たちはおそろしく愚鈍で役立たずの連中として描かれている。イエスがみずからの使命と信じるようになった事柄についても、彼らはその成就を目指してイエスを支えることとすらしていない。それどころか、イエスがエルサレムへ入り、死を迎えようとすることをなんとか思いとどまらせ、できればそれを阻止しようとさえ思っていた。弟子たちがもっぱら心に抱いていたのは、一刻も早く、「現実の」王国を手に入れることであり、王国実現の暁には、自分たちこそ王国でもっとも高い地位に就きたいという願望ばかりだった。イエスが王であることに弟子たちが疑いを抱いたという記述は、福音書中のどこを探しても見当たらない。彼らが持った疑いといえば次のようなものだった。王国ははたしていつ頃実現して、その姿を現わすのだろう。そしてそれはいったいどのような姿をしているのか。王国の中で自分たちはどんな地位に就くことができるのだろう。

それではユダは弟子たちの中で、いったいどのような場所に位置していたのだろう。おそらくは彼もまた、他の弟子たちといっしょになって、ゼベダイの息子のヤコブやヨハネを非難したにちがいない。イエスが王国を支配しはじめたときには、権力と地位を自分たちに与えてほしいとふたりはイエスに願い出ていた。その申し出に現れていた彼らの野卑な願望を、ユダもまた他の使徒といっしょになって譴責したことだろう。(6) が、それと同時に、四つの福音書がほのめかしているのは、ゼベダイのふたりの息子を除く十人の弟子たちが、王国の理解という点では、そろいもそろってゼベダイの息子たちと同じ考えを持っていたということだ。これは女性の弟子たちを別にすれば、十二使徒を除く大多数の弟子たちにも同じことがいえた。十人の使徒がゼベダイの息子たちに対して憤りを感じたのは、むろん彼らが、ふたりの無礼な申し出に反対したからだが、それとは別に、もしもふたりの要求をイエスが受け入れることにでもなれば、十人の使徒はたちまち置いてきぼりを食らうことになる、彼らの怒りはそんなあせりから出たものだった。手もとの資料からは、この十人がきたるべき王国について、ゼベダイの息子たちと違った考えを持っていたという事実はもちろんのこと、王国についてイエスがより詳細な話を十人に向かってしていたという事実も読みとれない。ともかくユダが、他の十人の使徒の「間に」位置していたことだけは確かだった。

われわれが歴史上のユダ像を探ろうとしても、資料は非常に限られているし、すべての資料はことごとく偏ったものばかりだ。したがって、当代もっとも尊敬を集めている新約聖書学者のひとりヨハネス・ヴァイスが、次のように結論づけるのももっともなことだった。「ユダ問題は、……あらゆる努力がなされたにもかかわらず、結局は解決が不可能だ。……正確な解答を見出すことなどできないからだ。ここでは空想を働かせるしか方法がない。したがってユダの問題は詩人の領域に入らざるをえない」[7]。ふたつの疑問が終始、ヴァイスの胸をよぎっていた。これほど長い間、イエスと行動をともにしてきたユダが、なぜあんな行動を取ったのだろう。そしてイエスはなぜあの男を選び、自分の仲間に入れ続けていたのだろう。

ヨゼフ・ブリンツラーはユダの出身地がユダヤ（古代パレスチナの南部。ユダ王国のあったところ）で、ガリラヤではなかったことに慰めを見出している。「ユダの性格が他の弟子たちと違っていたのは、彼の出身地に関係があるのではないか。これなら何とか理解することが可能かもしれない。さもなければ理解は不可能だ。暗くて邪悪なこの人物は、詩人のイマジネーションをもってしてもなお解明することのできない心理学上の謎を投げかけてくるばかりなのだから」[8]。同じような視点はマイケル・グラントによっても取られている。彼はユダがガリラヤ人でないために、「ガリラヤ人に共通する、この土地固有の忠誠心に欠けている」[9]と主張した。

ヴァイスの立場にはわれわれもいくらか同情することができる。が、それでもわれわれは、聖書の物語を研究する真摯な学徒として、その責務を放棄するわけにはいかない。まず第一に、資料の性格は何としても尊重されなくてはならない。したがって何はさておき、それぞれの福音書はそれを書いた記者の目的にそって読まれるべきだ。もちろん記者たちの書きっぷりは、ユダの側から出来事を語ることなどゆめ考えていないわけだから、その仕事は当然、小説家や劇作家、それに画家たちに託されるべき領域なのだろう。が、福音書記者たちにも彼らなりに実践しなくてはならない責務はあった。それはこれまで文字で書き記されたり、口づてに継承されてきた共同体の伝承をみずからの背に負いながら、イエスの物語を書き記さなくてはならないことである。彼らはいわば「共有の神学」の管理人といった役目を担っていた。記者たちはこの共有の神学を自分たちのあとからくる者に伝えたいと思った。が、彼らはまた、自分たちの属する共同体が現に直面している重大な問題に対しても、この神学が十分に対処しうるものでありたいと望んでいた。このようにして、共有の神学を守り、新たにそれを補強するために、福音書の記者たちは自分に必要な資料だけを選んでそれに接近した。資料には実際、文字で書かれたものもあれば、口承により伝達され、人々の記憶にゆだねられたものもある。したがって彼らにとって、今日でいう歴史を書くという作業は思ったほどたやすいものではなかったのである。

## 現代と比較してみると

事情は現代でも変わらない。ジョン・F・ケネディの暗殺のように世間を動転させた事件は、映像や写真や目撃者の証言などが繰り返し持ち出されてきては、調査に調査が重ねられる。作家のウィリアム・マンチェスターはほぼ三年の歳月を費やし、「一週間に一〇〇時間もの間」机に向かいながら、この悲劇の記録『大統領の死』を書き上げた。そうして彼が発見したことは、一年前のインタビューで目撃者が話したことが、一年後のインタビューではその内容をまったく異にしていることだった。[10] ことほどさように、暗殺の確かな記録を書くことは、マンチェスターにとってもたやすいことではなかった。殺人が起こったことについてはだれひとり疑う者はいない。が、だれがケネディ大統領を殺したのか、そしてなぜ大統領は殺されたのかという点になると、すべての人を納得させる説明はどこにも見つからなかったし、今もなおそれは見つかっていない。大統領の死に陰謀があったと信じる人々は、ダラス警察が、第一容疑者リー・ハーヴィー・オズワルドを尋問したときの記録をまったく残していなかったという驚くべき事実を挙げている。オズワルドはその数日後に銃で射殺された。[11] 陰謀説に加担しない人々もまた、有無をいわせぬ証拠を持ち出しては反論を試みた。

## 伝承の性格

ユダの場合を考えてみても、彼の歴史を語るときには同じような問題が生じる。ユダについて述べている四人の記者たち（マルコ、マタイ、ルカ、ヨハネ）には、はじめからユダ当人について書く意志などまったくなかった。四人は四人とも、イエスの死を描くことに全力を傾け、その一部としてユダを描いた。これはマルコやマタイにおいて（四つの福音書すべてに見られることだが）、ユダがまったく事件の周辺で動く人物とされていることからもわかる。それはあたかも神の手によって動かされている人間のようなのだ。

それではユダの役割はいったいどんなものだったのだろう。役割は各福音書記者によって異なっている。記者はそれぞれにはっきりとした目的を持って書いていた。まず何よりも彼らは、他の人々を説き伏せる宣教師として書いた。が、彼らはまた、自分が属するキリスト教の共同体を、昇天した歴史上のイエスに対してつねに忠実なものにとどめておきたいという気持ちで書いている。「伝承を作り上げてきたのは、文書係ではなく宣教師たちだった。そして福音書記者たちはその伝承を素材にして書いた」とマルティン・ディベリウス（一八八三―一九四七。ドイツのプロテスタント神学者。新約聖書研究の批判的方法をはじめたひとりで、福音書の背後の伝承に近づこうと試みた）[12]は述べている。

福音書記者たちがもっぱら試みている「伝承」（引き渡す hand on）という行為は、奇しくもユダの行った行為（イエスを祭司長たちに「引き渡した」こと）と同じである。この行為で注目すべきは、「伝承」という過程で福音書記者たちが、ユダやイエスに対してつねに忠実な態度で臨んでいたかどうかという点である。残念ながら、われわれが認めざるをえないのは、ユダの伝承を伝える人々が、イエスとユダの両人に対して必ずしも忠実ではなかったことだ。後代になるにしたがって伝承はユダを悪魔の姿に変え、イエスをいかにもだまされやすい人物へと変貌させていった。このようにして伝承はユダとイエスを裏切っていったのである。伝承を疑いの目で見た恩恵として、ユダとイエスにわれわれが与えることができる推断は以下の通りだ。つまり、マルコにおいてはユダに関する記述がもっとも少ない。これはマルコがユダを何ら変哲のないひとりの人物として描こうとしたからだろう。それにひきかえヨハネでは、ユダがあきらかに際立った性格を持つひとりの人物として登場してくる。たしかにそれは中心人物ではない。が、物語にある種の色合いをもたらす人物、イエスの劇にドラマチックな緊張感をもたらす人物として描かれている。

## 方法論を考察してみると

およそ二〇〇年ほど前に、フリードリヒ・シュライエルマッハは次のような主張をした。聖書の各記者には、自分の書いたものをそれぞれ別個に読んでもらう権利があるという。そうなればルカはルカとして読まれ、ルカの意図はそれなりに解読されるだろう。さらにルカの証言は、そのテクストがどれくらいマルコやマタイから外れているかを問われることなく、別個に扱われることになる。この原則は最近になってやっと、ユダに関する記述についても適応されるようになった。[13] オリゲネスは洞察力に富んだ方法論上の観察を試みたが、福音書の研究はこれまでおおむね対観的な方法（四福音書の平行本文を対照照合して一致点を見つける方法）で行われてきた。マルティン・ブーツァー（一四九一―一五五一）やジョン・カルヴァン（一五〇九―六四）、それにマルティン・ルター（一四八三―一五四六）など、宗教改革の時期に活躍した偉大な神学者たちは、四福音書を全部でひとつのものとして取り扱った。これが意味するところは、ユダに対する否定的で大げさに脚色されたヨハネの見方が、マルコの客観的な叙述を圧倒しつくしてしまったということだ。教会の初期の時代には、ヨハネこそがもっとも人気の高い福音書だったのである。

多くの学者たちは第四福音書(ヨハネ)のデータを使って、ユダを中傷した。カール・バルト(一八八六―一九六八。スイスのプロテスタント神学者)のように、もっぱらヨハネから引用する人もいた。ヨハネはたしかに、もっとも偏見に満ちた邪悪なユダ像を描いてみせた。が、それがのちのち規範となっていったのである。したがって他の福音書記者はもっぱらユダの真の姿を「軟化」させたとして非難の的にされた。

が、幸いなことに、このような非歴史的な資料の取り扱い方は徐々にすたれていく。それがもっとも顕著に現れたのは注釈者たちの間である。彼らはユダの行状に関する情報が欠如していることを、どのように説明すればよいのか途方に暮れてしまった。が、ユダ情報の収集のおかげで、ユダに対する偏見という罠を徐々に避けることができるようになった。

四福音書のユダ像に基づいてユダを研究しはじめた最初の学者は、私の記憶に間違いがなければ、一九三〇年に『ユダ』を書いたドナトゥス・ハウグだろう[14]。ハウグは四福音書の特徴を明らかにして、マルコの伝承がペトロに基づいたものにちがいないと想定した。そしてユダに関するマルコの描写を「十分に信頼するに足るもの[15]」と信じた。共観福音書は事実だけを提示したもので、そこに解釈は混入されていないというのである。「彼ら(共観福音書の記者たち)は客観的な歴史家であり、そのことは、ユダに対する神学的な考察をする際も何ら障碍となっていない」とした。さらにハウグはヨハネのユダ像もまた、共観福音書によって示された境界線を越えるものではないという見解を示した。「したがって、ヨハネがユダを貪欲な盗人として描くときでさえ、ヨハネの側にユダ本人を中傷する意図は見られない」[16]という。ヨハネには、仲間の使徒を邪悪なものとして告発しようという気などさらさらなかったというのだ。彼は単に、サタン（悪魔）の悪い影響に注意を促したにすぎない。それも「注意を喚起することにより、それが罪であることを明らかにしたいがためだった」

ハウグはヨハネの神学を、歴史家の前に立ちふさがる障碍物と見なしてはいなかった。ヨハネは「当初から、ユダの魂の最深部まで見通して、秘密をかぎ当てていた」[17]目撃証人だという。ハウグの結論はこうだ。ユダの物語に対するより古い時期の共観的、ペトロ的な見方と、それより新しいヨハネ的な見方は、ともに「歴史的に見て、十分に信頼のおける」ものだというのである。残念なことに、彼はヨハネによって報告されているカペナウムの出来事（六・五九―七一）もまた、歴史上の事実に相違ないとしている。が、これが真実だとすると、ユダの人物像は当初からゆがんだものだったということになってしまう。ユダは以降、長年の間、偽善的な行動をしていたという結論に研究者たちは到達せざるをえなくなるからだ。[18]

ハウグの仕事は、たとえその結果が再考を余儀なくさせるものであったとしても、先駆けとして果たした役割は重要だった。われわれは今日、もはや福音書の歴史的信憑性について、不注意に話すことなどできなくなっている。それに、ユダに対するヨハネの中傷にしても、何ら疑問を投げかけることなく丸ごと鵜呑みにして信じ込むことは、たしかに今では不可能になってしまった。

## スケープゴートとしてのユダ

しかし、ユダのストーリーを読み解いていく上でもっとも困難な問題は、実は福音書の偏向性ではなかった。それはむしろ、ユダに対して存在する強烈な嫌悪感である。憎悪とまではいわないが、それはなお数世紀にわたって集積されてきた感情で、主として、ユダをスケープゴートに仕立て上げる形で集中的に示されてきた。

もともと「スケープゴート」という言葉は、ウィリアム・ティンダル（一四九四頃―一五三六。イングランドの聖書翻訳者）がレビ記（一六・八、一〇、二六）を英訳したときに英語に持ち込まれたものだった（「アロンは二匹の雄山羊《おやぎ》についてくじを引き、一匹を主のもの、他の一匹をアザゼルのものと決める」一六・八、「くじでアザゼルのものに決まった雄山羊は、生きたまま主の御前《みまえ》に留めておき、贖《あがな》いの儀式を行い、荒れ野のアザゼルのもとへ追いやるためのものとする」一六・一〇、「アザゼルのための雄山羊を引いて行った者は、衣服を洗い、身を洗って後、初めて宿営に戻ることができる」一六・二六）。彼はヘブライ語の「アザゼル」（贖罪式に放たれたヤギを受け取る荒野の魔物）を描写するくだりで、「くじで追いやることに決まったヤギ」（the goote on which the lotte fell to scape）といういい回しを使った。これがスケープゴートの語源である。現代の聖書訳[19]では「スケープゴート」という言葉は使われず、ヘブライ語の原語通り、言葉の意味を取って、そのままに訳されている（新英訳聖書）[20]。が、この言葉が表現している、人々を非難したり罰したりするときに、他の人々の罪までその人々に押しつけるという行為自体は、非常に古くから見られたもので、たとえ聖書の中からスケープゴートという言葉を排除しても、それで終わりを告げるようなものではなかった。たしかにスケープゴートとしてのユダは、長い期間にわたって民間の伝承の上で、あるいは文学上さまざまな形[21]をなして繰り返し登場することになる。ユダを「野に逃れたヤギ」としてはっきり示したものとしては、二七九―三〇三年頃に活躍したシリアのキュリロスまで遡ることができる（三三七ページを参照）。

われわれの時代では、ルネ・ジラール（一九二三―）がスケープゴート現象を分析して斬新な刺激を提示している。とりわけジラールは、聖書に書かれたスケープゴートの記載、それにイエスの死に見られる暴力的ないけにえの側面などについて論じた。不思議なことにジラールの議論には、ユダがまったく登場してこないのだが、彼の論はプロテスタントの思想家より、むしろカトリックの思想家に影響を及ぼした。[22]ジラールを研究したライムント・シュヴァーガーの論文にはユダの名前が頻出する。シュヴァーガーはユダが、彼のいう「エルサレムの精神」（結局はこれがイエスを殺すもとになった）にとらえられてしまったことを非難した。そして、ユダの裏切り行為を、それがイエスを不意にとらえて死に至らしめた決定的な行為だったとしてユダを糾弾した。シュヴァーガーの議論でもっとも重要だったのは、彼が福音書の見方を次のように感じとったことだ。彼によると、イエスの死については、一般の人々があれやこれやと積極的に加担し、これを押し進めた。そしてこの人々の存在は民衆そのものを象徴するものだった。そんなふうに福音書には書かれているというのだ。シュヴァーガーは民衆の行為を、人間が本来持つ性格によって引き起こされたものだとした。[23]

これとはまったく違う方向から、スケープゴートを研究した人にロバート・ハマートン・ケリーがいる。彼はマルコを調べはじめたのだが、それはイエスが、神殿の支配層の暴力に対する身代わりになったという視点から論じたものだった。祭司たちは「ユダを通して」新しいスケープゴート（イエス）を買った。その結果、キリスト教徒たちにとってイエスは、すべてのスケープゴートの終わりを意味するものになったという。[24]

初期のキリスト教会が、何ゆえにユダの物語を重要視したのかという点については、マーガレット・プラスが、第一次大戦直後に鋭い観察を行っている。ユダのストーリーの中に見られる反省や警告の要素を、ユダ物語の価値として指摘したあとで彼女は、ユダの物語が埋めていたあるひとつの空隙について語っている。

　ユダのストーリーに出会った人々が心に留めておかなければならないものとして、もうひとつ実際的な宗教上の要求がある。それは憎悪という心理的な要求だった。少なからぬ人々にとって、憎悪はもっとも好ましいものだったし、おそらくは、彼らが自分たちの主に対する愛を示すことのできる唯一の形だったのかもしれない。多くの人々はなお、イエスを裏切った者、そしてイエスに敵対した者に対しては、褒むべき憎悪を奮い起こすことができた。キリスト教徒がイエスから要求されたことは、柔和であること、心の清浄さを失わないこと、つねに和平を心がけることだった。が、彼らは、主が自分たちに求めた態度を持して主に従いながらもなお、主への愛を自分たちの行為の中で示すことは難しいと思った。そしてそう思いつつ、一方では、主の敵対者に対して憎悪の念を奮い立たせることはできた。[25]

　彼女が挙げたイエスの要求に、われわれはたしかに、敵を愛するようにというもうひとつの勧告を付け加えることができる。が、何百万というキリスト教徒たちは、敵を愛せというイエスのいいつけに従うことはできなかった。敵は敵でも、その中には、当然ユダも含まれていたわけだから。ここでひとつの例として、われわれはアブラハム・サンタ・クララについて考えてみよう。

## 説教師アブラハム・サンタ・クララ

今でもはっきりと覚えているのだが、あれは一九九一年の夏だった。私はチュービンゲン大学の図書館でアブラハム・サンタ・クララ(一六四四—一七〇九)の説教を読んでいた。彼は一七世紀後半に活躍した、ドイツのアウグスティヌス会修士。説教師・風刺家として知られ、ウィーンの宮廷説教師だった。もっとも才能豊かなオーストリア教会所属の説教者のひとりだった[26]。ある歴史家(R・A・カン)は「すべての時代を通じて、もっとも強いインパクトを与えた作者であり、説教者のひとり[27]」だと書いている。フリードリヒ・シラーは彼について次のように書いた。「すばらしい独創性の持ち主で、われわれの尊敬に十分に値する男だ。彼の持つ気ちがいじみた才気に近づいたり、それを凌駕しようとすることは、とても興味深いことだが、容易な仕事ではない[28]」。彼の影響力が強かったのはドイツの宗教界だが、それは部分的には、彼が「ウィット(機知)と陽気さ、それにエンターテインメントの要素を持ち込み、次の何十年間というもの、バイエルンとオーストリアの宗教界で確固たる地位を占めたためだった[29]」。カンはまた次のように述べている。「一八世紀初めから一九世紀の後半にかけて、ドイツ・オーストリアでは、だれひとりとして、アブラハムのように手慣れた手つきで、大衆へのアピールという複雑な操作を行った者はいなかった。……だれひとりとして……彼が立っていた立場、それは都市に住むロワーミドルクラス(下層階級と中産階級の中間の社会階級。商店主や下級公務員などがその構成員)の感情(彼らは自分たちの宗教的伝統、政治的伝統を忠実に保持していた)を代弁する立場だが、その位置へ近づいた者はいなかった。それに遠くからでさえ、彼を望める場所に近寄った者もいなかったのである[30]」

一〇年以上にもわたってサンタ・クララはユダに取り憑かれていた。実際、丸一年間というもの、日曜日毎に、彼はユダについて説教をし続けた。おそらくもっと正確にいえば、ユダについて攻撃をし続けたといった方がいいかもしれない。サンタ・クララは信者たちに、ユダの母親はあまりに人の噂話をしすぎたといっては警告を発した。それを聞いた信者たちは、自分の子供をもうひとりのユダにしないために、彼の忠告を心に刻まざるをえなかった。

だらだらと際限もなく続く彼の説教は、ユダの肉体のすべての部位を呪う言葉で終わった。それはユダの赤毛にはじまり、足の爪先にまで及んだ。これほど才能に恵まれた説教者の彼が、何ゆえに精魂を傾けて、流麗な語り口で、呪阻の言葉をユダに投げつけなくてはならなかったのだろう。しかも、イエスが一度たりとも叱ることのなかった弟子のユダに対して。(31) また、才能もありながら、あやまって導かれたこの説教者は、イエスの弟子のひとりに向かって、情熱を傾け毒気を含む言葉を浴びせかけるとき、それと同時に、どんなふうにしてイエスのやさしい福音を胸に抱くことができたのだろう。彼の頭に一度くらい、次のような考えがひらめくことはなかったのだろうか。つまりそれは、ユダもまた神とメシア、両方の召使いだったという可能性はないのか、そのためにユダは、イエスをユダヤ当局へ引き渡したのではなかったのかという考えだ。

あの夏の日の数時間、私をアブラハム・サンタ・クララに釘づけにさせたものはいったい何だったのだろう。それはたしかにユダに対する関心だったかもしれない。が、その関心はむしろ、ただの関心を越えて、修道士、宮廷の説教者として仕えたサンタ・クララと私の双方が、ユダのいた弟子たちの共同体にふたりながらいるという妄想にまで達していたのではないだろうか。それは信義と希望と愛を旨とする弟子たちの集団である。われわれふたりはイエスの弟子であることの意味を見つけようとしていた。同じ師に仕える弟子であることの意味。が、表面に現れたアブラハム・サンタ・クララと私の考えがまったく違うのは、はじめから明らかなことだった。が、それなら、われわれに共通した基盤ははたしてどこにあったのだろう。そしてどんな論拠をもとに、私は彼と違った結論に達したのだろう。本書の文脈を考える上で、こうした疑問に対する答えを求めていくことは大いに役立った。

サンタ・クララが立っていたのが、非常に強力なユダ伝承の中だったことはまちがいない。彼が占めていた位置はおおよそのところ、オーストリアと西ヨーロッパの文化的遺産の一部といってよいだろう。ユダが徐々に悪人視されていくことが、これほどまでに成功を収めた理由として、そのひとつに、ユダを描く作者の卓越した文学的技量を挙げることができる。それは第四福音書からして明らかなことだった。が、ユダにまつわる敵対的な伝承の執拗さは、その大部分を以下のふたつの文献に負っていると見てよいだろう。

1 『福音の歌』(カルメン・パスカーレ)。五世紀のはじめ(少なくとも四三一年以前)にカエリウス・セドゥリウスによって書かれた福音叙事詩。キリスト教徒たちに、福音書のストーリーを美しいラテン語の詩形で紹介したもの。それもこれも、キリスト教徒たちが異端作者の書いたものを読まなくてすむようにという心づもりから書かれたものだった。この叙事詩はほとんど一三世紀の長きにわたって、教養あるキリスト教徒たちの感じ方に大きな影響を及ぼし続けた。

セドゥリウスが他のだれよりも、ユダの否定的な肖像を作り上げたことに責任があったことは、大いに首肯しうるところだ。とりわけ教養のある人々(神学者や聖職者たちだ)の中へと彼のユダ像は浸透していった。「『福音の歌』は中世の時代を通じて、必読とされた学校の教材だった。そして、ラテン語を学ぶ人々にとってはインスピレーションの源泉となり、いわば日常読まれる聖書の叙事詩として伝えられ、それは一七世紀にまで及んだ。……この作品は何世紀にもわたってヨーロッパの読者が、読む価値のあるものとして認めてきたものだった」と、ある現代の叙事詩研究者は書いている。

セドゥリウスはユダに共感して、いくらか穏和な表現をするということはまったくなかった。彼のもっとも長い「挿入」はユダについて書かれていたが、そこでセドゥリウスがユダに向けて投げつけた呪いの言葉は、前例のないほど痛烈なものだった。しかし、それがのちの作者たちに表現の手本を示すことになった。セドゥリウスはもっともすぐれたキリスト教作者と呼ばれていたのだが、その彼がユダを糾弾した情熱、そして、彼がユダに向かって投げつけた告発の言葉は、いずれも歴史的な根拠をはるかに越えていた。[32] そのために、彼の悪罵は歴史的な見地からいっても当然否定されるべきものだったし、したがって、道徳的な見地から見ても拒絶されてしかるべきものだった。とりわけ叙事詩作者がふだん公言していたのは、彼らがつねに真実を語ることだったわけだから。[33] セドゥリウスの作品とユダの悪評との関係は、あきらかにそれ以前は注目されることなどなかった。が、そのことが示しているのは、伝承がいかに効力を発揮するものなのかということだ。ある人物の行動を人々が理解できないとき、その人物について語られた物語ほど人々を魅了するものはないからだ。このような人物を扱う伝統的なやり方は、きまって彼らを悪魔としてとらえることだった。こんなふうに、何ひとつ根拠のない物語の中に中傷という要素が潜んでいることを、われわれもまた心に留めておくべきではないだろうか。

2 『黄金伝説』（レゲンダ・アウレア）。ドミニコ会修道士ヤコブ・デ・ウォラギネ（一二三〇―一九八）によってはじめて収集された出所の不確かな物語集。この集成は一四、五世紀以降、広汎に流布しはじめた。『福音の歌』が教養のある人々に向けて書かれたものとすると、この集成は教養に乏しい一般人に向けて書かれていた。それは「中世の知的な生活のすべてを包み込んでいた」。そして、ある作者によると、この集成は西洋においてもっとも人気のある啓発の書であったという。[34]

一八世紀の啓蒙時代以降、ユダが教会でこうむった悪評を何とかしてくつがえそうという試みがなされてきた。サンタ・クララのあと、六〇年ほどしてフリードリヒ・ゴットリープ・クロプシュトック[35]が、叙事詩『メシア（救世主）』を書いた。その中でクロプシュトックは、ユダをひとりの人間としてとらえ、イエスの手を取り導いて、「長い間待ち焦がれた王国を建てるための第一歩を踏み出させた」人物として描いた。クロプシュトックはたくさんの人々に影響を及ぼしたのだが、中でも有名なのはゲーテだった。こうして彼は、イエスとユダに対する伝統的な見方にある断絶と変化をもたらした。

ドイツの作者たちとトマス・ド・クインシー（一七八五―一八五九。イギリスの随筆家・批評家）の間には、ある直接的なつながりが存在した。一九世紀のイギリス文壇にドイツの作者たちの作品を持ち込み、紹介したのは他ならぬド・クインシーだった。彼がユダについて書いたものには、次のような仮説がすでにはっきりとした形で述べられている。そしてそれは、しばらく前からすでにドイツでは知られていたものだった。「彼（ユダ）について、われわれが伝統的に受け継いでいる事実に関していうと、たったひとつの事柄だけではなく、すべての事柄がいつわりであると思わなくてはいけない。彼が抱いた動機も、あるいは彼の心を領していた衝動も、そのすべてが、卑しい彼の裏切りの気持ちで染め抜かれていたなどとけっしていうことはできない。それは彼の強い後悔から推測してもおそらく確かなことだろう[36]」。むしろ、イエスの遠大な計画は、イエス自身の性格のために、なかなか実行することができないでいたのだという。ド・クインシーはイエスについて、次のように書いていた。「イエスは思索のための才能という点では卓越したものを持ち、他に抜きん出るほど恵まれていたのだが、シェイクスピアの偉大な創造物であるハムレット王子と同様、卓越した思索にふさわしい行動へと向かう才能、緊急時にものごとを処理する能力には恵まれていなかった[37]」。そのためにユダは、イエスに必要なのは「外部からの働きかけによって、いやおうなく行動へと駆り立てられること」だと思った。ただ、彼の誤算は、仲間の弟子たちと共有していた精神上の盲目さからきていた。彼は単に出しゃばりだったために、仲間を追い越してイエスに働きかけただけだった。

ド・クインシーは、ユダの行為が背信から出たものではなく、イエスと彼の王国を信じたことによって行われたものだという。そしてこの修正を非常に重要なものと見なしていた。ド・クインシーはまた次のようにもいっている。「肝要なのは、長い間、人間の博愛の心から引き離され、社会からのけ者にされてきた人物を、たとえそれがどんな人物でも、キリスト教の寛容の中で甦らせること。人間が経験したもっとも大きな、そして忘れることのできない悲劇の中で、ユダは傑出した人物だった。……イスカリオテの犯した罪はたしかに大きなものだった、……が、それはキリストの目標を一歩前へと押し進めたものでもあった。……それも中心人物（キリスト）との完全な不和という形を取りながら。われわれが判断しうるかぎりでは、ユダの試みは何よりもまず、神の勧告を前進させたということだろう。みずから闇の夜という借り物のよろいを身にまといながら[38]」

「邪悪なユダ」という伝統的な見方に、公然と反抗の姿勢を見せたのは、何も教育を受けた教養ある人々に限ったことではなかった。ここに一六世紀に書かれた美しい聖歌がある。庶民の敬神の心が純粋な福音の言葉を紡ぎ出している。


ああ、それはわれわれが犯した罪であり、ゆゆしい破戒だった。

神の真の御子キリストを十字架に釘打ちしたことだ。

このことで、哀れなユダをひどくののしるのはやめよう。

ユダヤ人の仲間を責めるのはよそう。罰せられるべきはわれわれなのだから。[39]

私は本書で、神学者たちがユダに押しつけたもののすべてを正そうとしたわけではない。目標はそれよりずっと穏やかなものだ。神学者たちがたとえ何といったにしても、一般の人々は自分たちの良識にしたがって、あるいは福音との強い絆によって、ユダのためにしかるべき場所を取っておいた。右に引用した聖歌に加えて、もうひとつ、次の歌詞をお読みいただきたい。これはアフリカ系アメリカ人の奴隷が歌っていた唄からとったもの。

お前が天国へいったら、
あのかわいそうなユダの頭を撫でておやり。

この歌詞を構成しているものについては、さらなる調査と考察が必要となるだろう。が、ともかくここでいえることは、黒人奴隷たち（少なくともこの歌詞を作った奴隷たち）が天国にいけば、彼らはユダに会えると思っていたことだ。それはまた、ただ懲罰だけしか待っていない裏切り者という悪役の中へ、ユダを投げ込むことを拒否しているということでもあった。それはむしろ、彼を抑圧された者たちの間に置くことであり、当然慰謝を受けてしかるべき人々の中に場所を占めさせることだった。とりわけ、この詩句が語っているのは思いやりだ。そしてそれは、そのまま福音の核心へと通じるものだったのである。(40)

ベルンハルト・ディークマンはユダに言及して、彼こそわれわれがキリスト教や教会を理解する上で鍵となる人物だといっている。(41) また、ディークマンにとって、われわれがユダを理解しようとするとき、決め手となるのは弟子たちの不信仰だともいう。(42) ディークマンはさらに、伝統的なユダ像がことごとく、新約聖書の独自な解釈に見合うようにこしらえられたものであることを認めた。したがって、この伝統的なユダ像に対する批判もすべて新約聖書に結びついたものでなくてはならず、実際、それに基づいた批判でなくてはならないという。新約聖書は従来のユダ像とは異なる解釈を許すばかりでなく、むしろそれを要求しさえしていると彼はほのめかしている。(43)

今、必要とされるのは、ユダの物語を聖書学的に、また神学的に作り直すことである。これはおそらく、非常に複雑な作業になるにちがいない。それぞれの福音書が、ユダによって何を主張しようとしているのか、それを考え直すことからはじめなくてはならないからだ。各福音書の神学という文脈の中でユダをとらえること。ユダが今日どのようにして受け入れられることが可能かを問う前に、まず福音書にそってユダを考えることが肝要だとディークマンはいう。(44) この分野については、基本的な作業がすでにはじめられている。作業はそのほとんどがドイツで行われていた。が、たしかに着手はされてはいるものの、それはまだはじまったばかりだった。(45) この作業については私も、ディークマンの研究をさらに進めていく努力をするつもりだ。が、歴史上のユダ像の探求という点については、他の人々の研究のあとを追うことにしたい。キリスト教の神学史上においては、ユダの重要性はあくまでも二次的なものだ。私は以前、注意を呼びかけたことがあったのだが、それは聖書に注釈を施す人間と、ユダもしくはユダに関連したテーマについて小論を書く人間との間で、まったくコミュニケーションが欠如していることだ。が、ときにこのコミュニケーションの欠如は、同一人物が両方の仕事に携わった場合にかぎって克服されることがある。その希有な例としてここでレイモンド・ブラウンの仕事を取り上げてみよう。

ブラウンの場合、ユダの取り扱い方は複雑である。すでにヨハネ福音書の注釈で彼はユダを扱っている。第四福音書によってユダ像を描き出していた（8章を参照のこと）。(46) が、彼は最近、記念碑的ともいえる作品（『メシアの死』）を書いた。この作品はイエスの受難物語を詳細に分析したもので、ブラウンはその中で、ユダについても何度か触れている。というのも彼は、メシアの死を福音書記者の記述にそって忠実に描こうとしたからだ。そのためにユダは、それぞれの福音書記者の視点がとらえた姿で登場してきた。が、全体的な取り扱い方はおおむね共観的な見方に依拠している。

ブラウンの鋭い見識が見られるのは、ユダの行為を描くために使われた動詞「パラディドーミ」の複雑な使用法について論じた箇所である。「ユダについて使われた『パラディドーミ』というギリシア語の動詞は、『引き渡す』という意味で使われているので、『裏切る』という意味ではない」という。新約聖書中、ユダに関連した箇所で、「裏切る」という言葉に相当する古典語が出てくるのはただの一度だけだ。福音書記者たちは、イザヤ書の五三章（主の僕《しもべ》の苦難と死が描かれている）を読んでいたために、おそらく、「引き渡す」という意味の言葉を好んで使ったのではないかという。引き渡すという言葉の中には、逮捕に向かう一団をイエスのもとへと導き、彼らにだれがイエスであるかを知らせるという意味が含まれていた、とブラウンは述べている。というのも、ユダは「イエスを引き渡した」者として描かれているからだという。したがって、福音書が明かしているのは、「ユダの不正（原文ママ）といえば、彼の師であり友であった者をユダヤの当局へ引き渡したこと」（傍点引用者）だった。[47] ブラウンはポプケスの論を使って、「パラディドーナイ」が「イエスは引き渡された（裏切られたのではない）」という意味であることを確認し、従来とは決定的に異なる論を紹介した。が、にもかかわらずブラウンは、一方でポプケスの仕事を賞賛しながら、やはりユダの行為を「裏切り」と呼び、ユダ自身についても「裏切り者」、あるいは「背信者」と決めつけている。ユダは「あきらかに失敗した」者であり、その一方で他の弟子たちは成功者だった。ユダは「謎めいた不埒な人物」として描かれており、ヨハネのイエス逮捕の場面では、ただの「余計」者にすぎなかった。[48] ブラウンにとって、銀貨のやりとりは「賄賂」という伝統的な意味合いを抜け出るものではなかったのである。

しかし、ブラウンが巻末の補遺で書いた「イスカリオテのユダに関するまとめ」で彼は、さまざまな問題を詳細に検討している。そのいちばん最後の項目で、彼は「引き渡す」という言葉の意味を証拠を挙げて明らかにし、「ユダのような人物はずっとあとになって創作された」という考えを却下している。そして彼は、ユダがイエスを当局へ引き渡し、当局がイエスの死を準備したという意見を受け容れた。さらに彼は付け加えて、「伝承では、ユダについて、彼が突然悲惨な死を遂げたということ以外に、もう少し多くの事実が伝えられていたのかもしれない」といっている。

「ユダは本当に裏切ったのか」という問いかけに答えようとしてブラウンは、「ユダの行為を述べた『パラディドーミ』という動詞は、『引き渡す』という意味で、『裏切る』という意味ではない」と力説している。そして彼は、ユダが当局に何らかの情報をもたらしたという説に反対する。それはユダが、イエスを糾弾する証人として最高法院（サンヘドリン。ローマ統治時代、エルサレムに設けられた議会。ユダヤ教の行政管理、裁判を管轄。議長と七〇人の議員からなる）の裁判へ姿を見せなかったことを、ブラウンはユダのたれ込み説に対する「決定的な反論」と見ていたからである。しかし、ユダが裁判に現れなかったのは、イエスがローマ当局の手に非常に早いスピードで引き渡されてしまったためと考えることはできないのか。ブラウン自身は、ユダの気持ちに変化が生じたのかもしれないという可能性を示唆している。イエスがピラトの手に渡ったのを見たユダは、「こんな結果になるとは、まったく思ってもみなかった」のではないかというのだ。

ユダを罪人として扱った従来の執拗な伝承から、ブラウンが抜け出ることのできなかった証拠として、次のような主張を示すことができる。「ユダの不正といえば、彼の師であり友であった者をユダヤの当局へ引き渡したこと」(傍点引用者)。また彼は、「どの福音書にも、ユダが最後の晩餐のときにイエスに背いたと書いてある」といっている。が、その証拠は挙げられていない。おそらくここでは、『黄金伝説』の中の証拠を何か使ったのだろう。そして、ブラウンは次のような結論を下す。「貪欲なユダの肖像は、後世になるにつれて彼の性格に対する侮辱化が進められた結果ではないという意見がある。が、われわれはもはやそうした考えに確信を持つことができない。このような悪行を行う人間はあらゆる悪を体現しているという原則にのっとって、ユダの人格は徐々に傷つけられていったのだろう」。このためらいがちな彼の言明はかなり雄弁である。

ブラウンはポプケスやクラウクといった最近の作者から多くのことを学んだ。そのために、彼のユダ像は、初期に書かれたものからだいぶ変化している。ユダの悪意や邪悪さへの言及の度合いが少なくなって(ヨハネについて書いた章を参照のこと)、ユダの死について書かれた記事の史実性を制限する見方に変わってきているようだ。が、もっとも重要なことは、ユダの行為を描くのに使われた言葉の根本的な意味について、それが「裏切る」ではなく「引き渡す」であることを認めた点だ。ひとたびこれを認めると、この言葉に含まれていた悪の要素が排除される可能性が出てくる。そして彼は、ユダ像のいくつかの側面は福音書記者の手になるもので、歴史的に見ると、けっして根拠の確かなものではないという意見をしばしば容認することになった。

さらに重要なことは、ここにきて、ユダが実行したイエスの引き渡しと、神の計画との間に何らかのつながりが見えてきたことだ。ブラウンはまだ、ユダが行ったことについては、彼の語彙から「裏切る」という言葉を排除できないでいる。が、彼はイエスの受難物語を翻訳するときには、極力「裏切る」という言葉の使用を避けていた。これは褒めてしかるべきことだろう。たとえそれが「うんざりするほど文字通りの訳」だとわれわれに思わせたにしても、彼はそのために、意義のある前進を示したといってよい。テクストをして語らしめることにより、彼はユダの行為からスティグマ（汚名）を取り除く手助けをわれわれに示してくれたからだ。したがって、われわれがこれから先ブラウンに望むことは、彼がさらに研究を進めて完成させてくれること、そしてすべての翻訳者たちが彼の先例を見習うこと、ただそれだけである。

ブラウンが次に踏み出したステップは以下の通り。彼がヨハネの手紙について行った仕事の中でユダに関して述べた事柄を、第四福音書中のユダ像と結びつけることだった。ヨハネの共同体にとって、ユダは「分離派運動の原型」であり、破滅と悪の息子に他ならなかった。(49)「出ていくこと」という語が分離派に使われているのと同様、ユダにも使われている。

『メシアの死』はいずれにしても、すでに大きな突破口を開けていた。それは次のような点である。メシアの死において中心人物となっているのはユダではない。彼は比較的マイナーな役柄を演じているにすぎない。ブラウンもそれは承知している。が、彼の仕事はイエスの受難について新鮮な視点をもたらした。それは、イエスの死に対する責任というやっかいな問題を勇敢にも取り扱ったことだ。それによって『メシアの死』はとびきり上等な労作となっている。この問題を避けて通るようにと何人かの人から忠告を受けていたのだが、ブラウンは正面から敢然とこの問題に立ち向かった。(50)それも何度も。福音書を歴史的な資料として取り扱っただけではない。彼はまたこの問題について、歴史的な概観の展望ができる場所へと読者を導いた。そして、福音書によって示されていた見方が、今日ではとても容認できないものである理由を解き明かしてみせた。

この文脈の中で彼は、罪と責任との間に横たわる違いを示したのだが、これは非常に役に立つものだった。ブラウンの意見はこうだ。イエスの死については、ユダとピラトに責任があるとマタイは考えている。

したがって、ユダは「もはやあと戻りなどできない。破壊的な過程を始動させた罪は、いかにしても逃れることができない。この罪に対する神の罰が、ユダの自殺という形で立証された」。が、はたして、この言葉をいったのはマタイなのか、あるいはブラウンなのだろうか。いずれにしても確かなことは、自殺から罪へと一足飛びに飛躍することは不可能だし、ましてや、自殺行為の中に神の処罰の証を見ることはいっそう問題が多い。はたして、本当にマタイがそんなことをいったのだろうか。

この疑問に立ち向かうことが本書の目的の一端でもある。

## この章をまとめると

本書は、すでに築かれていた土台の上に構築を試みたものであり、資料をしてみずから語らしめようとしたものである。読者は心を開いて、これらのテクストに近づくように導かれるだろう。そして最後まで分析につき合ってくださった読者は、みずから決心をして、自分の結論へと到達しなくてはならない。が、そこに存在する基盤は、われわれすべてが利用できる共通の証拠から作られたものだ。読者が結論へ達したときにはおそらく、読者もまた私が到達した結論へと導かれることだろう。その理由はこうだ。つまりわれわれがユダに興味を持つのは、彼がどんな行為をしたにせよ、また、初期やその後に生じたキリスト教の共同体がどのようにユダの行為に応じたにせよ、われわれもまたつねに個人としてユダと同じ試練に直面しているからだ。それは別の言葉でいえば、イエスとの出会いとイエスが伝えた福音が、どのようにして、ユダの行動へと変容していったのかという問いかけでもある。かつてイエスの忠実な追随者だった人々、その人々がひとたびわれわれの共同体を離脱したとき、彼らはあきらかにわれわれに敵対しているように思えるだろう。そんな人々に対してわれわれはどのようにしてなじむことができるのだろう。このような考察がわれわれを導いていくところは、まさにイエスのメッセージの核心である。とりわけこの吟味の結果として出てくるのが次のような疑問だった。それは、ナザレ時代のイエスの共同体が持っていた境界線（どこまで人を許容するのか、そしてどの時点で人を排除するのかという境界線）が、はたしてどんなふうに引かれていたのかという疑問である。

# 2

# 「イスカリオテのユダ」という名の意味

最近、新約聖書のテクストに対して新たな研究が集中的に行われている。その結果、従来、キリスト教徒たちが抱いていたユダ像が、完全に一変してしまった。われわれが目にしたのは、これまでのユダ像がまったく新約聖書に即したものではなかったということだ。新約聖書では、ユダはたしかに悲劇的な人物として描かれている。が、けっして邪悪な人物として描かれていたわけではない。

——S・J・ヴォルフガング・フェーネベルク(1)

ある人物のことを知りたいと思えば、われわれはまず、何はさておきその人の名前を知ることからはじめる。名前はしばしば、人物について多くの情報を与えてくれる。とりわけその人物が属していた文化的、あるいは民族的グループについての知識を。これはたしかにイスカリオテのユダについてもあてはまる。彼の名前には十分に注意を向ける価値がある。この章で私は、ユダの名前そのものを調べてみるつもりだ。そしてそこから、彼の政治的指向性や地理的な意味合い、それに宗教上の傾向などについて、それらを解き明かす鍵を探っていきたい。

## イスカリオテのユダ

イスカリオテのユダは四福音書を通じて、二〇回ほど登場する。そして使徒言行録においては二度ばかり出番がある。彼はマタイ（二六・一四、四七）やマルコ（一四・一〇）では「十二人のひとり」として示されており、ルカ（六・一六）では、マルコ（三・一九）やマタイ（一〇・四）と同様に使徒の仲間としてリストアップされている。が、イスカリオテのユダは福音書で描かれたどの事件においても中心的な役割を演じることはない。そしてある作者によれば、「いかなる中心的な位置を占めることもない」「周辺的な人物にすぎない」(2)と書かれている。それとは反対にペトロは、福音書に九〇回も登場の機会があった。

イスカリオテのユダという名前は、新約聖書中、五つの異なった形で出現する。

1 もともとの名前の「ユダ」(Judas)。これはヘブライ語の名前「イェフダ」（ヤフーダ）をギリシア語風にしたもの。マルコ（一四・四三）、マタイ（二六・二五、四七／二七・三）、ルカ（二二・四七―四八）、使徒言行録（一・一六、二五）、それにヨハネ（一三・二九／一八・二―五）に出てくる。

2 「イスカリオテのユダ」(Judas Iscarioth)。Iscarioth は Iscariot のセム語形。マルコ（三・一九／一四・一〇）、ルカ（六・一六）、そして、少し違った読み方でマタイ（一〇・四）、ルカ（二二・四七）に出てくる。

3 「ユダ・イスカリオテ」(Judas, the Iscariot)。ギリシア語形。あきらかにもうひとりのユダ（ルカ六・一六／使徒言行録一・一三／ヨハネ一四・二二）とイスカリオテのユダを識別するために使われている。さらに、十二人の弟子として言及するときにもこの名前が使われる（マタイ一〇・四、二六・一四／ルカ二二・三／ヨハネ六・七一／一二・四／一三・二、二六／一四・二二）。これはまた若干読み方を違えてマルコ（三・一九／一四・一〇、四三）とルカ（六・一六）にも出てくる。

4 「イスカリオテのユダという者」（マタイ二六・一四／ルカ二二・三／ヨハネ六・七一）

5 「イスカリオテのシモンの子ユダ」（ヨハネ六・七一／一三・二、二六）(3)

この内のいくつかは、ヘブライ語やギリシア語で書けば、まったく容易に差異を識別することができる。ユダの名前によってユダの性格へ投げかけられる光の量はほんのわずかなものだが、それによってほの見えてくるものはきわめて重要だ。

紀元一世紀頃、ユダヤ人の家庭でたびたび男の子に付けられた名前がふたつあった。イエスとユダである。二世紀になると、イエスという名前はほとんど見られなくなり、キリスト教徒の間では、ユダの名前も姿を消しはじめる。今日、ユダの名前は「ヤフーダ」(Yehudah)という形で残っていて、ユダヤ人の誇りの源泉となっている。とりわけイスラエル人の間ではそうだ。それはユダヤ民族の創成期とかかわりのある名前だったからである。イスラエル十二支族の族長のひとりユダ(Judah)を連想させるからだ。しかし、ほとんどの非ユダヤ人たちには、子供にユダという名前を付けることなど思いもよらないことだった。ジョージ・バットリックがいうように、「われわれは子供にユダの名前を付けようとは思わない。自分の飼っている犬にさえ、そんな名前を付ける気持ちにはとてもなれない」(4)

ユダの名前に、名誉から一挙に悪評へと変化をもたらしたものはいったい何だったのだろう。その答えはなかなか複雑でとらえがたい。が、徐々に学者たちは、この疑問に答えることに関心を示しはじめていった。初期の教会やその後の教会によって、どんなふうに歴史上のユダに関する伝承が作り上げられていったのか、それを見つけ出す試みが頻繁に行われるようになった。このような努力は単に、新興の教会について研究するのに役立ったばかりではなく、もちろん、歴史上のユダにも新たな光を当てることになった。

アカデミズムでは、こうした問いかけに答えることは難しいとする懐疑論が支配的だ。そのことは十分に私も承知している。「福音書の資料からユダの歴史的な像を紡ぎ出すことはできない。理由は聖書の中でユダについて語られた多くの言説が、ことごとく神学上の解釈にすぎないからである」とディークマンがいうとき、彼は部分的には正しい(5)。同じことはイエスについてもいえるし、また、ソクラテスについてもいえるからだ。が、そのためにわれわれは躊躇し、可能性として残されたものの追求を怠るべきではないし、現に怠ることはしていない。事実われわれの生きている時代は、学者の自信がこれまでにないほど高みへと駈け上がった時代だ。たとえば、イエスの語った言葉については、その真偽をめぐってさまざまな評価がなされ、そこではおびただしい量のエネルギーが費やされている。ひとつだけ例を挙げると、ジョン・ドミニク・クロッサンは確信に満ちた調子で「歴史上のイエスは農民出のユダヤ人で皮肉屋（キュニコス学派）」だったと述べた。[6] この定義では、形容詞と名詞に同等の重みが与えられている。実際、われわれがユダに関して知りうることについて、学者たちが懐疑的な態度であれ、自信に満ちた態度であれ、ともかく満場一致で同意することなどまずありえない。

したがって、ユダの歴史像を探っていくときには、われわれの側にも適度の慎重さが必要とされる。イエスについては他の古代人とくらべても、かなり多くの情報をわれわれは手にしている。もっとも重要なことは、われわれの手にした最古の福音書（マルコ）が、そこに書かれた事件が起きてからほんの三〇年経つか経たずの内に書かれたと思われることだ。おそれらく他の福音書もすべて二世紀のはじめまでには書き終えられていただろう。少なくともそれはイエスが死んでからほんの七〇年ほどの間である。この期間に起きた多くの出来事から推測しても、福音書に書かれたことの多くは、歴史的に見て十分に信頼するに足りるものだった。たとえそこに神学上の偏向が加えられていたとしてもそうなのである。[7]

だいたい歴史的な探求においては、導き出された結論がまったく正確だということなどありえない。が、それ（結論）が十分な情報に裏付けされることは可能だし、歴史的な蓋然性についても十分にそれは証拠となりうる。ユダが歴史上の人物だったということは、少なくともキリスト教学者の間では強力なコンセンサスを得ている。われわれとしては、歴史上のユダを探っていく道筋として、とりあえず「イスカリオテのユダ」という名前の分析からはじめたい。[8]

新約聖書には「ユダ」という名前を持つ人物が八人登場する。その他にもうひとり「ユダの手紙」を書いたユダ（Jude）がいる。

1 族長ヤコブの子で、ユダ族の族長ユダ（Judah）（マタイ一・六）。

2 イエスの系図をたどると、その家系にユダ（Judah）という名の人物がいる。が、それ以上の素姓はわからない（ルカ三・三〇）。

3 ヤコブの子ユダ。十二使徒のひとり（ルカ六・一六／使徒言行録一・一三／ヨハネ一四・二二）。

4 イスカリオテのユダ（Judas Iscariot）。新約聖書に二二回登場する。

5 イエスの兄弟ユダ（マタイ一三・五五／マルコ六・三）。

6 ガリラヤのユダ（使徒言行録五・三七）。

7 バラサバのユダ（使徒言行録一五・二二、二七、三二）。

8 ダマスコのユダ（使徒言行録九・一一）。

ユダの手紙を書いた人物が、すでにこのリストに含まれているのかどうか、あるいはそれがイエスの兄弟と同一人物の可能性があるのかどうか、この点については定かではない。(9) いずれにしても、紀元一世紀のパレスチナにおいて、ユダという名が非常にポピュラーな名前だったことは確かだ。

ヨセフスの書いたものには、ユダ（Jude）が一九人、ユダ（Judas）が一三人登場する。そのほとんどは熱心党（ゼロテ党）シカリウス派（熱心党員は、ローマ帝国による異邦人支配を拒み、紀元六六―七〇年に反乱を起こしたユダヤ民族主義者。シカリウス派は熱心党の過激派）のリーダーたちだった。六六年以前には、まだ熱心党は党として組織されていなかったと主張する人々がいる。が、私も含めて他の人々は、すでに彼らはそれより前に「特徴のある宗教観を掲げて、やや排他的で一体化した活動を行っていた」と考えている。彼らの活動は「……紀元六年から七〇年の決定的な時期に、パレスチナのユダヤ教の歴史に大きな影響を及ぼした。とりわけユダヤ教に献身的なユダヤ人の間では、すでにマカベア家の支配した時代(紀元前一六八―六三年。マカベア家はユダヤの祭司一家。紀元前一六八年にユダヤのヘレニズム化とシリアのセレウコス家の支配に対する反乱を指導。紀元前一四二―六三年、王としてパレスチナを統治した)から以降、かなりの影響力を保持したグループだった」[10]。ユダが熱心党に属していた可能性を大いにありとしているのは、この説を支持する人々だけである。

ユダがイエスの弟子であったこと、それも十二使徒というもっとも中枢のサークルに属していたことは明らかだ。十二使徒の名前を挙げたリストに、彼の名前のないものはないからである。これらのリストがことごとく、イエスの十字架刑のあとに作成されたという事実は、非常に重要なものとして受けとめなくてはならない。ユダという名前を持つ人物が、イエスの弟子たちで構成されたもっとも内輪のグループの一員であったことは、歴史的に見ても、非常に確率の高い事実だったからである。

たしかに「ヤフーダ」という名前は人気がある。しかし、だからといって、そこから多くのことを類推するのは危険きわまりない。が、にもかかわらずである。福音書の伝承を受け継ぎ、次代に引き渡していく人々が、ユダという名前からたやすく族長ユダの生涯とパラレルなものを連想し、あたかもそのアナロジーででもあるかのように思うということは特記すべき重要な事柄だ。とりわけ族長ユダが、弟のヨセフをエジプト人たちに引き渡したときに演じた役割とユダの役割とのアナロジーは重要である(この点については3章と4章を参照)。その意味でも、ダンカン・デレットが、われわれはただイスカリオテという姓だけに目を奪われるのではなく、ユダという名前にも注目すべきだといっているのは正しいかもしれない。

ユダという名前が愛国者たちによって使われていたという事実が、熱心党やその過激派のシカリウス派として知られた人々に、その名前を使うように仕向けてきたのかもしれない。さらには、「十二族長の遺訓」の中の「ユダの遺訓」とともに、その昔に生きた族長ユダのイメージが何らかの連想を呼び起こしていたのかもしれない。もしユダという名前が王の支配という意味を表しているとするなら、そしてもし、キリストの弟子の中にユダという名前の弟子がいなかったとしたら（実際には三人いたわけだが）、さらにはグループの中で、王への野望を抱く者がひとりも現れなかったとしたらどうだろう。おそらく福音書の記者たちは、ユダという名の人物を新たに創造しなければならないという圧迫感を人知れず受けたのではないだろうか。が、実際にはその必要はなかった。したがってそこには、教会がことさらイスカリオテのユダを新たに作り出す理由などまったくなかったのである。

ユダという名前にあまりに拘泥しすぎて、ユダをユダヤの人々と結びつけるあやまちを犯してはならない。非常に残念なことだが、このあやまちは歴史を通じて行われてきた。現に最近でもそれは、カール・バルトやディートリヒ・ボンヘッファー（一九〇六―四五。ドイツのルター派神学者。ヒトラー暗殺計画に関与して処刑された）などのすぐれた神学者たちによって犯されたあやまちだった。このアナロジーがもたらした被害は驚くほど甚大なものだ。一九三七年の説教で、ボンヘッファーは次のように問いかけている。

ユダとはいったい何者なのだろう。われわれはここでもまた、彼が持っている名前について問いかけるべきではないだろうか。「ユダ」。この名前こそ、イエスという起源から深く分離した人々を表す言葉ではないのか。つまり選ばれた人々だ。メシアの約束を受けながら、なお、それを拒否した人々である。それはまたユダ族の人々でもあったろう。メシアを愛しながら、なおメシアを愛することのできなかった人々だ。「ユダ」という名前はドイツ語では「感謝」を意味する言葉だ。彼のキスはイエスの弟子であることから離脱した人々によって、イエスに施された感謝のキスではなかったのか。そしてそれはまた同時に、永遠の拒絶を意味するキスではなかったのだろうか[11]

が、しかし、アメリカ人たちが、こうした反ユダヤの感情をひたすらドイツ人のせいにしてしまわないためにも、われわれはここで、アメリカでの反ユダヤ主義を研究したグロックとスタークの仕事を思い出す必要があるだろう。彼らの研究の成果が示すところによると、プロテスタント信者のおよそ五倍もの人々が、ペトロやパウロ、それに他の使徒たちについて聞かれたときには、彼らをユダヤ人として見るより、むしろキリスト教徒として見ていると答えた。しかし、それがユダとなるとだいぶ事情は違ってくる。彼らのおよそ二倍に達する人々が、ユダはキリスト教徒よりむしろユダヤ人だと答えた[12]。

さらにやっかいなのは、一般に浸透してしまったユダという名前に対する極度の嫌悪感である。したがってこの名前は、まちがえて使われたときですら驚くべき効力を発揮する。一九九四年の夏、ソヴィエト連邦の前大統領ミハイル・ゴルバチョフがロシア法廷に現れ、証言をしたときのことだ。突如、抗議の叫び声がつぶてとなってゴルバチョフを襲った。「ユダ（＝ユダヤ人）[13]」。これほどまでに深くしみ込んでしまった偏見を簡単に取り除くことなど不可能だろう。が、おそらく、われわれが偏見をくぐり抜け、人々から浴びせられたあだ名を飛び越えて、真にその人物とわたりあえる日がかならずやってくるにちがいない。名前はひとりの人間を示しているにすぎないのだから。

ユダはただひとりの人間として行動した。彼のしたことはユダヤの人々との関わりという点では、他の使徒たちと同じで、それ以上でもそれ以下でもない。イエスがひとりの女性に高価な香油を注がれたときもそうだったし、人の子イエスがエルサレムに入城した際に「ホサナ」と呼び声をかけたときもそうだった。われわれが今日、イエスを理解しようとすれば、イエスがユダヤ人であることは無視できないだろう。それと同じで、われわれわれは歴史上のユダの探求を開始するにあたって、まず、しっかりと次の事実を確認しておく必要がある。それはイエスと同様にユダもまた、紀元一世紀に生きたひとりのユダヤ人であったこと。この文脈の中でのみ、彼が何をしようとその行為が意味を持ってくるのではないだろうか。

## 「イスカリオテ」という言葉

イスカリオテという言葉は最初からユダの名前に付いていたわけではない。それは他の多くのユダからわれわれのユダを区別するために付けられたものだった。言葉の意味については、何年もの間、多くの研究が行われた。そしてそれ以上にたくさんの憶測が飛び交った。

ギュンター・シュヴァルツはイスカリオテの解釈を九つほどリストアップし、それに自分の解釈を付け加えている。[14] ここではそれを四つのグループにまとめてみた。

1　ある者たちがいうには、イスカリオテはユダがシカリウス派に属していたことを示すものだという。シカリウスというのは、短剣をふるう暗殺者集団をヨセフスがさげすんで使った言葉だった。おそらくこの集団は熱心党の一分枝（過激派）だろうといわれている。この説を主張する人々はこんなふうにして、ユダを熱心党のメンバーのひとりだったと決めつけた。[15]

2　他の人々はこの言葉がヘブライ語の「シャチャル」の派生語で、「不実の者」を意味するという。これこそユダの性格に光を当てるもので、いつわりと裏切りという彼の行為を姓によってほのめかしているという[16]。

3　また別の人々は、イスカリオテがユダの行為そのものを示していると考える。つまり彼は「引き渡す人」（ヘブライ語の語根「サカル」）だという。「イスカリオテ」に含まれた「スカリオテ」の単純な翻訳である。七十人訳聖書（セプトゥアギンタ。ギリシア語訳の旧約聖書）では、イザヤ書一九・四に出てくる「サカル」（引き渡す）という言葉にギリシア語の「パラディドーミ」をあてている（「わたしは、エジプトを／苛酷な支配者の手に渡す」一九・四）。これはマルコ三・一九で使われた言葉と同じである。マルコでは、ユダを指して「ホ・パラディドゥース」（引き渡す人）と書いていた[17]。モランはマルコの使った言葉は、「（イ）スカリオテ」（引き渡す人）をそのまま文字通りに移したものだという[18]。

またこの言葉は、ユダが従事していた仕事に言及したものだという者もいる。彼らはユダが赤色染め物師[19]、あるいは果物栽培者[20]だったのではないかという。

4　多くの学者が結論づけているのは、イスカリオテがユダの出生地を示しているという説だ。ユダはおそらく十二人の使徒の中で、ただひとりユダヤの出身で、カリオテ（ケリヨト）の村からやってきたのだろうといわれている（ヨシュア記一五・二五）。パウル・ビラーベック[21]はたくさんの例を挙げて、ヘブライ語の「イシュ」が生まれ故郷と関わりのある言葉であることを示し、この説を「正しい説明」だとしている。また、ヨゼフ・クラウスナーもユダはケリオテの出身（イシュ・ケリオテ）だといい、イエスの弟子たちはその多くがユダヤからもきたし、ガリラヤの周辺からもきていたといっている（マルコ三・七、八[22]）。

それではいったいこの村はどのあたりにあったのだろう。ネゲヴの現在の地図でいうとテル・キリオテのあたりなのか。あるいはシケム（ナーブルス）の近くのアスカロテなのか、それともアスカルなのか。

暗にほのめかされていたのはどの町なのだろう。[23]が、結局のところ確かな答えは見つからない。

C・C・トーリーはヴェルハウゼンとシュラッターの説を引用している。それはヘブライ語の「イシュ」を持ち出したり、イスカリオテを「ケリオテの男」と訳すのは土台むりな話だというのだ。トーリーはこの説を受けて、次のように推論する。ヘブライ語の解釈はたしかに、ヘブライ語を話したり書いたりできる知識層の間では可能かもしれない。が、アラム語を話す人々の間ではとてもむりだろうと。トーリーとヴェルハウゼンがともに認めているのは、「ケリオテの男」といったあだ名は、単純で無教養な人々によって作られたものではないということだ。そして、トーリーの結論はこうである。「ユダが生前イスカリオテと呼ばれていた証拠はないし、名前が他のだれかによって付けられたという証拠もない」。そして彼はまた「あだ名は非難の言葉だった可能性がもっとも高い」という判断を下した。[24]トーリーによれば、アラム語を話していたユダヤ人が付けたあだ名は、「シャクライ」「シャクリ」ではなかったかという。このアラム語は不実の人、偽善者、うそつきなどを意味する言葉で、タルムード（ユダヤの律法とその解説の集大成。ミシュナと解釈部分のゲマラからなる。ミシュナは二世紀末にユダヤのラビ、ユダ・ハナシによって編纂されたとされるユダヤ教の口伝律法）やタルグム（旧約聖書のアラム語訳）などに出てくる。これがパレスチナの方言としてある時期使われていたのではないかというのである。この言葉はまたマタイ七・五でも使われていて（「偽善者よ、まず自分の目から丸太を取り除け」）、これはたいへん重要なことだという。なぜなら、これこそイスカリオテの語源と思われるからだ。[25]

トーリーの主張を繰り返す人々に対して告げられていることは、新しい発見が次々と行われて、トーリーの反論が今では完全に無効になってしまったという事実だ。したがって、一世紀に生きたパレスチナの人々の間で、なおこのような言語上の習慣（ヘブライ語を語源として持つ名前をつけること）が行われていたと想像することはまったく可能だという。[26]

シュヴァルツが提案している説はこれとはまた違っている。それは、イスカリオテのアラム語をそのまま訳すと「町（エルサレム）からきた男」という意味になるという。彼はこの説をタルグム（これはその後作られたもの）から持ち出してきた証拠で固めている。タルグムでは礼拝の決まり文句がときどき、「町からきた男たち」という複数形をとって現れてくるという。その「ケリオタ」がしばしば、エルサレムを意味する言葉として使われているというのだ。[27]

紀元一世紀のアラム語を研究するクラウス・バイヤーは、アラドから出土したオストラコンや陶器の破片（いずれも文字が書かれている）に言及し、それらが紀元前五五八年まではヘブライ語で書かれているが、紀元前四〇〇年以降はほとんどアラム語ばかりで書かれていると述べている。三世紀以降は、旧約聖書もアラム文字で書かれたし、ユダヤ神殿の至聖所から聞こえる神の声でさえアラム語で報告されたという。バイヤーはまた、新約聖書中には一語としてヘブライ語を見つけ出すことができないともいい、イエスの言葉や初期の礼拝の決まり文句も、それを引用する際には、作者たちはもっぱらアラム語に助けを求めたという。[28] 人々の名前を見てもヘブライ語の「ベン」（息子）と結びついたものはひとつとして見あたらず、その代わりにアラム語の「バル」（息子）と結びついた名前が見られたという。そこでバイヤーは考えた。いろいろなところで引用されているイスカリオテという名前に限って、これだけが例外なのではないかと。[29] そして彼はそこから、次のような驚くべき結論を導き出す。

イエスを裏切った者（ユダ）の家族は、おそらく、自分たちの出自を示す言葉として、アラム語の「ダ」（男たち）の代わりにわざわざヘブライ語の「イシュ」を選んだにちがいない。そこには宗教的、あるいは政治的な思惑があったのだろう。そしてそのことこそ、ユダの裏切りの理由を解く鍵を提供するものなのかもしれない。

しかし、われわれは本当にこの証拠から、ユダの家族が宗教上、政治上の理由でこの名前を選んだという結論を引き出すことができるのだろうか。私はそうは思わない。名前にベンやバルをつけている人々が、かならずしも特殊な宗教の信仰者ではないだろうし、彼らはただ慣習の間をあちらからこちらへと移動してきたにすぎないからだ。[30]

もしイスカリオテという言葉が、ユダの死後に使われはじめたと主張する人々が正しいとすると、[31]そのときには、初期の福音書記者たちでさえ、イスカリオテが何を意味する言葉なのか知らなかった可能性がある。[32]が、シュヴァルツはこれは真実ではないと強く主張している。彼の結論は次のようなものだった。ユダはイエスのもとへいく前には熱心党の一員だったという。そして、エルサレムはユダの出生地だったというのだ。[33]

一〇〇年ほど前に、A・プラマーは「イスカリオテの意味については、すでに解決ずみだ」と宣言している。[34]が、今日、この意見は多くの人々の支持するところとはなっていない。むしろわれわれは、この問題に関してはいまだ最後の言葉は語られておらず、イスカリオテの意味についても、なお最後の言葉は記されていないという意見に傾きがちだ。イスカリオテを出生地を意味するものと解釈することが、たしかにもっとも理にかなっているように思える。が、これについてもコンセンサスを得るところまではいたっていない。[35]その上、あるひとつの解決案が徐々に明らかになりつつあるといった兆候すら見られないのが現状である。

残念ながらわれわれは今のところ、イスカリオテという言葉によってユダの性格に明るい光を当てることはできない。その上、イスカリオテを説明しようとする論があまりにも多岐にわたってしまったために、その上に何ひとつ築き上げることができない状況だ。イスカリオテという名が示しているのは、ユダが熱心党の運動に参加していたことだという見方を、マコービーはキリスト教のドグマが認めようとしないといっている。が、これはちょっと違うと思う。現にキリスト教学者の多くは、ユダが熱心党を支持していた、あるいは少なくともその価値観を認めていたということに賛成の議論を展開しているからだ。

## 十二使徒のひとりとして

通常の使われ方からすると「十二使徒」は、イエスを取り巻く弟子たちの中でも中枢のグループを指す言葉だ。この言葉はパウロの書簡では一度、マルコでは四度、マタイでは七度、ルカと使徒言行録では八度、ヨハネでは四度出てくる。「十二使徒」がはたして初期教会の作り出したものなのか、あるいは、その成立がイエスの生前にまでさかのぼるものなのか、これについては今までいくつもの論争が行われてきた。

この話題について、もっともすぐれた研究を行ったのはロバート・メイだろう。彼はグループとしての十二使徒の存在は、イエスの時期にまでさかのぼると結論づけた。[36] ちょうどそれと同じ時期に、ゴットフリート・シーレはこれとはまったく反対の結論を出していた。彼によると、「十二使徒のひとり」という表現は、個人に授けられた「名誉を示す称号」と見るのがもっとも妥当だという。[37] この言葉の出所は、おそらく固定された人々のグループではないだろう。それは、イエスに従った人々に対してもっとも早い時期に、教会が与えた承認に起源を持つ称号ではないかというのだ。現在の研究状況からすると、十二使徒が本来どんなものであったのか、ある程度の確信を持っていうことはわれわれにもできない。

ユダが十二使徒の一員であったことは、昔から深刻な神学上の問いを投げかけている。もしイエスが自分でこのグループを立ち上げ、ユダをその一員として選んだということなら、問題はさらにいっそう面倒なことになるからだ。(38)

イエスがユダを選んだ事実を大きな難問として受けとめていた学者はたくさんいたが、その典型的な人がフリードリヒ・シュライエルマッハだった。彼にとっては「イエスが意図的に彼の使徒たちを選んだと考えること自体……不可能なことだった」(39)。この考えは次のようなジレンマを引き起こす。つまりイエスは、ユダの心中に住みついていたもの(悪魔)について、まったく無知だったということになる。さらに、イエス自身が破滅を考えていて、計画的にユダをそれに巻き込んだということすら考えられるからだ。別の言葉でいうと、イエスは「自分を破壊するために、十分に承知の上で、しかも意図的に」ユダを使徒に選んだということになる。

シュライエルマッハにとっては、このいずれもが受け入れがたいことだった。(40) そこで彼は次のような結論を下した。ユダは事実上、十二使徒の輪の中にみずから率先して入ってきたのだと。イエスは救世主的な考えの実現を目指していたわけだが、その実現の仕方についてユダは、イエスとは反対の意見を抱いていたひとりだったにちがいないとシュライエルマッハは見ていた。ユダが代表していた意見は、メシアの機能を政治的なもの(現世の王となること)とする考え方だったのだが、ユダはこの考え方に執着するあまり、けっしてそれを手放そうとはしなかった。「ユダの行ったことが理解でき、ある程度それが許されるのは、次のような前提に立った場合に限られる。それは、彼がこのまったくいつわりともいえるメシア観を保持し、それを乗り越えることができなかったということだ。そう考えると、彼の心の枠組みがわれわれにもいくらか理解できるだろう。が、にもかかわらず、彼の行為の全容は杳としてとらえることができない」[41]。今日われわれは、シュライエルマッハが提示したものとは別の選択肢を見ることもできる。

新約聖書の中でもっとも早く十二使徒に言及したものは、コリントの使徒への手紙一、一五・五である（「［イエスが］ケファに現れ、その後十二人に現れたことです」）。ここではユダの名前も出てこないし、それより前、コリントの使徒への手紙一、一一・二三（パウロはここでイエスの逮捕について語っている）でもやはりユダへの言及はない。そのことを思うと、パウロがユダという人間や、彼が演じた役割について何ひとつ関心を示していなかったことは明らかだ。パウロによって使われた「十二使徒」は、まったくステロタイプの決まりきった文句にすぎなかったのである。したがってそれが、現実には十一人を意味しようが、十二人を意味しようが一向に問題はなかった。それにパウロ自身、十二使徒という地位のことにはいっさい触れていない。つまり、十二使徒が共同体の中心をなしていたかどうかについても、パウロはまったく関知していなかった（ガラテアの信徒への手紙二・二、六、九）。

ユダについて否定的な伝承が形をなしてくるにしたがって、使徒の記述は、もっぱらユダを除いた十一人に限られるようになる。復活後のイエスが現れたのも十一人の使徒の前だった[42]。が、もし十二使徒の中にユダを入れることが、神学上から見てかなり不都合だったとすると、逆に十二使徒にユダが所属していたという伝承は、歴史的な事実に基づいている可能性がかなり高いことになる[43]。キリスト教の初期の共同体が、イエスの逮捕や裁判について思案を重ねれば重ねるほど、そして、そこで演じられたユダの役割に対する関心が高くなればなるほど、ますます共同体はユダの行動を批判的に判断するようになっていった。が、しかしだからといって、共同体は十二使徒のひとりという彼の地位を隠すことはできなかったのである。

が、ここにユダが十二使徒に属していなかったとする説がある。その中でももっとも強力なのがフィリップ・フィールハウアーによって示された説だ。ユダを論じるに際しては、これを無視しないことが重要となる。フィールハウアーは次のように述べている。「イエスの弟子たちのひとりがイエスを裏切ったことはまちがいがない。また、初期の教会が終末を待ち望むあまりに、弟子たちに対してはじめて十二という数を与えたことも確かだろう（コリントの信徒への手紙一、一五・五）。その後、続いて、別の動機から新たに裏切りの伝承を創造していったにちがいない」[44]。フィールハウアーによれば、マルコの意図は、長い間イエスと行動をともにしていたひとりの弟子が、彼を裏切ったという事実にスポットライトを当てることだったという。十二使徒という神学上の仮定が、この目的に非常に適ったものとなっていったのはいうまでもない。が、その仮定はなお、十二使徒が過越祭の前にすでに存在していたことをくつがえすものではなかった。

フィールハウアーがみずから認めていることは、コリントの使徒への手紙一、一五・五と福音書の記述の両立しがたいことだった。ひとりの裏切り者を内に含む十二使徒を発案することは想像するだに困難だったからだ。スキャンダラスな性質のゆえに、十二使徒内に裏切り者を置くという発想は、ほとんどそれを考え出すことが不可能に思えた。こうしてユダの物語は、過越祭の前に十二使徒が存在したことを支持する材料となったかに見えた。そしてそれは同時に、コリントの信徒への手紙一、一五・五に対して、その内容にまっこうから対峙する有力な反証となっていったのである。が、にもかかわらずフィールハウアーはなお、福音書で示されたユダの性格づけは、「十二使徒の起源を過越祭のあとに仮定することによって、はじめてなるほどと了解できる」[45]と主張した。

フィールハウアーは、イエスの弟子のひとりがイエスを裏切ったことは疑いようがないという。また、初期教会がこのスキャンダラスな事実に対して、何らかの手を打ったこともまちがいないという。教会は、イエスの受難と死については、そのきっかけとなった裏切りの理由として、神の意図を持ち出してきた。そして、それは福音書の中に示されているという。「人の子は、聖書に書いてあるとおりに、去って行く。だが、人の子を裏切る（引き渡す）その者は不幸だ」（マルコ一四・二一）がそれだ。

これによって、あからさまな裏切り者というスキャンダルは克服された。が、もちろんそれは、イエスの予知の力と聖書への言及によってかろうじて行われたものだった。聖書の証拠とされたのはマルコ一四・一八の「わたしと一緒に食事をしている者」という旧約聖書の詩編四一・一〇をほのめかす言葉だ（「わたしの信頼していた仲間／わたしのパンを食べる者が／威張ってわたしを足げにします」）。裏切り者をイエスともっとも近しい仲間の中に入れるというのはまさに驚くべき行為だが、これも、詩編のモティーフから説明がつくという。テーブルを共にする仲間の裏切りという詩編のモティーフから。「あなたがたのうちの一人で、わたしと一緒に食事をしている者が、わたしを裏切ろう（引き渡そう）としている」（マルコ一四・一八）。「そして十二人のうちの一人で、わたしと一緒に鉢に食べ物を浸している者がそれだ」（マルコ一四・二〇）。フィールハウアーにとって、ユダが十二使徒の一員であることはあくまでも「神学上の仮定」だった。が、彼にしてなお、十二使徒が過越祭の前に存在していたことの歴史的な証拠は、どうしても提示することができなかったのである。[46]

ゴットフリート・シーレ[47]はフィールハウアーと似たやり方でさらに論を進めた。彼はエビオン派の福音書（エビオン人福音書）が九人の弟子の名前を列挙していると書いている。それはシモン、ヨハネとヤコブ（ゼベダイの息子たち）、シモン、アンドレ、タダイ、熱心党のシモン、それにイスカリオテのユダだ。

収税人のレビを弟子にするところで、この福音書は次のように書いている。

マタイ（レビ）よ、お前が収税所の門に座っていたときだった。そのとき、わたしが来なさいというと、お前はわたしに従った。今からわたしはお前を、イスラエルの目撃者として十二使徒にしよう。[48]

ここでシーレは問いかけている。「ここでは弟子の名前を列挙しているわけだが、そんなときに、今まで伝統とされてきた真の仲間（十二使徒）、つまりそれは本当のグループについての記憶というものだが、それをこんなにきれいさっぱりと否定できるものなのだろうか[49]」

ヨハネ二一・二―一三（復活したイエスが七人の弟子の前に現れた場面）についてシーレは、そこにはどう見ても七人の使徒しか登場していないという。ヨハネはあきらかに裏切り者を使徒から排除している。それはヨハネの一三・一八（また六・七〇―七一）の記述による。そこではヨハネもユダのことをサタンと名指ししていた。ヨハネにおいてははじめから、ユダは悪魔の道具と見なされていたのである（一三・二）。ヨハネが仲間の名前をリストアップするときにはいつも、ユダはその中に含まれていない。イエスが弟子たちに声を掛けるときもそうだったし、そのあとも一貫して、使徒を列挙するときにユダは除外されている。こうしてみると、たしかにグループとしての十二使徒はまったく意味をなしていないのではないかという。使徒言行録の中でユダの後任が選ばれる場面がある。そのときにも名前が出てくるのは十二使徒のうちではペトロだけである。のちにパウロが自分に同行する者たちを選ぶときにも、その者たちは会議全体の投票によって決められている（使徒言行録一五・二五）。ここでもまた、十二使徒はまったく機能を果たしていない。クラウス・ドルンはコリントの使徒への手紙一、一五・三―五と使徒言行録および福音書の記述を、なんとか矛盾することなくすませようと努力した。彼の提案は、マティア（ユダに代わって使徒に加えられた）がイエス受難の目撃者のひとりだったというものだ。そして、それゆえに機械的にユダの後釜として、十二使徒に選ばれたのだという。キリスト磔刑の前にすでにユダは十二使徒のひとりだった、と主張する彼の最大の論拠は次のようなものだ。つまり、過越祭のあとに十二使徒が現実に存在しなかったのは、その時点で彼らを作り出す必要がまったくなかったからだという。(50)

## この問題について私見を述べると

現代の作者たちは長い間、ユダについて語るときにはきまって、彼がイエスの弟子のひとりであること、それももっとも内輪のサークルに属していたことをまったく認識せずに語ってきた。が、現代の趨勢はユダをハンス・ヨゼフ・クラウクが自分の本のタイトルにしたように、まぎれもない「主の弟子」と見なす方向へと向かっている。(51)ユダはまさしくこの視点から見られなくてはならない。彼が一世紀に生きたユダヤ人であったこと、そしてイエスにつき従った弟子たちの中でも、イエスとともに巡歴するグループに属していたこと、この事実を真剣に受けとめることをしなければ、ユダについて考えることはかえって彼にとっては仇となるだろう。イエスに付き従うことがはたして何を意味していたのか、それはわれわれにもわからない。われわれに予測できるのは次のことくらいだ。それは、イエスが彼らの尊敬する師であったこと、そして弟子たちにとっても、友達や家族、それにおそらくは自分の仕事を捨ててまでして、イエスや彼の追随者たちのあとを追うことはかなり大きな負担をともなうことだったろう。

イエスが話した教えがただ単に知的な教えであったばかりでなく、それが何か信仰の核を形づくるようなものだったと仮定することは、たしかに当を得ているかもしれない。その信仰の核がおそらくは、弟子たちを結びつける「にかわ」の役割を果たしていたのだろう。信仰の中心には確信があったにちがいない。それはイエスの中にある神の教えが、かつて経験したことがなかったような方法で、神に選ばれた人々(弟子たち)の上に突如現れたという確信だった。

神の教えが個々人の生活の中で、しかも集団という形の中で確立されたということはわれわれにもわかる。それは共同体として人々がともに生きているその生き方から十分に見てとれるからだ。したがってそれは、他人のためにともに生きることに献身したキリスト教徒たち(それは聖職者でもよいし平信徒でもよい)の内に、たとえふたりでも三人でもよし、王国の実現が見られたということかもしれない。そしてそれはまた、王国の実現という点では、トマス・アクイナス(一二二五頃―七四)の『神学大全』やメランヒトン(一四九七―一五六〇。ドイツの人文主義者・宗教改革者)の『神学綱要』、さらにはカール・バルトの『教会教義学』のすべてを合わせたものより、いっそう現実味のあるものだったろう。

われわれが福音書から読みとることのできるメッセージや感化力のすべてを、事実上、ユダもまた受け取っていたと想像することは可能だ。そうだとすると、当然ユダもまた、イエスの弟子になることによって失うものも心得ていたし、そこから得ることのできるよろこびも知っていただろう。彼もやはりすべてを捨ててイエスにつき従った。イエスが悪霊に取り憑かれた人々を癒したり、病気の人々を元気づけたりしたときに見せた力を、ユダもまた間近で目にしたことだろう。地方へ出かけて、他の弟子たちと同じような仕事をすることもユダは経験したにちがいない。さらには、これもまた他の弟子たちといっしょだったのだろうが、イエスがしばしば起こした抵抗に逡巡し、困惑させられたこともあっただろう。とりわけ、イエスが争いに対して見せる反応については、まったく惑わされるばかりだったにちがいない。が、ユダや多くの弟子たちは、それでも最後までイエスに付き従った。イエスに対して見せる忠誠心という点ではそれぞれ形は異なっていても、ともかく弟子たちはイエスに従ったのである。

手もとに反証がないかぎり、われわれもまたユダが他の弟子たちと仲のよい関係にあったと想像すべきだろう。そしてユダについてもっとも悪いことが語られたとしても、私はイエスが自分自身に忠実に、ユダを最後まで愛し抜いたと結論せざるをえない（ヨハネ一三・一）。もし、本当にユダがイエスを裏切ったということになれば、イエスは、敵を愛せよという自分の教えを人に教えることができなかったことになるし、みずからそれを教えることを拒否してしまったことになってしまう。そんなことにでもなれば、それこそイエスの生涯は欺瞞に満ちたものになるだろう。そして、十字架自体もまた嘲笑の的になってしまうだろう。

## この章をまとめると

ここでわれわれは自分たちの目的のために、とりあえず次のような結論を出しておこう。まずユダはイエスの十二使徒のひとりだった。出身はひょっとするとエルサレムかもしれない。おそらく彼は、イエスの巡歴グループの中で会計係をしていたのだろう。彼の名前はいつでも十二使徒のリストの最後に現れる。ユダヤ人の慣習によれば、このことはさして彼の重要性を損なうものではない。彼はユダヤ当局がイエスを逮捕するのに際して、密告者として当局に力を貸し、ゲッセマネの園にいたイエスのもとへと彼らを案内した。彼が行った一連の行為の動機をはっきりと知ることはできない。が、イエスがユダヤ当局に「引き渡されね」ばならない必要性について、ユダが他の弟子たちにくらべてより多くのことを理解していたという可能性を排除することはできない。さらにはなお、彼がイエスの指示に従う覚悟ができていたという可能性も退けることはできない。いずれにしても、「名誉を回復する者（イエス）がこのようにして選んだ男（ユダ）は、彼の行為についてわれわれが与えることのできる最善の解釈を受けるに値することになる」(52)

こんなふうにしてわれわれは、イスカリオテのユダの身元を探索する作業を、彼の名前からはじめることになった。名前はたしかにひとりの人物のアイデンティティーを丸ごと運んでいると見てよいだろう。ユダについていえば、まずわれわれは、彼が一世紀に生きたユダヤ人であったという事実を記すことができる。神の教えを信じて、イエスに従おうという他の者の呼びかけに彼は応じた。そして、献身的で信頼に篤い、ナザレ時代のイエスの弟子となった。彼はイエスを取り囲む弟子たちの中でも、もっとも内輪の中にいて、十二使徒のひとりとされていた。……以上のような基盤の上にだけ、われわれは自分たちの仮説を築くことができるので、その他の基礎の上に仮説を立てることはできない。

# 3

# ユダが行ったこと——伝統的な視点から見ると

これは疑いのないことだが、古来、哲人は聖書に登場する歴史的な人物がいったい現実にはどんなふうだったのかについて、まったく興味を示していない。彼らが興味を抱くのは、もっぱら、名高い人物たちが後世の人々に示してくれる、また、示す可能性を十分に秘めていた彼らの訓戒である。

どうやら哲人たちの世界では、過去に起こった事件を記述することの必要性や有用性を問う議論ほど退屈で些末なことはなかったようだ。

——M・D・ヘアー(1)

四つの福音書が一致して証言しているところによると、ユダはまず(a)イエスの弟子であり、(b)十二使徒のひとりで、(c)「イエスを引き渡した」人物であり、ヨハネによればグループの会計係をしていた。

2章でわれわれが結論を出したのは次の点だ。つまり、そこにいくらかの曖昧さは残るにしても、イスカリオテのユダという名前から確実に類推できるのは、ただひとつの事実にすぎない。それは、彼が紀元一世紀に生きたユダヤ人だったことだ。もし、彼や彼女が身に携えている名前によって、その人物を知ることができるというのなら、さらにいっそう真実なのは、その人物が行った行為によって彼や彼女の人柄を憶測できるという事実だろう。実際仕事や行為は、人間のアイデンティティーを構成する重要な要素になっているからだ。イスカリオテのユダについても、たしかにこれは真実だといえる。彼が「イエスを引き渡した」とき、いったい彼は何をしようとしたのか。われわれはこれから、いくぶんなりともそのことを理解する努力をしていくことになる。

仕事を進めていく上でどうしてもしなければならないことは、言葉の意味の分析である。われわれが古代の資料とコミュニケーションを取るためには、もっぱら言葉に頼るしか手だてがないからだ。そのために、基本的な語の意味については十分に検討し直す必要がある。言葉は本来、それ自体で固有の意味を持っている。したがって、ギリシア語やヘブライ語の言葉を現代の言葉にいい換えるのに、絶対に確実な方法などというものはない。たとえば、神は愛だという言葉と神は憎悪だという言葉の間には、あきらかに差異がある。が、それとは対照的にわれわれは、「あなたの敵を愛しなさい」というひとつの言葉でさえ十分に理解できないでいる。それが証拠に、ほとんどの学者がこれをイエスの話した言葉だと信じているくせに、だれひとりとしてわれわれはそれを守ろうとはしなかった。もしイエスが弟子たちに、敵を憎み、敵を殺すべきだといったらどうだったろう。事態はまったく異なっていたかもしれない。

われわれがまずはじめにしなければいけないことは、ユダについて伝統的に語られてきたことを検証し直すこと。そして、伝統的な判断が依拠してきた基盤を吟味し直すことである。

## 「ユダがイエスを裏切った」という伝統的表現

イスカリオテのユダはつねに「裏切り者」、あるいは「裏切った者」という呼び名で呼ばれている。この点についてはほとんどの人が異論のないところだろう。エド・ブレア教授もまた、聖書辞典の中で、ユダを「イエスを裏切った者」と呼んで、彼が行ったことを要約している。また、彼の行為を「憎むべき裏切り」だと記している。その理由として挙げているのは次のようなことだ。「あまりにも過激なユダの行動の説明としては、イエスに多くのものを期待しすぎた結果、それに対するユダの幻滅があったのだろう。さらには、ユダヤ教の法や制度を、偽りの予言者やメシアたちの攻撃から守りたいとする、それ相応の情熱があったかもしれない」。「もしユダが聖餐に参加していたとすると、その行為はいっそう非難されるべきものとなる」とブレアは判断を下している。(2)

ユダは多くの人々から、人類が出会った中でもっとも凶悪な裏切り者とされている。彼の裏切りという史実を疑う者はほとんどいない。それはそうだろう。だいたい、だれがいったいこんな物語を無から作り出せるというのだろう。イエスがユダヤ人であることを声高に主張するジェームズ・チャールズワースは、ユダの裏切りを「基本的な歴史的事実」だと書いている。[3]

教会の歴史を通して、あるいは現代のほとんどの注釈者にとってでさえ、ユダの裏切りはまったく議論の余地のないものとされていた。この判断に先例を作り出していたのが四福音書である。四福音書のどれもが、ユダを十二使徒のひとりとして扱っていたし、おもだった聖書の現代語訳でも、すべてユダがイエスを「裏切った」と訳している。おそらくイエスの物語はユダの要素によっていちだんと豊かなものになったにちがいない。イエスのもっとも内輪のグループから裏切り者が出たという事実から、たくさんの事柄が引き出された。たとえば、裏切りという行為の偏在さえ、つまり裏切りはどこにでも起こりうるということですら、この事実によって納得させられた。さらにわれわれは学者たちに導かれて、ユダがわれわれ各人の心の中に潜んでいること、したがって、生きることがすなわち人を裏切ることだなどと信じ込まされてきた。[4]

が、もっとも重要なことは次のような点だろう。ソクラテスの場合には、がみがみとがなり立てる妻を目くらましに置いてあったために、ソクラテスはいちだんと忘れがたい人物となったのだが、これと同じでイエスの犠牲は、場面の片隅に裏切り者を配置することにより、いっそう痛切なものとなった。通常「裏切る」といえばその言葉の意味は、イエスの望まないこと、あるいはイエスの期待しなかったことをユダがしたということだ。多くの人々にとってユダは、あらかじめ熟慮をした上で、悪意を持ちながらイエスに対して何かを行ったということである。それはイエスにとってはもちろん、イエスを取り巻く人々にとってもびっくりするようなことだった。が、しかし、これをさらに正確にいうと、いったい全体ユダは具体的に何をしたというのだろう。

この疑問を伝統的なアプローチを越えて探っていこうとしたとき、そして、彼はいったい何を密告したのだろうと問いかけたとき、その答えはいちだんととらえどころのないものとなる。アルベルト・シュヴァイツァー（一八七五―一九六五）はすでに次のように書いていた。一五〇〇年にわたって人々は、「なぜユダは彼の主人を裏切ったのか」と問い続けてきた。が、次のような疑問を投げかける人は皆無だったのではないだろうか。つまり人々はむしろ「ユダはいったい何を密告したのか」と問うべきだったのではないかと。シュヴァイツァーの結論はこうだ。そこには通常考えられる一般的な問いかけがあったかもしれない（シュヴァイツァーの言葉通りに書けば、「われわれ（ローマ人や祭司長たちだ）はどうすればイエスを捕まえることができるのだ」）。またそこには、もっと特殊な問いかけがあったかもしれない（「われわれは騒ぎを起こさずに、どうすればイエスをとらえることができるのか」）。が、シュヴァイツァーが考えるには、ユダは「メシアの秘密」を打ち明けることでイエスを裏切ったのだという。「イエスはふたりの弟子に秘密を漏らさぬようにと命じたにもかかわらず、彼らはそれを破った。ペトロはフィリポ・カイサリアで十二使徒にイエスがメシアであることを知らせたし、イスカリオテのユダはそれを大祭司に通報した」[5]

E・P・サンダーズはシュヴァイツァーの説に準じて、「ユダが……イエスと彼の一団がイエスを『王』と考えているといって密告をした」と書いている。そしてさらにはっきりと、ユダはイエスが主張したことをそのまま祭司長たちに告げたのだと説明した[6]。それは「彼ら（祭司長たち）が手に入れたいと思っていた最終情報だった。ピラトに差し出すことのできるもってこいの告発材料だったのである。それが『トラブルメーカー』といった一般的な告発の材料より、はるかに決定的な効果を持つことは確実だった」[7]

サンダーズもまた、イエスを生まれ変わった神の代理人と見ていた点では、基本的に他の多くの学者と同じだった。が、サンダーズはイエスが神殿で大暴れをした事件（神殿から商人を追い出した）を、実際にダが、「王」となろうとする意図を持っていたからではなく、イエスがそのような行為をしたことを、神殿を取り巻く当局側の人々が、ユダヤの律法の観点から、それが重大な騒擾を引き起こしたものであるとして事件にした。サンダーズは言う。

起こった歴史的な事件として受けとめている。そしてこの事件がイエスの小集団に、イエスが自分を「王」と見なしていること、少なくとも神殿の王と見なしていることを伝えたのではないかという。そして、イエスがエルサレムへ勝利の入城をしたこともまた同様な効果をもたらした。この入城はたしかに、多くの民衆を巻き込む騒動を引き起こしたからである。サンダーズはまた、イエスの引き起こした「スキャンダル」は結局のところ次のようなものだと考えた。つまり、イエスは人々に王国へきたれと申し出た（許しと寛大さ）。そしてその際、通常ならば求める施しものをいっさい要求しなかった（償い）[8]。

が、このような「スキャンダル」が結果的にイエスを十字架へと追いやったと想像することはちょっと難しい。施しを要求しなかったことが、火急の問題につながったと考えるのもあまりに信用しがたい。いずれにしても、サンダーズはまた、少なくともひとりの罪深い男ザアカイ（彼は徴税人の頭だった）が施しを申し出たことを書き留めている（ルカ一九・八）。がそこでは、イエスが彼を押しとどめて、他のことをするように（施しは不要だと）説得したとは報告されていない。したがってこれを、施しものについて、イエスの行為とユダヤ教の習慣とを調和させようとしたルカの試みと考える必要はないだろう。

さらにサンダーズは、神殿でイエスが見せた示威行為を大衆の秩序を乱す威嚇としてとらえた。したがってわれわれはもはや、イエスの逮捕を要求するのに十分なイエスの攻撃的な行為を、「これ以上探す必要はない」という。「イエスの行為は、実際にイエスが商人を追い出した行為にとどまることなく、彼に従いついてきた、人目につきやすい追随者たちの群れをともなっていた。これこそイエスを死へと導いたものので、イエスの死を説明するものでさえある[9]」。イエスの死についてはたくさんの要因があった。サンダーズがリストアップしたものは、まずイエスの常軌を逸した自己主張、それに彼が引き寄せた群衆。そして、必要以上に神経質になっていたユダヤ当局の支配者たち。彼らはローマ人に対して、群衆を罰する機会を与えることができないためにいらだっていた。そしてそこにはもちろん、ローマ側の心配の種もあった。それは過越祭に必ず現れる預言者たちや、彼らに追随する大衆への対応である。「銃はすでに引き金に指がかけられた状態だったのかもしれない。が、引き金を引いたのはまちがいなく、イエスが神殿で行った示威行為だった(10)」

サンダーズ教授はここでまた、ユダがイエスのグループを離脱した理由について推測している。「ユダの離脱はおそらく、このような勝利（地上で王国が誕生し、世界の状況が一新されること）の実現する可能性がまったくなくなったことが明らかになったとき、ユダの心に失望が生じたためだろう。離脱はこの失望に由来するものかもしれない。そしてそのときには、ユダの他にも多くの離脱者が出たにちがいない(11)」

ブルース・チルトンはユダの裏切りを、ユダが何かを密告したことに限定している。ユダがユダヤ当局に何らかの情報をもたらしたというのである。とりわけここでチルトンは、ヘルベルト・プライスカーの立場に接近することになる。イエスが神殿で商人たちを追い出したあと、ユダはイエスと食事をともにした。その食事の特徴（これについてチルトンは内容を明記していない）を当局に漏らしたという。「実際、この食事の意味は、ユダがだれかに告げずにはいられないほど価値のある情報だった。その段階で、ユダがこの食事についてどれほどのことを考えていたのかはわからない。が、いずれにしても、自分たちのイデオロギーを掲げるユダヤ当局へユダが密告した情報は、あきらかに彼らを行動へと駆り立てることになった(12)」

同じような意見はそれより前にもプライスカーによって提示されていた。プライスカーはユダの密告した内容は、「彼がイエスとの別れの晩餐で、弟子たちとともに経験したこと」だったという。この食事中に、それもとりわけパンについてイエスが述べた言葉の中で、イエスは自分がメシアであることを明らかにした。そして弟子たちに、イエスの死によってはじまる王国、そこで実現する救済の一端を示してみせた。こうしてイエスは決定的ともいえる手段で、自分の人格が王国の到来と結びついていることを示した。ユダがイエスとともにした晩餐は、「新しい王国が勝利したことを祝う宴であり、姿を現しつつあった王国の中でイエスが持った特別の場所だった。そしてその宴は、イエスと弟子たちが過ごした最後の数時間の中心に置かれたイベントだった。そんな事情がこの宴に興奮と、他の宴に見られない雰囲気をもたらした。そしてこの宴の情報こそ、ユダが祭司長へもたらした情報のすべてだったのである」[13]

ユダは「イエスたちの集合場所以外には、何ひとつ『密告』をしていない。むしろ彼は『引き渡した』のだ」[14]といっているのはマルティン・ディベリウスだ。

もしわれわれがこの線にそって思考を続けていくと（彼の解釈は、この場面で使われているギリシア語の意味にかなり近いものなので、非常に都合がよい）、われわれはなお、次のような問いかけをしなくてはならない。それならなぜ、ユダはあきらかに自分に属していないもの（自分が所有していないもの）を人に「引き渡す」ことができたのだろう。「パラディドーミ」（引き渡す）は、ヨセフスの書いたものや他の古典文学で使用されるときには、つねに、戦争で得た捕虜や財産（自分が所有しているもの）を引き渡すときに使われていた。別のいい方をすると、何かを人に引き渡すときには、引き渡すものや人は、つねに自分の手中に握られていなくてはいけないことになる。どのテクストを見ても、このギリシア語が「裏切る」という意味を持って姿を現すことはなかった（九八―一〇八ページを見よ）。

ユダが裏切り、暗黙の内にイエスを引き渡したとするすべての意見には、ひとつだけ非難を受けやすい点がある。それはイエスがみずから保持していた強い自信だ。これは福音書によってわれわれにも十分に伝えられている。そこではあきらかに、イエスが自分の運命を引き受けているように描かれていた。ペトロもイエスの母も、イエスの兄弟姉妹も、そしてユダの「裏切り」でさえ、イエスから自信というオーラを取り除くことはできなかったし、彼の確固とした目的を剥奪することもできなかった。「福音書によれば」、イエスが「引き渡された」ことは、すべて神の意志によるものと終始一貫主張されている。だとしたら、この神の意志を実行に移した人物（ユダ）が、一方的にそしられ、嘲笑を受け、口汚くののしられることがはたして許されることなのだろうか。

A・E・ハーヴェーはパラディドーミの「意味の広がり」を論じて、すばらしい成果を上げている。「実際、この言葉の意味は、ヘブライ語や英語でこれに相当するどの言葉とくらべてみても、いちだんと広い意味を持っている[15]」。彼の調査によると、パラディドーミにはふたつの用法があるという。(1)純粋に技術的な用法。「イエスをユダヤ人の手に、ピラトに、処刑台へと引き渡す」という使い方。(2)それよりさらにミステリアスで、神学的にも重要な用語法。ここでは、それが預言者イザヤと結びついている。とりわけ七十人訳聖書（セプトゥアギンタ）では、この言葉がイザヤ書五三・六、一二で三度使われている。どの箇所も、ヘブライ語の文脈では必要とされていないのに使われているのである。が、ハーヴェーの論立てを台なしにしてしまうのは、次のような主張による。「イスカリオテのユダについても同じ言葉が使われているが、その場合にはあきらかに、ただ引き渡すという意味ではなく『裏切る』という意味で使用されている[16]」

が、しかしそれなら、イエスがユダによって「裏切られ」、油断につけ込まれて逮捕されたと考えるとどのようなことになるのだろう。ふたたび福音書に書かれていることを見ると、すべての福音書が口をそろえて、イエスはユダが行おうとしていたことを予言していたといっている。実際、福音書は、イエスがことさらユダを名指しで選んで、彼に自分のしたいことをするように促したと書いている。福音書記者の中にはこれを非常に理解のしがたいことだと感じた者たちがいた。そこで彼らはやむなく、ユダの行動の時刻を定刻より前にもってこざるをえなくなった。が、幾多の証拠から見てとれるのは、ユダが終始一貫してイエスの弟子であったこと、そしてユダは、イエスから命じられたことだけを実行したということだ。このことについてはもちろん、イエスはすでに十分に準備をしており、ユダの行為もその時点に限られていた。もっとも古い資料によると、イエスを「裏切る」役目がユダにあらかじめ決められていた事実はなく、弟子たちのだれもがその役に選ばれる可能性があったという。

さらに明白だったのは、その仕事が「イエスを裏切る」ことではなく、「イエスを引き渡す」ことだった。この事実が必然的にともなうのは、行為のさらなる分析の必要性である。というのも引き渡すということは、イエスを拘束したいと願う人に、イエスを引き合わせる機会を作るということで、それ以外に何ひとつ意味を持たないからだ。それより前に、イエスが逮捕を逃れる時間が十分にあったとしよう。が、たとえそれ（逮捕を逃れること）をイエスが望んだとしても、もはやユダヤ当局から逃れることなどできないと考える理由すらそこにはなかったのである。

福音書はまた、弟子のだれひとりとして、イエスが十字架刑に処せられることを、ほんの一瞬でも思った者はいなかったといっている。そして、イエスをユダヤ当局の人々と引き合わせたとき、ユダがみずから片棒を担いでイエスを死に至らしめようと考えていた、と類推できる理由もまったくなかった。イエスはその一生を通じて、そして死に臨んでいたときでさえ、自分自身に対してつねに全責任を負っていた。したがって、イエスと彼に敵対する者たちがどんな場面で遭遇しても、イエスに勝利の女神がほほえむのは理の当然だとユダが固く信じていたのも十分にうなずけることだった。が、しかし、これについてはわれわれはけっしてその全貌を知ることはできないだろう。

もっとも早い時期の資料によると、ユダはイエスから命じられないかぎりは、何ひとつしなかったといっている。のちに福音書の最終編纂者たち（それはルカにはじまり、マタイ、ヨハネと続く）はこの事実を、理解するにはあまりに困難だと感じた。そして彼らは、ユダの行為を説明するには、暗い動機を持ち出すより手はないと考えたのである。が、しかし、さすがの彼らも、ユダを批判する言葉をイエスの口からしゃべらせることはできなかった。そしてイエス自身も、ユダの行うことが罪に値すると考えていたなどと、勝手な推測をほのめかすことすらできなかったのである。ユダがイエスと顔を合わせる場面ではどこでも、われわれが知ることになるのは、常軌を逸した弟子に対して、主がとる異常なまでに穏やかな態度だ。イエスがユダを諭す場面でも、イエスは驚くほど慎ましやかにそれを行った[17]

ユダが重大な罪を犯しているのではないかと、もしイエスが疑っていたとしたらどうだったのだろう。それはたとえば、メシアを裏切る罪だったり、メシアの意向にそむいて、あるいは神の意志にそむいてメシアを死に至らしめた罪だったり、あるいはメシアの計画を頓挫させた罪だったり、そんな重罪である。そのときにはおそらく、イエスもユダを叱責したことだろう。イエスがペトロを厳しい言葉で叱ったときのように。「サタン、引き下がれ」（マルコ八・三三／マタイ一六・二三）。マルコはペトロを叱っているイエスに言及して、「エピティマオー」（叱責する）という言葉を使っている。この言葉はさすがに強く感じられたのか、マタイでは使われていない。しかし、それは他のところで、イエスが悪霊や不浄な霊に呼びかけるとき（マタイ一七・一八）に出てくる言葉だった（マタイはこの箇所を含めて同じ言葉を七回ほど使っている）。「エピティマオー」はまた、ルカによっても使われている。共同体の中で、だれかが罪を犯したときには、その者を戒めなさいとイエスがいったときに使われた（ルカ一七・三）。この言葉が弟子たちの行動と結びついて、そのつど頻繁に出てくることを思うと、ユダの物語でそれがまったく登場していないのは意味深いことのように思われる。叱責の言葉に代えてイエスは、ユダを「友よ」と呼びかけた。イエスがこんな言葉で呼びかけるのは弟子たちの中でも唯一ユダだけである。マタイやマルコによれば、イエス逮捕のときには、ユダに対してイエスは熱いキスをしたというではないか。

ふたりが最後の晩餐のときや、ゲッセマネの園で顔を合わせたときなど、受難物語中の場面でイエスはユダに次のような言葉で話しかけている。

「先生、まさかわたしのことでは」と言うと、イエスは言われた。「それはあなたの言ったことだ」（マタイ二六・二五）

それから、（イエスは）パン切れを浸して取り、イエスカリオテのシモンの子ユダにお与えになった。ユダがパン切れを受け取ると、サタンが彼の中に入った。そこでイエスは、「しようとしていることを、今すぐ、しなさい」と彼に言われた。（ヨハネ一三・二七）

こうしてイエスとユダは、イエスの逮捕のときに、ゲッセマネの園で再会する。そのときイエスはユダにいった。

「友よ、しようとしていることをするがよい」（マタイ二六・五〇）

ルカでは、ちょっと違った書き方がされている。

「ユダ、あなたは接吻で人の子を裏切る（引き渡す）のか」（ルカ二二・四八）

イエスはユダに丁重に、しかも親近感を持って話しかけた。が、それだけではない。後世の作者たちもまた、ユダについて語るとき、カール・バルトがいったように「おどろくべき冷静さ」で語りかけている。(18)もし先に引用した言葉の中に、あえて譴責の影を探そうとすれば、それはもはや憶測に頼る以外に手はないだろう。イエスがいつも弟子たちを叱責するときに取っていた態度も、ひとたびユダに対するときにはその痕跡すら見られなかった。

さて、これにはまったく反対の意見もある。ここにあるのはローマン・ハラスがユダについて書いた博士論文だ。四〇年ほど前に、アメリカでも指折りの大学で提出されたもので、それはユダが、イエスを「裏切る」ような重大なあやまちを犯していないという意見をことごとく否定するものだった。論文はユダに下された「永遠の運命」について二〇ページに及ぶ紙面をさいている。

ハラスはユダの確実な破滅の予言が、まったくあやまりのなかったものだと信じている。「いつわりの弟子」の破滅は、キリストが彼に対して示さなくてはならなかった配慮の不足によるものではない。ユダは聖書が実現するようにして破滅した。救いは彼の罪によって不可能になったのではなく、それはユダが最後まで悔い改めることがなかったからである。彼は「キリストの死刑執行人（ユダ）に授けられた、神の慈悲や許しを受けることなどとてもできない」。ハラスは次のように主張している。ユダは絶望したために、神の全能を受ける道をみずからふさいでしまった。そして、ほんのわずかな悔恨でもよし、真実の悔恨を見せることによって自分の罪を取り消すことを拒否してしまった。それゆえにユダは、彼にふさわしい罪として、永遠に終わることのない地獄の責め苦にさいなまれることになった。そして、たとえ神の慈悲が率先して彼のために救いの門を開けようとしても、地獄の拷問に終止符が打たれることはなかった。[19]たしかに「イエスは彼（ユダ）に対して意を尽くし、機会を見ては、裏切りの目論みを捨てるようにと説得した」（が、これについてはテクストの引用がなされていない）

ハラスがユダを地獄へと送り込んだ理由が（ユダは神の哀れみに「値しなかった」）、とりわけ隠された部分を明らかにしてくれる。その理由はアウグスティヌス（三五四―四三〇）から直接もたらされたように思われる。アウグスティヌスは、ユダが改悛の情を示したことは認めるのだが、結局のところ、ユダは絶望して、神の慈悲をあきらめてしまっていると結論づけた。そのために、「彼（ユダ）は慈悲を受けるに値しなかった。そしてこれこそ、彼の心中に一条の光が差し込み、裏切った相手に許しを乞うために、その者のもとへと彼を急がせることなく終わらせしまった理由だ」[20]

今日ではユダの罪や運命について、これほど確信を持って語る学者はほとんどいない。たいていの者は、イエスのメッセージの中心に、神がその愛に値しない者でさえ愛する（というより、神は愛に値しない者をとりわけ愛する）という主張のあることを認めているからだ。伝統的な見方がますます挑戦を受けつつある理由としてひとつ挙げることができるのは、ユダに対する非難のよりどころとなっているギリシア語「パラディドーミ」を、単に「裏切る」と翻訳することがもはや不可能になってきたことだ。[21]ここではじめてわれわれは、この言葉の意味の分析へと目を向けることになる。

## ユダは「イエスを引き渡した」――「パラディドーミ」という言葉

### 古典ギリシア語の用法

古典ギリシア語のスタンダードな辞書として有名な『リデル・アンド・スコットの希英辞典』には「パラディドーミ」という単語の基本的な意味を四つ挙げている。

1 他の人に与えること。手渡すこと。先生から生徒へ美徳のようなものを伝えること。文書類を伝えること。論争を引き渡すことなど。
2 都市や人を他の人の手に渡すこと。とりわけ人質や「裏切り、背信」などの罪を犯した者を。
3 みずから正義に没頭すること。
4 伝承、所信、教義などを伝えること。

この言葉の二番目の意味がわれわれの研究にとってはきわめて重要である。一九六八年に刊行されたリデル・アンド・スコットには例文が三つ示されている。が、どの例文を見ても、「裏切る」という訳語があてはまるものはない。そこでは「裏切りや背信」のにおいすら嗅ぎとることができない。第一の例文はクセノポンの『キュロスの教育』五・四・五一からの引用。しかしここでも、パラディドーミを「裏切る」と訳したのでは意味をなさない。あきらかにこの言葉は「引き渡す」か「手渡す」だろう。[22] 次のパウサニアス『ギリシア記』一・二・一でも同じで、ここでもはやりパラディドーミは「引き渡す」という意味だ。

以上の二例は現にそのように訳されている。[23] 三番目の例は同じくクセノポンの『キュロスの教育』五・一・二八から。ここでも「武器を裏切る」では意味が不明。あきらかに「手渡す」か「引き渡す」だ。

さて、最後にバウアーがポセイドニオスの断片の中から引用したものがあるので、これを例に挙げてみよう。ここではパラディドーミが、「ユダがイエスを裏切った」ときに使われた言葉と同じ意味で使われているという。しかし、ポセイドニオスのテクスト（八七・断片三〇・五〇）を見てみると、パラドテイス（引き渡す）が使われていて、これはあきらかに他の箇所に出てくる（F二四七・一三四）「プロドシア」（裏切り）とは異なっている。[24] 同じパラドテイスという言葉はポセイドニオスが引用しているアテナイオスの『宴席の智者』五・二一三にも出てくる。アテナイであるとき、アテニオンによる演説があり、その中で、クイントゥス・オッピウスというローマの指揮官が「（ミトリダテス［アナトリア北部のポントゥス王］に）『引き渡され』（パラドテイス）、今では捕虜として彼の軍列に従っている」と報告された。ここでもまた、少しあとに似たような文脈の中でプロドシアという言葉が出てくるが（二一四・c）、こちらはどう見ても「裏切り」という意味である。[25]

結論としては次のようなことがいえるのだろうか。古代の古典ギリシア語のテクストでは、パラディドーミが「裏切る」という意味で使われたことは一度もなかったということだ。「裏切り」という意味合いを含ませて使われたことすらなかった。したがって、もしそれをほのめかすような辞典があったとしたら、それはギリシア語の意味をその使用例から探ろうとするわれわれの作業を助けてくれるものではなく、むしろ、言葉を神学的に取り扱うという罪を犯しているものと見ていいだろう。「裏切り」の意味合いを含んだパラディドーミはパピルスを探してみても一語として見つからない。[26]

## 七十人訳聖書（セプトゥアギンタ）の用法

ヘブライ語聖書（ユダヤ教の聖典。キリスト教でいう旧約聖書）のギリシア語訳「七十人訳聖書」は紀元前二〇〇年頃に作られたものだが、その中にもパラディドーミは何度も出てくる。そしてそれをヘブライ語の動詞にもどすと二〇以上の数になる。たいていは「だれかを、あるいは何かを敵に引き渡す」という意味で使われている。ビュクセル[27]は新約聖書で使われたパラディドーミが、もとをただすとヘブライ語の「マサル」ではないかという（たしかにこれは推量にすぎないのだが）。ケーラー・バウムガルトナーはこの語が一度だけ旧約聖書で使われていると指摘する（民数記三一・一六）。ただし「意味は不明」だと書いている。このマサルという言葉は、エイブラハム・イーヴン・ショーシャンが編んだ用語集でも、旧約聖書に二度出てきたとしてリストアップされている（民数記三一・五と三一・一六。後者のマサルはアメリカ標準訳聖書と改訂標準訳聖書では「裏切る」の意味にとられており、七十人訳聖書とエルサレム聖書、新国際聖書などではこの意味にはとられていない）。民数記三一・五のマサルはあきらかに軍隊へ「徴兵する」の意味だろう。歴代誌の作者にとってもマサルという言葉自体には、どう見ても「裏切る」の意味はない（歴代誌上一二・一八にはマサル「引き渡す」のあとに、わざわざ「もしわたしを欺いて」という言葉が添えられていることからもこれは明らかだ）。ヘブライ語の「ラマハ」という語が創世記二九・二五に出てくる。そこではヤコブがラバンにだまされるのだが、他にもこの語はいろいろなところで顔を出す。ヨシュア記九・二二では、ギブオンの住民のごまかしが述べられており、サムエル記上一九・一七では、サウルがミカルに欺かれる。それもダビデを逃すためだった。さらに同書の二八・一二では、エン・ドルからきた口寄せ女がサウルをだます場面で使われている。そして、サムエル記下一九・二七では、サウルの孫メフィボシェトが僕《しもべ》に欺かれる。また、箴言二六・一九、それに歴代誌上一二・一七でも、あきらかにこの語は、欺くあるいは裏切るの意味で使われている。箴言二六・一九を除くとそれぞれの場面で、七十人訳聖書はラマハの訳語としてギリシア語の「パラロギゾー」（欺く、裏切る）をあてている。われわれはここで結論として、「引き渡す」という言葉（マサル）とギリシア語聖書との結びつきがけっして否定的なものではない（使用上の意味が連続している）といってよいだろう。

さらにこのことは、旧約の偽典（旧約中の名前を借りて、旧約の時代に書かれたように見せかけたもの）でも確かめることができる。アルバート・マリー・デニスによって刊行された用語集には、動詞の「パラディドーミ」が四三回出てきたことや、「プロディドーミ」（裏切る）が二回、「プロドテース」（裏切り者）が同じく二回出てきたことが記されている。パラディドーミが出てきた場面ではいずれも、この動詞に裏切りの意味はなかった。動詞の意味は、有益な引き渡しを示す行為から、敵に引き渡すこと、さらには死へと引導を渡す意味まで多岐にわたっていた。たとえば、ヨセフの妻になるようにと「引き渡された」(28)アセナトは、これでは自分が捕虜として扱われることになると不満をもらした（ヨセフ・アセナト四・八—九）。

われわれが心にとどめておかなければいけないのは、まず、四福音書が現れるまでは、どんな書物の中でも、パラディドーミが「裏切る」という意味で使われた例がなかったことだ。ギリシア文学でさえ、この言葉が「秘密を密告する」の意味で使われたケースは一度としてなかったとヴィアルト・ポプケスは記している。

福音書でパラディドーミがどのように使われているかを知るためには、この言葉のもっとも重要な側面を見る必要がある。それが現れていたのがイザヤ書五三（主の僕《しもべ》の苦難と死が述べられている）だった。ここではパラディドーミが三回使われている。その内の二回（五三・六、一二）は、ヘブライ語のテクストから見て、わざわざ使う必要のないものだったかもしれない。(29)ルカ二二・三七を別にすると、イザヤ書五三はイエスによって、一度も引用された形跡がない。にもかかわらずH・ヴァルター・ヴォルフは次のような主張をしている。イエスのもっとも印象的な言説の中に、イザヤ書五三からの引用が見つからないのは確かなことだ。が、イエスが個人的な決意をするときにも、あるいは弟子たちへ教えを垂れるときでも、重要な役割を演じているのはまぎれもなくこのイザヤ書五三である。これはだれしもが簡単に見てとれることだ。「いわばイエスは、イザヤ書五三を片手に携えて死へおもむいた」といえる。ヴァルター・ヴォルフは、イザヤ書がイエスに及ぼした強い影響と、イザヤ書からの引用の欠如との間に見られるコントラストを、イエスがヘブライ語聖書とつながりを持つ、その持ち方のユニークな特徴としてとらえている。(30)が、イエスにしてみればイザヤ書をことさら、自分の知識の貯蔵庫から持ち出す必要がなかったのかもしれない。というのも彼はつねに、何人かの預言者の持つ価値体系の中にどっぷりと浸って暮らしていたように思えるからだ。ゼカリア書一三・六―九もまた、イエスの最後の日々、彼の心中に去来していた章句ではなかったか。(31)そこには、友人の家で傷ついた預言者の悲しげなモチーフがあり、「羊飼いを撃て、羊の群れは散らされるがよい」という言葉もあった(一三・七)。

また、ここで忘れてならないのは次の点だ。地におとしめられた指導者が、やがて高められていくというテーマは、何もヘブライ語聖書に限られたものではない。これはまた、キュニコス学派(犬儒学派)やストア学派の考え方の中でも大きな場所を占めていた。イエスが王という名称を与えられたという考えは、キュニコス学派やストア学派の人々にとってもいちだんと魅力的なものだったかもしれない。それもまさしく屈辱というテーマのためだったろう。したがって、キュニコス学派やストア学派の人々が初期のキリスト教に惹かれていったことも十分に理解ができる。(32)

## ヨセフスの用語法

紀元一世紀に生きたユダヤ人のヨセフスは、もっとも多産な歴史家だった。その彼がパラディドーミを二九三回使っている。が、そのうちのどれひとつをとってみても、それをまともに「裏切る」という言葉で訳すことはできない。「裏切り」という言葉については、ヨセフスはすでに完璧なまでにそれにふさわしいギリシア語を使っていた。それは「プロディドーミ」（裏切る）かもしくは「プロドシア」（裏切り）である。ヨセフスはこのふたつの言葉を二五回使っている。裏切り者については「プロドテース」を使い、二二回に及んだ。とりわけ興味深いのはヨセフの物語を語る箇所で使った動詞パラディドーミの使い方だ。そこでは、ヨセフの兄弟たちが、「神の意志で彼らのもとへと引き渡された」ヨセフをよろこび迎えているさまが描かれていた（『ユダヤ古代誌』二・二〇）。そのあとでヨセフスは、エジプトのファラオがヨセフへ官職を授けたことを語っている（二・八九）。同じヨセフの物語で、さらに父のヤコブは、ヨセフの要求を受け入れ、兄弟たちに末っ子のベニヤミンを送り届けた（二・一一八）。そして、兄弟たちは、ベニヤミンを救い出すために、みずから罰を受けることを願い出る（二・一三七）。今ここに挙げた文中では、ことごとくパラディドーミが使われていた。が、ユダが父のヤコブやヨセフを裏切る場面、それにこの物語に出てくる背信の場面では、一度もパラディドーミは使われていない。

ヨセフスはむしろこの言葉を、奴隷や領土、それに資産などの譲渡を描写する際に多用している。さてここで、ヨセフス自身の古典的ともいえる「裏切り」の場面を見てみよう。ローマ軍がヨデファトを包囲したとき、ヨセフスは同胞や仲間のユダヤ人を裏切ってローマ軍へ寝返った。このときに彼はみずから懇願して、自分は「裏切り者（プロドテース）としていくのではなく、あなたがたの使節（ディアコノース）としていくつもりだ」といっている。[33] が、ヨセフスは臆病者とののしられ、裏切り者とそしられた（『ユダヤ戦記』三・四三九）。そして、ここで使われている言葉が福音書の中に出てくる「パラディドゥース」（引き渡す者）ではなく、「プロドテース」（裏切り者）なのである。ヨセフスは最終的に、神こそ「引き渡す」行為の主体だと考えていたようだ。ヨセフスはウェスパシアヌス（ローマ皇帝）に、神の方が指揮官としてはウェスパシアヌスより数段まさっていることを思い起こさせる。その理由は、神が何ひとつ苦労をすることもなく、ローマ軍にユダヤ人たちを「引き渡す」ことができるからだ（四・三七〇）。ここでも使われているのはやはりパラディドーミだった。

パラディドーミの詳細な研究をセスラ・スピックがしている。彼はこの言葉の用法をていねいに分類した。四つのカテゴリーに分類して彼は次のような結論を引き出している。旧約聖書の中で使われたパラディドーミはおおむね、軽蔑的かあるいは侮蔑的な意味合いを含んでいるという。神が「引き渡し」をしたときには、その結果はだいたい凶と決まっていた。さらにスピックは、新約聖書が「この神学をそのまま受け継いでいる」というのである。が、そこにはまた、スピックにとって新しい発見もあった。それはこの言葉がイエスの受難劇で使われたときには、もっぱら専門用語の役割を果たしていたことだ。「まず第一にこの語は、法的なそして司法上の言葉として受けとめられた。が、その上で、さらに道徳上、あるいは心理学上のニュアンスと神学上の価値観を持つ言葉として使われた。したがって、『パラドシス』（引き渡し）はまた『裏切り』（プロドシア）の意味としても使われた。そして、イスカリオテのユダはつねに『ホ・パラディドゥース』（引き渡す者）と呼ばれたが、これはすなわち『裏切り者』、イエスを裏切った、あるいは今なお裏切っている者の意味である」[34]。さらに、パラディドーミという動詞は、「しばしば言外に犯罪のニュアンスを意味することが多いという。……だれかの信頼を裏切ること」[35]とスピックはいう。そして、ヨセフスに付した脚注でも、自分の説を裏付けることができたと述べている。さらにスピックは次のような主張をした。つまり、初期のキリスト教徒たちはキリストの死を痛みや苦しみとして受けとめるより、むしろ「背信の結果」に重きをおいて受けとめていたという。また、受難劇で使われた「引き渡し」という語は、ことごとくキリストが「裏切られた」という意味だとも断言をしている。が、このような言説をスピックが続けているかぎり、彼はますます自分の追求する明証性から遠ざかっていくことになるだろう。十字架の不幸は肉体的な苦しみより、むしろ裏切りによる精神的な苦しみにあったとスピックはいうのだが、たしかに彼の結論は、万にひとつの割合で正しいということがありうるかもしれない。が、その結論はけっして、彼が引用した証拠を下敷きにして築き上げられることはないだろう。スピックはまったく道に踏み迷い、辞書学から完全に遠ざかってしまっているのだから。

ここでも、パピルス中に裏切るの意味でパラディドーミが使われた例が皆無だったことには言及がなされていない。いずれにしても、スピックがヨセフスから引用したパラディドーミの用法は、ことごとく、彼の説と相容れないことは明々白々だった。彼はふたつの言葉──プロディドーミ（裏切る）とパラディドーミ（引き渡す）──を絶望的なまでに混同している。ここでいえることは、神学が辞書学の境界を定めてしまっていることで、その逆の道は完全に閉ざされていることだ。

われわれは次のような結論を下すことができるだろう。たしかにヨセフスはパラディドーミという動詞をしばしば使ってはいる。が、それが「裏切る」と訳されるときには、まちがいなくそれは誤訳だということなのである。

## 新約聖書の用法

ギリシア語で書かれた新約聖書（新約聖書のギリシア語は古典ギリシア語とはだいぶ違っている）の語彙集

（レキシコン）を編んだのはヴァルター・バウアーだが、彼は「パラディドーミ」の意味を四つほど挙げている。

1　人を引き渡す。「(a)ものあるいは(b)人を引き渡して拘禁・保管の状態にする」[36]。「対格と与格をともなって、とりわけ、マタイ二六・一五／マルコ一四・一〇／ルカ二二・四、六／ヨハネ一九・一一などで、イエスがユダに裏切られる場面で使われている」（傍点著者）。バウアーはここでなぜこのような結論を引き出してきたのか、その理由を述べていない。辞書学者が「裏切り」という言葉を持ち込んできていることには、十分注意をしなくてはならない。これが新英訳聖書（ＮＥＢ）の中でマタイ二六・一五「あの男を裏切ってあなたたちに引き渡せば、いくらくれますか」[37]（日本の新共同訳では「裏切って」の部分がない）のようなとんでもない訳を導き出すことになった。

2　託する。ゆだねる。委託する。

3　口承を伝える。物語る。教える。

4　許す。与える。

ユダの行動に関連して、もっともよく使われている動詞はパラディドーミだ。この語は新約聖書中、一二二回出てくる。その内、五七回がイエスの逮捕に関係した場面で使われている。しかもその内一八回が、受身形で出てくる。たとえば、「人の子は引き渡されなければならない」といった形だ。この動詞が直接ユダに関わって出てくるのは四四回だが、欽定英訳聖書（ＫＪＶ）ではその内四〇回のパラディドーミが「裏切る」と訳されている。が、この言葉の意味は多様でなかなか一筋縄ではいかない。新約聖書では、パラディドーミはしばしばユダに関連していない場面でも使われている。

パウロはけっしてユダについて語ることはなかった。が、イエスが引き渡されたという言い伝えについては繰り返し語っている。しかしその場合でもいったいだれがイエスを引き渡したのか、という点については触れることがなかった（コリントの信徒への手紙一、一一・二三）。同じ動詞（パラディドーミ）はローマの使徒への手紙四・二五でも、パウロによって神学的な文脈の中で使われている。「イエスは、わたしたちの罪のために死に渡され」た。ローマの使徒への手紙八・三二では、みずからの御子を引き渡すのは神自身であったし、ガラテヤの信徒への手紙二・二〇ではイエスはみずから死へと身を引き渡した（これはエフェソの信徒への手紙五・二、二五でも同じ表現が見られる）[38]。

パラディドーミの意味は幅が広い。そしてそれが、この言葉を取り違えて「裏切る」と訳してしまうわれわれのあやまちをいちだんと強調することになる。前にも述べたことだが、パラディドーミの翻訳がさらなる誤解を招き、しばしば人をあやまらせる結果を招いてしまう。が、この問題は聖書関連の文書では、まったくといっていいほど周辺に追いやられてしまっていた[39]。パラディドーミがイエスの逮捕に関連して出てくる例で、もっとも時代のさかのぼるものとしてはコリントの信徒への手紙一、一一・二三がある。ここではユダの名前は記されていない。テクストはだれがイエスを引き渡したのかについて明記していない。そのためにわれわれは、次のような結論を下しても許されるだろう。つまり、ユダが裏切り者だとする伝承は、パウロが書いたものの中には見当たらないし、それより以前の、最古層の伝承中にも見つけ出すことができない。

これは重要なことなので強調されていいことなのだが、初期のキリスト教の共同体にとって、イエスの逮捕・裁判・死の劇を通じて鍵となるふたりの役者は、何といってもイエスと神だった。そして、このふたりの動向が劇の中心となっていた。したがって、他の者たちのしたことはすべて劇の枠組みか装置にすぎなかった。それゆえに、ユダがしたこと、あるいはしなかったこと、とりわけユダの行いを非難することにエネルギーを費やすことは、劇の大切なテーマを曖昧にし、見失ってしまうことになる。

パラディドーミの受け取り方によってイエスとユダが、重大な判断ミスにさらされてしまうのを恐れて、学者の中には、次のような推測をする者たちもいた。それはイエスが神殿で大暴れしたときに、ユダが祭司長たちによって逮捕されてしまったというものである。そしてユダは彼らによって、イエスの逮捕が可能な場所を否応なく自白させられたという。[40]

その後のキリスト教会は、あまりにもユダの悪徳というものに焦点を当てすぎたのではないだろうか。そのためにかえって、人々に救いを与える奇跡的ともいうべき神の恩寵、それもユダの中でさえ働いていた恩寵を見失うことになってしまった。さらに重要なことは、教会がパラディドーミ（引き渡す）という言葉が保持していた、はるかに早い時期の相貌（それはパウロの書いたものや福音書の資料に見られたものだ）をも見失ってしまったことだ。そして、この言葉がイザヤ書の中に持っていた神学上のルーツや、歴史上のイエスの生涯が持っていたキリスト論上のルーツを無視する結果になってしまったのである。

したがって、もっとも早い時期に登場したパラディドーミという言葉が、あきらかに示唆しているのは次のようなことだろう。イエスの死に関連してパラディドーミが出てくる箇所が五九ある。現代語訳を見てみると、その内、ユダについて述べていない二七カ所では、パラディドーミが「引き渡す」と訳されている。それに対して、ユダに関連した三二カ所ではそれが「裏切る」と訳されていた。ふたつはまったく同じ「パラディドーミ」という言葉なのにこの結果である。

さてここでは、あきらかに途中の経過が欠落している。われわれはここで視点を変えて、イエスが行った予言が初期にとっていた形について分析を進めよう。予言とはイエスが苦しみを受け、やがては死にいたるというものだった。予言の分析で明らかになるのは、イエスが次の三つの決まり文句を実際に使っていた可能性があることだ。

・私は苦しみを受け、律法の権力者（長老、祭司長、律法学者）たちから拒絶されなければならない。
・私は人々の手に引き渡されるだろう。
・見よ、私は律法の権力者たちに引き渡されようとしている。そして彼らは私を異邦人の手に引き渡すだろう。

三つの予言は次の箇所に出てくる。そして、三つの予言の核となっているものはすべてイエス自身にまでさかのぼることができる。

・マルコ八・三一／マタイ一六・二一／ルカ九・二二
・マルコ九・三一／マタイ一七・二二／ルカ九・四四
・マルコ一〇・三三―三四／マタイ二〇・一八―一九／ルカ一八・三一―三三

この言説の中には、正義の人が苦難をこうむるというテーマが埋め込まれていると記していた作者たちもいた。が、もっとも重要なのは、罪人たちの手に苦難の僕《しもべ》を引き渡したのが他ならぬ神だった点に注意をすることだ。ペッシュは次のように結論づけている。「暗い言葉は、苦しみを受ける正義の人の神学的な表現で彩られている。おそらくそれは苦難の僕に関わっているにちがいない。ユダヤ教がおびえて尻込みをしたあの僕、神が正義の人を見捨てたというあの僕である」[41]。宗教上の権力者たちとローマの政治上の権力者たちは、ひとまとめにして、単に「罪人たち」と呼ばれている。マタイ二六・四五とマルコ一四・四一によると、イエスはみずから進んで、自分の身を罪人たちの手に差し出した（「……弟子たちのところに戻って来て言われた。『あなたがたはまだ眠っている。休んでいる。時が近づいた。人の子は罪人たちの手に引き渡される。……』」マタイ二六・四五）。それも、神の意志に従うためだったのだが、イエスはこの先にあるのがただ死のみだということを知っていた。ときに評釈者たちは、イエスの死に関わった者にどれほどの罪があるのかについて判決を下そうとする。たとえばR・H・ライトフットは、ヨハネ一九・一一の評釈をしながら、「ピラトより罪深いのは祭司長たちだ。が、われわれは、ユダこそユダヤ人にもまして罪が重いと思う[42]」と結論づけた。

われわれが追い求めるテーマにとって重要なのは、イエスが苦難を受けるという言説が、しばしばその目印のようにして、パラディドーミという言葉をともなっていることだ。この言葉にはだいたい主格が明記されていない。しかもおおむね受身形で使用されている。ということはおのずから、言説の主語が神だという結論になる。ここでは、イエスが自分でこのようなことを考案したのではないとことさら考える理由もない。とりわけ、マルコはこれらの決まり文句に執着している。たしかに「罪人たち」や異邦人がより厳密に定義されるのは、のちの教会がこの決まり文句をギリシア語に移し、イエスの苦難と死に意味を持たせるよう模索しはじめたときだった。イエスにとって決まり文句は次の一文に集約される。

「私（人の子）は必ず多くの苦しみを受ける」

キリスト教の信仰によると、イエスはいくつかの葛藤ののちに神の意志を受け入れて、それに従った。イエスの完全な神への服従に照らし見ることにより、他の服従や不服従はそれぞれに見合った遠近法を見つけた。イエスは徐々に自分を、神の聖なる戦士として従事する者と見なすようになったようだ。そして「引き渡される」ということは、神が敵をイエスに引き渡すという従来の定式に従うものではなかった。むしろそれは逆で、神自身の非暴力の戦士、つまり苦難の僕《しもべ》が敵に引き渡されるということだった。さらにいえば、イエスみずからがわが身を敵の手に引き渡し、彼らのしたいようにさせたということである。このアイロニーにはさらにもうひとつアイロニーが付け加えられている。つまり、ユダヤ人の指導者たちに居場所を知らせて、イエスを「引き渡す」際、重要な役割を演じることになったのが、イエスの親しい友でもあったユダだったというアイロニーである。したがってユダは、イエスが神へ服従する過程において、いわば神の道具として働いたことになるのだろうか。が、これはどこから見ても聖戦を遂行する通常のやり方ではない。ましてやそれに勝利を収める従来の方法とはまったく違うものだった。

聖なる物語の第一節には、まず神の「引き渡し」という常套句が必ずある（七十人訳聖書の士師記四・七、一四を見よ）。定式的な表現として「わたし（神）は彼（敵）をお前の手に渡す」がある。[43] ところが福音書の伝統では、これとはまったく逆の文句が出現している。「人の子は人々の手に引き渡されようとしている」。[44] あるいは罪人の手に。[45] ルカだけがこの聖戦を二度くりかえし述べているが、それはイエスが磔刑に処せられたあと、遺体が収められた墓に輝く衣を着た人物がふたり現れ、婦人たちにイエスの言葉を思い出させる場面だ。そして婦人たちはそれを十一人の使徒たちに知らせる（「人の子は必ず、罪人の手に渡され、十字架につけられ、三日目に復活することになっている、と言われたではないか」ルカ二四・七）。

が、もしユダがこの聖戦について考えていたとすると、彼や他の弟子たちはイエスの話を次のように理解した可能性がある。つまり「引き渡し」の意味を、彼らの内のひとりが神の僕《しもべ》となって「敵」をイエスに引き渡さなくてはならない、という意味に取ったかもしれない。

　イエスの哲学を系統立てて作り上げていたのは、マタイの属する共同体だった。それはイエスが逮捕されたときに、イエスが二度目に語った言葉の中で表現されている。イエスは弟子たちに、剣を取る者はことごとく剣によって亡びることを思い出させる。逮捕にやってきた一団の好戦的な行為に、たとえ弟子たちが暴力で立ち向かおうとしても、とてもかなうわけがなかった。「わたしが父にお願いできないとでも思うのか。お願いすれば、父は十二軍団以上の天使を今すぐ送ってくださるであろう」（マタイ二六・五三）。ローマイヤー・シュマウホは、「軍団」という語はあきらかにローマ軍の意味を持つ言葉だ、したがって、この言葉を選択したことは意図的だろうと述べている。それに加えて、天使の数がおそろしく多い。十二という数も使徒の数におそらく関係があるだろうという。その上でイエスの言葉は、「暴力の行使をすべて禁止するとともに、いかなる場合でも非暴力に終始することを要求している」

　こまかな詮索は脇に置くとして、イエスの言葉の核心にあるものははっきりとしている。「逮捕者たちの間で捕らわれの身となっている者（イエス）は、天の勢力が自分のかたわらに控えていることを知っている。この勢力を前にしては、地上のちっぽけな勢力などたちまち煙のように蹴散らされてしまうだろう。イエスはこのことを十分に知っていたために、地上の勢力にやりたい放題の行動を許したのである。イエスはみずから天に助力を求めることを拒否した。……イエスが神との間に持っていた親密な関係は、天の勢力を求めて勝利を得るという形で表現されるものではなかった。むしろそれは、地上の勢力へ非暴力で服従するという形で表現された」(46)

ここで今われわれがいるのは、まさしく原初のキリスト教が持っていたキリスト論の中心であり、それはまた新しいメシア観とその教えの中心でもあった。

三〇年ほど前になるだろうか、この議論について基礎的な研究の成果がヴィアルト・ポプケスによって発表されたことがある。が、ユダの行動に関していえば、議論はとても価値ある程度にまで達しているとはいいがたかった。レキシコンに出てくる単語パラディドーミ（引き渡す）の取り扱いも十分とはいいかねた。が、そのためにかえって、ポプケスの処理がますます必要視されるようになったということはいえるだろう。とりわけそれは、ギリシア語の世界とユダヤ人の慣習に材料を提供することになった(47)。その結果現れてきたのは、パラディドーミという言葉が新約聖書の中で、他では見つけることのできなかったニュアンスを獲得していたという事実である。もっとも深刻なあやまちは、「裏切る」という意味を簡単に受け入れてしまったことだ。それは、パラディドーミが本来持っていた意味の中にはまったくなかったものだった。にもかかわらず「裏切る」という言葉は、聖書のすべての翻訳の中に、そしてほとんどの評釈の中にまたたく間に現れはじめたのである。

ここでしばし、ユダについて述べられていない箇所をのぞいてみることにしよう。それはわれわれにとって何らかの価値のあることだろう。たとえばパラディドーミは、祭司長がピラトにイエスを引き渡す場面でも使われている(48)。そしてイエスがさらに「ユダヤ人たち」に引き渡されるところや、（ヨハネ一八・三六）、さらには、使徒と同時代の人々によってイエスが引き渡される箇所（使徒言行録三・一三）でも同様に使われている。ピラトは十字架につけるために「（イエスを）引き渡し」た(49)。以上、ここまでに出てきたパラディドーミをすべて「裏切る」と訳すことはまったくばかげたことだろう(50)。が、それなのに、ユダが行動の主体となると、とたんに翻訳者たちは、終始一貫、すべてのパラディドーミを「裏切る」と訳してしまうのである。

シュヴァルツのこしらえた一覧表によると、福音書の中で、キリストの死に関連してパラディドーミが出てくるのは五九回だという。そしてユダに関連して出てくるのが三二回だった。それを挙げると以下の通り。

・マタイ一〇・四／二六・一五、一六、二一、二三、二四、二五、四六、四八／二七・三、四
・マルコ三・一九／一四・一〇、一一、一八、二一、四二、四四
・ルカ二二・四、六、二一、二二、四八
・ヨハネ六・六四、七一／一二・四／一三・二、一一、二一／一八・二、五／二一・二〇

ここに挙げたすべての箇所で、現代語の訳（改訂標準訳聖書、新英訳聖書［NEB］、エルサレム聖書）はことごとく、パラディドーミを「裏切る」と訳している。が、次に挙げる箇所、つまりユダが出てこないところでは、同じ行為が述べられているにもかかわらず、パラディドーミは「引き渡す」と訳されている。これはとりわけ注目に値する。

・マタイ一七・二二／二〇・一八、一九／二六・二、四五／二七・二、一八、二六
・マルコ九・三一／一〇・三三（二度使われている）／一四・四一／一五・一、一〇、一五
・ルカ九・四四／一八・三二／二〇・二〇／二三・二五／二四・七、二〇
・ヨハネ一八・三〇、三五、三六／一九・一一、一六、三〇

まず第一にいえるのは、パラディドーミを「裏切る」と訳すことが、ギリシア語の重大な誤訳であるということ。そしてそれは、共観福音書の記者たちに対してもかなり不公平な訳となる。彼らは自分たちがギリシア語でいわなかったことを、翻訳の段階でむりやりいわされることになるからだ。しかし、とりわけそれは、ユダにとってとんでもない不公平な行為となったのである。[51]

ここでまっさきにいわなくてはならないことは、ユダを裏切り者だと信じる人々があまりに多かったというただそれだけの理由で、言葉の用法をねじ曲げてしまうのはまったくの悪弊であるということだ。パラディドーミが「裏切る」という意味ではないことを認めつつ、なおユダがしたことを「裏切り」であると主張し続ける学者がはたしてどれくらいいたのだろうか、これはかなり注目すべき問いかけだ。

しかしおそらく、この歪曲は理解されてしかるべきものなのかもしれない。というのも、福音書の顕著な特徴のひとつが、「引き渡す」という行為に言及する場面以外には、けっしてユダが登場していないからである。つまり、「引き渡す」という行為を離れてしまうと、ユダを確認する手だてがなくなってしまうのだ。が、何はともあれ、ギリシア語の基本的な意味が、ユダの行為にはっきりと決断を下して、われわれを導いてくれることだけは確かだ。それはむろん教会のドグマでもないし、長い間のいい伝えでもない。考えてみると、動詞がもともと持っていなかった意味を使うのは、たしかに比較的たやすいことなのかもしれない。が、それならはたして、パラディドーミの本当の意味とはいったい何なのだろう。

ルカ六・一六では、名詞の「プロドテース」（裏切り者）が、本来なら「パラディドゥース」（引き渡す者）の使われるべき場所に入っている。そして使徒言行録一・一六では、ユダが「ホデーゴ」（案内人）という言葉で呼ばれていた。これはイエスを逮捕しようとする人々に、道を教え示す人という意味だろう。が、それを除くと、ほとんどの場合、ユダは「彼（イエス）を引き渡す者」として記されている。したがって、この言葉の本来の意味を探っていくのがわれわれの仕事となるだろう。新約聖書がもとのギリシア語にまでさかのぼって、批判的に研究されるようになって以来、次のようなことが受け入れられるようになった。つまり、『「裏切り」』という翻訳はもともとの言葉の真意に、何か別のものを加えている。正確に『裏切り者』を意味する言葉（プロドテース）は、ただ一カ所、ルカ六・一六にだけ使われているだけだ。その他の箇所でユダについて使われているのは、『パラディドーミ』（引き渡す）の変化形で、けっして『プロディドーミ』のそれではない[52]」

もし、さらにもっと広い範囲の文脈でこの言葉を探ろうというのなら、たとえば、マタイ一〇を見てみるとよい。この章ではパラディドーミが四カ所も出てきて、それぞれに用法をくらべることができる。家族間の争いや緊張を述べているくだりである。四つの箇所の内二カ所については、翻訳者がおそらくそれを「引き渡す」と訳しているだろう。が、他の二カ所では、つねに「裏切る」と訳されている。ひとつはユダに関する記述（マタイ一〇・四）、もうひとつは兄弟同士の行いについて述べられた箇所（一〇・二一）だ。他の箇所でも、一方が「引き渡す」と訳され、片方が「逮捕する」と訳されている箇所もある（一〇・一七、一九）（新共同訳では両方が「引き渡す」と訳されている）。ここでは両方ともに「引き渡す」と訳してこそ完全に意味をなす。というのも、そこに記された行動のどれひとつをとってみても、裏切りや背信を想定する理由などまったくないからだ。実際、（もしこれらの言葉パラディドーミが本物だとしたら）、ここでイエスは、おそらく申命記（一三・一―一八）で神が命じた律法を述べることができたにちがいない。そこには、「預言者や夢占い」だけではなく、あなたの「兄弟、息子……あるいは親友」にいたるまで、もし彼らが、「他の神々に従い、これに仕えようではないか」とひそかに思うことがあれば、「このような者は必ず殺されねば（死へと引き渡されなくては）ならない。彼を殺すにはまずあなたが手を下」すべきだと書かれていた。つまり、簡単にいうと、古代のヘブライ社会においても、イエスが生きた社会においても、パラディドーミという言葉は、われわれが今それを使っている意味とは、まったく異なった意味の広がりを持っていたのである。したがってわれわれは、文脈上、あきらかに「裏切る」という意味を要求している以外は、パラディドーミは「裏切る」と読まれるべきではないだろう。とりわけ「裏切る」という意味の言葉については、初期の作者たちはまったく違った言葉をきちんと用意していたわけなのだから。

ただ一カ所、文脈の関係から裏切りの底意を許しているような箇所がある。それはマタイ二四・一〇だ。「そのとき、多くの人がつまずき、互いに裏切り（引き渡し）、憎み合うようになる」。が、おそらく裏切りの意味が翻訳者によって導入されたのは、それより前の九節で「引き渡す」という意味が現れていたからだろう。「そのとき、あなたがたは苦しみを受け、殺される（苦しみと処刑執行へと引き渡される）」。ここで使われているギリシア語はまったく同じもの（パラディドーミ）である。したがって、一〇節は「互いに引き渡される」と訳されてしかるべきところだろう。(53)

ポプケスがパラディドーミの意味を徹底的に研究し、この言葉がユダに関連して使われた場合に、その翻訳として考えられる四つの可能性を示している。

1　非常に一般的な意味として、ユダがイエスを死に引き渡した（いたらしめた）。
2　法的な意味で、ユダはイエスを支配者たちに引き渡した。
3　ユダはイエスを糾弾した。あるいは、イエスの側に何らかの違反があると密告した。

4　ユダはイエスを裏切った。彼はイエスの信頼を反古にした。[54]

これらの可能性についてわれわれが自信を持っていえることは、最初の三つの意味を混ぜ合わせると、パラディドーミの真意にもっとも近づけるのではないかということだ。そして実際、確信を持っていえることは、その方向へさまざまな証拠が向かっているということである。最後の4はもっとも一般的に受け入れられているものだが、翻訳の妥当性としてはいちばん低い。

並はずれて異常に思われるのは、ギリシア語の「引き渡す」（「裏切る」ではない）という言葉がユダの行為を描写するのに使われていたにもかかわらず、二世紀のキリスト教会に所属していた作者の間にすら、徐々にユダをとがめる傾向が現れてきたことだ。が、裏切りという否定的な意味を導入しはじめたのは、あきらかに後世（一六世紀以降）の英訳者たちである。[55] それとは対照的に、初期に書かれた書物の中で、パラディドーミがどのように使われていたのかを分析した結果明らかになったのは、この言葉がつねに中立の性格を持ち続けていたことだ。[56] したがって、パラディドーミには本来、否定的な意味合いなどなく、裏切りや欺瞞、それにこっそり行うといった意味などの入り込む余地はなかった。

が、そうしてみると、はたしてユダの行ったこととはいったい何だったのだろうということになる。たしかにそこには、数多くの蓋然性があるのだろう。たとえば彼は、イエスとイエスを逮捕したいと狙っていた支配者たちを結びつける絆《きずな》の役割を果たしたのかもしれない。もし他の弟子たちと同様にユダもまた、イエスには尋常でない能力が備わっているため、たとえ総督のピラトといえども、また大祭司のカイアファ（彼も結局のところ神の主権の下で権力を行使していた）といえども、何ひとつ恐れることはないと信じていたとしたらどうだろう。そのときにはユダがイエスから受けた、ユダヤ当局の支配者たちと接触を図って欲しいという依頼を、完全に果たすことができたということになるのではないか。それと同時に、イエスが警告を発した、ユダの行為は裏目に出るだろうという言葉も（「人の子を引き渡す（裏切る）その者は不幸だ」ルカ二二・二二）、ユダの行為が誤解を招き、その任を果たすことができそうにないというイエスの見識に照らしてみると、なるほどと合点のいくものとなる。ただの予言が正確に的中することなどけっしてありえないのだから。

が、ここにユダの行為の意味をさらに明確にできる、もうひとつの可能性がある。そのためには、ふたたび歴史上の事実からわれわれは出発しなければならない。それはユダが一世紀に生きたひとりのユダヤ人だったこと、そして彼はひとりのラビ（ヘブライ語で「わが主人」の意。ユダヤ教の教師の敬称）に心酔した弟子たちの一団に所属していたという事実だ。これはユダとイエスの関係の中で徐々に明らかになってきたことなのだが、イエスがほのめかした道は、伝統的なメシアの道とはまったく異なったものだった。そしてそこには、イエスと彼の時代の宗教的権力との間で徐々に激しくなりはじめた軋轢があった。ただし、この軋轢は別段、さして驚くほどのものではなかっただろう。イエスがその時代に認可されていた学校で、トーラー（律法）を学ぼうとする努力を見せたことがなかった（子供の頃に決まりきった勉強をした以外には学んだことがなかった）ことを思えば、軋轢は起こるべくして起こった。が、しかしイエスは、律法について権威のある言葉を発したり、それを遵守する方法について話したりすることに、少しの躊躇も見せなかった。その上、それを不承不承にするそぶりさえ見せたことはない。

中でも不気味なことは、イエスが自分自身を縛りつけて、律法の享受に専念するということもしなかったし、エッセネ派やクムラン教団のように、ユダヤ教の主流から後退し、進んでわが身を隠すということもなかった。実際、彼がエルサレムにやってくるときにはいつでも、彼の行動の主要な基点となっていたのは神殿そのものだったのである。

イエスは人々を集めた。その人々は、神の下で新しい神の家族として、ともに暮らすことを本気になって考えていた人々だった。これを見て、律法の遵守を監視するように委託されていた人々は、ますますイエスの動向に神経をとがらせることになった。とりわけそこには、イエスに追随したり、あるいは少なくとも彼の言葉に耳を傾ける人々の数が、日増しに増えつつあるという兆候が見えたからだ。イエスのエルサレム入城、さらには神殿におけるイエスの予言的な行いなどが示していることは、神殿の政治的なそして経済的な構造が、いまだイエスの批判内にとどまっていたということだ。世界を一新しようとするイエスの計画は、ガリラヤの人々とともにはじまったのだが、イエスは今、計画達成のために何としてもエルサレムへやってこなければならなかった。それはエルサレムで、イエスが焦点を合わせていたのが他ならぬ神聖な神殿だったからである。

## この章をまとめると

さてここで、これまでわれわれが検討してきた証拠を見直してみよう。ユダが行った行為を述べるのに、「裏切る」という訳語が使われていたのだが、ここには言語上(古典ギリシア語で書かれたもの、ヘブライ語聖書のギリシャ語訳、それにヨセフスの書いたもの、そして教父の書物など)のベースとなるものが何一つないことがわかった。新約聖書ではわずかにルカ福音書だけがユダの行為を「裏切り」として記している(「ヤコブの子ユダ、それに後に裏切り者となったイスカリオテのユダである」ルカ六・一六)。ルカはさらに使徒言行録の中で、ユダヤの支配者たちがイエスに対して行ったことを描写したのだが、その際、福音書と同じ言葉を使うことによって、その時点ではすでに邪悪視されていたユダの行為を、支配者たちの行動を通して表に現れたユダヤ人たちの行為と結びつけようとしたのである（「そして今や、あなたがたがその方を裏切る者、殺す者となった」使徒言行録七・五二、「ところがあなたがたはこのイエスを引き渡し、……この方を拒みました」同三・一三）。この言葉にルカの意思がほの見えている。早い時期に書かれた文書中にも、新約聖書を通して見ても、（ルカの中の一語を除いて）ユダに対して使われた「裏切り者」や「裏切る」に該当するギリシア語がまったくないことは、次のような事実の疑うべくもない証拠だった。それは、ユダが行った行為がどのようなものであったとしても、もっとも早い時期のキリスト教徒たちは、ユダの行為をイエスや彼らの共同体に対する裏切りとして見ていなかったという事実である。

われわれは今や、ユダに対して考えられるいくつかの選択肢の中から、ひとつを選んで、それについて思考を重ねていくことになる。それは「メシラ」と呼ばれているもので、ユダにとっても魅力のある言葉だったかもしれない。通常、メシラは「密告者・情報提供者」という意味に訳されていて、しばしば「異端者、背教者、横暴な罪人など」と同じ分類に入れられている。(57) 未来の祝福された生活から締め出されてしまった人々である。次の章でわれわれは、この言葉のありうべき可能性に注意を向けてみたい。

# 4 密告者としてのユダ

「イエスを裏切った」（マタイ一〇・四）イスカリオテのユダという記述の背後には「マソル」（密告・通報者）という言葉があった。

——デーヴィッド・ドーブ[1]

イエスがユダの行為を許していたこと、あるいは、そこまでいかなくても、見て見ぬふりをしていたことに疑いの余地はない。が、だからといって、イエスがユダの行いをまったく歓迎していなかったと言明することはできない。

——J・D・M・デレット[2]

## 密告という行為「メシラ」

### ローマ人の密告者

紀元一世紀頃の世界では、ただユダヤ人の間でだけ密告者の存在が知られていたわけではなかった。皇帝アウグストゥスが統治していた時代のローマ帝国の状況について、ローマの歴史家タキトゥスが書いている。紀元三二年頃の話だ。「元老院の指導的立場にいる議員が、ある者は些細な事柄を大ぴらに、そして多くの者はそれを秘密裏に告げ口するようになったのは、実にいやな時代の風潮だ。友達や親類縁者まで見知らぬ者と同じように疑われてしまう。昔の話も新しい話と同じようにやはり有害なものとされた。フォルム（広場）や宴会でふと漏らしたひと言が告発の対象になることが往々にしてあった。すべての人が競ってだれかを犠牲者に祭り上げようと躍起になっていた。ときにこれは自己防衛でもあったのだが、たいていそれは疫病のように病原菌となって伝染した」(3)

タキトゥスによると密告は、イエスの時代でも民間でよく見られたという。それはカエサルが告発者の味方をしたり、密告者に対する報奨金の制度を設けたりしたからだ。この制度は密告後に自殺を謀った者の家族に対しても保障をした。「このようにして密告者たちは、いわば国家の没落を防ぐために作り出された者たちで、けっして罰則などによって抑制されるやからではなかった。そのために彼らは、今では報奨金の場所へとおびき寄せられるように集まってきている」[4]

## ユダヤ教における密告者たち

3章で立証されたことは、ユダの行為を記した「パラディドーミ」という言葉が、「裏切る」と訳されるのは正しくないということだった。少なくともこの言葉が、あきらかに「裏切る」という意味を表しているテクストはひとつとして見当たらなかった。そして、次にわれわれが検討しなくてはならないのは以下のことだ。ユダの行為の描写に潜むものとして、それに該当するヘブライ語やアラム語の言葉があったのかどうか、また結果的にユダの行為が受け入れざるをえなかった否定的な解釈を可能にするような言葉が、はたしてヘブライ語やアラム語にあったのかどうかという点である。

パラディドーミ（引き渡す）という語の意味について、そしてユダの行動の意味について知的な弁護を展開しようとすれば、いきおい、それは一世紀のユダヤ教で使われていたヘブライ語やアラム語のオリジナルな形を調べるか、あるいは七十人訳聖書や新約旧約間に書かれた文書に出てくる語の使用法や、密告・通報者（マソル）の役割などにそれらを結びつけて考えるしかないだろう。[5]

マソル（密告・通報者）の語源と見られる言葉（マサル＝密告する）は旧約聖書にはめったに出てこないが、後期のヘブライ語の文献ではより普通に使われている。[6] ヤコブ・レヴィはこのマサルの意味として、ひとつ、「人質を引き渡すこと」を挙げている。そして、次のような議論を引用した（エルサレム・タルグム八・四六b）。もし異邦人たちがキャラバン（隊商）を人質にして、だれかひとり隊商と交換で引き渡すようにと先方から要求されたらどうすればよいのか。もし引き渡さないときには全員を殺すという。ユダヤ人たちはたとえ全員が殺されようが、ひとりとしてヤコブの子孫（ユダヤ人）を引き渡すことはしない。

が、もし異邦人たちがそのひとりを名指していってきたらどうなるのか（サムエル記二、二〇・二一―二二）。そのときにはユダヤ人も、他の者たちの命を助けるために、使命された者を引き渡すにちがいないという。バビロニア・タルムードのババ・カンマ九三aでは、これとは違った議論が提示されている。ここで扱われているのは、自分の隣人について報告をするという仮定の状況だ。具体的にいうと、彼または彼女が律法上のあやまちを犯していないかどうか（罪があるのかないのか）を神に問い合わせる（密告する）ということだ。神に照会した者は、まっさきに罰せられることになる。これはサライがだれよりも先に死んでしまったことで証明されている（創世記一六・五）。サライはアブラハムを糾弾した。女奴隷のハガルがアブラハムの子を身ごもると、とたんに女奴隷は高飛車になり、女主人のサライを軽んじた。それをサライは、自分が不当な目にあったのはアブラハムのせいだと神の前で非難したのである。

レヴィはもうひとつ別のテクストを引用している（バビロニア・タルムードのメナホット六四b）。そこで描かれているのはギリシア語を話すひとりの老人である。この老人はエルサレムを包囲していたローマ軍に同胞のユダヤ人のことを密告する。老人はローマ軍に話した。ユダヤ人たちは供犠を行っているかぎり、ローマに降伏することはないでしょうと。そこでローマ軍は彼らに子羊のかわりにブタを与えた。そうすればユダヤ人たちは供犠を行うことができなくなるからである。

そこにはまた、次のような議論もある。密告者が受け取るお金に関するもので、これはユダの強欲な一面と直接結びつく話だ。この問題が生じたのは、異邦人に密告した者が殺されてしまうためだった。密告者が殺されてしまった場合に、残された者は彼の受け取った金をどのように処分すればよいのかという問題である。ある賢者は自由に処分して一向にかまわないという。密告した者を殺すことが許されているのだから、その者の財産をどのように処理しようが、それはまったく問題にならないという。が、別の賢者はこれに異を唱えた。密告者にはその財産を相続する権利のある子供たちがいるではないかというのだ（ババ・カンマ一一九ａ）。

またあるテクストは、告発者の数が増えないかぎりメシアは現れることはないと（バビロニア・タルムード のサンヘドリン九七ａ）いう。ここでは自発的に「引き渡された」（イエスのケースのように）者の問題についても論じられている。ヨシュアがローマ人から逃げてきた避難民を引き渡した。が、たとえ避難民がそれに同意していて、引き渡しの行為をヨシュアが許されていたとしても、エリアは次のように問いかけるのだった。そのような行為がはたしてハシディム（ユダヤ教厳格派）の教えに添うものなのかどうかと。(7)

結論からいえば、「マソル」（密告・通報者）は人や財産を内部から外部へ、あるいは内輪の者から外部の者へ引き渡す者のことである。このような行為はおそらく裏切りや背信という行為をともなうだろう。が、この言葉自体にそうした意味は含まれていない。「マソル」という言葉の最上の訳語は、告発者あるいは弾劾者から密告・通報者へと連続する、ちょうどその線上に置かれるべきものなのかもしれない。が、密告・通報者はかならずしも裏切りとかかわりがあるわけではない。そして実際のところ、密告者は重要な責務を果たすのかもしれない。警察官といえば、文明によって比較的新しい時期に発明されたものだが、彼はいわば有給の密告者ということができる。法に違反したことや、社会を脅かす犯罪を見つけたら、それに対処できる者に報告をするのが彼の任務だった。この点からいっても警察官は密告者なのである。したがって、古代の昔から密告者は「ピース・オフィサー」（平和の役人・治安官）と呼ばれた。

旧約聖書の中で「マソル」が出てくる箇所をひとつ例に挙げてみると、ヨアブとシェバがアベルの町で対決する場面がある。サムエル記下二〇・一―二二に記されている。シェバはダビデに謀反を企て、さらに同盟の輪を広げようとこの町までやってきていた。ダビデの将軍ヨアブが町を包囲すると、城壁の門の前に知恵のある女が立ち、ヨアブに向かって、町を攻撃することを思いとどまってくれと嘆願する。女は町の人々が、反乱のリーダーをヨアブに引き渡すので、その見返りに町を攻めないでほしいといっていると伝えた。デレットはこの出来事が、二世紀になるとさかんに引用されるようになったという。それは「もっぱら、グループ中で名指しで使命された者の引き渡しを正当化するために使われた。それはまた反道徳的な行為でもない。緊急の必要性を取り締まる律法などないわけだから。……が、もし、個人が自分の属するグループを異邦人に売るようなことがあれば、それはまさしくメシラに他ならない」[8]。デーヴィッド・ドーブは「マソルという言葉が「イエスを裏切った」（マタイ一〇・四）イスカリオテのユダの描写の背後にあった」といい放った。が、どういうわけなのか、ドーブはユダを非ユダヤ人の当局と取り引きをしていたとしている[9]。ドーブはしばしばマサルという動詞を「裏切る」と訳して、しかもそれは「恐ろしい行為だ」と書いている。が、その一方でドーブは、ある仲間は神をマソル（密告・通報者）にさせないように神を守ったというような記述で証拠を与えていた。また彼は次のようにも記している。「他の文脈の中では、しばしばマサル（密告する）は中立的な意味か、あるいはよい意味で使われている」と[10]。後半の箇所では、トセフタ（ミシュナの補遺）がマサルのかわりに「ナタン」（与える）という語を使っていると記していた。そのために、どのような場合でも、人を引き渡すことを裏切りと見なす提案は、これによって取り除かれたとドーブはいう[11]。

デレットが基本的なルールを次のように系統立てて述べている。「いかなる者といえども、仲間のユダヤ人を異邦人の支配者の権力下に置くこと（身体的にも、経済的にも）は許されることではない[12]」。彼はそこで死海文書の「神殿の巻物」を引用していた。

・男が仲間に背いて密告し、仲間を外国に引き渡した。そして、仲間に邪悪な行いをした（七欄）。
・あなたがたは彼を木に吊するだろう。そして彼は死ぬだろう。ふたりの立会人のもとで、三人の立会人のもとで（八欄）。
・彼は死に追いやられるだろう。そして彼らは彼を木に吊すだろう（九欄[13]）。

バウムガルテンはハスモン家（マカベア家）が支配していた時代のはじめの頃に、ユダヤ人たちが反逆罪を定義しはじめたのではないかと考えている。おそらくユダヤ人たちは、ローマの法律から影響を受けたのかもしれないという。彼はメネラオスのケースを述べている。メネラオスは、神殿と同胞の聖職者たちをシリア王のアンティオコス四世（エピファネス）に引き渡した。そのためメネラオスは裏切り者（プロドテース）と呼ばれた（マカバイ記二、五・一五）。律法と祖国の双方に対する裏切りのためだった。ユダヤ人たちがイドマヤ人と戦っているときに、ふたりのユダヤ人士官がイドマヤ人たちから金を受け取って彼らを逃がした。その罪によって士官らは糾弾された。指導者を集めた集会で、ふたりの士官は即刻、寝返った裏切り者（プロドテース・ゲノメヌース）として殺された（マカバイ記二、一〇・二二）。ここに挙げた例の中で注目すべき点は、いずれの場合も密告・通報者が「外国」へ通じていることだ。この点は重要。

それとは逆に、ユダヤの当局（たとえば神殿当局）へ通報して、密告者としての役割を果たす人たちは、ユダヤ人の共同体を健全なものにしていく上で必要な存在と見なされた。共同体のメンバーは、ユダヤ人たちの共同生活についてそれぞれが責任を持っていた。そのために、正義の密告者、つまり「同じ宗教を信じる同胞のあやまった行いを、ユダヤの法廷へ告げる人々は恩恵を施す恩人として遇された。（が、しかし）仲間のユダヤ人を異邦人へ告訴する者は、マソル（密告者）として彼らの律法の下で罰せられることになる[14]」

このケースとして例に挙げることができるのが、マカバイ記二、一四・三七―四六に出てくるエルサレムの長老ラジスだ。ラジスは仲間のユダヤ人によって、不当にもユダヤの総督に密告された。このケースで使われた言葉が「メーヌオー」（密告・通報する）。密告者について使われるもうひとつのギリシア語である[15]。この言葉はしばしば、「密告者（メーヌーテール）として役目を果たす」といったぐあいに法的な意味で使われる。そしてそこでもたらされた情報は「メーヌーマ」と呼ばれた。これは第四福音書（ヨハネ）によって使われているが、それはヨハネが報告をする場面である。祭司長やファリサイ派の人々が、イエスの居場所を知っている者は即刻届け出る（メーヌオー）ようにと命令をくだしているというのだ。命令はもちろんイエスを逮捕するためだった（ヨハネ一一・五七）。

ここで使われた言葉は、イエスがどこにいるのかを伝えるだけではなく、イエス逮捕の法的な根拠を形づくることのできる証拠を、ユダヤ当局に提供することが必要だったことを表している[16]。この言葉はまたルカ二〇・三七でモーセが荘厳な証言を与えている場面でも使われていた。証言はイエスが復活について語る言葉の中に出てくる。「死者が復活することは、モーセも『柴』の箇所で、主をアブラハムの神、イサクの神、ヤコブの神と呼んで、示している[17]」

さて、ユダの行為を密告・通報と見なす意見は、前のイスラエル主席裁判官ハイム・コーンによって拒否されている。彼は大祭司のカイアファにしろ、たぶんユダにしても、もし彼らがあんな危険な行動に出たとしたら、彼らは生き残ることなどできなかっただろうという。が、コーンの挙げる理由はいまひとつ説得力に欠ける。彼はカイアファについては、密告者の部類に入れるにはふさわしくないと自信を持っていう。それはコーンが「裏切り者や利敵協力者」、それに「密告者あるいは売国奴」などは仲間のリンチからとても逃れることができないと思っていたからだ。が、その彼もユダについては、このカテゴリーで扱うことにまったく難色を示していない。[18] 結局彼は最終的には、ユダを裏切り者としてとらえていて、神殿の支配階級に対する密告者とは見なしていなかった。そのためコーンには、次のような結論以外に選択肢がなくなってしまったのである。つまり、「ユダの裏切りという物語自体が、現実味のない、つじつまの合わないものだ。それはユダの共謀者（密告先）がたとえだれであったとしてもそうなのだ。したがって、それはとても信用に値するものではない」。物語に神学上の重要性があったことは認めても、コーンはユダの行動の歴史的蓋然性をことごとく粉砕する方を選んだ。彼の結論はこうだ。「（われわれの前提は）ユダとの共謀の申し合わせはいっさい存在しなかったということ。……そして、福音書で伝えられたエピソードは何ひとつ、疑問に対してそれを解く鍵を提供するものではなかった。……だれがイエスの逮捕を促したのかという疑問に対して[19]」

ユダヤ人が伝えた伝承の中で、もっとも偉大なマソル（密告・通報者）といえば、それは「正義の人」ヨセフだろう。「ヨセフは兄たちのことを父に告げ口した」（創世記三七・二）「兄たちは、父がどの兄弟よりもヨセフをかわいがるのを見て、ヨセフを憎」んだ（三七・四）。そしてますますヨセフに対する嫉妬心を高ぶらせた（三七・一一）。ヨセフの兄たちは、彼を厄介払いする機会がやってきたので、それを実行することに同意したのだが、さて、ヨセフをすぐに殺したものか、それとも彼を人質にして監禁する方がよいのか、たがいに押し問答をくりかえしていた。そして意見の一致を見たのは、ヨセフをエジプトへ向かう隊商に売りつけてしまうことだった。その前に兄のユダが単純な利潤動機を引き合いに出して、兄弟たちにいった。『弟を殺して、その血を覆《おお》っても、何の得にもならない。それより、あのイシュマエル人に売ろうではないか。弟に手をかけるのはよそう。あれだって、肉親の弟だから』。兄弟たちは、これを聞き入れた」（創世記三七・二六―二七）

ヨセフについて兄弟たちが出した結論が、兄のユダによってイニシャティブがとられたものだったこと、しかもそれが食事中に出されたことなど、われわれがユダを理解する上で、これを考慮に入れておくことはまんざら見当違いではないだろう。のちに書かれた伝承に次のような話がある。ヨセフの兄のシモンはイシュマエル人と交渉をして金貨三〇枚をせしめた。それをシモンとガドが一〇枚ずつ山分けして、残りの一〇枚を他の兄弟たちに与えたという。ガドが死の床で明かした興味深い伝承のディテールである（ガドの遺訓二・三）。

「メシラ」（密告行為）という言葉の持つ曖昧さが、ヨセフの話ほど鮮明に出ているところは他にはどこにもない。この不正な行為はまず動機の中でももっとも卑しいものから生じている。それは個人的な貪欲さや兄弟の憎悪といったものだ（ガドの遺訓一・八―九／二・一、四）。そしてそれが向けられるのは比較的罪のない人物だった。が、最後には、密告という行為も、神によって選ばれた人々の存続へと向かっていくことになる。ヨセフは兄たちにいう。「どうか恐れないでください。このわたしが、あなたたちとあなたたちの子供を養いましょう」（創世記五〇・二一）

いろいろな試みをしてデレットが探ったのは、われわれの注意を兄のユダとイスカリオテのユダの平行関係に向けようとしたことだった。[20] たしかに兄のユダの特徴や、ユダが十二人の兄弟の中で占めていた位置などについてはすでによく知られている。族長のユダは獲物をしとめて意気揚々ともどってくる「若い獅子」だった（創世記四九・八―一二）。が、委曲を尽して列挙されたイスカリオテのユダとヨセフの類似事項も、次のような事実を前にすると、もろくも崩れ去ってしまう。それは、民数記二五のピネアスのようにヨセフもまた（ふたりはともに一世紀のユダヤ人たちの間では、非常に人気が高かった）、われわれが目にするかぎりでは、新約聖書の作者たちにとってまったく興味の対象外だったという事実だ。

### 神殿当局へ通報する密告者ユダ

われわれは結局のところ、ユダが演じた役回りを正確に知ることなどけっしてないだろう。が、ここで提案できるのは、次のような仮定が非常に論理的だということだ。つまり、イエスが教えを垂れる場所として神殿を利用したのと同じように、ユダは神殿の当局に密告するという制度、あるいは慣例に従ったということである。それではイエスは、どの程度までこのことを知らされていたのだろう。われわれはこれについてもけっして知ることはできない。おそらくイエスは、われわれが聞いている以上にたくさんのことを知っていたにちがいない。そして彼はたぶん、ユダとこのことについて議論をさえしていたかもしれない。

もちろん、ユダにはユダの戦略があり、イエスにはユダとはまったく違った作戦があったという可能性はある。あるいはイエスには作戦と名のつくようなものはいっさいなかったかもしれない。おそらく彼は、むしろ神が動き出すまで待つことを望んでいただろう。ユダは神殿の支配層と協力をしたばかりでなく、ひょっとしたら、神の協力者であったかもしれない。神殿の支配者たちが、たとえ現実には神の意志をなし遂げていなくても、神の命令さえあれば、十分に彼らはその任務を果たすかもしれないと考える理由がユダにはあった。ユダが熱心党のメンバーとともに、神の戦争でユダヤの神殿と共闘を組むことができると信じていたかどうか、これはわれわれにもわからない。[21] おそらく彼はそれができると思っていただろう。というのも、神がみずから目的達成のために人間とともに働くというのは、ユダヤ教の基本的な命題だったからだ。

もっとも重要と思われるのは次のふたつの点を認めることだ。まず、ユダがイエスに協力をしたこと。次に、イエスが実現させたいと思っていたこと（それは神の意志だ）をユダが後押ししたこと。イエスは死にたいと思っていたわけではない。彼は一度も死への願望を口にしたことはない。が、にもかかわらず、彼はみずからの身を権力の手にゆだねた。その権力は神の意志を遂行することを任された者たち、つまり、宗教上の支配階級だった。身をゆだねた結果がどうなるのか、だれもそれを知る者はいない。が、イエスは、みずからの命を失うかも知れないという不安は感じていた。その理由もたしかにあった。実際、ゲッセマネの園では、次のような疑問を巡って、イエスの心中で葛藤が続いていた。本当に自分はみずからの身を彼らの手に預けてよいものなのか。彼らは自分の身を次から次へと引き渡していく者たちだ。神、ユダ、カイアファ、それにピラト。彼らはみんな本当に神の意志を実行に移している者たちなのだろうか。

受難週（復活祭の前週）の出来事を、事件に関わったすべての人々からもっともらしい動機を引き出し、それで描くことはできる。しかも最後に、イエスの磔刑でつじつまを合わせることも可能だろう。が、ここで起こったことに対して、ユダが深い後悔の念を抱いたと思える理由はある。また、彼の頭に入り込んだ最終的な考えが、次のようなものだったと思える理由もある。それは、自分が最後にとった行動がイエスをピラトの裁定へと導き、死にいたらしめたのではないかという考えだ。イエスには何ひとつとがめられることはないし、どこを探しても死を持って罰せられる筋合いなど見当たらない、とユダはたしかに思っていた（マタイ二七・四）。彼は、だれであれイエスの死を思い浮かべること自体、とても想像することさえ不可能だと思っていただろう。イエスが十字架上で死ぬとみずから予測していたことを、ユダは見抜くことができなかった。これについてはユダも他の弟子たちと同じだった。結局それは、メシアが自分の王国を作り上げる今までのやり方とは似ても似つかないものだったからだ[22]。

実際イエスは、自分の運命の問題については、ほとんど解決していなかった。それでなければ、ゲッセマネの園であれほどの苦悩に満ちた時間を過ごす必要もなかったわけだから。しかし、ここには、ユダにとって有利に解釈されてしかるべき理由がたくさんある。シュライエルマッハが、ユダの果たした主要な役割は逡巡していた神殿当局を動かして、行動へと導いたことだといったのは正しいかもしれない。「ユダの『裏切り』が意味する歴史的な重要性は、本当のところ、最高法院（サンヘドリン）の動揺を終焉させたということだった[23]」。優柔不断な状態にいた彼らに、ユダの力添えは最終的なはずみを与えたにちがいない。ユダが助力を申し出たときに、もし、当局の支配者たちがそれを拒否していたらどうだったろう。おそらく彼らは信用を危うくする重大な事態に陥っていたことだろう。イエスの居場所を密告するように命じたのは、他ならぬ彼らだったのだし、ユダはそれにただ従っただけなのだから。

ベタニアでマリアによってイエスが塗油された物語と、ユダの決断が並置されて記されているが、この並置がほのめかしているのは、福音書記者たちがあきらかにふたつの間につながりを見ていたことだ。レイモンド・ブラウンは塗油について次のように述べている。「読者は……イエスみずからの口から、ユダヤ当局がイエスを殺そうとしているが、その努力は成功するだろうという言葉を聞く。そしてこれを確認したユダは（おそらく、マリアの浪費を大目に見たイエスに対する強い拒否の感情もいくぶんかはあったのだろう)……祭司長たちのもとへといき、イエスを引き渡すことを申し出て、彼らのたくらみを助けた。これこそ、それと交換に銀貨をせしめたユダの裏切りといわれている行為だった」[24]

本書はユダの行為を裁くところではない。というのも、そのような判断を下すこと自体非常に難しいことだし、実際、不適当なことに思えるからだ。ある意味でユダは、単にサンヘドリンの命令に従っただけのことだった。それにもまして大きな疑問は、イエスのもっとも内輪のメンバーだったユダを、ユダヤの指導層に近づくように導いたものは、いったい何だったのかということだ。それは、ベタニアでイエスが塗油された晩、晩餐の席でイエスの口から出た言葉だったのだろうか。あるいは、イエスが自分のきたるべき埋葬について語った話だったのだろうか。それがユダを行動へと駆り立てて、イエスの居場所を暴露させたのだろうか。ユダの行為によって、ふたつのグループはいやおうなく引き合わされることになる。あとはもはや神のなすがままにゆだねるしか手だてはない。神がそれぞれのグループに、役柄を振り当てるのを待つだけだ。これ以外に、イスカリオテのユダが行動に移ったと思えるようなまことしやかな理由を思いつくことはできないし、その証拠もない。

ユダの行為に関して、シュヴァルツは今こそ、新約聖書の翻訳から「裏切る」や「裏切り者」という言葉を消し去るべきだといっているが、これはまったく正しい[25]。ブラウンは現にそれを行っているし、受難物語の翻訳をする際にはすばらしい前例を示している。

ユダのしたことがどのようなことであったにしろ、ひとたびイエスが逮捕者たちの手に落ちてしまえば、事態は恐ろしいスピードで動きはじめる。部分的かもしれないがともかく、この事件の進行に対して心の準備をしていた唯一の人物はイエスだけだったろう。彼は裁判の間中、終始落ち着いて冷静な態度を崩すことがなかった。当局に協力することも拒否した。これが彼の死を早めたということはいえるだろう。死の苦悩の中でも、イエスは驚くほど威厳に満ちていた。実際、ルカの伝承でも見られるように、十字架上のイエスの口から最初に漏れたものは他の者たちを気づかう言葉だった（おそらくユダに対する言葉だったかもしれない）。それは次のような彼の祈りに現れている。「父よ、彼らをお許しください。自分が何をしているのか知らないのです」（ルカ二三・三四）(26)

ユダの行った行為はひどく重大なものだった。イエスやユダがどのようなことを望んでいたにしろ、ともかくユダの行為がもたらした結果は人々を茫然とさせた。彼の密告という行為には、たしかにもっとも良質の動機との関わりを示すものがある。が、それはまた、さらに下劣な動機とも関わりがあったのかもしれない。もっともありうべきは、それが人間の行為であるかぎり、おそらくはふたつの動機の入り交じったものだったかもしれないということだ。が、行為は動機だけでなく、また、その結果（直近の結果と長期にわたり影響を及ぼす結果の両方）によっても判断されるべきものかもしれない。さらにわれわれはイエスが演じた役割についても考える必要があるだろう。それはユダがしたことを、あらかじめユダに頼んでいたと思われるイエスの役回りである。もしイエスがユダに対して望んだことをユダが行ったというのなら、もはやわれわれはユダの行為を裏切りと考えることはできないだろう。とすれば、たとえばバルトがユダに対してぶちまけた容易ならざる非難を、われわれはどのように理解すればよいのだろう。バルトの非難は次のようなものだった。ユダはみずから出世の糸口を遮断してしまった。そしてもし、ユダが「下劣な裏切り」によって道をさえぎることがなかったなら、イエスはさらに多くの善行を行うことができたであろうという。が、この種の考えはたしかに、われわれがユダの行為の重要性を理解する際には、何ひとつ援助の手を差し伸べてくれない。むしろわれわれは、ユダの行為や創世記のヨセフが引き渡されたこと、そしておそらくは歴史家ヨセフスの行為もまた同じように、ある健全な成果を共有していたと考えるべきだろう。その成果とは、彼らがおそらくは「裏切って」いた当の人々の、きたるべき生き残りと勝利ではなかったのだろうか。

さてここでユダの行為の性質について、われわれが到達しえた結論をまとめておこう。

1 ユダは正式に祭司長やその仲間たちと会った。彼らをイエスと会わせることで彼らに助力することに同意した。

2 イエスとユダヤ当局の双方は、ともに、決定的な対決の場で衝突する危険を最小限に押さえたいと思っていた。そして、この対決はますます避けがたいものに思えた。

3 ユダはイエスと議論をしたあと、祭司長や神殿で権力を握る者たちと会う機会を、何としても調整する必要があると考えるようになった。イエス自身の教えは、仲間のユダヤ人に非のあるときには、直接仲間に向かってそのことを告げよというものだった（マタイ一八・一五―二〇／ルカ一七・三）。イエスは実際、弟子たちをこのやり方で叱責した。もっとも有名なものはペトロを叱った場面だ（マタイ一六・二三）。が、イエスはまた、ヤコブとヨハネにもこのやり方で叱っている（ルカ九・五六）[27]。それならもし、イエスが祭司長と対面する機会がやってきたときには、どんなことが起きるのだろう。おそらくユダは、こんな出会いを十分に調整できる能力のある祭司長を個人的に知っていたにちがいない。あるいは、神が指名したふたりの指導者を引き合わせる勇気が、自分にありさえすればそれでよいと考えたのかもしれない。ユダはおそらく、このような出会いさえ実現すれば、ふたりの間に存在する差異などはすべてきれいに解消すると思ったのだろう。ユダがもし本当に財政上の事柄に通じていたとすると、彼は神殿の難儀な財政事情を敏感に感じ取っていたかもしれない。それはイエスなどにはとても察知のできないことだったろう。ユダはこんなことを考えたかもしれない。神殿の支配者たちと会うことにより、イエスの気持ちに変化が生じて、伝統に基づいた従来のやり方で、神殿に変化をもたらすことができるかもしれないとイエス自身感じはじめる可能性もある。それに大祭司のカイアファにしても、イエスが年来、イスラエルを一新しようと心に抱いてきた改革のプログラムをより深く理解できるようになるかもしれない。

4　ユダヤ当局への接近については、ユダ自身、ユダヤ人の慣習に照らしてみても、その正当化に何ら困難はないと考えていた。単に許されるだけではなく、そのような接近はむしろ激励されてしかるべきものだと思っていた。それはたとえ密告の制度がなかったとしてもである。それに祭司長は当然、イエスが人々に教えを垂れている内容を知る必要があった。とりわけその内容が、神殿や、それを取り仕切っている権力組織に対して威嚇するものだとしたらなおさらである。それもベールを掛けられたような不気味な威嚇だとしたら。

5　ユダは祭司長たちにメッセージをもたらした。内容はイエス自身がすでに当局との会合の用意ができていること、そしてイエスが自分の死への「引き渡し」について、それが差し迫っていることを近頃、しきりに話していることなどだったろう。自分のなすべきことをただちにするようにといわれたユダは、イエスがなんら抵抗する意志のないこと、そしてまた、弟子たちに対しても、自分が逮捕されるときには抵抗しないように命じていることなどを祭司長たちに告げ、彼らの疑惑を払拭することができたのだろう。

六〇年以上前に書かれた本で注目すべきものがある。書き手はフランク・モリスン。晩餐の席をユダが抜け出たときから、イエスが逮捕されるまでの間に起こった出来事を、できうるかぎり詳細にとらえて書いている。この作業でモリスンが確信したのは、ふたつの出来事の間で経過した時間はおよそ五時間くらいだという。そして彼は、祭司長たちがサンヘドリンのメンバーやローマ総督のピラトと相談するのに必要とした時間が、この五時間ほどだったろうと推測している。彼の推測は次のような事実を納得させるものだった。ユダはニュースを持って神殿へとおもむいた。そのニュースとは、イエスがみずから進んで自分の身を引き渡す用意をしていること、そしてユダは、それを助ける権限をイエスから与えられていることなどである。もしかすると、イエスとユダの間には何ひとつ約束らしきものはなかったのかもしれない。モリスンは次のように述べている。「イエスは心理学の大家だった。その夜、わが身を告発者の手に引き渡すことに決めたのだが、この決意をひるがえすことはできない。そしてそれは慎重に慎重を重ねたやり方でなし遂げられたのである」[28]

もっとも重要なことは、福音書からつねに読みとることのできる証言だ（ヨハネからでさえ読みとれる）。それはユダの行動が、たとえイエスの命令に基づいてなされていないときでも、つねに、イエスの了解のもとに行われていたということだ。ユダのしたことがどんなことであっても、それは終始イエスのコントロールの下にあった。この点に関しては、弟子がつねに先生（ラビ）の行うことに依存しているという事実を思い出すことが必要だ[29]。そこに裏切りや背信という言葉の入り込む余地はない。このような言葉が生じうるのは、あきらかにイエスが他のことを考えているときに限るのだが、そのときでさえわれわれが読みとれるのは弟子が先生の意志に従っている姿だった。

ユダに必要なのはわれわれの弁護でもないし、われわれの非難でもない。すべての歴史上の行為は曖昧模糊としたものだ。とりわけわれわれが歴史の主役たちに感情的なつながりがあったり、行為の結果に利害関係を持っていたりすると、行為の評価はよりいっそう難しいものになる。当局に違反や不正を報告するというような行為は、中でもいちだんと誤解を招きやすい。この点ではユダの行為は非常に無防備で攻撃を受けやすかった。とくに政府がからんでくると、今日でさえ、密告者や告発者を待ち受けているのは、つらい運命だ。ユダの行為を紀元一世紀という視点から評価しようとしたとき、もっとも重要となるのは、

「ユダはローマ人のもとへは行かなかった。彼は自分がひとりのユダヤ人であることを自覚していた」[30]という事実である。ひとりのユダヤ人としてイエスをどのように処分するかという決断は、ある個人（ユダ）によってなされるべきではなかった。それはこの決断に責任を持って当たるべき神殿の祭司たちによって行われるべきだったのである。

## 現代の密告者（告発者）

密告者という言葉から、すべての偏見を取り除くことは大切なことだ。現代の警察制度がまだ創設されていなかった頃、社会は密告者に非常に高いレベルの重要性を与えていた。政府がコンセンサスではなく、権力によって支配されていた時代には、その力が弱体化したり、何らかの脅威が感じられるようになると密告者は隆盛をきわめた。たとえば、一九九二年にカナダで、ケベック州の前閣僚に密告者の前歴のあったことが暴露された。彼が密告者だった時期はちょうど、ケベックの独立運動が最高潮にさしかかったときだった。長年にわたって彼は連邦警察所属の有給密告者として働いていたという。この暴露に対してはいくらか怒りの声が上がった。が、驚いたことに、二〇年後にもたらされたこのニュースは、かつての同僚たちによってひどく冷静に受けとめられたのである。

アメリカでは一九八六年にある法令が議会を通過した。それは汚職や、国防を請け負う者たちの金の使いすぎを暴くことにより、政府の財政の損失を防いだ密告者には、それ相応の報酬を与えるというものだった。チェスター・ウォルシュという男に与えられた報奨金は一三四〇万ドル。彼が行ったことは、アメリカ政府に注意を促したのだが、それはゼネラルエレクトリック社によって報告された記載に偽りがあったというものである。イスラエル軍に対する売上高の報告だった。[31]この密告を判事は「アメリカに対して恩恵をもたらしたもの」と判断して顕彰したのである。もうひとつ七五〇〇万ドルの報奨金をせしめた者がいる。クリストファー・アーダ。彼はある品目で、七七〇〇万ドルの超過出費のあることを密告した。[32]政府の側から見ると、このような密告者たちはヒーロー以外の何者でもないのだが、企業に従属する者からすると、彼らはまぎれもない裏切り者だった。

警察が密告者を利用する仕方は、もちろん、非常に広い範囲にわたっている。したがって、これはもっともなことだが、密告者たちは裁判所からある種の保護を享受している。が、にもかかわらず、カナダの最高法廷は品行方正に次のように記している。「反道徳的な行為が犯されるかぎり、むろんそれは訴追される。そして、その訴追が続くかぎり、密告者は重要な役割を演じ続けることになる。……が、彼らの動機がどのようなものであれ、密告者という立場はつねに不安定で、彼らの役回りにはいつも危険がともなっている」。[33]アメリカでは次のようなことが述べられていた。「しばしば彼ら（密告者たち）は、不法行為者にもまして厳しく罰せられる」[34]

この典型的な例として、警察官デーヴィッド・ダークのケースがある。彼は長年の間、もっぱら自分の勤め先であるニューヨーク市の警察署に密告を繰り返していた。当初、彼の努力は認められ、彼はさかんに顕彰された。が、徐々に彼は村八分にされるようになる。[35]ダークの仕事をよく知っていた刑事被告人の弁護士ローレンス・ゴールドマンは、彼のことを次のように書いている。ダークは「まるで『熱心党員』のようだった。が、しかし熱心党員でもないかぎり、彼のようなことなどできるわけがないだろう」。ゴールドマンはまた、彼がニューヨーク州のために行った仕事に対して敬意を表している。「この町の歴史ということになれば、ダークはとんでもないほど大きな貢献をしたことになる。が、いったいどれくらいの人々がそのことについて、あなたに話すことができるのだろう。結局のところ彼のしたことは社会的に見れば悪ということになる。したがって彼はだれかに、どこかでいくばくかの金を渡され、『ダーク、さっさとどこかへ消えちまいな』といわれるのが落ちかもしれない」[36]

もうひとつ「密告」と「告発」の典型的な例を挙げてみよう。ピーター・バックスタン。彼はユダヤ人のソーシャル・ワーカーで弁護士でもあった。彼が知ることになったのは、アメリカ政府が黒人の囚人たちをモルモット代わりに使って梅毒の研究を行っていたことだ。もちろん実際には囚人たちに正規の治療など施されてはいない。バックスタンはこの問題をそのまま放っておくわけにはいかなかった。問題の暴露に際しては、個人的にも大きな犠牲を払わされたが、彼のおかげで、四〇年の長きにわたって続けられてきた梅毒研究は頓挫を余儀なくされた。むろん彼は医学の研究グループにとっては裏切り者だったろうが、はたして彼はアメリカ政府にとっても裏切り者だったのだろうか。バックスタンはあきらかに密告者だった。が、彼はけっして自分の良心を裏切ったわけではないし、実験の犠牲になった無力な黒人たちを裏切ったわけでもない[37]。彼がアメリカ政府を裏切ったなどと、またアメリカ国民を裏切ったなどと、大声でいえる者がはたしているのだろうか。

イスラエルの現代史からひとつ興味深いケースを挙げてみる。モルデカイ・ヴァヌヌの例だ。彼はオーストラリアへ移り住んだのだが、その際に、イスラエルの核兵器産業の情報を細かく記した秘密文書をロンドンの新聞社に持ち込んだ。一九八六年の出来事。当然のことながら、イスラエル政府は彼を裏切り者と決めつけた。政府は一九八六年九月に彼を誘拐すると、秘密裁判にかけたのちに投獄した（独房に入れられ、厳重に監禁された）。入獄期間は一八年に及んだ。ヴァヌヌは世界をより安全な場所にしたいと思っただけだった。彼はまたイスラエルのことを第一に考えて行動したともいっている。核兵器が蓄積されることにより脅かされるのは、他ならぬイスラエルの安全だと彼は主張してやまなかった。

こうした問題がどれくらい複雑なものになるのか、それを見るためには、かならずしも一方の味方をする必要はない。われわれがとりわけ、自分の良心に従って行動する勇気のあるときにはそうだろう。問題がよりややこしいものになるのはとくに密告者が異なった宗教へ、あるいは異なったイデオロギーへと変わってしまうケースだ。それはヴァヌヌがオーストラリアへ移り、キリスト教徒になってしまったことでもわかる。改宗はイスラエル当局が彼を誘拐し逮捕する前のことだった。[38] しかし、論評家のポール・フットは次のように結論づけている。「ヴァヌヌは一種の引き留め役（犯罪阻止の見せしめ）になっている。本来、少しも秘密にすべきでない秘密を通報することによって、世界を豊かにし、また民主化することができると考えているすべての潜在的な密告者に対して、ある種の抑止力になっている。が、（彼は）自分の国の核兵器が蓄積されていくことについて、真実を語ることにより、世界に向かって法外な奉仕を行ったのである[39]」

オックスフォード英語辞典によると、だれかを裏切るということは「（人あるいはものを）敵に引き渡すこと[40]」と書かれている。それはまた友達に対して信義に欠けること、あやまった状態に導くこと、背信して暴くことなどの意味を表すこともできる。このような意味を思い浮かべながら、ユダがはたしてどんなふうにしてイエスを裏切ることができたのだろうと考えることは、それ自体かなり難しい。

もしわれわれが裏切りの現代的なサンプルを求めようとすれば、それはたしかに子供を虐待する（性的に、あるいはその他の方法で）親やまま親（継父あるいは継母）の裏切りだろう。あるいはそれは、環境を守る名目で選ばれた政治家が、選挙民の信頼を裏切り、ただ貪欲のためばかりに土地開発に力を入れているようなことだろうか。また、結婚時の誓い通りに暮らすことをしない配偶者のようなものなのだろうか。

あるいは、子供たちの面倒を見るようにという裁判所の命令を無視にして、生活費を銀行に振り込むこともせずに、子供たちを見捨ててしまう数知れない父親のようなものなのか。

こうして見てくると裏切りという言葉には、人間関係のルールが要求するものとはまったく正反対の何かを行う、という意味が含まれているようだ。権力の地位を使って、目下の者、つまり学生や教会区民、被収監者などに肉体的あるいは経済的な虐待を加える者たち、それは監督官や警察官、教授、牧師、祭司、修道女、それにラビなどだが、彼らの行為の中にこそ、ユダの行為の中で見られたものとはくらべものにならないほど深い裏切りがあるのではないだろうか。イエスはユダの行為が行われることを知っていた。いくつかの資料によると、自分を引き渡す者を名指しでイエスは指名したという。だとすると、ユダの行為はもはや「裏切り」とはとても呼べないものだったのかもしれない。

教会生活の領域では、ジョセフ・パーカーが次のようなことをほのめかしている。教会の官僚主義者や政治家たちは、精神的な側面などには一顧だにせずに、教会の管理体制に変革を加えようとしている。彼らこそユダと同じように、イエスに対して裏切りの罪を犯している。「キリストの精神上の王国（教会）は、駆け引きと統率手腕（入り組んだ機構を念入りに仕上げることのできる能力だ）を誇る者たちの手の中で、ひどく苦しんでいる」。パーカーが激しく非難しているのはユダではない。教会の「小利口な管理者たちの政策」に対して憤っているのである。(41)

## 誓約による関係

これはあくまでも私の仮定だが、状況から推察できるかぎり、ユダはイエスの集団で交わされていた誓約上の結びつきによって、他の弟子たちと同じように、最後までこの共同体に踏みとどまっていたと思う。

もっとも早い時期の資料を見ても、彼がこの誓約を他の弟子たちにくらべて、目にあまるほど激しく破ったという証拠はどこにも見当たらないからだ。少なくとも、この誓約をユダが破ったと考えている人々の上には、証拠という重荷が足手まといとなってつきまとっているはずだ。この証拠は漠然とした記述ではけっして満足しないだろう。とりわけユダがイエスの欲しなかったこと、イエスの期待しなかったことをすることによって、どのようにしてイエスを裏切ったのか、その点を証拠は明確に述べる必要がある。初期のキリスト教の共同体に関していえば、ユダがキリスト教徒たちを傷つけたことはただひとつだけだ。それはユダが集団を離れ、二度と戻らなかったこと。ペトロも離れたし、他のグループのメンバーたちもみんな離れた。が、彼らは全員戻ってきた。ユダだけが戻らなかったのである。

最近のユダの研究者たちは、彼の行為に対してさまざまな接近を試みている。実際のところ、人間はすべての人が多かれ少なかれ、何らかの形で裏切り者だ（したがって、あまりユダの裏切りをはやし立てるのは賢明ではない）という者がいる。が、これは自明の理で、ユダの行ったことやその動機を理解するためにはあまり役に立たない。[42] またそこには、ヴェルナー・フォーグラーの接近の仕方もある。フォーグラーはいわゆる裏切りといわれているものは、単なる信頼の破綻にすぎないという。破綻という点では、イエスの弟子は全員この罪を犯している。が、カール・バルトもいうように、たしかにユダはその先頭に立っていた。フォーグラーはユダの行為を正確に指摘して、それは他の弟子のだれより前にイエスのもとを離れたことだという。ユダはその結果として、向こう側に、つまりイエスの敵の側にいってしまった。そしてイエスが逮捕されたときにユダは敵方にいたことになる。「それが、ただそれだけが、ユダの歴史上の行為といえるものだ」[43]。が、にもかかわらず、フォーグラーの立っていた位置は、「引き渡す」という言葉の基本的な意味を十分にとらえているとはいいがたい地点だった。

クラウクは視点をフォーグラーと共有するほど、彼に近づいている。新約聖書に書かれているユダ伝承の歴史的な核心は、次のようなものだとクラウクは主張した。「ユダはイエスのもとを立ち去ったのだが、それは外面上であると同時に内面的にも離れた。そして、イエス逮捕の前後に起きた出来事でユダが演じた役回りは、けっして賞賛すべき価値のあるものではなかった。彼が行ったことは、残りの弟子たちの遁走や誓約の不履行などとは質的に違うものとして、はっきりと彼を仲間たちから分離させることになった[44]」

クラウクはまた、もっとも暗い部屋へあえて踏み込もうとしている。それはユダの動機について考えることだった。ともかく彼がまっさきに除外したのは、ユダの行為にまつわる収賄、貪欲、それに金銭欲などの可能性だ。そしてまた、ユダがはじめから偽善者だったという可能性も除外した。クラウクの出した結論は次のようなものだ。

のちの彼（ユダ）の姿をすべて打ち捨てて、まず最初に彼についていえることは、他のものと同じようにイエスの弟子だったこと、そして忠実で信義に篤いイエスの巡歴の仲間だったことだ。彼の行為のあとをたどって、彼が心の中で歩き続けた旅にまでさかのぼる説明は、それでも、もっとも推論的な要素の少ないものに思われる。心の旅でユダは深く幻滅していった。前から考えていたメシアに託した期待が裏切られていったからである。エルサレムでは事態が重大さを増し、緊張は頂点に達していた。そして、すべてのことがカタストロフィーに向かっていることがますますはっきりとして、メシアの王国が力強く出現するという期待は日増しに弱まっていく。そんな状況の中で、ユダの幻滅の度は徐々に激しさを増していったにちがいない[45]。

## この章をまとめると

神が勝利を得る新しいやり方については、ユダもイエスもともにあらかじめ知ることはできなかった。が、ふたりはそれぞれが自分の受け持った役割を果たした。そして神の目的は達成された。ユダが演じた役割のゆえに彼を非難するのは公正さを欠く。それはイエスをその役柄のために非難するのが不公平なのと同じである。ふたりはともにはっきりとしない台本を見ながら、自分の役回りを演じた。もちろんドラマがどんな結末を迎えるのか、まったく知ることもできずに演技をした。そして結局、イエスは彼の父親である神に従った。ユダも同じように彼の師であるイエスに従った。彼らの正直さと彼らの行為の潔癖さについて、われわれが判断を下すことはできない。それはわれわれ自身が、彼らの行為がもたらした結果の受益者に他ならないからである。ユダとイエスはふたりして、自分たちの行為の曖昧性を乗り越えることにより、人間の解放に対して並ぶもののないほど大きな貢献を果たした。

それでは、ユダが果たした役割というのは、正確にいうとどんなものだったのだろう。思うにそれは、大きな計画の中に置いてみると、あまりにも慎ましやかなものだったのではないだろうか。ユダはイエスと議論をしている最中に、しばしばイエスが神殿の支配階級を批判するのを耳にした。そこでユダはイエスに思い出させたのだろう。罪人を譴責するときには、つねに直接本人に向かってそれを告げるようにというのがイエス自身の忠告ではなかったのかと。するとイエスはユダにいったかもしれない。自分は今まで一度も、じかに祭司長に面会する機会がなかったのだと。おそらくその時点でユダは、面会の調整は自分がすると申し出たにちがいない。そうすれば、イエスも当人に直接会って非難することができるだろうといって。同時に彼は、イエスに質問したかもしれない。自分ならその任務を遂行できると思うが、自分の忠実さについてイエスはどう考えているのかと。こうしたすべてのことに導かれて、イエスと祭司長たちの会合をユダが調整するという計画ができあがったのかもしれない。たがいのグループがこの会合に同意したのだろう。が、それは会合が自分たちの思い通りのものだったことと、会合の結果についてそれぞれが自分たちの希望を抱いていたことによる。イエスを「引き渡す」際にユダが演じた役割は、時が経過するにしたがって、いちだんと邪悪なものへと変化していった。とりわけユダがみずから手を下して死んだあとはなおさらだった。以上は、われわれに残されたもっとも古い伝承を解釈したものだが、この解釈を読者が受け入れてくれるかどうかは私にもわからない。が、ここでいえることは、それが少なくとも、非常に否定的なユダ観と同じくらい説得力のあるものだということだ。否定的なユダ観は今なお教会に浸透している。が、それが非常に不安定な基盤の上に立っていることだけは確かだ、とここでは申し上げておきたい。

# 5　マルコの目から見たユダ

ありのままの事実をいうと、ルカが書いた原稿に、あとから付け加えられた説明だといわれている「父よ、彼らをお赦しください。自分が何をしているのか知らないのです」というフレーズは、イエスの友達や敵の無分別で愚かしい行為に対して下した、マルコの神学上の評価にぴたりと符合している。……マルコの福音書は神学によって色のつけられていない純粋な歴史とはほど遠いものだ。むしろそれは芯まで神学的だといった方がいい。特異性という点では第四福音書（ヨハネ）に十分比肩しうる。

——M・S・エンスリン(1)

マルコ福音書は、現存する福音書の中ではもっとも早い時期に書かれたもので、一般には紀元七〇年頃といわれている。記者は不明（とりあえず本書ではマルコとしておく）、書かれた場所もわからない。記者は通常の歴史的な疑問にはまったく関心を示していない（それは何がいつ起きたか、事件Aは事件Bとどのような関係にあるのかといった疑問である）。彼がむしろ強い関心を示しているのは、読者にイエスのアイデンティティー（イエスが神の子であると同時に人の子だということ）について何らかの情報を伝えることだった。マルコ福音書は、弟子たちがイエスの正体をまったく知らなかったということを強調している。が、その一方で記者は、イエスの持つ予見予知能力を福音書の中にしっかりと書き留めておきたいと考えていた。自分に降りかかる苦しみをあらかじめ察知するイエスの能力は、この福音書の中で大きな場所を占めている。マルコはまた、イエスが行った並みはずれた行為について、「すべて、すばらしい。耳の聞こえない人を聞こえるようにし、口の利けない人を話せるようにしてくださる」（七・三七）と書いている。が、おそらく、辛辣な見方をすれば、それはマルコが物語全体に浸透させている一種のアイロニー（皮肉）に他ならないのかもしれない。

このアイロニーの中心にあるのは、イエスに対する人々の拒否である。それはイエスの家族の輪からはじまり（マルコ三・二一、三一―三五）、イエスのもっとも身近にいた弟子たちにまで広がっていく。が、ともかく、われわれはマルコにまず自分の言葉で語らせることが重要だろう。というのも、もしわれわれが「パラディドーミ」の語を4章で明確にした意味のままに読み進めていくと、ある種の驚きを持って次の事実に注目することになる。それはイエスが、自分を引き渡すことになる者を指名するとき、驚くべきことか、彼の予知能力がここではまったく働いていないのである。それだけではない。マルコは「裏切り者」がもっとも内輪のグループから出たことについて、何ひとつアイロニーらしき表現を使っていない。これが意味するところはおそらくただひとつ、われわれが一般に理解している裏切り者の伝承が、マルコにとってはまだ存在しなかったということだろう。[2] これも驚くべきことなのだが、マルコ福音書の中で「イエスは、ユダが裏切り者であることを明らかにしていない。ただベールをかけたような暗示で満足している。したがって福音書の言葉もそれをほのめかすだけにとどめている」[3]

マルコが描いたイスカリオテのユダ像の分析については、おおむね現代の福音書研究の成果が利用されているといってよいだろう。研究の仕方としては文学的なものもあれば、様式史から探るもの、編集史から追究するものなどさまざまな方法が試みられている。[4] しかし、残念ながら本書では扱う範囲が限られているため、それぞれの福音書を詳細に研究することはできない。したがって、われわれはひとまず、ユダについてそれぞれの福音書が何を語っているのか、その点に焦点を絞っていかざるをえない。

マルコ福音書のクライマックスは受難物語に置かれている。イエスはガリラヤからエルサレムへと向かい、大衆の中で数々の力強い業を行う。そしてエルサレムにおいて、十字架による完膚なきまでの屈辱を受けるわけだが、それまでの道すがら、マルコは受難物語のいたるところで、ばらまくようにして人の子の前に置かれた苦しみを描いている。[5] そこにはこの苦しみを、神が必要としたものとして、イエス自身が予見した兆候がいくつも見られる。イエスはそれを言葉に出していうのだが（八・三一）、それと同時に彼はまた、弟子たちにそれを他言しないようにと諌めている。[6]

いずれにしても弟子たちは、つねに鈍い頭の持ち主として描かれていて、イエスが思い描く王国の性質をまったく理解することができない。それに彼らは、形をとって現れはじめたイエスの使命についても、あまりの信仰の欠如のために、しかと受けとめることができない。あるときマルコは弟子たちに、イエスが語る予言が理解できないといって疑問を差し出す機会を与えた。が、弟子たちは、それをイエスにたずねることさえ恐ろしくてとてもできなかったのである（九・三二）。

セオドア・ウィーデンは次のように結論づけている。「マルコのすばらしい論争の腕前が見られるのは、彼の敵対者たちがよき指導者として認めているイエスの弟子たちの名誉を、かたっぱしから打ち壊してしまうところだ」[7]。イエスが教え、奨励したのは、心を開き苦しみ悩むメシアの使命に見合うほどに、相手を受け入れながらやはり悩み苦しむ弟子たちの使命だった。が、これとは逆に弟子たちは、イエスを「神性を持つ人」（テイオス・アネール）と見なすキリスト論を吹聴し、その唱道者として現れた。したがって彼らは、イエスが教える屈辱をまったく「侮って」ばかにした。その代わりに彼らは、他の人々に対する自分たちの排他的な優越感を誇示してみせるのだった。これはマルコの福音書を通していえることだが、メシアの使命と弟子の使命をめぐって「イエスと十二人の弟子たちの間には、終始、対立した状態が存在していた」。「それは、けっして決着がつくことのないキリスト論上の論争だ」ったとウィーデンはいっている。

したがってここでいえることは、マルコが弟子たちの信用を完全に傷つけようと決意していることだ。そして彼は「弟子たちに対して、執念深い反目の気持ちで立ち向かっている」。たとえ弟子たちが、イエスの教えを広めるために特別に選ばれた者だとしても、たとえ彼らがイエスの親友として、また、イエスの告白の受け手として特別な地位に置かれていたとしても、弟子たちのイエスに対する関係は、福音書を通して徐々に、そしてますます険悪になっていく。当初はそれが信じられないほど感知のできないものだったが（一・一―八・二六）、徐々にたがいの思い違いが広がっていき（八・二七―一四・九）、ついには完全な断絶へと達してしまう（一四・一〇―一六・八）[8]。「驚くべきことだが」とウィーデンはいう。「この道程を通じてユダは、一歩退いた役柄しか演じていない。劇の真の悪役は、弟子たちすべての愚鈍さと敵意を結晶させたような人物シモン・ペトロだった」[9]

マルコ福音書のターニングポイント（重大な転機）、それは弟子たちの真の姿が浮き彫りにされるシーン、福音書の八・二七―三三の場面だ。場所はフィリポ・カイサリア。十二人のスポークスマンとして行動していたペトロがイエスに告白する。あなたはメシアだが、神性を持つ人のタイプだと。イエス（＝マルコ）はこれに対して、ペトロは悪魔だといってにべもなく罵倒した（「あなたは神のことを思わず、人間のことを思っている」八・三三）[10]。

これによってわかったことは、マルコの共同体が十字架によって裁定されるような神学を持っていなかったことだ[11]。おそらく集団のメンバーはさらにいちだんと高いキリスト論こそ、自分たちにはふさわしいと思っていたのだろう。他の学者たちは、ペトロとユダを詳細に比較し、イエスによる弟子の「最終選別」としてヨハネ一三・二〇（「はっきり言っておく。わたしの遣わす者を受け入れる人は、わたしを受け入れ、わたしを受け入れる人は、わたしをお遣わしになった方を受け入れるのである」）に言及している。そして結局のところ、ユダはふるいに掛けられてしまい、ペトロは危ないところでふるいに掛けられずにとどまったという[12]。

思えば、イエスが思い描いていたものに対するマルコ福音書の見方の中にユダが入り込むことは難しかった。そのことを考えると、マルコがユダについてほとんど触れていないことや、ユダの行為に特別な動機を付与していないことは、さして驚くべきことではないだろう。またそれは、マルコ福音書が書かれた段階では、初期の教会がほとんどユダの役割に興味を抱いていなかったということかもしれない[13]。初期のキリスト教徒たちは、次のような確信にとらわれていたのではないだろうか。それはイエスについて起こった出来事はすべて神によって命じられたもので、神の愛の力によって指揮されたものだという確信である。

ハインツ・グンターはあるひとつの仮定に異議を唱えている。その仮定というのは、過越祭の前夜の出来事として、イエスが弟子たちを集め、その席上でユダの裏切りを予告したという仮定だ。グンターはフィールハウアーに従って、次のような結論を下した。

ユダがイエスを裏切った行為は、のちのキリスト教会のキリスト論にとって、困惑以外の何ものでもなかったにちがいない。教会がこの事件を弁解するように克服できたのは、他ならぬ詩編(「わたしの信頼していた仲間／わたしのパンを食べる者が／威張ってわたしを足げにします」四一・一〇)のおかげだった。これは十分に心に留めておくべき重要事だろう。伝えられるところによると、イエスとユダが親密な間柄にあったという事実は(この関係が最初に考えられたのは、詩編四一・一〇によってである)、のちになってはじめて、イエスの現世の生活に組み入れられたことだという[14]。

そこに歴史上の証拠がなくても、「神学上の仮定として、ユダを十二人の仲間に結びつけること」は、なお、現代の学問の方法として許されることかもしれない。が、それはすべての常識を平然と無視することになる。だいたい福音書の記者が、ユダを十二人のメンバーのひとりとして、新たに作り出さなくてはならない理由とはいったいどんなものなのだろう。それにしても、ユダの役割について語るマルコの証言はつねに首尾一貫している。

マルコやマルコの共同体にとってユダは、ほとんど直接に興味の対象となるものではなかった。ユダは単にイエスを「引き渡した」人物にすぎなかったからだ（三・一九／一四・一〇、四三）。ユダがマルコ福音書に名前で登場してくるのはわずかに三回だが、この三つの箇所はマルコが初期の資料から借用したユダ伝説に由来するもので、彼の借用の跡をたどることは今なお可能である。

## マルコ一四・四三、四六

43……十二人の一人であるユダが進み寄って来た。祭司長、……たちの遣わした群衆[15]も、剣《つるぎ》や棒を持って一緒に来た。……46人々は、イエスに手をかけて捕らえた[16]。

ここにあるのは、おそらく草稿のもっとも古い層のものだろう（別の言葉でいえばプレ・マルコ資料）。ここでは簡単に事実だけが報告されている。イエスが話しているときに、十二人のひとりであるユダが武器を手にしたグループといっしょに現れた[17]。一団は祭司長や律法学者、長老たちによって送り込まれた者たちである。彼らはイエスを捕らえるとしっかりとつかまえた。「イスカリオテ」という名前はどこにも見当たらない。動詞のパラディドナイ（「引き渡すこと」。パラディドーミの不定形）も直接ユダに付いているわけではない（四四節「イエスを引き渡そう［裏切ろう］としていたユダは、……」はプレ・マルコ伝承の一部ではない）。こうした事実が逆に伝承自体の古さを立証することになる。それと同時にマルコの資料は、われわれに次のようなことを告げている。ユダ（読者はおそらくここではじめてユダを知ることになる）が一団とともにゲッセマネの園にやってきたのは、イエスを逮捕するためだったということを。ここではユダの役割について何ひとつ説明がされていないし、彼がここにいることの理由も明かされていない。「現れる」（新共同訳は「進み寄る」）という動詞の使用には、感情を表に現そうとしない何か意図的なものが感じられる。が、もっとも注目すべきなのは、ユダが逮捕するために現れたその現れ方だ。いかにも突然でぶっきらぼうである。彼はそのときまで、まったく話題に上っていなかったので、読者にしてみれば、この突然の出現に対してまったく準備ができていない。

最終的な編集の段階で、テクストはわれわれに「群衆を派遣したのは祭司長だけではなく、律法学者、長老たちも加わっていたこと」を知らせてくれる。マルコはまたそれに追加情報として、イエスを確認する方法がキスだったことを用意した（6章の補遺を参照のこと）。

## マルコ一四・一八と一四・二一

伝承の断片の中でも、もう少し時代の新しいものが一四・一八と一四・二一である。このふたつの節がふたつの報告を作り上げている。クルト・アーラントの『梗概』では、この一四章に「イエスが彼の裏切りを予言する」というタイトルが付けられている。クルト・アーラントのスタンダードな評釈やそれにつけられたドイツ語の小見出しでも、裏切り者という言葉が使われていたり、裏切り者の「正体が暴かれる」といった表現が用いられている。これを見るかぎりではアーラントの評釈は、テクストの誤読といわれても仕方がないだろう。シェンケが述べているように、テクストにはユダの名前は現れていないなし、特定の弟子を指し示しているわけでもない。したがって「ここで、裏切り者の正体が暴かれるといったいい方をすることはまったく不可能である[18]」

## マルコ一四・一八

18 一同が席に着いて食事をしているとき、イエスは言われた。「はっきり言っておくが、あなたがた
のうちの一人で、わたしと一緒に食事をしている者が、わたしを裏切ろう（引き渡そう）としている。[19]

一般に考えられているのは、このテクストからわれわれは次のようなことを感じとるのだという。それは、詩編四一・一〇（七十人訳聖書では詩編四〇・一〇）へのほのめかしと、「わたしの信頼していた仲間」（文字通り訳すと「わたしの平和の人」）でさえ人に背くことがありうるという悲しみだ。この考えを進めていくと、どうもこの引用は、イエスがルカ一〇・六で弟子たちに与えた呼称（平和の子）をほのめかしているように思われる。[20] 弟子たちは文字通り、平和の子供たちだった。そしてこの平和の子供たちの内のひとり（中でもイエスといっしょに食事をしている者）が、今、弟子たちのグループを離れていくかもしれない。その悲しみについて何らかの説明がここで与えられているにちがいない。そしてこの引用は、それを何とかして伝えようとしているのだろう。とりわけイエスが、食事を通して追い求めるようにと、常日頃、弟子たちに訓戒していたのは平和だった（マルコ九・五〇「自分自身の内に塩を持ちなさい。そして、互いに平和に過ごしなさい」）。その平和が今、現実のものではなくなってしまうというのである。

この文がマルコに組み入れられているのは、たしかにぶかっこうな感じがする。が、だからといって、

ルドルフ・ブルトマン（一八八四―一九七六。ドイツの新約学者・プロテスタント神学者）のいうように、引き渡す人＝密告者の物語を、あくまでも旧約聖書に起源を持つものと考える必要はないだろう。[21] マタイが旧約聖書からの引用を渋ったのは、詩編の使用に対する彼の根本的な躊躇からきたものだ。[22] したがってわれわれは、この詩編からの引用を安心してマルコの最終編集の結果と見なしてよいだろう。他の福音書がこの引用を避けようとしたのは、晩餐への言及がダブってしまうことを恐れたからだ。

紀元一世紀においては、食べること自体が今日よりいっそう、人と人を結びつける行事として重きをなしていた。イエスの共同体にとっても、食事は大いなるよろこびであり祝い事だった。共同体がつねに食事に恵まれていたわけではないという証拠があるだけに、それはなおさらだったろう。したがって、彼らが食事を軽く見ることなどありえなかった。中でも過越祭前後の食事は特別なものだった。親密な雰囲気でよろこびにあふれていたのである。イエスが持ち込んできた悲しみは、こうした背景のもとでながめられるべきものだろう。詩編四一・一〇を選ぶことでマルコがしたかったことも、このことだったにちがいない。マルコの全面的な旧約聖書への接近は、まったくマタイやルカのものとは異なっていた。マルコは旧約と新約との間に横たわる、膨大な時の流れを十分に心得ていた。そして彼は「過去を現在に再現すること」によって、その膨大な時の流れに打ち勝とうとしたのである。[23]

こうして引用がわれわれに伝えてくれたことは、次のようなことだった。弟子たちが晩餐の席についていたときにイエスは予言をした。弟子たちの中で、今、イエスと食事をともにしている者が神に代わって、イエスを引き渡す重要な役を演じることになるだろう。が、イエスはそれがいったいだれなのか、名前を明かすことをしなかった。

**マルコ一四・二一**

[21]人の子は、聖書に書いてあるとおりに、去って行く。だが、人の子を裏切る（引き渡す）その者は不幸だ。生まれなかった方が、その者のためによかった。(24)

イエスが自分を引き渡す者に対して、ここで発した悲嘆の言葉（「不幸だ」）は、ユダの否定的な肖像を作り出す上で大きな要因となった。が、多くの研究者たちが取り上げているのはヘブライの預言者たちの発した悲嘆の言葉で、新約聖書の中で使われているこの言葉の意味については、彼らも一致した見解を示していない。それは呪いの言葉だという学者もいれば、次のような結論を引き出す学者もいる。「新約聖書ではギリシア語の『ウーアイ』（英語の woe !）は人を非難し糾弾するよりも、むしろ同情を示す悲しみを表している」(25)。マタイ二三章では、律法学者やファリサイ派の人々に対するイエスの悲嘆の言葉が相次いで出てくる。そしてそれは、通常、非難の言葉と考えられていた。が、そこには「悲しみという背景音がないわけではない」。そして「ユダの運命に対して悲嘆する言葉（マタイ二六・二四／マルコ一四・二一／ルカ二二・二二）もまた、鋭い最上級の悲しみに満ちている。『ああ、その者は不幸だ』」。が、そこにはまた神の怒りもあった。今もなお晩餐の席にいる者に対して使われた「その者」という表現は、キリストからの断絶が事実上、すでに生じていたことを示唆している。「ユダはみずからの身を神の慈悲の圏外に置いていた」(26)

新約聖書関連で悲嘆の決まり文句が出てくるのは、パウロの書いたものを嚆矢とする。「福音を告げ知らせないなら、わたしは不幸なのです」（コリントの使徒への手紙一、九・一六）。が、パウロの場合は、もし彼が伝道をしなければ、神によって罰せられてしまうという意味ではない。それなら何ゆえ、ユダに対する悲嘆からは、彼を神の慈悲の外に置き去りにするという意味合いが感じとれるのだろう。なぜ、この言葉は「痛みや悲しみ、中でも警告や威嚇といった、通常の感嘆詞[27]」として受けとめられないのだろう。ここでは、悲嘆の言葉が三つの福音書によって、三つのヴァリエーションで書かれている（マルコ一四・二一／マタイ二六・二四／ルカ二二・二二）。

それでは、このユダに対する悲嘆の叫びが意味するところとは、いったい何なのか。それはただ、ユダに対する非難や永遠の断罪を意味するものなのだろうか。マタイは「不幸だ」という言葉を福音書中で一一回使っている。とりわけそれは二三章に集中しており、そこではマタイの描くイエスが、ユダヤの指導者たちの現状について悲しみ嘆いている。一方ルカは、この言葉を限られた箇所で使っていた。それは彼がQ資料（聖書学の仮説上の文献。マタイとルカが福音書を記すときに、マルコ福音書の他に共通の資料にしたとされるもの。おもにイエスの言葉を含む。Qはドイツ語の「資料」＝クヴェレの頭文字）とマルコに材料を求めた部分である。その例外として挙げられるのは「平原の垂訓」と過越の食事の場面だけである。ルカはこの言葉を合計で一〇回使っているが、マルコの使用は二回だけだ。この箇所とマルコ一三・一七の終末論的な文脈の中で使っているだけ（「それらの日には、身重の女と乳飲み子を持つ女は不幸だ」）。

ヨハネの福音書には悲嘆の叫びが出てこない。が、ヨハネの黙示録にはしばしば現れる。この言葉を理解する鍵はどうやら、預言的な神託や哀悼の言葉の中で見つけるべきなのかもしれない[28]。

ヴァルデマール・ヤンツェンはヘブライ語聖書の中に出てくるこの言葉を徹底的に研究した。彼がいうには、嘆きの叫びは「悲しみや悲嘆から告発や威嚇、それに呪いにさえ変化していく意味を、十分に受けとめることのできる言葉」だという。この変化は旧約聖書の中でわれわれも自分の目で確かめることができる。「そのためにわれわれは、悲嘆の叫びがさまざまな意味に使われている姿を、途切れることのないひとつの連続体として追跡することができる。その連続体は弧を描いて広がっていて、一方では、はっきりと弔いの哀悼を表す叫び声があり、もう一方には、殺害者に投げつけられた、文字通り、あるいはいくらか変形した言葉がある。それは苦い、復讐に満ちた雰囲気の中で発せられたものだった」[29]。つまり、叫びの決まり文句は、現状を受け入れる態度から陰鬱で暗い態度にいたるまで、まったく対照的で逆の気分を表す可能性を秘めていたのである[30]。

ヒラーズは、叫びがときには個人に言及していないこともあると述べている。が、彼はまた、これらの神託めいた言葉がより個人的な性格（「顕著な呼びかけの要素」）を持つ点についても主張を試みている。ときどき悲嘆、あるいは叫びの一句は、直接相手を差して発せられることもあるという。が、威嚇の言葉は直接、悪事を行った当人に向けられることはない（イザヤ書五・一一—一二、一八—二三）。

しかしH・W・ヴォルフは、さらに非人称の音調を強調して次のように述べている。「威嚇を受けた人物はけっしてじかに指差されることがない。そして彼は、名指しで特定されることもなく、つねに彼の行った行為によってのみ特徴づけられる」[31]

過越の食事の場面でも、マルコが使った悲嘆の言葉（「不幸だ」）は、文脈に関連して読んでみてはじめて意味が取れる。あきらかにこれは個人に言及しない使用法で、少なくともルカにおいては、単にイエスが感じた後悔と痛みを表したものだろう。それは役目を果たすために選ばれた者に対するイエスの気持ちだった。三つのヴァージョンのすべてにいえることは、人物がまったくだれだか特定されていないことだ。が、マタイには編集の際の追加が見られる。それは、役目を果たす者がだれであるのか、それを読者があきらかに知ることができるように細工が施されていた。パウロはもし、彼が福音を宣べなければ、自分自身に嘆きの言葉を投げつけただろう（コリントの信徒への手紙一、九・一六）。それと同じようにイエスもまた、彼を引き渡すために選ばれた者に向かって、みずから嘆きの言葉を投げかけたのである。

が、イエスはなぜその言葉を投げかけたのか、その理由をいっていない。それはおそらく、イエスを引き渡す行為から生じる避けがたい誤解によるものだろう。悲嘆の言葉は、密告した者が仲間たちから被る拒絶に対して、イエスの同情から絞り出されたものだったのかもしれない。また、だれがその行為をするにせよ、それを実行する者には、行為の意味を考え抜くだけの知力と精神的な成熟が必要なことを、イエスはおそらく知っていたのだろう。神の意志を実行することはたやすいことではない。イエス自身それを痛いほど知っていた。イエスが誤解を受けるというのなら、当然、イエスを密告した者はイエス以上に激しい誤解の中に置かれる。それは目に見えていた。

われわれは嘆きの言葉を呪いの言葉として見ることは、何としても避けなければいけない。[32]古代のユダヤ教では、嘆きの言葉は愛の表現に他ならなかったからだ。往古の日々、預言者たちがイスラエルの人々に語りかけたように、イエスもまた、人々に嘆きの言葉を投げかけた。その人々とは、神の王国がもたらす一新とともに生きることになる人々だった。イエスがとりわけ気づかったのは密告者である。この密告者なくしては明らかに、イエスは自分の使命を果たすことができない。が、しかし、密告者の参加が確実にイエスの悲嘆へとつながっていた。したがって、イエスの言葉は、弟子のひとりのために主人が漏らした哀れみの叫びだったのである。彼の言葉についてこれ以外の読み方をすることは、重大なテクストの誤読以外の何ものでもない。ルドルフ・シュナッケンブルクは次のように書いている。嘆きの言葉は「古代の予言的な決まり文句で、警告や威嚇を意味するものだ。……が、その舌鋒の鋭さがかならずしも、裏切り者に永遠の断罪を下すものではない。というのも、それはユダヤ人のある種の語り口だからで、われわれはそれをいたるところで目にすることができる。マルコ九・四二に似た一種の誇張と見てよい[33]」(「わたしを信じるこれらの小さな者の一人をつまずかせる者は、必ずその報いを受ける」マルコ九・四二)

ルドルフ・ペッシュはイエスの言葉全体を、正義の人の苦難というテーマ(パッシオ・ユスティ[正義の苦悩]というテーマだ[34])に限定されたものだという見方を示した。嘆きの叫びは正義の人の伝承中にあきらかに見られるという。嘆きの言葉はとりわけ、次のような問いかけのために痛切に胸にこたえるものとなった。これが正義の人に起こることだとすれば、たくさんの不正な人々がいる世界では、いったいどのようなことが起きるのだろう(『生の木』さえこうされるのなら、『枯れた木』はいったいどうなるのか」ルカ二三・三一)。つまり嘆きは、その前提条件として語り手の側に終末論的な洞察力を必要とするものだったのである。しかし、だからといってわれわれは、次のような考えを受け入れる必要はないだろう。「生まれなければよかった者は呪われる[35]」

イエスがユダを呪ったと考えると、新約聖書で呪詛を表すために使われている明確な言葉との間で混乱が生じてしまう。したがって、新約聖書で書かれた祝福と呪詛については、これと比較するものとしてわずかにクムランで発見された文書を挙げることができる。この比較によって明らかになるのは、ふたつの共同体の間に横たわる明確で広汎な差異である。イエスはたしかに弟子たちに、「悪口を言う者に祝福を祈り、あなたがたを侮辱する者のために祈りなさい」(ルカ六・二八)と教えた。が、その彼が自分の弟子のひとりに対して呪詛の言葉を投げかけたというのは、ほとんどありえない話だ。ここでイエスが、自分を「引き渡す者」に呪いの言葉をかけなかったのは、終末の日が近づき、荒廃に対する嫌悪感から、身重の女や乳飲み子を持つ女に投げかけた言葉が、呪詛の言葉ではなかったのと同じことだ(「それらの日には、身重の女と乳飲み子を持つ女は不幸だ」マルコ一三・一七)。

マルコをはじめとする福音書記者たちは、このシーン(過越の食事のシーン)を挿入句的なものと解釈した。つまり読者に対する一種の警告と理解したのである。[36] イエスを引き渡した者が聖なる食事の席に同席している。しかもその者はイエスの集団内でもっとも親密な仲間に属していた。この事実は初期教会が掲げた嘆きのテーマを、もっともらしいものに見せるには最適の材料だった。それはそうだろう。贖いの死を予知して、パンと葡萄酒を弟子たちに与えたイエスの行為の直前で、ユダを威嚇するような裁定が下されたのだから(マルコ一四・二二―二五。「そして、イエスは言われた。『これは、多くの人たちのために流されるわたしの血、契約の血である』」一四・二四)。ペッシュはこのとき、マルコやそれに続いた福音書記者の叙述を通じて、イエスの精神がインスピレーションとなって働くさまを見たという。これは呪詛という行為がここで行われなかったことを考えると、たしかにペッシュの見方は正しいかもしれない。[37]

マルコとマタイの双方が初期のテクストに、「生まれなかった方が、その者のためによかった」を付け加えたことにより、のちの読者の誤読を助けることになった。これは確かなことだろう。というのも、「その者」[38]という決まり文句と「生まれなかった方がよい」という表現には、あきらかに絶望の雰囲気がある上に、悲嘆の言葉(「不幸だ」)とそれはまったくフィットしていないからだ。ルカはこれらの言葉を削除している。そして、ユダを弾劾することを拒否した。

「不幸だ」という悲嘆の言葉が意味するところは、人に後悔をもたらすということだろう。[39] それは非常に情熱的ともいえるこの叫びが、人々の目を覚まさせ、彼らが今いる現状を認識させるという意味だ。が、先に引用した句の場合には問題が複雑だ。それは、そこで扱われている事件がすでに遠い昔に予言されていたことによる。「聖書に書いてあるとおりに」という言葉がそれだ。聖書に書かれていることが実現されるようにといって呼び出された者たちが、悲しいことに、その時点ではなお祝福された者と呼ばれることのない状況がそこにはあった。

おそらく、人間の本性に対するイエスの深い洞察力が彼にこの言葉(「不幸だ」)を口にさせたのだろう。というのもイエスは、ペトロがとても目の前にある試練に耐えることなどできないと考えていたし、それと同じように彼は、自分を引き渡すといういわば濁流に飛び込んでいく弟子が、とてもその行為がもたらす結果を背負いながら生きていくことなどできない、といっそう深刻な思いで感じていたにちがいないからだ。

マルコはイエスの死を避けがたいものとして描いた。が、それは彼を引き渡した者にとって、あまりに大きな被害をもたらすものとなった。死を避けがたいものとする伝承が、イエスの死を単なる突発的な出来事ではなく、ある事の予告であり、前兆であるという見方を助長させることになったからである。つまりそれは、イエスの死が聖書の中に記されていた神の計画に従ったものだという見方である。したがって、マルコやルカにとってイエスの発する言葉は、エンスリンがいっていたように、「友達や、敵の無分別で愚かしい行為の動機に対して下した……神学上の評価」だったのである(本章冒頭の引用句を見よ)。イエスが引き渡されていく過程には三つの輪が途切れることなくつながっている。そこにはまず、イエスの仲間たちからなる親しい内輪の輪がある。が、彼らがイエスを捨てる段になると、たちまちその信義はつまずきしぼんでしまう。次の輪はイエスと同じユダヤ人たちの輪だ。これは祭司長のカイアファによって代表される。そして第三の輪がローマの世俗的な権力者たちの輪である。こうしてイエスは自分を育んでくれた大地から引き離され、彼を支えてくれていた共同体は、次々と彼を権力者の手へ引き渡していった。もちろん、ローマ人たちはイエスを守ろうとしたのだが、結果的にはイエスを死にいたらしめることになる。が、結局それはイエスがみずからの手で、自分を死に引き渡したということになるのだろうか。[40]

ここで要約してみると、呪詛というのはあきらかにひとつの文学上の型として決められたものである。[41]そのためにそれを、悲嘆の言葉と混同するのはあやまちだ。これまで伝統的に行われてきたように、[42]悲嘆を呪詛と解釈することはテクストの重大な誤読である。予言的な悲嘆はむしろ悲しみの叫びに似ていて、呪詛とはまったく異なるものだ。呪詛はむしろ、神の力を呼び出して、それが呪われる当人へと差し向けられる。つまりそれは、神の力に動員をかけて、人を破滅へと向かわせる祈りの言葉といってよいだろう。イエスによって発せられた悲嘆の言葉を、ユダに対する呪詛と受けとめる見方はキリスト教の歴史の中に深く根づいている。読者はそれがはたして、福音書の伝承中のもっとも古い層に属するものなのかどうか、この点についてはっきりと決断を下す必要があるだろう。

## マルコ一四・一〇─一一

マルコ一四・一〇─一一がのちに付け足されたものであることは明らかだ。そこには、神殿の指導者たちによって提供された報酬のことが記されている。テクストは簡潔に次のようにいう。

10 十二人の一人イスカリオテのユダは、イエスを引き渡そうとして、祭司長たちのところへ出かけて行った。11 彼らはそれを聞いて喜び、金を与える約束をした。そこでユダは、どうすれば折よくイエスを引き渡せるかとねらっていた。

このテクストが明らかにしているのは、あるひとつの伝承が存在したことだ。それは、祭司長たちが密告者を求めて用心し、見張っていたという事実を伝える伝承である。祭司長たちがユダの中に見たのもその密告者だった。彼らはユダに金を与えた。それはこのような場合の習慣となっていたものだったのだろう。金が支払われたことにより、取り決めは効力のあるものとなり妥当性を持った。

クラウクがいっている通り、マルコはここで心理学的な考察を避け、ユダの行動の原理的な説明を探ることを一切やめている。そのために「ユダの動機は暗闇の中に放置されることになるのだが、その一方で、彼の行為の神学的な背景はより明るく輝くことになる。そしてわれわれに『その行動がだれか他の者とともにあること、つまりそれは神とともにあること』を理解させてくれるのである」(43)

マルコが最終的に校訂をしたものには、「あなたがたのうちの一人」(一四・一八)が密告者になるだろうというイエスの荘重な告白が含まれている。その言葉は「アーメン」という決まり文句と、イエスが過越の食事を十二人とともにしたという事実(一四・一七)によって強調されていた。イエスの予言は、彼らが食事の席についているときに告げられた。マルコはこの歴史的な場面を、食事という要素にアクセントを置くことにより、そしてまた「わたしといっしょに食事をしている者」(詩編四一・一〇)という句を引用することにより、いっそう誇張したのである。

テクスト(詩編)のヘブライ語では、もっとも親しい友達を「わたしの平和の人」と表現している。イエスは詩編を使ったわけだが、このフレーズが説明しているのは、もっとも親しい友達との間にさえ入り込んでくる痛切な離反の感情だった。ここでほのめかされているのは次のようなことだろう。それは、無名の女性(ベタニアの女)の寛大さと、ユダが祭司長たちとの間で交わした取り決めのあまりにも大きなコントラストである。「イエスは神の家族、それも彼の『兄弟』によって死へと引き渡されることになる。

それはイエス自身によって、自分のそばにいるようにと任命された者だった」（三・一四）[44]。イエスの母親や兄弟たちは彼を気が触れた者と見なして拒絶した（三・二一）。その彼を今度は、いちばん近くにいた新しい家族でさえ受け入れることができないのである。

イエスの告白に対する弟子たちの反応は、感情の憤激（リュペー）のさまざまな形だった。それは深い悲しみでもあったし、痛み、衝撃、後悔でもあったろう。イエスがペトロに三度「わたしを愛しているか」（ヨハネ二一・一七）とたずねたとき、ペトロが感じたのがこの気持ちだった。それはまた、イエスの弟子になることのできなかった金持ちの男の感情を、マルコが述べようとして使った言葉でもある（マルコ一〇・二二）。さらには、マタイがゲッセマネの園にいたイエスの気持ちを忖度したものがこれと同じ感情だった（「ペトロおよびゼベダイの子二人を伴われたが、そのとき、（イエスは）悲しみもだえ始められた」マタイ二六・三七）[45]。

弟子たちは困惑して、たがいの顔を見合わせながら「まさかわたしのことでは」と代わる代わるたずねる。こんなふうにしてマルコは、弟子たちの内のだれもが、密告者の役を引き受ける可能性のあったことを納得させる。どの弟子が神殿の指導者たちのもとへいって、イエスを密告してもいっこうにおかしくはなかった。というのも、エルサレムへきてから、このあわただしい数日間というもの、弟子たちはイエスの気持ちがどこへ向かっているものやら、まったくその方角がつかめず、だれもが困惑しきっていたからである。が、イエスがしていることが神殿とその支配層に、何らかの形で威嚇を与える可能性のあるものだということを信じていない弟子はひとりとしていなかっただろう。これについてはほとんど疑う余地がない。いずれにしてもこの見方からすると、「マルコも示していたことだが、弟子たちは総じてすべて、ユダと似たりよったりであまり変わりがなかったということだ」[46]

弟子たちの「まさかわたしのことでは」という問いかけに対して、イエスは次のように答えている。「十二人のうちの一人で、わたしと一緒に鉢に食べ物を浸している者がそれだ」（マルコ一四・二〇）。ふたたび言及されているのはもっとも関係の近い者だ。食事をともにし、しかも鉢をさえ共有している者。創世記の中でヨセフの兄のユダが、兄弟たちとともに弟のヨセフを売り飛ばそうと決めたのも、彼らが食事をしていたときだった。同じように食事をしながらイエスは自分の予感について話し出す。それはイエスの使命を帯びた使者のことで、そのために弟子たちの間に大きな不幸が生じるという。その使命とは具体的には、弟子たちのひとりがイエスの気がかりなことを神殿の責任者たちに確実に伝えることだった。

**マルコ一四・四一―四二**

[41]イエスは三度目に戻って来て言われた。「あなたがたはまだ眠っている。休んでいる。もうこれでいい。時が来た。人の子は罪人たちの手に引き渡される。[42]立て、行こう。見よ、わたしを裏切る（引き渡す）者が来た」

事実上、この引用句の中で、マルコに独自な言葉がひとつだけある。それは「アペケイ」で、「もうこれでいい」と訳されている。が、クラウス・ミュラーはそれを「（怒りが杯に）注がれた」と訳すべきだと主張した。彼はそれぞれの人物の地位や問題点、それに能力などのみごとな見取り図を提供している。ミュラーの結論は、ここで使われているアペケイは、動詞アポケイン（注ぐ）の未完了過去三人称単数で、言外に神がイエスの目の前に置いてある杯に怒りの審判を注ぎ入れる意味を持つという。裁きの時がはじまったというのだ。[47]

ブービヤーの見方はこれとは違っている。動詞はユダについて語っていて、このドラマティックな時間に、ユダが自分の義務を忠実に果たしたことを意味しているという。「それは引き渡す者が人の子を受け取り、それを死へと引き渡した。人の子は死から、宇宙の統治へと昇っていくだろう」[48]。ズールはフェルトマイアーに従って、次のように結論づけた。「アペケイはただ神からの隔離を意味している。したがって『彼は疎遠になった』と訳すべきだ」[49]という。これは人の要求が最大なときに、祈りの最中で神からの隔離を感じるという基本的な経験で、イスラエルは古代オリエントの諸宗教とこの経験を共有していた。

このフレーズをやはりユダに言及したものと見て、しかもそれを彼の受け取った報酬に関わるものではないかと解釈する人々もいる。というのもアペケイは、支払いが完全に行われた状態を指して使われることがあるからだ。

ここで重要なのは、イエスがつらい時期に自分に同伴し、自分を助けてくれるものと思い、引き連れてきた弟子たちが、三度、イエスを打ち捨てたことに注意を向けることだ。彼らの内ひとりとして、イエスの助けとなる者はいなかった。イエスは、怒りの杯が自分の目の前からよそに片づけられることを祈っていた。が、彼の願いは聞き入れられない。三人のおもだった弟子たちが居眠りをしている間に、ユダは自分の使命を実行に移していた。ユダのゲッセマネ到着はイエスには合図となった。イエスが眠っている弟子たちに呼びかけて、神の意志へ従う義務を果たすようにと促すシグナルとなったのである。

マルコのアイロニーがここでは満開に花開く。元来、人の子は裁くためにやってくるはずだった。それがここでは何はさておき、人の子がまっさきに罪人の手に引き渡されなくてはならない。裁きの場で怒りの杯を管理しなくてはいけない人の子が、これもみずからその杯を飲み干さなくてはならない。イエスの身に起こったことに言及している箇所では、「引き渡す」という言葉が二度使われている。最初の箇所では、動詞の受動形が示唆しているように、動作のきっかけとなっているのはあきらかに神だ。が、次に神の代理人としてイエスを引き渡しているのは他ならぬユダ自身だった。マルコはもちろんユダを裏切り者として語っているわけではない。いつわりの手本を示したのは、のちに英語に訳した翻訳者たちだった。がここには、アイロニーがまだまだある。すでに予言されていた通りに、十二人のひとりが祭司長たちに人の子を引き渡す役を演じた。[50] さらに衝撃的なのは「罪人たち」への言及である。これもまたマルコの仕掛けたアイロニーといってよいだろう。もともとこのフレーズは、人の子が人々に引き渡されるだろうという予言としてはじまった（「人の子は、人々の手に引き渡され、殺される。殺されて三日の後に復活する」九・三一）。[51] それがいつのまにか「罪人たちの手に引き渡される」へと変容している。[52] マルコ、マタイ、ルカで使われた以外には、イエスを罪人の手に引き渡すという考えは、他のどの箇所にも見られない。実際、それが出てきて当然よささうな場所もあるのだが（それはたとえば使徒言行録の中の説教の場面だ）、そこでは人々が無知だったという理由で罪人の刻印を打たれずにすんでいる。「ところが、あなたがたはこのイエスを引き渡し、ピラトが釈放しようと決めていたのに、その面前でこの方を拒みました」（使徒言行録三・一三）。[53] 罪人たちというフレーズはもとを探っていくと、詩編のギリシア語訳の七十人訳聖書にまでいき着く。詩編では罪人たちの手から逃れさせてほしいという祈りがしばしば登場する（七一・四／一四〇・五）。貧しい人や弱い人を罪人たちから救い出すことこそ、神の性格の一部だとする見方も述べられている（八二・四／九七・一〇）。中でも詩編の作者が懇請している箇所は注目に値する。「わたしが欲望に負けてしまうからといって、わたしを罪人たちへ引き渡さないでください」（一四〇・八）。十字架刑について交わされていた初期のキリスト教の議論では、ひとつの特徴として、イエスが罪人たちの手に引き渡されたということがはっきりと打ち出されていた（ルカ二四・七）。しかし、もっとも早い時期の層の中にはこの記述はまったく存在していない。

マルコ一四・四一―四二の英訳は、イエスがまさに踏み出そうとしていた決定的なステップを十分に反映したものとなっている。イエスはもはや尻込みすることもせず、その場から逃げ出そうともしていない。そして、ユダと群衆のもとへと向かった。断固とした決意を秘めて。ゲッセマネの苦悩は彼らの背後に退いて見えた。今、決着をつける時がやってきたのである。

**マルコ一四・四三―四九**

43さて、イエスがまだ話しておられると、十二人の一人であるユダが進み寄って来た。祭司長、律法学者、長老たちの遣わした群衆も、剣や棒を持って一緒に来た。44イエスを裏切ろう（引き渡そう）としていたユダは、「わたしが接吻するのが、その人だ。捕まえて、逃がさないように連れて行け」と、前もって合図を決めていた。45ユダはやって来るとすぐに、イエスに近寄り、「先生」と言って接吻した。46人々は、イエスに手をかけて捕らえた。……47そこで、イエスは彼らに言われた。「まるで強盗にでも向かうように、剣や棒をもって捕らえに来たのか。48わたしは毎日、神殿の境内で一緒にいて教えていたのに、あなたたちはわたしを捕らえなかった。しかし、これは聖書の言葉が実現するためである」(54)

マルコ福音書の現在の形を見てみると、イエスが逮捕される場面には、ユダの役割を理解する上でいくつかの目立った特徴がある。まず、イエスとユダの間で対話というものが交わされていないこと。そしてユダがわずかに一語だけ、「ラビ（先生）」といっていること。そして、ユダがイエスにキスをしたことなどだ。

「ラビ」という言葉がこの文脈の中で、いったいどんな意味を持つのか明らかではない。それがはたしてイエスの時代に使われていた言葉だったのかどうか。この件については学問上のコンセンサスが得られていない。ここではおそらく、「わたしの先生」というていねいな呼びかけの一種にすぎないだろうといわれている。そこには何ら隠された意味もないし、特別な尊敬の意味合いもなさそうだ。マルコとマタイはともに、イエスに向かって「先生」とユダに呼びかけさせている。それはこの文脈で、ユダがイエスに話しかけた唯一の言葉だった。そしてこれは、マルコの福音書全体についてもいえる。「ラビ」という言葉はマルコではさらに三回出てくる（マルコ一〇・五一では「ラブーニ」として出てくる。これは「ラビ」よりさらに敬意を込めたいい方。「盲人は、『先生、目が見えるようになりたいです』と言った」）。それはつねにイエスのもっとも親しい弟子の口から発せられた。ペトロが二回（九・五／一一・二一）、ユダが一回（一四・四五）[55]。ヨハネではこの言葉が七回登場する（二〇・一六ではラブーニとして一度出てくる）。が、だいたいこの言葉を使っているのは、イエスの弟子たちについて、あるいは弟子の身分について問いかけてくる人々だった。

マルコがこの言葉を使うことによってほのめかしているのは、ユダがイエスに対して示していた敬意だったろう。「（マルコに出てくる）四例にはそのすべてに、イエスの特別な偉大さという意味が含まれているようだ」[56]。先生という呼びかけに「やあ」（カイレ）という言葉を付け加えたマタイは、自分で独自の道を進んでいる。ジョン・P・メイヤーによると、「不思議な話だが、イエスに『先生』と（呼格で）呼びかけているのは、マタイにとっては、呼びかけた者が不信心者であることを意味していたのではないか。少なくとも本当の弟子にはなっていないだれかを意味しようとしたのではないか。このような呼びかけが示唆しているところは、話し手がイエスを単なる人間の教師にすぎず、けっしてそれ以上の者ではないと思っていたことだ」[57]。ルカとマタイでは、ユダはイエスに何も話しかけていない。例外はマタイの「先生、こんばんは」だけである。が、イエスはユダにそのあとで何やら話しかけている。ヨハネでは、イエスとユダの間で交わされる言葉はまったくない。

マルコは最終校訂のテクストで、われわれに次のことを知らせてくれている。それは「群衆を派遣したのは祭司長だけではなく、律法学者、長老たちも加わっていたこと」。マルコはそれに、イエスの身元確認の手段としてキスが使われたことを新たな情報として付け加えた。

マルコの編集上のコメントが示唆しているところによると、キスはイエスを確認する合図で、前もって逮捕にきた一団と打ち合わせずみのものだったという。が、これはひょっとするとあとから追加されたものかもしれない。キスはイエスが弟子たちのグループに導入した習慣だったかもしれないからだ。というのも、われわれはのちに、初期教会でそれが信者の共同体の特徴として存在したことを見い出している[58]。キスの習慣は、イエスと弟子たちによって育成された共同生活にまったく合致した行為だったのである[59]。のちに教会ではパウロとペトロが、教会に向かって「聖なるキス」、つまり愛のキスを実行するようにと訓戒している（「愛の口づけによって互いに挨拶を交わしなさい。キリストと結ばれているあなたがた一同に、平和があるように」ペトロの手紙一、五・一四）。教会ではユダヤ人と異邦人がひとつの共同体をなしていた。その際にキスは、彼らがキリストと一体になるための公に認められたしるしだった。キスはまた弟子たちの間で、イエスが実現したいと模索していた新しい家族のシンボルでもあっただろう。ただしそれについてはのちに、ルカによって、シンボルの適合性に対して疑問が出される（6章末の補遺を参照のこと）。オースティン・ファーラーは彼のマルコ研究の中で、次のような結論を出している。ユダの役割については、それを巡ってあまりに不必要なミステリーが渦巻きすぎているという。実際ファーラーは、ミステリーのたぐいがまったくそこにはなかったと信じていた。祭司長たちには探偵組織といったものがない。したがって彼らは、だれでもよし自分たちの手の者を案内してくれる者がほしかった。彼らは何としてもイエスを逮捕したかったのだが、群衆が集まってきてイエスを救出してしまうことを恐れていた。祭司長たちはともかくイエスの周辺の地理に明るい者がほしかった。ユダならたしかにそれができた。がそれは、彼が取り替えのきかない人物であったということではない。もし、祭司長たちがユダを見つけることができなければ、当然、彼らは他の者たちを見つけていただろう。

ユダの動機という点については、たしかにミステリーがあるかもしれない。もし彼の「裏切り」がイエス逮捕の原因になったというのなら。しかし、イエスの逮捕は遅かれ早かれ、いずれはやってきたものではなかったのだろうか。したがって、それがいつ起こったかということは重要な問題ではないのではないか。ファーラーによると、ユダは自分の行動を取ることによって、みずからの身を安全な場所に置いたのだという。

金も重要なファクターではなかった。ユダは手数料を受け取った。それがたしかに彼の行為の印象を悪くし、いっそう忌まわしいものにしたと主張する者もいる。が、ヨハネははじめから、貪欲こそユダの行動の動機だということをほのめかしていた。ファーラーにとっては、ユダの中に徹底的に臆病な男を見ればそれでもう十分だったのである。「聖ペトロのあらかじめじっくりと考えるヒロイズムは、簡単に危険に屈服してしまった。ユダは同じように前もって熟慮するタイプなのだが、それは身の安全をはかる方策をしきりに考えていたのだ」

マルコは、何ら特別な動機をユダに負わせる必要などなかったという。というのも、すべての動機の中でもっともありきたりなもので十分だったからだ。それが自分の身の安全ということである。マルコのストーリーを非常に理解しがたいと思ったり、それを説明する完全な物語をどうしても作り出す必要があるという人々は、ファーラーから何ひとつ頼りとなるものを得ることはできないだろう。「私にとってユダを理解することは、自分自身の心の中をのぞくようなものだ。私はたしかによりうまく身を処していきたいと思う。が、誘惑とは何かというくらいは十分に心得ているつもりだ[60]」

ファーラーのアプローチの困難な点は、「身の安全をはかる」という動機が、他の弟子たちの大規模な離脱を説明するためにも簡単に使えてしまえることだ。そのためにこの動機はまったく説明にはならない。それはむしろ、かえって大きな謎（ミステリーとはいわないまでも）を作り出してしまうだろう。この宿命的ともいえる日々に、イエスとユダの間で起こったことについてマルコが記した物語の中で、ユダが演じた役割はいっそう大きな謎として立ち現れてくるばかりだった。

## マルコに書かれていないこと

マタイやルカ、それにヨハネとマルコを平行して見ていくと、マルコには現れてこない事柄がある。マルコにないものに注目することは、おそらくユダを追求していく上で役に立つことかもしれない[61]。

ベタニアでイエスが、女から香油を頭に注ぎかけられたことがあった（マルコ一四・三―九）。このときにも、マルコはユダの名前をいっさい出していない。その場に集まっていた人々の間から声高な反対の声がわき起こる。女の行為の莫大な浪費を非難する声だった。香油を売れば三〇〇デナリオン以上になる。そのお金で貧しい人々に施しができたのではないかというのである。香油を注いだ女も厳しくとがめられた(一四・五)。声を荒げて話す人々は単に「そこにいた人の何人か」という簡単な言葉で言及されている。反対の声はまずはじめに彼らの間から聞こえてきた。イエスが、香油を注いだ女(マリア)の行為を強く弁護したことは明らかだ。が、マルコの記述に関するかぎり、ユダはそこには登場してこない。彼はおそらく、四節の「そこにいた人の何人か」に含まれていたのかもしれない。が、マルコはわれわれがそう考える理由を与えていない。

また、ユダの行為と悪霊との関係についても、マルコはいっさい述べていない。マルコの福音書では、イエスが悪霊と懸命になって戦って、それに勝利を収める姿が描かれている。そのことを考えると、ユダの行為を説明するのにサタンを引き合いに出すことは、ルカやヨハネの場合と同様、まったくマルコの目的に適っていたと思われるのだが、事実は違っていた。彼はその可能性をわれわれが考えることを許してくれなかった。マルコが彼の福音書を書いたときにはまだ、非難と弾劾のコーラスがユダに対する拒否の連祷をはじめていなかったのである。

イエスが悲嘆の叫びを挙げた記録の中にも、イエスを引き渡した者の名前はない(マルコ一四・二一)。が、ひとたびその者の名前が明かされると、そしてひとたび、イエスが十字架刑に処せられると、イエスの共同体はイエスの哀れみの叫びを否定的な言明へと変え(実際、それは威嚇といってもよい)、その切っ先をユダへ向けた(共同体には複雑で微妙な問題を処理することなどできなかったのだ)。それによって、ユダをスケープゴートにする過程がはじまった。この過程に見られるアイロニーは次のようなことだろう。イエスの言葉がもともと明記していたように、イエス自身が贖罪のヤギとなるのが神の意志だったが、スケープゴート（贖罪のヤギ）になったのはイエスの弟子のユダだったのである。

## 共同体のメンバーとしてのユダ

イエスの共同体についてマルコは次のような指摘をしている。ユダは思いつきでふらふらと十二人の輪の中へ入ってきたような、そんなかりそめの仲間ではなかったと。彼は神に選ばれ、イエス・キリストによって選ばれた同胞だった。したがってユダは、共同体の中にしっかりと自分の居場所を作っていたし、最後の晩餐の席にさえ参加している。彼はいわば教会の中心部に属していたのである。(62)

このグループがどのような性格をしていたのか、それについてわれわれの知るところはまったく微々たるものだ。しかしわれわれは、その共同生活がクムランで行われていたものと同じほど、高い水準に達していたことくらいは推測することができるだろう。そこでは学問や信仰、それにおたがいに対する深い思いやりなどが緊密に混交していたにちがいない。(63) このような共同体では、あやまちを犯してメンバーから離脱した者に対して、はたしてどんな仕打ちが待っていたのか、それを問いかけることが重要な問題となる。クムランの教団では、離脱したメンバーを独特な方法で処分した。それはいかにも残忍で非情なやり方だった。教団を破門された者は砂漠に放逐された。そして、放逐された者はそのまま死ぬしかなかった。

一方、イエスの共同体が離脱者に対して行ったことははっきりとしていない。ユダの物語がこの問題について、何か推測のヒントを与えてくれないかぎり、それはまったく不明である。実際、ユダがイエスの共同体を離れた、もしくは放逐された最初の人物だったとすると、ユダのように「われわれを置き去りにした人々」に対する拒否を、クムラン教団にくらべてより苛酷でより厳しいものだったと考えることはまず難しいだろう。

マルコの描いたユダ像が、彼の共同体に警告を発しているのは次のようなことだった。イエスと彼の弟子たちの輪はユダの離脱を防ぐことができなかったわけだが、それと同じように教会もまた、離脱者を防ぐことができないのではないかということである。しかし、さらに厳密ないい方をすると、マルコ自身はこのようなことは何ひとつ知らなかったのではないだろうか。それに彼は、ユダを他の弟子たちにくらべていちだんと悪辣に見せることにまったく興味を示していない。

さらにいえることは、教会にしてみれば、その内部で離反者がこれからも出るかどうかなどといわれても、それはまったく予測不可能なことだった。それと同じように、個人の信仰者にしても、彼あるいは彼女が最終的に離脱者になるかどうかについては、まったく本人でさえ確証が持てない。「まさかわたしのことでは」(一四・一九)という問いかけが、マルコの読者を導いていく先には、今度は読者自身に託された問いかけが待っていた。「神の意志を遂行するためにあなた(イエス)が選んだのは、この私ですか」という問いだ。イエスはもちろん暗に示していた。弟子たちのだれもが、ユダがこれから行う行為によって、世間から中傷を受け、散り散りになっていくであろうことを(マタイ二六・三一/マルコ一四・二七)。第四福音書でさえはっきりと述べている。それぞれの弟子たちが自分の家へ逃げていったときには、自分(イエス)はまったくのひとりになるだろうと。しかし、神だけは自分を見捨てることがないだろうと(ヨハネ一六・三二)。

つまるところ離反ということは、自分の信義を変えるということの具体的な表現と見てよいだろう。そして、少なくともそれがまた悲嘆の言葉(一四・二一「不幸だ」)へとつながっている。おそらく、この離反は初期教会のユダに対するアナテマ(強い呪い)にさえ関わりを持つことができるだろう。初期教会で

は、「ユダのキス」は他ならぬ離反の行為を意味する言葉だったのだから。(64)

## この章をまとめると

さてそれでは、マルコのユダ像に対してわれわれは、いったいどのような結論を下すことができるのだろう。まずはっきりとしているのは、すでにユダがマルコに知られていたこと。そしてそれはマルコが使用した伝承の中でユダに出会ったということだ。マルコの福音書がはじめの部分で掲げた十二人のリストには、その末尾でユダが登場する。そこでわれわれが見るのは、マルコが付け足した「イスカリオテ」と「このユダがイエスを引き渡した（裏切った）」という言葉である（マタイ一〇・一九）。(65)

ユダの伝承を最初に文字にしたのはマルコだった。そのマルコが確認したことは、もとからユダは十二人のひとりだったということだ。ユダが共同体の中で果たしていた役割についてはあいまいで、そのためにいくつもの解釈を許している。が、それも、ペトロや他の弟子たちにくらべるとかなり明瞭にされていることは確かだ。ユダとイエスの間に何らかの疎遠な関係があったという証拠は、マルコによっても何ひとつわれわれに伝えられていない。彼の伝えたことは、ユダが忠実なイエスの弟子だったこと、彼が十二人のひとりだったこと、したがって、それなりに彼はイエスにつき従っていたことなどである。神の家族の一員として、つまり、イエスのそばにいるように任命されたひとりとして（三・一四）、ユダはイエスを、神によって任命された召使いたちの手に、すなわち神の祭司たちの手に引き渡したのである。(66)

# 6

# マタイが描いたユダ

福音書の表面下に潜んだものを見て、ユダは裏切り者なんかではなく、早い時期にメシアの王国を唱道していた人物だったと知った人々は、自分がてっきり歴史上の真のユダ像を発見したと思うだろう。が、それは彼らが単にユダ伝説のより早い時期の層を見つけたにすぎない。同時に彼らはそこで、同じ時代にエルサレム教会が、パウロ派教会と相争っている姿を見ることになるだろう。

——ハイヤム・マコービー(1)

マタイ福音書はマルコにくらべるとかなり長い。イエスの受難物語についていえば、マタイの受難ストーリーの五分の四は、マルコの対応部分と語彙や内容が一致しているといわれている。[2]

われわれは福音書を検討するに際して、最初のふたつの福音書（マルコとマタイ）が、イエスの受難物語の材料を広い範囲から集めていると述べた。が、ユダに関するかぎり、マタイはマルコにくらべるとずっと多くの材料を提供している。マルコとマタイでは、受難物語の叙述に関して驚くほど多くの部分で重複している。にもかかわらず、マタイはユダについて重要な新材料を差し出してくれている。何よりもマタイは、ユダの伝承がどのように発展していったかその経緯について、興味深いケーススタディを提出してくれる。

レイモンド・ブラウンが主張していることだが、マタイは一般に人気のあった伝承を材料として使用しているという。これにはかなり説得力がある。その材料というのが、「すばらしく、生き生きとしていて、想像力に富んでいる」というのだ。マタイがそれを使った箇所は受難物語やイエスの生誕物語の中だ。この部分に関するかぎり、マタイはあきらかにマルコやQ資料に頼ることをしていない。[3] ブラウンはまた、マタイがはっきりと反ユダヤ的な色彩を出しているという。

マタイはマルコほど「十二人」という言葉に興味を示していない。マタイがしばしば使っているのは「十二人の弟子たち」という表現で、これはほぼ実質的に「十二人」と等しい。「十二人の弟子たち」を四回[4]、「十二人の使徒たち」はわずかに一回だけ（一〇・二）、そして「十二人」を三回使用している。[5] マルコはこれとは反対で、「十二人の使徒たち」はわずかに一回だけ（三・一四）だが、「十二人」は一一回も使っている。彼はけっして「弟子たち」という言葉のついた数字を使っていない。ルカは福音書の中で「十二人」を七回使っている。

マタイがユダを十二人のひとりとして描いているのはふたつの場面だ（二六・一四、四七）。これはルカも同様。ルカ一〇・三では十二人の間にユダの名前を付け加えてリストアップしている。マルコには三回ほどこの場面がある。第四の福音書には十二人のリストはないが、ユダを十二人のひとりとして描いている場面がわずかに一回ある（六・七〇）。

さらに、次のようなことがしばしば指摘されている。たしかにマルコには、弟子たちの起こした出来事や反応を侮蔑的に描写した場面が多かった。が、これがマタイになると変更が加えられていたり、削除されたりしている。[6] マタイは弟子たちをことさら理想化していないし、かといって彼らの粗《あら》を探すようなこともしていない。それはいかにもマタイの弟子に対する考え方に反するようだし、彼の客観的な見方にふさわしくないのだろう。マタイは受難物語の中でペテロの弱さを描き、弟子たちを「理想的なキリスト教徒としてではなく、典型的なキリスト教徒として」紹介している。[7]

マタイの福音書には五カ所ほど、弟子たちの信仰の弱さを非難しているところがある。これはマタイが資料としたものにはなかったことだ。[8] しかしここでも、ユダがとりわけ選ばれて非難の対象にされることはない。「パラディドーミ」という言葉にしても、マタイの受難物語では受身の形で、もっぱら技術的な用語として使われている。ほとんどが「イエスを死に引き渡す」といった使われ方である。[9]

さてここでマタイ福音書中ユダの出てくる箇所を挙げてみよう。全部で五カ所ある。

1　コアとなる物語。これはマタイにおける苦難の僕《しもべ》と人の子を示した箇所（二六・一四―一六）。
2　引き渡しの宣言がイエスによってなされる箇所（二六・二〇―二五）。
3　イエス逮捕の場面（二六・四七―五六）。
2と3では、いずれにもイスカリオテという言葉は出てこない。そこで使われているのは「イエスを引き渡した者」といういい方だ（二六・二五、四八。ヨハネ一八・二、五を参照）。
4　ユダが後悔する場面（二七・三―五）。
5　お金の処分（二七・五―一〇）とユダの死（二七・五）を描いた箇所。ここではその特徴を、ルカが使徒言行録で書いた記述（一・一八―一九）と共有している。旧約聖書からの引用やエルサレムの地名の記述、それにイスカリオテという名の欠落なども共通する特徴。が、両者はあくまでも独立しており、連結したものではなさそうだ。

マタイには、マルコで使われなかった伝承をそのまま記載したものは何ひとつない。しかし、編集上の展開の跡は顕著に見られる。マタイは受難物語を「よりいっそう忘れがたいもの」[10]としている。1、2、3に出てくる三つのテクスト（二六・一五、二五、五〇）はどれもがマルコから取られたものだが、いずれもマルコにくらべると、よりいっそう記述が詳細になっている。その中のひとつでマタイは、ユダの言葉を直接引用している（「あの男をあなたたちに引き渡せば、幾らくれますか」二六・一五）。マタイはこのように物語をいきいきとさせるために、ユダに新しい特徴をいくつか付与した。三つのテクストのどれにも、マタイは編集上の作業として新しい材料を加えている。[11]それではここでわれわれも、それぞれのテクストについて彼の作業ぶりを見ていこう（傍線はマタイが付け加えた部分。以下同）。

## マタイ二六・一四―一六

14そのとき、十二人の一人で、イスカリオテのユダという者が、祭司長たちのところへ行き、15「あ
の男をあなたたちに引き渡せば、幾らくれますか」(12)と言った。そこで、彼らは銀貨三十枚を支払う
ことにした(13)。16そのときから、ユダはイエスを引き渡そうと、良い機会をねらっていた。

マタイがここで付け加えているのは、ユダがイエスを引き渡す代わりに、その報酬としてお金を要求していることだ(14)。マルコでは神殿の支配層が大よろこびをした上、みずから率先して金を与える姿が描かれていた。が、マタイではまず、ユダによる金の無心がまっさきにきている。マタイにとっては何といっても「銀貨」が主要なモチーフだった。たとえそれが、彼の描いた物語を貫くもっとも有力なモチーフではないにしても(15)。しかしここでは、なぜユダがお金を要求したのかその理由が説明されていないし、ユダがうるさく金をつり上げるような交渉は描かれていない。三〇枚という金額については、今まで多くの議論が繰り広げられてきた(16)。この金額と、ゼカリア書一一に出てくる羊飼いの賃金銀三〇シェケル（シェケルはユダヤの衡量）や、それを主が、羊飼いに神殿へ投げ入れるように命じたことなどとのつながりが引き合いに出された。たしかにゼカリア書の記述は、ユダの死を述べたマタイの記事と何らかの関わりがあったかもしれない。が、ゼカリア書の伝えるメッセージはここにはあてはまらない。その上、三〇枚という金額についていえば、他にも該当する旧約聖書の物語がある。

たとえば出エジプト記によると、三〇シェケルは奴隷（男女を問わず）が牛の角で刺し殺されたときに、牛の所有者が支払わなくてはならない金額だった。それは奴隷の価値や、奴隷が美しいか否かに関わらず支払う義務があった。また律法によると、もし自由人が牛に刺し殺された場合、その賠償額はレビ記二七・一—八の規則に従って支払わなければならない。それは聖所の銀の量によって定められていた。規則は以下の通りである。

| **性** | **年齢** | **賠償額** |
| --- | --- | --- |
| 男性 | 一カ月—五歳 | 五シェケル |
| 女性 | 同 | 三シェケル |
| 男性 | 五—二〇歳 | 二〇シェケル |
| 女性 | 同 | 一〇シェケル |
| 男性 | 二〇—六〇歳 | 五〇シェケル |
| 女性 | 同 | 三〇シェケル |
| 男性 | 六〇歳以上 | 一五シェケル |
| 女性 | 同 | 一〇シェケル |

その他の問題も持ち出されている。たとえばそれは、銀貨がその当時鋳造されていたのなら、それをシェケルという単位で量る必要はなかったのではないかという。が、ギリシア語の動詞は「数える」という意味にもとれるし、「量る」という意味にもとれる。ピンチャス・ラピデはまた、硬貨の言及に疑問を呈

している。ほとんど三〇〇年の長きにわたって、貨幣は流通していなかったのではないかというのだ。[17]

これらのすべてはたしかに議論の価値のある重要な問題だろう。が、マタイにとって重大だったのはお金がユダの取り引きの一部をなしていたということだ。実際、ヨハネにはお金が手渡されたという記述はない。ルカも単に祭司長たちが金を渡したと書いているだけである（二二・五）。が、マタイやマルコにとっては、お金のやりとりが重要だった。ただし、お金の額やその支払いについてはユダがイニシャチブをとった、と書いているのはマタイだけである。ヨハネはユダが泥棒だったと指摘している。が、ユダヤ当局との取り引きを貪欲のためだったとは記していない。ユダの行為を解く鍵は彼の貪欲な性格にあったとして、飽くなき貪欲性こそユダの行為の強い動機だったと述べているのはヨハネス・クリュソストモス（三四七頃―四〇七。教父。コンスタンティノープルの司教）である。[18] 彼の演説はかなり雄弁で、それはのちのアブラハム・サンタ・クララに比肩しうるものだった。彼は、卑しむべき行為を引き起こした原因のすべてはユダの貪欲さにあったと指摘している。

しかし、ユダの飽くなき強欲さの証拠を見る人はだれでも、彼の受け取った金額があまりに少額だったことに注意すべきだろう。が、強欲ということでいえば、金の額はかならずしも決定的なことではない。最近、カナダのある州の州首相がたかだか二万五〇〇〇ドルのために、疑わしい取り引きをし、その原因となった権力の座から引き下ろされるという事件があった。彼は過去に何度も百万長者になったこともある有名人である。ユダの物語についてもっとも重要なことは、マタイ自身が自分のユダ物語を作り上げているという事実だろう。彼の属する共同体が、マタイにそれをさせたということかもしれない。パレスチナの初期教会の伝承によって、ある程度のアウトラインはマタイに与えられていたはずだ。その伝承では、ユダがイエスの受難劇で鍵となる役割を果たした人物とされている。われわれもそれを既存のものとして受け取っているが、この資料を見るかぎり、ユダがイエスを金のために「裏切った」という事実はまったく見つからない。

マタイのユダに対する取り上げ方の中で、われわれがいちばん考えなければならないことは、そこで果たしているヘブライ語聖書の役割だろう。ここでわれわれは、ネッパー・クリステンゼンの意見に心を留める必要がある。彼は、四福音書の平行句を見つけることばかりに汲々としている「用語索引方式」に反対をしている。その代わりにわれわれは、聖書の文体にもっと注意を払うべきだという。それはヘブライ語聖書から初期のキリスト教文書へ持ち越されたものだというのだ。[19] それに加えて彼は、ヘブライ語聖書が現実にユダの死のような物語を「作り出して」いることもほのめかしていて、さらなる注意を呼びかけている。[20]

マタイがユダの行動のあとを追いながら、とりわけ強い興味を示しているのは金銭が原因になったとされるその動機だ。とはいえ彼は、ヨハネの域に達するほどそれに入れ込んでいるわけではない。イエスがベタニアで女に塗油される物語で、マタイは「弟子たち」がこの無駄づかいに憤慨したと述べている（二六・八）。一方、マルコは同じ箇所で「そこにいた人の何人か」という表現をしている。が、マルコはさらに彼らの怒りをエスカレートさせ（あるいは、おそらくマタイがそれを和らげたということかもしれない）、二度にわたって怒りを爆発させている（一四・四、五）。マルコはそこでも、ユダが金銭欲にかられたなどとは毛ほどもいっていない。が、マタイは弟子たちという形ではあるがこれをほのめかしている。しかしここで注意しなければいけないことは、マタイでさえお金の問題については、ほとんど決まりきった常套的ないい方に終始していることだ。もちろんマタイのテクストの中には、この金銭欲に対してそれを非難する言葉はいっさい見られない。金銭欲に対する否定的な意味合いが生じてきたのは、「パラディドーミ」

があやまって「裏切る」と訳されたときからである。

## マタイ二六・二一―二五

[21]一同が食事をしているとき、イエスは言われた。「はっきり言っておくが、あなたがたのうちの一人がわたしを裏切ろう（引き渡そう）としている。」[22]弟子たちは非常に心を痛めて、「主よ、まさかわたしのことでは」と代わる代わる言い始めた。[23]イエスはお答えになった。「わたしと一緒に手で鉢に食べ物を浸した者が、わたしを裏切る（引き渡す）……」（以下、『不幸だ』については一六二―一六九ページを参照）。[25]イエスを裏切ろう（引き渡そう）としていたユダが口をはさんで、「先生、まさかわたしのことでは」というと、イエスは言われた。「それはあなたの言ったことだ。」(21)

パラディドーミを「裏切る」という意味にとる従来の翻訳によれば、ユダはここでは極悪非道な人物として描かれている。が、彼はすでにイエスを引き渡す計画を実行に移しつつあった。というのも、すでに彼は祭司長のもとへと出かけていき、もしイエスを引き渡した暁には、自分にどれほどの金をくれるのかと彼らに問いかけていたからだ（二六・一四）。そう考えると、たしかに彼はイエスと同席すべきではなかったのかもしれない。ユダは他の弟子たちが聞いている中で、「まさかわたしのことでは」と問いかける。それに答えて、イエスがユダに腹蔵なく話しかけている（「それはあなたの言ったことだ」）のはマタイの福音書だけである(22)。

もしわれわれがユダについて、彼はここで偽善者ぶっているにちがいないという見方をしたら、それはおそらくマタイにとっては迷惑千万な話かもしれない。ローマイヤー・シュマウホがわれわれに思い出させてくれたことは、四福音書のどこを探してみても、ユダを心理的に考究するような筆致は見当たらないという。したがってこの断片は、おそらくそれより以前に行われた祭司長たちとの会合を、まったく知らされていない状態で作られたものではないか、とローマイヤー・シュマウホはいう。つまり、祭司長たちとのやりとりはのちに資料に入り込んできたのではないかというのだ。(23)

イエスの答えの意味とその重要性は十分に考えてみる価値がある。マタイの直接対話と問答への嗜好は、彼の文学上のスタイルについて何かを語っている。が、それはまた初期キリスト教文学、とりわけ福音書の持つ特徴でもあった。エーリヒ・アウエルバッハによると、この点についていえば、新約聖書は古代の歴史家の書いたものからだいぶ逸脱しているという。そのためにそれは次のようなことを示している。「新たに誕生した集団の中で、直接、集団内のすべての人々に向かって書かれたために、ここではわれわれも、客観的な概観や理性的な見解といったものは期待できない。もちろん、芸術的な効果といったものも」。(24)それはまた、感覚上の認識と、初期キリスト教の現実観にとってどうしても必要とされる意味との間で生じた反目をも表していた。私がこれから説明を試みようとしているのは次のようなことだ。この対話の中でイエスとユダの間に起こっていることが、われわれが最初に感じたことにくらべて、どれくらい深い意味を持っているかということである。

マタイがユダに「先生、まさかわたしのことでは」という質問をさせたことは注目すべきだ。イエスとユダとの関係については、たとえそれがどんなことでも、他の福音書でふたりの関係を描写したものはない。ここでもしわれわれが、イエスの側やマタイ、ユダの側に何らかのまやかしがあるのではないかと思って見ることがあれば、それはマタイのテクストに対してアンフェアということになるだろう。ユダが

「それは私ですか」と問いかける弟子たちの内のひとりであった、という考えを否定する理由はどこにもない。また、イエスがそんなふうに答える訳がないと想像してよい理由もまったくない。マタイはユダにイエスへ話しかけるように仕向けた。それも他の弟子たちが話しかけたように「主よ」（マタイ二六・二二参照）という言葉ではなく、「ラビ（先生）」という言葉で。これはイエスの敵がイエスに話しかけるときに使う言葉である。が、それでは、イエスの答えの真の意味ははたして何だったのだろう。何百年という長い年月の間、イエスの答えをめぐって幾多の議論が交わされてきた。[25] しかし、この複雑な問題に対する明確な解答はいまだに見えてこない。

イエスの言葉をユダヤの文脈の中に置いてみると、三つの選択肢が現れてくる。[26]

1　「それはあなたの言ったことだ」という言葉をわれわれは、肯定的な答えを意味するものとしてとらえることができる。「それはあなたのいう通りだ」。したがってイエスは、ナタンがダビデにいったように「その男はあなただ」（サムエル記下一二・七）といっていることになる。

この選択からは、少なくともふたつの問題が生じてくる。ユダヤの習慣では通常、だれかを譴責するときには、これほど直接的な非難の仕方をしない。質問に答えさせる方法としては、もっと穏やかなやり方がある。とりわけ質問が、その人物自身の判定に関わりのあるときはなおさらだった。イエスははたしてそれほど直接に、「自分を引き渡す」ことについてユダをとがめることができたのだろうか。すべての福音書が一致しているのは、イエスによって割り振られた仕事をいったいだれがすることになるのか、それを弟子たちのだれもが知らなかった点だ。ヨハネではイエスがパン切れを浸して与えることによって、役割を果たす者を選び出していた。またヨハネは、「心がかき乱された」状態に陥ったイエスを三つの場面で描いている。イエスが友であるラザロの死を知ったとき（ヨハネ一一・三三）。そして、ギリシア人がイエスに会いにやってきたとき（一二・二七）。三つ目は、弟子たちのだれかがイエスを引き渡す役目をしなければならないことを、イエスが彼らに告げるこのシーンだった（一三・二一）。非ストイックな言葉を使ってこの場面を描いているのはヨハネだけである。マタイやマルコではむしろ、非常に心を痛めていたと書かれていたのは弟子たちの方だった（マタイ二六・二二／マルコ一四・一九）。

第二の問題は、このフレーズに相当するギリシア語やヘブライ語の意味にかかわることである。このようなケースで、ギリシア語やヘブライ語の相当句がはっきりと肯定的な意味を持つことはまずない。したがって、そのことはこの場面にも当てはまる。ローマイヤー・シュマウホはまったくぶっきらぼうな調子で述べている。「イエスの答えは『イエス』でもなければ『ノー』でもない。今までも彼は裏切り者がだれであるのか、はっきりと名指しで示すことを避けてきた。そしてやはりこの場面でも同じことをしている」。が、マタイだけは「まさか、わたしのことでは」と問いかけた弟子がユダであったと名指ししていること、そしてイエスの嘆きの言葉（「不幸だ」）が語られたあとに、ユダが自分から問いかけたことなどから、読者はイエスの答えが何とはなしにベールをかけられた「イエス」だと信じ込まされてしまったのである。(27)

2　われわれはまたイエスの言葉を、まったく不確かで曖昧なものとしてとらえることもできる。そしてたしかに、それが肯定的な答えではないということだけはいえるだろう。このアプローチがよりあきらかに合致していると思われるのは、イエスがしばしば人々に対してとる態度にである。人々だけではない。もっとも近いところにいる弟子たちに対してもイエスはこうした態度をとってきた。譬え話で人に教えを垂れるときのような曖昧さ、この曖昧さが人々を促して、答えを模索し、考えさせ、自分の判断へとたどり着かせる。有能なユダヤのラビのように、イエスは洞察力を弟子たちから呼び出した。こうして弟子たちは、自分自身で考えて、自分自身の結論を引き出すことを学ぶのだった。イエスにとっては答えとともにいるより、むしろ問いかけとともにいる方が心地よいように見える。

3　三つ目の選択肢。われわれは明言は避けるが、どちらかというと否定の方へ傾くことができる。この視点はユダヤ人の学者によって擁護され、この表現に対して多大な関心が向けられるようになった。学者の名前はダニエル・クオルソン。彼はますます、この言葉の曖昧ないいまわしが意図的であることに確信を抱くようになった(28)。

デーヴィッド・キャッチポールは、クオルソンがこの言葉の意味を次のように解釈したと紹介している。クオルソンは質問をする者の方が判断をすべきで、質問に答える者がそれをすべきではないという。つまりこれは、問題がどんなものであっても、質問を受けた者が判断をしないからといって、それをとがめるべきではないというのだ(29)。このアプローチは直接的な肯定をほのめかすものではなく、単に悪いニュースを伝えることで生じるかもしれない非難を拒否しようというものだった。クオルソンによって出された結論に従ってこのフレーズを訳してみると、「問題があなたのいった通りかどうかについては、私は未決定のままにしたい。が、私はそのことを口に出してはいわなかった」。クオルソンがほのめかしているのも次のようなことだ。このような言明がなされたこと自体、結局それが示唆するところは、腹立たしい否定以外の何ものでもないということだろう(30)。

イエスの答えの翻訳を難しくさせている原因のひとつは、他のテクストにも似た言葉が使われていて、それが混乱を引き起こしているからである。ローマ総督ピラトに、お前がユダヤの王なのかとたずねられて、イエスは同じような言葉で答えている。ピラトの質問に対してイエスは「それはあなたが言っていることです」と答えた（マルコ一五・二／マタイ二七・一一／ルカ二三・三）。最高法院の裁判で大司祭が（これはマタイだけだが）、お前はキリスト（メシア）なのか、神の子なのか、生ける神に誓っていえと厳命した。イエスはそれに対して「それは、あなたが言ったことです」と答えた（マタイ二六・六三）。またルカは書いている。最高法院で「お前は神の子か」と問われたイエスは、「わたしがそうだとは、あなたたちが言っている」と答えたと（ルカ二二・七〇）。一方マルコは、最高法院の裁判でお前はメシアなのかとたずねられたとき、「そうです」とイエスが答えたと簡単に記していた（一四・六二）。

キャッチポールはたとえば、マタイ二六・二五の「それはあなたの言ったことだ」を紹介して、クオルソンに反対の意見を述べている。たしかにここでイエスは、ユダが自分を裏切るだろうとはっきりといったわけではない。がこれは、この言葉がはっきりとした肯定を表していない唯一の箇所だという。「ユダは他の者たちと同じように『まさかわたしのことでは』（六・二二）と問いかけて、予想もしなかった『それはあなたの言ったことだ』という答えを受け取った[31]」。キャッチポールはこの言葉を他の意味に解釈することは、絶望的なまでに文脈を壊してしまうと感じた。そこで彼は、あきらかにこの答えは肯定的だと結論づけた。「マタイ二六・二五の『それはあなたの言ったことだ』には、変更を加えられた肯定が含まれている。それはものごとを明確な言葉で述べたくないというある種の好みによって変形されている[32]」

しかし、この「好み」とはいったいどこからくるというのだろう。最高法院の裁判（マタイ二六・六三）についても、キャッチポールは次のような結論を下した。「内容的にいえば肯定的で、言葉にすると不承不承の回りくどい表現となっている[33]」。私見をいえば、彼がイエスの言葉に対して下した結論はまちがっていると思う。それは裁判の際の発言についても同じことがいえる。イエスの言葉のベストと思われる翻訳はやはり次のようなものだろう。「そういったのはあなただ[34]」。イエスはユダを裁くことはしない。が、ユダを促して、ユダ自身に自分を検証した上でみずからの上に判断を下すようにさせた。この場合は神の使命を果たすこと、それはイエスを引き渡すという神の代理人を務めることだが、その役目を引き受けるかどうか、その判断を自分で決めなさいという意味だった。

### マタイ二六・四七—五六

[47]イエスがまだ話しておられると、十二人の一人であるユダがやって来た。祭司長たちや民の長老たちの遣わした大勢の群衆も、剣や棒を持って一緒に来た。[48]イエスを裏切ろう（引き渡そう）としていたユダは、「わたしが接吻するのが、その人だ。それを捕まえろ」と、前もって合図を決めていた。[49]ユダはすぐイエスに近寄り、「先生、こんばんは」と言って接吻した。[50]イエスは「友よ、しようとしていることをするがよい」と言われた。するとと人々は進み寄り、イエスに手をかけて捕らえた。[51]そのとき、イエスと一緒にいた者の一人が、手を伸ばして剣を抜き、大祭司の手下に打ちかかって、片方の耳を切り落とした。[52]そこで、イエスは言われた。「剣をさやに納めなさい。剣を取る者は皆、剣で滅びる。[53]わたしが父にお願いできないとでも思うのか。お願いすれば、父は十二軍団以上の天使を今すぐ送ってくださるであろう。[54]しかしそれでは、必ずこうなると書かれている聖書の言葉がどうして実現されよう。」[55]またそのとき、群衆に言われた。「まるで強盗にでも向かうように、剣や棒を持って捕らえに来たのか。わたしは毎日、神殿や境内に座って教えていたのに、あなたたちはわたしを捕らえなかった。[56]このすべてのことが起こったのは、預言者たちの書いたことが実現するためである。」このとき、弟子たちは皆、イエスを見捨てて逃げてしまった。

マタイはユダを外向型で決断力があり、イニシャチブを取ることのできる人物として描いている。マタイがこの性格の特徴に強い光を当てている箇所は、ユダがゲッセマネの園でまともにイエスに会い、キスをして「先生、こんばんは」といったときだった。マルコではユダが「ラビ（先生）」という言葉でイエスに挨拶をしている。そして三つの共観福音書ではそのすべてで、ユダはイエスにキスをしている（ルカではキスをしようとした）。マタイではユダが自分の計画を実行し、後悔にさいなまれてお金を返そうとする（二七・三―五）。返却を拒否されたユダはお金を神殿に投げ入れると、立ち去って首を吊って死んだ（二七・五）。

この暗いユダの絵に強い光を当てるために、マタイはユダの行為と彼の周辺にいた人々の行為との間に、強烈なコントラストをつけて描いた。周辺の人々とはイエスの足もとに香油を注いだ女性（二六・六―一三）、最後の晩餐のテーブルについていた弟子たち（二六・二〇―三五）。そして最後には、ユダとイエス自身を対照的に描いた（二六・四七―五六）。

しかし、マタイの記述が孤立している箇所がある。それはユダがイエスの死刑宣告を知ったあとの出来事を描写したくだりだ。マタイはユダが後悔し（二七・三）、イエスの無罪を申し立て（二七・四）、報酬として受け取った銀貨三〇枚の返却を願い出た（二七・三）場面を描いている。ルカと違ってマタイは、ユダに判決を下すようなことはしていない。それはたとえば、彼が悪魔に取り憑かれたと判断をしたり、彼の行為に対して何か隠れた動機を持ち出したりすることはしない。報酬として受け取った金は、その額があまりにも小さいためにそれを動機として考えることはできない。いずれにしてもお金は、密告という行為に対してついてまわるおきまりの慣習だったのだろう。

マタイではおおむね、最後の数日間、イエスとユダがうまく折り合って過ごしていたように描かれている。これはとりわけ、ゲッセマネでイエスがユダと交わした挨拶によって明らかだ。ルカによればイエスは、ユダを名前で呼びかけたという。「ユダ、あなたは接吻で人の子を引き渡す（裏切る）のか」（ルカ二二・四八）。ところがマタイでは、イエスはユダに「友達」といって呼びかけている。「友達」という言葉をイエスは、呼びかけの言葉として他の人に使ったことがない。「友よ、しようとしていることをするがよい」（マタイ二六・五〇）。ギリシア語のヘタイロス（友達）はマタイにだけ出てくる言葉で、それも直接呼びかける言葉として使われている。譬え話の中で二度（二〇・一三／二二・一二）。あとの一度はこの場面である。最初のふたつのケースでは、呼びかけられた者は、心の寛大だった人に対して恩知らずの行為を働いている。が、この場面では「友達」という言葉が、イエスとユダとの間に存在する信頼関係を強調しているようだ。[35]この言葉は譬え話の中では、マタイによって、悪事を行う劣った者という文脈で使われているが、ここでは「もっとも内輪のメンバー、それも信頼するメンバーに呼びかけるときに使われていた。それも、少し前にはこの裏切り者に対して嘆きの言葉（不幸だ）を口にした主人が、当の相手が裏切りという行為をしている瞬間にこの言葉で呼びかけたのである。この呼びかけにはひどく深い意味があるに違いない[36]」

ゲッセマネでイエスがユダに話しかけた言葉（マタイ二六・五〇）の意味については、なお、さまざまな議論が交わされている。それは次のようないくつかの訳し方が可能なのかもしれない。

1　友よ、それではこのためにあなたはきたのですね。
2　友よ、なぜあなたはきたのか。私は知っている（頓絶法――文を途中でやめること）。
3　友よ、なぜあなたはきたのですか？

4　友よ、このためにあなたはきたのですか？
5　友よ、あなたがそのためにきたことをしなさい。[37]
6　友よ、あなたがそのためにきたことを、させなさい。
7　友よ、これが、そのためにあなたがきたことだったんですね？

ここでマタイが強調しようとしているのは、次のことだったように思われる。それは、イエスが自分の引き渡しとそれを実行する者についてあらかじめ承知していたこと。それだけではなく、キスという合図によってそれが行われることも知っていたのではないか。右に挙げた五つの可能な訳の中で、F・レーコプフによって提示されたものがもっとも理にかなっているようだ。それはまず、ギリシア語の関係代名詞「ホ」がキスをさしていることにまちがいがないからだ。そうすると、彼の提案したような訳となる。「友よ、これがあなたがここへきた理由だったのですね！」。文法的には感嘆文にしても疑問文にしても、両方ともに正しい。が、文脈からいって、レーコプフは疑問文として受けとめるのがいいのではないかという。さまざまな選択肢を検討した結果、彼はこの文脈から考えられるもっともよい訳は、「友よ、これ（キス）があなたがきた理由なのですね？」だろうという。[38]こうしてみると、この訳には内容といい語調といい、ルカの言葉とかなり共通したものが感じられる（「ユダ、あなたは接吻で人の子を引き渡す（裏切る）のか」）（ルカ二二・四八）。本来、マタイとルカはともに独立したものだった。ふたつの福音書は別々の口承をもとにしている。ルカの中で使われている決まり文句は原ルカのものと思われるので、口承自体もかなり古い時代のものにちがいない。

イエスがユダにいった言葉がかなり曖昧な表現だったことは確かだ。しかしこの両義性は注目に値する。

ここにはまた、マタイのテクストの背後にある伝承が漏れ出ているからだ。そして、それはまた、ユダをとがめだてしていないイエスをわれわれのそばに残しているからである。実際、もしここで語られたイエスの言葉を、驚きを示した感嘆の言葉だと受けとめたらどうだろう。それはイエスのこんな驚きを示しているのかもしれない。これまでの暗黒の日々に、イエスがユダに頼んだことを本当に実行してくれたのは、ただひとり、弟子のユダだったんだなあという驚きである。真実、ユダだけが神の意志を遂行する代理人として、みずからの身を差し出してくれたわけである。その驚きは、ユダがゲッセマネにやってきた目的が、イエスがこの園で苦しみながら到達したゴールと同じものだったという認識であり、真の友情の確認であったのかもしれない。ふたりの目指した目的とはもちろん神の意志である。

（イエスがユダに語った）この一連の言葉は、神の啓示を証明するサインだったのかもしれない。イエスはみずからそれにサインをした。彼はユダが目指してきた目標が何であるのかを知っていたし、彼自身それを望んでもいた。そして、ユダとともにそれをさらに先へ進めようとした。そのためにイエスは、ユダを自分の友達と呼んだのである。(39)

マタイではイエスがこの言葉をいったあとに、逮捕者たちが進み出てイエスを捕らえる。それはまるで彼の承認を得たかのようだった。(40) マタイのユダ像はおもに、マタイ福音書に見られる伝承をもとにしたものだが、二七・三―一〇にかけて描かれたユダの死については、別の伝承をもとにしている。マルコの資料を編集しているマタイのやり方には注目すべきものがある。二六・一五、二五、五〇などに見られるように、呼びかけ語の導入が物語をいっそういきいきとしたものにしている。さらに重要なのは、直接の会話を導入することによってユダの肖像に、さらに新しい広がりをマタイが加えていることだ。二六・一四―一六でマタイは、ユダが神殿の支配層と取り引きをして獲得した金額を追加情報として提示している。他の節でも(二六・二〇―二五)、イエスはユダに対して悲嘆の叫びを発していた。「生まれなかった方が、その者のためにはよかった」(マルコ一四・二〇―二一、ルカ二二・二二参照)。マタイの記述で、ユダの行為の曖昧さがもっとも強調されたのは、彼がすでに十二人のひとりとして、イエスを引き渡す手はずを進めていたというくだりだ(二六・一四―一六)。そして、にもかかわらず、ユダは最後の晩餐に他の弟子たちとともに参加し、その場で彼は「先生、まさかわたしのことでは」とイエスにたずねている。

マタイが描いたユダの像は、何はさておき、共同体にひとつのサンプルを差し出した。それは、違反や密告をした者はいずれにしても共同体によって守られることがなく、危険にさらされるということを示していた。ペトロは苦い涙を流して、真実の後悔への道を見出した。[41] が、それに対してユダは、後悔したにもかかわらず、最後の裁決をみずからの手でわが身に執行しなくてはならなかった。これは伝承という観点からいっても、ユダに負わされた罪がかなりエスカレートしたことを表している。

同時にビルガー・ゲルハルトソンが指摘しているのは、マタイに見られる深い受難の神学である。[42] この福音書の中心には正義のテーマがあるという。そのためにマタイ福音書の中で、ピラトの妻がイエスを正義の人(「ディカイオス」二七・一九)だといったのは驚くべきことではない。有力なテクストによる伝承では、ピラトは水を持ってこさせて、手を洗い、群衆に向かって「この人の血について、わたしには責任がない。お前たちの問題だ」(二七・二四)といったという。このときにピラトが確認した裁決についても、別段、われわれは驚くべきではないだろう。それが意味しているのは、マタイにとってイエスは、他人の罪を背負いながら正義の人として苦難に立ち向かった人だったということだ。皮肉なことだが、イエスの潔白（二七・三、二四）を支持する者はピラトとユダのふたりだけだったということになる。ユダはイエスの共同体の中でただひとり、この証拠を胸に抱いていた弟子だったのである。

マタイの神学の主要な要素のひとつは、彼の共同体と共同体内部の生活に注がれたマタイの関心だ。したがってわれわれは、ユダがこの共同体の一員としてどのように扱われたのかについて問いを発しなければいけない。共同体はどのようにしてグループのメンバーを扱うべきなのか。それについてイエスが示した教えにのっとって、はたしてユダは扱われたのかどうなのか。それを解明する試みをウーナ・マグワイアが行っている。「グループ・ダイナミックス」（集団力学）を応用しているのは最後の晩餐についてである。マグワイアはユダをともかく「グループの中心人物」として見ている。が、他の弟子たちはユダをそんなふうには見ていない。ユダがグループを離れると、他の者たちは別段、彼のいないことを寂しく思うこともなかった。それにまた、「弟子たちはその夜、彼を探して、ふたたびグループの中心へ連れ戻そうと努力することもしなかった。もし弟子たちの側に、何らかのジェスチャーもしくは動きのひとつでもあれば、ユダは排除された気持ちを抱いたり、孤独感に陥らずにすんだかもしれない。しかし、弟子たちのそのようなジェスチャーはまったく記録されていない。……使徒たちは彼にすべての責任をかぶせてしまった。むしろ彼らは、ユダを助けに出ていくべきだったのに」[43]

イエスの共同体では、愛は効力のあるものと見られていた。が、イエスが考えていたのは、あきらかに、仲間の者だけを愛することではなかった。そのことからいっても、ユダが仲間のひとりとして扱われたのか、あるいは仲間の中でもっとも劣悪な者として扱われたのか、さらには敵として扱われたのか、そのあたりを問うことが重要だろう。この内のいずれに決断を下すかは別にしても、ともかくユダがキリストの愛や共同体の愛に対して、十分にそれを享受する資格のあることは確かだった。何といっても共同体は、イエスの教えに従って生活する努力をしていたわけだから。というのも、神が訪れる人々といえば、それはとりわけ罪を犯しかねない人や、現に罪を犯してしまった人々である。そして、そんな人々に神が訪れるのは、他ならぬ隣人の間であったり、同胞の間であったりした。(44)

イエスが弟子たちに敵を愛するようにと教えていたことを、マタイはルカとともに報告しているが、これには十分に注意を向ける必要がある。マタイはまた、イエスがユダに接するとき、つねにおのれに誠実であったこと、そして、愛について神に誓ったことに対しても、つねに忠実であったことを伝えている。

## この章をまとめると

マタイが書いた記述を公平に見た場合、われわれが注意しなければいけないのは、彼がイエスの物語の一部として、はじめてユダの死を描いたということだ。ルカも死を描いたが、それはあくまでも、彼が教会の出現を告げるときまで後まわしにされていた。われわれがユダを理解する上でこれが何を意味するかについては、まったくはっきりとしていない。この問題はユダの死を取り扱うときに、改めて取り上げてみたい。今の時点では次のような観察でひとまず事足りるだろう。それは、マタイの共同体に対する見方が、ユダの肖像を作る上で、ひとつの要素になっていたかもしれないということだ。とりわけ彼は、初期の教会生活で、キリスト教徒とユダヤ人との間にはっきりと線を引く必要に迫られていた。が、それにもかかわらず、彼の記述のあちらこちらから明確に見てとれたのは、ユダヤ人としてのユダではなく、弟子としてのユダ像、または使徒としてのユダ像だった。中でももっとも顕著に見られたのが、イエスの友達としてのユダ像である。マタイが接していた伝承は、すでにイエスが逮捕される過程でユダが関与した意味について、正確にそれを伝えるものではなくなっていた。したがって、彼の努力はイエスの生涯の事件と、とりわけユダがその中で演じた役割を神の目的へとつなげることに向けられた。そして、その際に彼が使ったのがヘブライ語聖書（旧約聖書）だった。しかし、それは今日のわれわれにとって、とても受け入れることのできないやり方だった。[45] ユダは死んだのだが、それはイエスのように神の目的を遂行するために死んだわけではない。彼は、最後までイエスの忠実な弟子であったがために死んだ。主人の希望と命令を実現したあとにみずから果てたのである。事態が落着して、もはやイエスがそこから脱することができないのを見てとったユダは、他の弟子たちがしたのと同じことをした。逃げ出したのである。しかし、ユダは二度と戻ってこなかった。マタイによれば、ユダは死によってみずからの証言に封印をしてしまったという。そのことでマタイは彼をとがめてはいない。おそらくマタイがユダの死をいい立てたこと自体、われわれにユダの運命を忘れてもらっては困るという、彼の思いの表れだったのではないだろうか。マタイは自分の同胞である弟子たちのために、覚え書きをひとつ残した、が、残念なことにわれわれは、それを数世紀の長きにわたって誤読し続けてきた。これはむろんマタイにとがのあることではない。われわれにとってもなお、ユダを理解する機会はつねに存在していたわけだから。マタイは結局のところ、問題をはっきりと解決し、整理することができなかったのではないかと考える者たちもいる。彼らはマタイが福音書の最終稿に手を入れているときでさえ、事態を整理しきれていなかったのではないかという。

われわれの議論にマタイがもっとも貢献したことといえば、それはイエスとともに旅をした弟子たちと同様、初期のキリスト教徒たちがたがいにどのようにして生活したのか、その生活の仕方に洞察を加え、それをわれわれに残してくれたことだろう。譴責し合ったり、相互に対決したり、たがいに許し合う行動のパターン、中でも仲間の弟子のあやまちを受け入れたり、許したりする（マタイ一八・二一で、「七回どころか七の七十倍までも赦しなさい」とイエスはいっているが、これは無限に等しい）そのパターンは、新約聖書の中でユダについて書かれた記述を検証する際に、それを推し量る尺度とすべきものだろう。

われわれが想像できることは、弟子たちが仲間内の争いや不和などを処理するとき、ユダヤ教の規範に従っていたのではないかということだ。この点に関しては、クムランの共同体を彼らは見習っていたのかもしれない。が、彼らはまた彼らで、疑いもなく、自分たちの適応の仕方をしていたにちがいない。それは当然、イエスから学んだことに基づいて行われたものだろう。われわれに確言できるのは、彼らがユダヤの教えや風習に賛同を示していたことだ。しかしもしその共同体が、今しもひとつの罪が犯されそうなときに、それをうかうかと見過ごしてしまったり、すでに罪が犯されてしまったあとで、罪を犯した者を単にけなしたりするだけでは、共同体はそのもっとも重要な側面をみずから踏みにじることになってしまう。マタイおよびヨハネ（ヨハネになるとその傾向がいっそう強くなるのだが）、このふたつの福音書は、共同体のあるべき姿についてまったく共感を示していないようだ。が、真の共同体のあり方が、イエスとユダとの間で心が通い合っていた時期に、すでに崩壊してなきものとなっていたと考えるのは難しい。つまり、彼らがともに生活をしていたことと、そのあとでイエスがユダに指示を出したこととの間に、何ひとつ関連がないと考えるのは困難なことなのである。イエスとユダとの間で交わされた言葉はたしかに謎めいて不可解だが、そこには何ひとつ譴責めいたものはない。はたしてわれわれは、イエスが彼の仲間のユダヤ人（ユダ）に地獄行きの切符を切らせたなどと、本当にいうことができるのだろうか。

さらにこのことは、裏切りという意見を拒絶する追加理由ともなるものだった。第一に、もしイエスがユダに、表に出て罪を犯してこいといったとすると、これはユダヤ教の基本的なルールを侵犯することになっていただろう。その代わりにイエスが、ユダに使命を与えて送り出し、ユダは自分の主人の使命を忠実に果たしたと考えれば、こちらの方がずっと妥当な見方のように思われる(46)。

が、いずれにしても、ユダを彼のしでかした行為によって譴責するというプロセスはすでにはじまっていた。そして、ユダは神の贖いのドラマの中で、「悪人」役として描かれていくことになる。ただし、マタイはユダの演じた役柄をさほど誇張したわけではない。むしろユダと他の者たちとの間で取り交わされた対話を導入することで、彼を生きた人間として登場させた。他の弟子たちとともにユダは、ヘブライ人の神への忠誠を誓うとともに、その一方で、自分たちが遭遇したもっとも偉大なトーラー（律法）の師（イエス）に従いたいと思った。マタイがユダの歴史像に害となる影響を及ぼしたといえば、それはそうかもしれない。が、彼の福音書がのちに生じたユダに対する曲解のとがをひとえに負う必要はないだろう。少なくともそれは、マタイひとりの責任ではないのだから。

## 補遺・ユダとイエスのキスについて

三つの福音書が報告しているところによると、イエスとユダとはゲッセマネの園で会い、彼らはたがいにキスを交わした。次に掲げるのはマルコ、マタイ、ルカによって描かれたその場面である。（傍線はそれぞれ追加部分）

[44]イエスを裏切ろう（引き渡そう）としていたユダは、「わたしが接吻するのが、その人だ。捕まえて、逃がさないように連れて行け」と、前もって合図を決めていた。[45]ユダはやって来るとすぐに、イエスに近寄り、「先生」と言って接吻した（マルコ一四・四四―四五）。

> [48]イエスを裏切ろう（引き渡そう）としていたユダは、「わたしが接吻するのが、その人だ。それを捕まえろ」と、前もって合図を決めていた。[49]ユダはすぐイエスに近寄り、「先生、こんばんは」と言って接吻した（マタイ二六・四八―四九）。

> [47]十二人の一人でユダという者が先頭に立って、イエスに接吻しようと近づいた。[48]イエスは、「ユダ、あなたは接吻で人の子を裏切る（引き渡す）のか」と言われた（ルカ二二・四七―四八）。

マルコがイエスをいくらか受身の形で描いているのに対して、マタイとルカがユダとイエスに対話をさせているのは十分に意味ありげだ。マタイとマルコはともにキスがイエスのアイデンティティーを示すサインであると述べている。が、三つの福音書がともに認めているのはキスがユダによってはじめられていることだ。ただしルカだけはユダのキスに対して、はたしてユダは「人の子」を引き渡すつもりなのかどうか、とイエスに質問させている。ルカは福音書の中でもイエスに向かって、しきりに他の人物へ直接話しかけるようにさせている。「人よ」（五・二〇）、名前で呼びかけたものとして、ファリサイ派の「シモン」（七・四〇）、「マルタ、マルタ」（一〇・四一）、「ザアカイ」（一九・五）、「シモン、シモン（ペトロ）」（二二・三一）、「ペトロ」（二二・三四）、「ユダ」（二二・四八）などがある。

ルカがこの出来事を取り扱う方法、それにヨハネ福音書でこの場面が省略されていることなどは、初期の教会がキスの報告を快く思っていなかった証拠かもしれない。結局のところ、人前でするキスはバリア（障碍）の瓦解を表す劇的な行為とみなされていた（初期のキリスト教徒たちは「平和のキス」あるいは「聖なるキス」と呼んでいる）。それなら、イエスと彼を引き渡す者との間で交わされたキスは、イエスを逮捕にきた者たちにサインとして、どのような役割を果たしたのだろう。福音書が書かれた当時、キリスト教徒たちが会って挨拶するとき、たがいに交わすキスが意味することは首尾一貫していた。それは単純に目的の共有ということを意味していた。つまりこの場合にはイエスとユダとの目的の一致、たがいの調和ということだった。(47)

われわれがこの出来事を、文字通りの意味を越えてさらにその先にあるものを見つけたいという誘惑に駆られても、結局、ふたりの行為をもっともよく解釈できるのは、この時代に行われていた習慣の中でその行為を見直すことである。そう考えたとき、もっともありうることは、イエスがたがいにキスをし合うという習慣を、弟子たちの集団にみずから導入したのではないかということだ。それは、しばらく顔を合わせていなかった弟子たちが、久しぶりに出会ったときにキスを交わし合うという習慣だ。このように暖かい愛情を示す行為こそ、エロティックとはほど遠い、清いキスなのだとイエスは弟子たちに教えたのではないだろうか。この親しい感情は食事をともにすることによりいっそう強調された。

エリック・ビショップは口にキスをしたということに不快感を抱いていて、それはむしろ手にキスをしたのではないかと提案している。が、これはあきらかに、彼がこの点について近東の人々を注意深く観察していない証拠だった。最近では中東の政治家たちもまた、さまざまな国や政党のリーダーたちと空港で交わす両頬へのキスを拒否するようになってきた。ビショップは次のように書いている。「ほんのわずかの間別れていた友達同士が、長い抱擁を交わすなどということはありえないことだ。それは、次の事実を別にしてもである。つまり、われわれの主は問いかけるような忠告を相手に投げかけているが、このことから判断しても、ふたりの間に抱擁など起こりえなかっただろう」。彼の考えはおそらく、イギリス教会の価値観を反映したものだろう。が、それはけっしてユダヤ社会の価値観の反映ではない。イエス時代の価値観の反映でもないし、今日の価値観の反映でもない[48]。ユダのキス、それはのちに平和のキスとも呼ばれるものだが、そのキスは以上のようなパースペクティブから眺められる必要があった。

マルコはまた、イエスが弟子たちに平和の塩を持つように教えたという伝承を伝えている。「自分自身の内に塩を持ちなさい。そして、互いに平和に過ごしなさい[49]」（マルコ九・五〇）。ミヒャエル・ラトケは塩のイメージを、もっとも初期の教会が持っていた伝承の一部としてとらえる人々に同意している。それは弟子の集団における第一の評価基準だったのではないのか、そしておそらくそれはまた、弟子たちのためのルールのひとつだったのではないかという[50]。彼の結論はこうだ。「仲間と塩を共有するようにという賢明な忠告は、テーブルの仲間となるようにというアピールであり、そして、一般的には仲間であるようにという懇請なのである。たがいに心安らかであるように、そして、人間の共同体を損なうことなく保つようにという要請は、緊密な類似点を持つ譬えとして塩に結びつけられていた[51]」

しかしそこにはまた、最後の晩餐の間に、集団の調和が崩れてしまったという伝承もある。マルコによると、イエスが自分を引き渡す人物は「わたしと一緒に食事をしている者」（マルコ一四・一八）だと宣言すると、弟子たちの間に激しい動揺が走った。イエスはそれが自分といっしょに鉢に食べ物を浸している者だという（マルコとマタイ）。が、ルカの福音書では、単に次にように書かれているだけだ。「見よ、わたしを引き渡す（裏切る）者が、わたしと一緒に手を食卓に置いている」（ルカ二二・二一）。ギリシア語の「トリュブリオン」（マタイ二六・二三／マルコ一四・二〇）はふつうの鉢である。そのために、その場にいたすべての人がそれに食べ物を浸していた。したがってルカとヨハネはともに言葉を変えて表現したのである。

が、もっとも劇的に変化を示しているのはヨハネの描き方だ。この場面をヨハネは次のように書いた。「イエスは『わたしがパン切れを浸して与えるのがその人だ』と答えられた。それから、パン切れを浸して取り、イスカリオテのシモンの子ユダにお与えになった」(ヨハネ一三・二六)。このようにすることによってイエスは、宴の主人としてユダに関心を持つ姿勢を見せた。一方、ユダはパン切れを受け取ることにより、主人の望みを実行することを引き受けたのである。ユダヤの習慣によると、塩の味がしている間は(およそ三日間といわれるが)、たがいに相手の運命に拘束されるという。相手の圏内に属するものを自分自身の内に取り込むことにより、あなたは相手と一体になるのだという。したがって、他の者と食事をともにすることにより、あなたたは食事の相手と平和の盟約を交わすことになる。

もしあなたがそこに出席した人々と気安い関係になりたくなければ、食事の招待を断ればよい。とりわけ塩は重要だ。というのも食事に招かれた客は、「塩がなお胃袋の中にとどまっているかぎり」、あるいは「舌の上に、ということは、あなたが塩の味を感じているかぎり」、主人の庇護のもとにあるということだから。見知らぬ人と食べ物を食べるということは、ふたりが義務と権利の関係に入るということだ。ふたりの関係がその間に「塩がある」という表現で示されるとき、それが意味しているのは、ふたりが破ることのできない盟約のもとにあるということだった。このような表現に似たものとしては「彼らの間には塩と灰がある」という言葉もある。

仲間と仲間以外の者の分断は、ヨハネの福音書のはじめの部分で描かれているが、それは実に生々しく露骨なものだ。ヨハネはこのテーマを一三・一八で紹介している。そこではイエスが弟子たちをふたつのグループに分けている。それはイエスの教えを実行する者と実行しない者のグループである。「わたしはどのような人々を選び出したか分かっている。しかし、『わたしのパンを食べている者が、わたしに逆らった』という聖書の言葉は実現しなければならない」（ヨハネ一三・一八）。それはまた次のように解釈することができるだろう。「わたしがともに食事をするほど信頼をしていた友人、わたしのもっとも近くにいた友人でさえ、わたしに背いた」。が、ここで食べるという意味で使われた言葉はふつうに使われる言葉ではない。ヘブライ語聖書のギリシア語版（七十人訳聖書）の中にも出てこないそれは「音を立てて噛む」という意味の言葉（トゥローゴー）で、ヨハネはとりわけ好んでこの言葉を使った。[52]

ヨハネの引用で使われた旧約聖書の言葉は詩編四一に出てくる。その文脈はまず「いかに幸いなことでしょう／弱いものにおもいやりのある人は」（四一・二）と書かれ、その人が病で倒れていると、敵がやってきて病人の死を願う。敵だけではない友人たちでさえやってくる。その中にはもっとも親しい者もいれば、「わたしの平和の人」もいる。それはもっとも近しい、そしてもっとも親愛なる人だ。さらには詩編作者がその人物との間で、信頼と友情という破られることのない関係を保持していた人もいた。その仲間たちが「わたしを足げに」していくのである。この関係のしるしとしてあったのが食事を共にするという行為だった。食事が友情を不動のものとし、確かなものにする。[53]が、このような神聖な絆も、親しい仲間たちによって引きちぎられてしまう。

四つの福音書の内、三つまでがイエスとともに食事をするユダについて述べているのだが、三つはともに、それをヘブライ語聖書のテクストと結びつけている。イエスの受難物語の中に占める旧約聖書の場所については、これまで詳細な研究が積み重ねられてきた。[54]が、たとえば、マルコ一四・一八（「はっきりと言っておくが、あなたがたのうちの一人で、わたしと一緒に食事をしている者が、わたしを引き渡そう（裏切ろう）としている」）が詩編四一・一〇（「わたしの信頼していた仲間／わたしのパンを食べる者が／威張ってわたしを足げにしてます」）をほのめかしているという点については、いまだに決定は難しいとされている。マルコとヨハネの双方が初期教会の伝承に依存していて、その伝承の中で詩編四一がユダに対して使われていた可能性があると考える人々もいる。[55]が、もしそうなら、少なくともマルコの中で、ユダへの言及がないのは少しおかしい。詩編四一はユダヤ人によっても引用されているが、それはアヒトフェル（ダビデ王の儀官。ダビデに背いてアブサロムの顧問となるが、提案した謀計が用いられず、みずから縊死した。サムエル記下一五―一七）とダビデの関係をいうときだった。[56]

マタイとヨハネの観点からすると、食事の集まり（食事は古代世界では、とりわけ信頼と親密さが表に現れる時間だった）の破綻を強調することが、ユダの行為に対する詩編の詩句の比喩性をより高いものにさせたということだ。こうして最後の晩餐の席で話されたイエスの言葉は、もともとが、信頼する仲間にゆだねる行為がいかに真剣であるかを指摘するものだったのだが、それがここでは、裏切り者の正体を確認する言葉となってしまった。実際、イエスの言葉は本来、弟子のだれかにとって意味をなすような言葉ではなかった。それが福音書として書かれるやいなや、その記述はあたかも「実際に」起こったことの反映と見まがうかのように、「離反者」ユダに対する偏見と憎悪を鮮明に映し出してしまったのである。

少なくともヨハネが示したことは、食事のテーブルで起きたことのすべてが持っていた謎めいた性格だった。が、この性格はイエスが逮捕された場面でも見られた。ユダはイエスにキスをするのだが、それはイエスから教えられたことをそのまましたまでのことだった。そうすることでユダは、イエスと交わした平和の盟約の中で、自分に課せられた分担を果たしつつあることを確認していたのかもしれない。マタイとマルコは、それをユダが前もって逮捕者たちに与えることを約束していたサインだという（「わたしが接吻するのが、その人だ。それを捕まえろ」マタイ二六・四八／マルコ一四・四四）。それはたしかに裏切りと背信のキスでもありえただろう。が、それはまた、盟約の忠実な実行を確認するサインでもありえたのである。ユダがゲッセマネにきたのは自分の使命を果たすためだった。そして彼はそれを約束通りに実行した。注釈者たちは、「ユダがイエスを抱擁したのは、ゲッセマネの暗闇の中でイエスを指し示そうとした、悲痛なまでに賢明な動作だった」という。おそらくそうかもしれない。が、そこにはさらに、それ以上の意味があったのではないだろうか。そうでなければヨハネの沈黙は説明しがたい。ヨハネには、この「裏切り者のキス」を劇的に扱うことはできなかったのである。

この場合、行為の悲劇性は、その場に居合わせた人々が起こしたそれぞれの行動の中にあったわけではない。おのおのは単に自分に振り当てられた義務を忠実に果たしただけだった。そして彼らは自分の役柄を十二分に演じた。悲劇が起きたのは、自分の義務を果たそうと努力した善良な人々（それはカイアファ、ピラト、イエス、ユダたちだ）が、たがいに衝突し合ったときだった。そして、神の意志と王国に対する彼らの異なった認識がたがいにぶつかり合ったときに悲劇が起きたのである。

イエスがユダを抱擁したとき、彼がユダに印章を与えたと考えることはできるだろう。ユダがしたことに対して是認の印章を与えたのである。しかし、ルカにしてもヨハネにしても、このキスが行われることを許さなかった。ヨハネはその場面をばっさりと削除したし、ルカはキスの試みを描きはしたが、それを成し遂げることは許さなかった。その代わりにイエスはたずねた。「ユダ、あなたは接吻で人の子を裏切る（引き渡す）のか」（ルカ二二・四八）。この言葉を扱ったときにすでに述べたことだが、われわれは曖昧な言葉とともにこの場に残される。そしてそれはまた、ひとつの解釈だけでなく、さらに多くの解釈へと開かれた場所にわれわれをたたずませることになった。

絵画の歴史では、このシーンが画家たちの心をとらえてきた。私見によれば、この場面を正当に扱った画家としては、イタリアのジョットをおいて他には見当たらない。美術史家たちは、ユダが身にまとっている黄色いなだらかに垂れたローブを、それはユダの卑怯さを象徴するものだと指摘している。もちろん、絵の背後にはさらに複雑な歴史が潜んでいるのかもしれない。が、この絵をじっくりと見てみると、ジョットがなまの人間をふたり遭遇させている様子がうかがえる。つまり、そこに描かれているのは円光を背に持つ霊的なイエスや悪魔としてのユダではない。そこにはなまの人間がいるのである。しかも、ふたりの目はたがいに見合っていて、唇は今しも重なり合いそうだ。ユダはまた、みずからイニシャチブを取っているようにも見える。彼のなだらかなローブでイエスを包み込み、それはあたかもイエスを群衆からローブによって守っているかのようだ。ふたりの主役は明るい色調で描かれていて、背後の汚らわしい世界、槍や鎧などの描かれた陰鬱で威嚇するような世界と好対照をなしている。それだけにふたりの人物には、真の人間らしい関係が表現されていた。その点でもこの絵は人類の芸術史に比類のない貢献を果たしている。その中で描かれた人間のキスは、われわれにもっとも基本的な人間関係のひとつを思い起こさせてくれるからだ。そして、ユダとイエスとの出会いを神話的な局面から、歴史上の局面へと持ちきたってくれる。(57) はなはだしい心配と恐れ、それに戸惑いの時間の中で、ふたりの同胞は抱き合う。そして抱擁をすることにより、神が彼らに演じることを求めた役柄をたがいに励まし確認し合ったのである。絵画の歴史においては一度ならず画家たちは、イエスとの遭遇で見せたユダのあの力強く善良な姿を描いている。そして福音書のテクストがそれを支持していた。(58)

# 7 ルカの文書に登場するイスカリオテのユダ

イエスはどのようにしてこの人物とつき合うことができたのか。イエスはユダが自分を裏切ることを知っていたし、彼に教えたすべてのことが何ひとつ実を結ばないことも知っていた。が、イエスの公的な生活の全期間を通じて、終始、イエスに付き従ってきたのがユダだった。

——D・F・ストラウス(1)

ルカの福音書が持つ全体のテーマやその社会的な背景などについては、最近の研究書の中でおびただしい議論が交わされている。(2) したがってここでは問題をひとつに絞りたい。それはルカがユダをどのようにして描いたのかという問題だ。それに関連する問いかけとしては次のものがある。なぜルカは、受難物語のさまざまなところでユダを導入したのか、そしてルカは自分の目的を進めていくために、この物語をどのように形作っていったのかという問いだ。この問いかけに取り組んでいくにしたがって、われわれはより堅固な基盤へと導かれるのかもしれない。その基盤とは、イエスの物語に関与したユダについて、確信を持っていえることといえないこととの分別という本書の出発点である。(3)

この章では、ルカがいったいユダをどのように取り扱ったのかという、その取り扱い方について、ルカがイエスの受難物語を処理した光のもとで考えていきたい。ユダを十二人のひとりとして慣用的に並べたところ(ルカ六・一六)を別にすると、ユダがルカの福音書で出てくるのはイエスの受難物語に限られる。ユダはそこでは、イエスを引き渡す者として言及されている。が、ルカ六・一六(弟子の名前を列挙した箇所)では、ルカは資料としたものを踏襲せずにユダを「プロドテース」(裏切り者)と呼んでいた。ちなみに、ユダが裏切り者と呼ばれているのは新約聖書中わずかにこのテクストのこの箇所だけである。(4) ここでルカが使っている言葉(プロドテース)はギリシアの作者たちが「裏切り者」という意味で使ったスタンダードな言葉で、ユダヤの歴史家ヨセフスも、ルカと同じようにこの言葉を「ギノマイ」(になる)という動詞とともに使っている（『ユダヤ古代誌』一九・六一）。これはルカの使用法と同じだ。プロドテースのもとになっているのは動詞「プロドーミ」（裏切る）だが、この派生語は新約聖書に合計で四回出てくる。動詞として出てくるのは一度だけ（読み方を違えてマルコ一四・一〇に出てくる）。が、ヨセフスの書いたものの中にはプロドーミが四〇回ほど出てくる。とりわけ、彼自身の行動に関連した部分や、彼が仲間のガリラヤ人たちを裏切り、同胞の律法に背信した箇所などで使われている。名詞のプロドテースが新約聖書に出てくるのは三回。その内の二回はルカの書いたものに登場。福音書のこの箇所と使徒言行録七・五二のステファノの演説の中だ（預言者に対する裏切り）。そしてもうひとつは、テモテへの手紙二、三・四で悪徳を並べた箇所に出てくる。

ここまでで理解できることは、ユダの役割がはじめてルカによって、イエスの死と関連づけて眺められたことだ。しかし、その役割の定義は依然として不明確だし、それはあたかも神殿の指導層の役割と一致しているように思われる。使徒言行録に描かれた使徒たちによる初期の演説の中では、「引き渡す」という行為自体が曖昧にされているし、それがピラトの前でイエスがした自己否認と関わりがあるように描かれていた。そこではもちろんユダへの言及はない。「引き渡すこと」が意味するところは、ユダヤ人によるイエスの拒否以外の何ものでもなかった。そのために表現もいくらか穏やかで、当たりさわりのないものになっていた。(5)

一九三四年に行われたオックスフォードの神学講演で、R・H・ライトフットは、ルカが描いたイエスの像について、ルカがまったく異なる道を歩みつつあるといい、その三つの道を区別してみせた。この道を進むことによりルカはヨハネの先駆者となったとライトフットはいう。その三つの方向とは以下の通り。

1　イエスとパレスチナの首都エルサレムとの関係をルカが強調したこと。
2　とりわけ受難物語を語るくだりで、ルカは首尾一貫した矛盾のないストーリーを描こうと努力していること。
3　さらに重要なのは、ルカが受難物語を書いたときの気持ちだ。そして物語からいっさい悲劇的な要素を剥ぎ取ってしまおうとする彼の決断だった。(6)

第三の点についてライトフットは、ユダと十二人の使徒、それにイエス自身によって演じられた役柄に言及しながら詳細に述べている。

「裏切り」という出来事の中で果たしたユダの役割、それを描いたルカとマルコの記述を比較してみると、ルカはその長さを三分の一ほどに縮めていることがわかる。さらにマルコに描かれた悲嘆の言葉は、ルカにくらべるとずっと長い。が、マルコは「裏切り者」がだれなのか、それを指し示すことはしていない。ルカが「裏切り」について書いている長さは、その長さ自体が非常に重要なことのように思われる。ルカはまた、イエスの嘆きを最後の晩餐のあとに持ってきている。それに対してマルコはそのためのスペースをきちんと割いていた。マルコにおいては、イエスの逮捕自体がユダを突出した位置に置いていて、ルカにくらべるとはるかに記述が詳細にわたっている。記述がルカのそれより短いとはいえ中身がくわしい。実際、ライトフットは次のように結論づけていた。「ユダの行動は一番はじめに書かれた福音書（マルコ）では暗いトーンで描かれているのだが、その暗さ加減は、一番最後に書かれた福音書（ヨハネ）で描かれた暗さとほとんど変わりがない(7)」

ルカはユダの行動の原因を彼以外の力（具体的にはサタン＝悪魔）によるものとした。そのためにルカは、ユダをさほど悲惨な光の中で描くことはしていない。ライトフットはルカの文書を、ユダの背信を誇張するものではなく、むしろそれは彼の罪を説明しようとしたものだと解釈した。第四の福音書（ヨハネ）になるとそれはまったく逆の展開を示す。そこでは「ユダの性格はもっとも暗い色合いで描かれる」。サタンへの言及もヨハネではもっぱらユダを中傷するためのものとなっていた。ルカは同じ基本的なデータをまったく違った目的のために方向を変えて使うことをしているのだが、それはこれがただひとつの箇所ではない(8)。

ルカについて評釈されたものをすべてここで取り上げることはできないので、最近のもっともすぐれた評釈のひとつとして聖書学者ジョゼフ・フィッツマイヤーの評釈を選んでみた。彼は次のようなことをいっている。ルカにおいては、「イエスの運命を左右するのは、本来ローマ人ではなく、サタンに取り憑かれた弟子であり、パレスチナのユダヤ人追随者（ユダ）だった(9)」という。ユダは十二人を構成するメンバーと見られていた。そして、イエスのサタンに対する勝利はペトロに向かって行った祈りや、十字架上で後悔した犯罪人に向かっていった言葉の中に暗示されているのだが、イエスの言葉はなぜかユダには向けられていない。

フィッツマイヤーの論じ方でもっとも悔やまれるところは、ユダが行ったことを伝えるルカの記述をまったく分析していないことだ。が、「パラディドーミ」という言葉が「裏切る」と訳されるべきでないことは彼も承知していたようだ。それは彼がこの言葉を「引き渡す」と訳している箇所がいくつか見られることでわかる。しかし、ヴィアルト・ポプケスによるパラディドーミの基本的な研究や、それがこの議論にもたらした貢献など、彼がポプケスの業績を自分の論文に引き入れた形跡はまったくない(10)。フィッツマイヤーがしばしば繰り返しているモチーフは、「初期キリスト教の共同体が抱いた恐怖であり、それはイエスの弟子のひとりがイエスを裏切ったことに対する恐怖だった」[11]。彼はなぜ十二人のだれもが、みんな裏切りの可能性を持っているのかを説明することができない。とりわけルカが、ユダの行為をひどく「恐るべきもの」として描きながら、なお他の弟子のことを平気で述べているのか説明ができずにただ困惑している。残念なことだが、フィッツマイヤーの持つおびただしい言語学上の知識も十分に整理しきれているとはいいがたい。そのために重要な語であるエクソモロゲオー（すべてを告白する）[12]やパラディドーミについて、われわれの助けとなる情報を少しも提供してくれない。したがって、われわれは従来の観点から一歩も前へ進むことができずに、ただ現状の時点でとどまらざるをえない結果となってしまう。

したがってわれわれの手元には、なお解決の困難な問題が残されたままになっている。それは、ルカによれば、イエスは神がすべての人々を許してくれるようにと祈ったというが、それならはたしてその中にユダが含まれていたのかどうかという問題。あるいは、われわれがフィッツマイヤーのユダ論から読みとっているユダの恐ろしい行為とは、はたして、のちに成立した教会の見地から眺められたものなのかどうかという問題などだ[13]。

ルカはイエスが弟子たちを世間に送り出した例をふたつ挙げている。ひとつは「あらゆる悪霊に打ち勝ち、病気をいやす力と権能をお授けに……、そして、神の国を宣べ伝え」るために送り出された「十二人」（九・一―二）。そしてのちにイエスは七十二人を任命し、神の国の到来を告げさせるために送った（一〇・一―一二）。その間に、ルカはペトロの告白（「それでは、あなたがたはわたしを何者だと言うのか。」ペトロが答えた。「神からのメシアです」九・二〇）とイエスの山上における変容を語っている。そしてまたイエスは、弟子たちに自分がエルサレムで死ぬ定めにあることを告げた。ルカは、弟子たちの第二の伝道を語ったあとで、悪霊が弟子たちに屈服したのを聞いてイエスがよろこんだと記している。「わたしは、サタの中に、当然ユダも含まれていたと考えてよい理由は十分にある。この派遣に参加した使徒や弟子たちンが稲妻のように天から落ちるのを見ていた」(一〇・一八―二一)。

の中に、当然ユダも含まれていたと考えてよい理由は十分にある。

ジョン・ウェズレーはユダがふたりでひと組となって派遣された弟子たちのひとりだったことに注目した。そして次のように問いかける。「われわれの主は、『彼(ユダ)の内に悪霊が宿っていた』ことに気づいていたのだろうか。聖ヨハネははっきりと、ユダには悪霊がいたとわれわれに告げている。が、ユダはもうひとりの使徒と組になっていた。そしてふたりはいつも行動をともにしていた。神がこれら十二人の使徒たちの仕事に祝福を与えたことを疑う理由はどこにもない」[14]。ルカは弟子たちのグループを非常にリアリスティックに描いている。弟子たちはいずれも断固としていて、人間的な姿で描かれていた。彼らが神の力強い命令に従う使者として仕えているときですらそうなのだ。

さらにルカでは、イエスがみずから引き渡されることを予言する箇所が大幅に短縮されている。ルカはマルコから中心となる節を取ってきただけなのだが、その素材をアレンジすることによって、ユダが犯したとされる罪にことさら注意を集中することを避けた。しかも話題を晩餐のあとに持ってくることによってルカは、だれがイエスを引き渡すのか弟子たちが半信半疑で議論する様子をはじめて描き、さらには、弟子の中でいちばん偉い者はだれかについて議論する弟子たちの姿も描いてみせた。しかもルカは、ユダヤ当局へ通報した者がだれであるのか、その名前を明かしていない。イエスの逮捕そのものの記述もまたきわめて短くされている。ユダはイエスにキスをすることもなく、ただひとつの質問がイエスから返される。が、ここでもっとも重要なことは、ライトフットがルカのユダ像の中に「苦難の僕《しもべ》」を見ていたことだ。たしかに苦難の僕のやさしさは、イエスがみずからの絶望を処理する仕方の中にもおのずから現れていた。その絶望とは、イエスが助けを必要としているそのときに、弟子たちがイエスを支えてくれないという絶望だった。

ジョゼフィーン・フォードはこのユダ像にもうひとつの側面を加えた。それは敵を愛することに対するルカの関心だ。これを彼女は「フィロエクスロロジー」(不快愛好症)と名付けた。したがって、伝統的な見方ではイエスの敵とされたユダをルカがどのように扱ったのか、それを見定めることはきわめて重要なこととなる。たしかにルカが福音書を書いた紀元七〇年頃になると、初期のキリスト教徒たちの目には、ユダが「裏切り者」としてはっきりと映りはじめていた。ルカがはたしてこれに対してどのような対処の仕方をしたのか。

素材の使われ方を見てフォードが下した結論は、ルカが素材を整理し直して独自のイエスの肖像を作り上げていることだった。それは、自分を逮捕した者に対してだけではなく、ユダに対しても変わらぬ愛情を示した非暴力の王としてのイエスだ。[15] フォードの論旨は、われわれがルカ福音書の材料を見直すときに改めて点検されることになるだろう。

ここに挙げるのは、ルカの物語に出てきた四つの断片で、いずれもユダに関する伝承を扱ったものだ。どれも十分な分析に値するものばかりだ[16](傍線はルカによる追加部分。以下同)。

### ルカ二二・三―六

3 しかし、十二人の中の一人で、イスカリオテと呼ばれるユダの中に、サタンが入った。4 ユダは祭司長たちや神殿守衛長たちのもとに行き、どのようにしてイエスを引き渡そうかと相談をもちかけた。5 彼らは喜び、ユダに金を与えることに決めた。6 ユダは承諾して、群衆のいないときにイエスを引き渡そうと、良い機会をねらっていた。

四節に出てきて「相談をもちかけた」と訳されている言葉はギリシア語の「スュルラレオー」（話す・談話する）。この言葉は、イエスが変容するシーンで、モーセとエリアがイエスと会話をするときに使われている（マタイ一七・三／マルコ九・四／ルカ九・三〇）。そして他にはルカだけが使っているのだが、まずイエスの教えのことでカペナウム（カファルナウム）の住人たちがたがいにいい合う場面で（ルカ四・三六）、そして、総督のフェストゥスがパウロの処置について、陪審の人々と協議をする場面で出てくる（使徒言行録二五・一二）。さらに、これもルカだけなのだが、ユダに関連するこの神殿の場面で使われている。

四節に出てくる「神殿守衛長」（ストラテーゴス）はルカだけが使う言葉で、福音書では二二・四、五二に、使徒言行録では八回ほど現れる。神殿との関わりで使われたときは、それはつねに神殿守衛長を意味する。「彼は神殿の内外の治安を守る最高責任者だった[17]」。地位からいっても、大祭司の次席に位置する。さらに地位の低い守衛長はたくさんいた。彼らもまた神殿警察の長を務めてはいるが、序列はあくまで神殿守衛長の下位である。ルーク・ジョンソンは次のように述べている。「ルカはイエスの逮捕と最終的には彼の死に対する責任を、高い地位にいた者たちのもとに置くことによって、イエスの死における群衆の役割を軽減している[18]」

ユダに金を与えることを決めたという事実（五節）は、スュンティテスタイ（考えをまとめること）という言葉で描かれている。この言葉は新約聖書に三回ほど出てくる。それぞれがすべて、ユダヤ当局によって示された決断と関わりのある場面で使われている（ヨハネ九・二二／使徒言行録二三・二〇）。したがってこの言葉自体に、ユダが金を要求したという意味は含まれていない。次の六節が非常に難しい。ここで使われているエクソモロゲオー（すべてを告白する）はつねに新約聖書では、中間態で使われていて、公式に公の場で告白することを表している。したがって、私ならこのフレーズを「正式に告白する」とでも訳したいところだ。新約聖書にはエクソモロゲオーが八回出てくるが、その内の四回は罪の告白[19]。そして三回は、イエスが主であることを公に宣言する場面で使われている[20]。ルカ一〇・二一とマタイ一一・二五では、神がイエスに与えたものに対して、イエスが神に答えるという意味で使われている。ここでは、「天地の主である父よ、あなたをほめたたえます」という風に「ほめたたえる」と訳されている。が、新約聖書の他の箇所における使われ方と比較しても、ルカの引用場面で使われたエクソモロゲオーは非常にユニークだ。実際エヴァンズは、この言葉が能動態で使われている例は、ギリシア語で書かれた非宗教的な文書のどこを探してもないといっている[21]。

マタイはユダが金銭への愛着、あるいは強欲のために行動に走ったというが、ルカはそれにくらべると、かなり飛躍した解釈を施している。彼はユダの行為をサタンがユダの体内に入り込んだためだとした（ルカ二二・三）。これは悪霊がしばらくの間、イエスから離れていて（ルカ四・一三）、それがまた戻ってきたというルカの考えに合致している。サタンは神との戦いを、イエスの弟子である十二人のひとりの肉体を通して、決定的なところまで持っていこうとした。

ルカのサタンに対する興味はたしかにささやかなものだ（彼はサタンの言葉をわずかに七回しか使っていない。そして悪魔［ディアボロス］もまた七回使っている）。が、「稲妻のように天から落ちる」（一〇・一八）サタンを書いたのもルカだけだし、一八年もの間サタンに縛られていて、イエスによって束縛から解かれた女（一三・一六）を描いたのもルカだけだった。ペトロに「シモン、シモン、サタンはあなたがたを、小麦のようにふるいにかけることを神に願って聞き入れられた」（二二・三一）とイエスにいわせているのもルカだけだ。イエスはペトロに、サタンによって試され、ふるいにかけられたあとで、ペトロがしなくてはならないこと（兄弟たちを力づけること）を伝えた。ひとことでいうと、ルカは悪霊や悪魔をリアルなものと見ていたのだが、結局のところそれはまた、イエスによって克服されるべき力と見なしていたのである。したがって、ルカ福音書の性質は次のようなことになるだろう。人々を「サタンの支配から神に立ち帰らせ」（使徒言行録二六・一八）、神の人々とともに恵みの分け前にあずかれるような「場所」を人々のためにふたたび見つけ出すことだった。ルカがヨハネと分け合っていたのは、ユダがイエスを引き渡したのがサタンの影響によるものだったという信念である。

次のような意見は注目に値する。つまり、ユダの役割が「イエスの受難劇における神の支配に対して、まったく正反対のものではなく、むしろそれは、神の歴史を統べる主権の証となるものだ。というのも、神は天と地との創造者であり、したがって、神はまたその中に存在するすべてのものの主でもあるからだ」[22]。ルカにこの確信があったことは議論の余地がない。神以外の何者も、イエスを死へと引き渡すことはできなかった。他のすべてのものはいわばマイナーな役者にすぎない。彼らはただ、すべての主である神の指図のもとに動いているだけだった[23]。

ルカは少しあとの時代のテクストで、ユダが「不正を働いて得た報酬」について述べている（使徒言行録一・一八）。彼はここで「不正」（アディキア）という言葉を使っているが、あきらかにルカはこの言葉を気に入っていた[24]（お金と不正の関係についてはルカ一六・八、九を見よ）。ユダの運命について、ルカはペトロにあっさりと次のようにいわせている。「ユダは伝道と使徒をやめたあと、「自分の行くべき所に行くために離れてしまった」（使徒言行録一・二五）。ユダがここで控えめに書かれていることは注目すべきだ。この場合、ルカが何か本物の伝承に接近していたという可能性はないのだろうか。それはたとえば、自分がイエスを裏切ったことを十分に承知しているペトロが、ユダについて語った話を保存した伝承のようなものだ。つまりペトロは、ユダに対して特別な同情の気持ちを抱いていたのではないだろうか。が、これらの問いに対する答えがたとえどのようなものであろうと、ユダが使徒であったこと、そして彼がイエスに対して従者の関係にあったことについては、明瞭この上ないペトロの断言がある（「ユダはわたしたちの仲間の一人であり、同じ任務を割り当てられていました」使徒言行録一・一七）。

マルコやマタイと違う点は、ルカがイエスに対して次のような言葉でペトロを非難させていないことだ。「サタン、引き下がれ」（マルコ八・三三／マタイ一六・二三）。が、共観福音書の中で、サタンがユダの中へ入り込んでいると記しているのはルカだけである。その上さらにルカは、ユダが祭司長や守衛長たちと交渉するために神殿へ出向いたときにも、彼らと同格の位置にユダを置いて描いていた。祭司長たちはイエスを逮捕したかったのだが、民衆がいるためにそれができなかったのである（ルカ一九・四七／二〇・一九）。

ルカはユダの行為に対して理由を与え、そしてまた、イエスの逮捕を可能にさせる行動を準備した。使徒言行録五・三に描かれているように（「アナニア、なぜ、あなたはサタンに心を奪われ、聖霊を欺いて、土地の代金をごまかしたのか」）、ここでもやはりサタンがユダを導いて、イエスの処刑を現実のものとさせた。[25]が、ルカはまたユダの行動を、あたかもユダヤ教の上層部と協力して動いているかのように描いている。

ユダの行動、それもルカだけが描いたユダの行動に関していえば、それを解くもっとも重要な鍵は彼の言葉の使い方だろう。それにはパラディドーミといっしょに使われているエクソモロゲオーという言葉に注目することが必要だ（二二・六）。したがってわれわれはここで、この言葉の意味をぜひとも決定しなければならない。この言葉については今まで次のように書かれてきた。「辞書編集者にとっては以前から絶望の種であり、翻訳者にとっては悪夢のような言葉だった。が、それも今は幸いなことにすっかり解決した[26]」。この言葉は通常、中間態（エクソモロゲオマイ）として使われ、告白するという意味を表す。罪を公に告白するというような使われ方だ。それはまた、主としてのイエスに対して、みずからの信仰を告白するという意味で使われることもある（これについては前述）。七十人訳聖書（セプトゥアギンタ）の中に頻繁にこの言葉が登場する。もっともしばしば使われているのは、神の偉大さと神の愛を公に断言するときだ。つまり、神を礼賛するときである[27]。ヨセフスはこの言葉を八回しか使っていない。そしてその場合の意味は、だいたい認めるという意味だった。それもつねに中間態で現れる。後接語（ex）のついていない能動態の動詞となると、ヨセフスは一二五回以上も使用している。

ここでわれわれが目を向ける必要があるのはパピルスである。これは一世紀より前の日付を持つもので、おもに中東で発見された小断片だ。というのもここではこの言葉が、伝統的に伝えられてきた意味とはまったく違った意味で使われているからだ。通常、先に挙げたルカの福音書の引用に出てくるエクソモロゲオーは、翻訳者たちによって「承諾した[28]」と訳されている。が、これではたしかに意味が余分だ。承諾したという意味はすでに前の言葉でいい表されているからだ。が、パピルスでは、エクソモロゲオーは当局に「正式な告訴をする」という意味で登場する。つまり、宣誓証言をするという意味だったり、だれかに対する告訴状を提出するという意味なのである[29]。

そこで結論としていえることは次のようなことだろう。ユダは正式にイエスを告訴した。支配層に「密告する」という行為を行った。ルカはそんなふうにユダを描いた可能性があるということである。当局と合意したあとでユダは、イエスに対する正式な告訴状にサインをした。そしてそれが、神殿側が申し立てたイエス告訴のもととなった。エクソモロゲオーはパピルスの中でこんな使われ方（密告する）をしていたので、ここでも同じように、論理的な意味に使われていたと受け取っていけない理由はまったくない。[30] この使用法が一般的に否定されているのは、イエスが裁かれている法廷にユダが現れて、イエスに対する証言をしていないからだ。[31] しかし、密告者が法廷に現れないことはしばしばあるし、それにユダが最初の審問の場に立ち会った可能性もなきにしもあらずだ。現にマタイ二七・三では、次のようなことがほのめかされている。それは、イエスの身に起きたことをユダが知っていたこと、そして、イエスの裁判が彼の同胞であるユダヤ人の手によって行われるのではなく、ローマ当局に任されたことを知って、ユダがたちまち後悔の念にさいなまれたことなどだ。この展開はユダの考えていたものとまったく違っていた。

## ルカ二二・二一―二三

「……21しかし、見よ、わたしを裏切る（引き渡す）者が、わたしと一緒に手を食卓に置いている。22人の子は、定められたとおり去って行く。だが、人の子を裏切る（引き渡す）者は不幸だ。」23そこで使徒たちは、自分たちのうち、いったいだれが、そんなことをしようとしているのかと互いに議論をし始めた。[32]

レーコプフは二一節を分析して、次のような結論を導き出した。文章の転調といい、予言や宣言といい、ともにここではルカはマルコに従っていない。その証拠はあきらかだ。われわれがここで、古代の資料を目の前にしていることを示唆しているものは、密告者に対して「手渡す」(hand) という言葉が使われていることだ。それが未来時制の中に現在分詞の形で現れている。それに加えて、セム語化した「見よ」（イドゥー）が繫辞なしに使われているのも、この資料が古代のものであることを示している。[33]

さらに二三節を分析することによりレーコプフは、ルカがマルコ一四・一九とは違うテクストを注意深く作り直していると信じるようになった。[34] ここではルカが直接対話より間接対話を選ぶことで、よりソフィスティケートされた文体を作り出しているという。[35] ルカが福音書の他のところでは、もっぱら対話を強調していることを考えると、ここで直接対話を避けていることは、われわれを次のような結論に導いていく。つまり、ユダの物語はルカが強調したいと思ったもののひとつではないということだ。アドルフ・シュラッターはルカの対話に現れる感情的な側面に気づき、次のようなことを記している。それはルカの対話がパレスチナの教師の特徴を多分に表していて、それはローマ帝国の他の地域で見られるものではないという。シュラッターは結論として、ルカが独立したパレスチナの資料をもとにして書いたのではないかという。それと同時にこの資料が明らかにしていることは、イエスが永遠の真理を説く宣告者などではなかったことだ。「われわれの手にする福音書のいたるところで出てくる教え（ディダクセー）は共同体、あるいは個人に向けて発せられた牧者の指示として考えられていた。したがって、このプロセスにおいては、対話が何としても欠くことのできない手法だったのである」[36]

たしかに主題の導入部も、マルコとは関わりのないルカ以前の資料をもとに書き直されている。この引用部分はヨハネス・ヴァイスによると、伝承の成長をうかがい知ることのできる珍しい例だという。[37] レーコプフはこの小さなシーンを拡大して、それをさらに生き生きとさせることが、ルカの中で必要だったのではないかと推察した。こんなふうにしてルカは、「まったく信じられない裏切り」に何とか理由を見つけ出したいという教会の関心を刺激しようとした。さらには、ユダの裏切りのいっそう明瞭な動機を知りたいと思ったのである。

ルカが最後の晩餐を描く中で、ユダが最後の最後までその席にいたということはかなり印象的なことだ。実際、ユダはこの食事の席で、自分の行状を暴露されることもなかった。マタイやマルコは、親密この上ない食事の席にユダが出席していたという問題を、最後に彼の秘密をあばくことによって回避した。が、ルカはここから違った問題を引き出してきたのである。それは、サタンに取り憑かれたとはいえあの密告者が、イエスと行動をともにしてきた十二人の内輪のサークルに、どんなふうにして参画することができたのかという問題である。ルカははっきりと書いている。このような悪意の仲間の中にさえ、サタンにそそのかされて行動に移った密告者は同席しているし、彼の行動のすべてはイエスにも知られていた（二二・二一—二三）。にもかかわらず、イエスはそれを暴露しなかった。その代わりにルカの物語では、食事のあとで、弟子たちが嫉妬心を丸出しにした議論（二二・二四—三〇）をはじめる。それは仲間の中でだれが一番上位につくかという議論だった。

おそらくルカの考え方は、離脱という行為が何もただひとりの人物に限定されることはないというものだったのだろう。ユダの行為はたしかに奇異だった。しかしこの文脈からすると、そこにはまた、ペトロが三度イエスを知らないと否定したことを思い出させるものもある。ペトロは断じてそんなことはないといったにもかかわらずイエスを否定した（「主よ、御一緒なら、牢に入っても死んでもよいと覚悟しておりますす」ルカ二二・三三）。ユダが仲間を離れたという記述はどこにもない。ユダはイエスの王国が正式に弟子たちに譲渡されるときにもその場に居合わせている。ユダを含めて弟子たちはすべて「苦難の時期を通して、つねにイエスに忠実に付き従ってきた」のだから。当然、ユダもまた、イエスの王国で食事をイエスとともにする機会を約束されていたにちがいない。そして、他の弟子たちとともにイスラエルの十二支族を治める王座を約束されたのだろう（二二・二九—三〇）。それにもかかわらずわれわれは、イエスを逮捕しようとする一団を引き連れて、ゲッセマネの園にやってくるユダの姿を見つける。だいたいにおいて、ルカがユダを扱う手法には両立しがたい矛盾があったようだ。

ユダに対するルカの扱い方に、表面的には矛盾が見られるというジョセフィーヌ・フォードの考えはたしかに正しいかもしれない。が、イエスは身分の卑しい人々を仲間に入れて交際をしていた。その点では、ルカのイエス観は首尾一貫している。たとえユダが二心のある裏切り者であり、それも悪魔の力によって支配されていたとしても、イエスはみずからの敵を愛し、彼らとともに食事をした。それはイエスがファリサイ派の人や収税人、それに罪人たちと食事をするのと同じことだった。イエスを引き渡す者の手はテーブルの上に置かれていた。イエスと引き渡し人はともに親しい仲間に加わっている。未来がいかなるものを彼らにもたらそうとも、彼らはともにいた。このようなルカの見方によれば、なぜ次のようなことが起きるのか、われわれはその理由を見つけることができない。つまり、弟子たちには彼らを呪う者にもなお祝福を与えよと教えた者（イエス）が、ユダの与えた尊敬と愛情のキスを何ゆえに受け入れることができなかったのだろう。それもイエスを亡ぼそうとする人々へ彼を引き渡す手段として与えたキスだったのだが。しかし、ルカにはやはりこのようなキスを思い描くことはできなかったのだろう。

### ルカ二二・四七―五三

47イエスがまだ話しておられると、群衆が現れ、十二人の一人でユダという者が先頭に立って、イエ
スに接吻しようと近づいた。48イエスは、「ユダ、あなたは接吻で人の子を裏切るのか」と言われた。
49イエスの周りにいた人々は事の成り行きを見て取り、「主よ、剣で切りつけましょうか」と言った。

[50]そのうちのある者が大祭司の手下に打ちかかって、その右の耳を切り落とした。[51]そこでイエスは、「やめなさい。もうそれでよい」と言い、その耳に触れていやされた。[52]それからイエスは、押し寄せて来た祭司長、神殿守衛長、(38)長老たちに言われた。「まるで強盗にでも向かうように、剣や棒を持ってやって来たのか。[53]わたしは毎日、神殿の境内で一緒にいたのに、あなたたちはわたしに手を下さなかった。だが、今はあなたたちの時で、闇が力を振るっている。」

「ユダという者が先頭に立って、……」(四七節)というフレーズはルカ独自のものだ。ユダがリーダーシップを取っていることを強調している。ルカはユダがイエスとキスをしている場面を、実際には描いていない。が、ユダがキスをしようとしていたことは明らかだ。イエスがユダに何ひとつ限定する言葉をつけずに名前で呼びかけているのは、ルカの福音書だけである。これが意味しているのは、おそらく早い時期の伝承をもとにしたものだからだろう。さらに、もっとも印象的なのは、イエスがユダに問いかけたそのたずね方だ。「あなたは接吻で人の子を裏切るのか」(四八節)。この問いかけに非難の気持ちは含まれていない。(39)そこには緊張した空気がただよっていたにもかかわらず、ふたりの友人の間に、やさしいからかいの気持ちがあったのかもしれない。実際イエスは、この種の陽気なからかいを好んでいたように思われる。が、残念なことにイエスの顔の表情は記録されていない。

しかしイエスの言葉にはまた、「深く傷ついた愛の悲しみが漂っていた」のかもしれない。(40)彼の言葉が何を意味していたのかは別にして、ルカは結局、今は「闇が力を振るっている」と結論づけた。たしかに最後には、イエスも捕らえられてしまった。が、グルントマンは次のようにいっている。「闇の中でうずくまっている人々を解放しようとしてやってきた者が、……闇に仕える人々の手により、彼らの支配を受けることになった。しかしながら、彼らの時間はやがて、彼（イエス）の時間によって終焉を告げさせられ、闇の力は彼の勝利によって圧倒されるだろう[41]」。弟子のひとりが剣を取ったところでイエスは、「弟子たちの暴力を是認するどころか、むしろイエスは敵方を気づかい、その面倒を見る。……（イエスには）威厳がある。それは敵方や闇の力に属するものすべてに降伏するという威厳だった[42]」「やめなさい。もうそれでよい」（五一節）というイエスの言葉によって、彼らの剣はもとの場所へと収まった。さらに、彼の言葉は神殿の使用人たちをそれぞれの役目にもどらせた[43]。そして、イエス自身も彼の父によって割り当てられた仕事に従事することになる。が、それは彼が神殿当局の人々に問いかけることにより、はじめてはじまる仕事なのだが。

イエスがこうした質問を神殿の支配層に問いかけるのも、ルカの福音書にだけ登場する場面である。神殿の支配層とは、祭司長や神殿守衛長、それに長老たちである（五二節）。マルコ（一四・四八）やマタイ（二六・五五）では、質問は群衆に向けて投げかけられていた。ルカは彼の敬意を当局の人々に示しながら、イエスには、日々その場所で教えを垂れていた神殿の責任者たちと論議をさせたのである。神殿の境内で彼らは「わたし（イエス）に手をくださなかった」（これもルカだけにある記述）。そして今、イエスはまるで盗人同然の取り扱いを受けている。が、イエスは彼らに服従することにより自分の質問をやめる。最後の言葉を告げながら。「だが、今はあなたたちの時で、闇が力を振るっている」。正しい論理や斟酌を彼らから期待するのはむだなことだった。彼らは自分たちの義務を果たそうと決意した者たちだったからだ。

34 そのときイエスは言われた。「父よ、彼らをお赦しください。自分が何をしているのか知らないのです。」

このテクストはユダについて述べられたものではない。が、われわれはイエスの述べた「彼ら」という言葉の中に、はたしてユダが含まれているのかどうか、つまり、ユダがこの議論の中でしかるべき位置を占めているのかどうかを考察してみる必要があるだろう。

多くの学者たちがイエスのこの祈りを、真正のものとして認めていないことはよく知られている。実際それは、もっとも古いいくつかの写本には出てこない。が、たとえ圧倒的多数の写本がこのフレーズを削除していたとしても（そんなことは現実にはないのだが）、われわれにいえることは、イエスの全生涯がこのような言葉を、彼の行動を通して雄弁に物語っているということだ。たしかにイエスは他の人々のために生きて死んだ。この祈りはつねに、彼がみずから身代わりとなったすべての人々とともにあった。

しかし考えてみると、すべてに通じる総括的な許しなどというものが世間に存在するわけはない。あなたを完全に解き放してくれるものなど何もないのである。にもかかわらずイエスは、自分を殺そうとする者たちへ祈りを捧げている。そして神へみずからの願いを伝えていた。イエスを殺そうとする者たちが神の許しを得ることができますようにと。ここで重要なのはイエスが許しの本質をねじ曲げていないことだ。そこにあるのはじっくりと考え抜かれて、つねに意識的に行われた行動である。が同時に、イエスの行動には、何か途轍もないほど寛大なものが存在しているのも確かだった。イエスの許しを求める祈りには前例があるという。それは敵に対して悪意を抱くことのなかったソクラテスがいたという。が、この事実のために、イエスが見せた行動の重要性が軽減されることはないし、またそのために、歴史的な観点から見て、イエスに関する記述自体が疑わしいものとされるいわれもない。

ともかくわれわれの現時点における関心は、イエスの祈りの持つ意味にある。はたして祈りの中にユダは含まれているのか、あるいは排除されているのか、その理由を明らかにすることにある。

イエスの祈りを理解する上で、われわれに重要なヒントを与えてくれる学者がふたりいる。そのひとりがデーヴィッド・ドーブ。彼の関心は次の四つの事項に絞られる。

1　祈りはもとからルカの福音書にあったものなのか。
2　それはだれのために捧げられたものか。
3　そこではどのような無知が思い描かれているのか。
4　祈りのベースにあるものを、同時代のユダヤ思想の中に見つけることができるのか。

ドーブはいちばんはじめの質問に答えていない。しかし、それぞれの伝承がもたらした解答の困難さについては説明している。第二の質問に関してドーブはふたつの選択肢を用意した。イエスの祈りはローマ人に対して向けられたものなのか、あるいはユダヤ人に対して向けられたものなのか。もしそれがローマ人だというのなら、それはローマ人たちが福音を知らなかった、したがって重要な情報に欠けていたということになる。一方、それがユダヤ人となると、彼らは福音の持つ潜在的な重要性を見ていなかった。そして、たとえ彼らがそれを知っていたとしても、理解することができなかったということになる。ドーブはここでソクラテスの考えにわれわれの注意を向ける。それは、自分自身についての無知からくる悪を除けば、人は何ひとつ悪を犯すことにはならないというものだった。つまりそれは、世界の中で自分の占める位置に対する無知、あるいは最終的な「善」（善のイデア）に対する無知だ。ドーブがいうには、ユダヤの律法は理解の欠如に基づいた行為に対しては、いっさい大目に見ることはないという。が、ここでドーブは驚くべき一節を持ち出してくる。ユダヤの慣習の例外である。

イスラエルの人々の共同体全体の罪およびあなたたちのもとに寄留する者の罪は、こうして赦される。これは過失（無知）が民全体に及ぶ場合である（民数記一五・二六）。

モーセ五書の中では、この章句も情報の欠如からくる無知という意味にとられていた。が、紀元一世紀に活躍したエリエゼル・ベン・ヤイール（六六―七三年、マサダの要塞に立てこもりローマ軍に抵抗したユダヤ反乱軍の総師）は、この章句の中に次のような意味を読みとった。つまり、無遠慮で不注意な罪でさえ深い意味では自分で知らなかった罪、自分で気がつかなかった罪と同等に神によって扱われるということ。[44]ユダヤ教の古い資料の中に「バーライター」があるが、この中でモーセは、神に次のようなことを願い出て仲裁役をしている。意識的な罪を無意識の罪と同じように扱ってほしいと願い出たのである。ここにはたしかに、ヘブライ人の手紙五・二のテクストが意図しているものと似通ったものがある。ヘブライ人の手紙には、「大祭司は、自分自身も弱さを身にまとっているので、無知な人、迷っている人を思いやることができるのです」と書いてあった。ドーブは次のような言葉で結論を述べている。「エリエゼル・ベン・ヤイールが示した原則、そしてモーセが堕落した人々のために行った調停（このことについてはラビたちも理解していた）などを考慮に入れると、ルカの二三・三四がユダヤ人に向けた祈りであり、そこにはユダヤの背景が十分に感じられるという可能性もあながち否定するわけにはいかない」[45]。贖いの日につねに読まれる書物としてヨナ書を挙げることができる。ヨナ書の最後で「十二万人以上の右も左もわきまえぬ人間」という言葉が出てくるが、これはあきらかに同じ問題を取り扱ったものだろう。新約聖書の中にも、無知を酌量の条件と見なす言及がおびただしい数見い出される。(47)

ダーフィト・フルッサーはまた、この章句にさらに委曲を尽くした観察を行い、この言葉がどのように解釈されてきたのか、その歴史を追った。ドーブとフルッサーはあきらかに同じ質問を分け持っている。が、フルッサーはドーブの仕事にはいっさい言及していない。(48) 質問は次のようなものだ。イエスの懇願の中に、はたしてユダヤ人は含まれているのか。あるいはそれはローマ人だけに向けられたものなのか。

フルッサーは冷ややかに、第一回十字軍への言及から論をはじめている。十字軍の遠征中に、ドイツで繁栄を謳歌していたユダヤ人の共同体が十字軍の攻撃を受け、住居が破壊された上、多くのユダヤ人が信仰の名のもとに殺戮された。ラビのシェロモ・ベン・シムションはこの大量虐殺について書いた中で、次のような言葉を十字軍の指導者のものだとしている。

お前たちユダヤ人はわれわれの主を十字架につけて殺した。イエスは最後にいった。「私の子孫がやってくる、そして、私の血の復讐をする日がやがてくるだろう」。われわれはイエスの子孫である。したがって、イエスのためにお前たちへ復讐をするのはわれわれの義務なのだ。お前たちはイエスに背き、従うことをしなかったのだから当然だ。イエスがお前たちに良きことをされたにもかかわらず、お前たちの神は、お前たちの間にわずかな感謝の心すら見い出すことができなかった。それもこれも、お前たちがイエスを邪慳に取り扱ったためなのだ。そのためにイエスはお前たちのことなど忘れてしまわれた。もはやお前たちのことなど愛してはおられぬ。それもこれもお前たちが横柄で融通のきかないやからだからだ。イエスはお前たちを退けてこられた。そしてイエスは、われわれに光を与えてくださり、われわれをイエスのもとへと呼び寄せてくださったのだ[49]。

十字軍がイエスの言葉だとしているものは、あきらかに作りものだとフルッサーはいっている。彼はムスナーの次のような言葉を引用する。ムスナーによれば、イエスが十字架の上で彼に敵対する者について祈りを捧げたことをわれわれはけっして忘れるべきではないという。そしてフルッサーは次のように問いかける。「神が自分の息子の祈りに答えなかった、などということがはたしてあるのだろうか[50]」。イエスがユダヤ人のために祈ったとルカが信じた可能性は、十分ありうるとフルッサーは考えている。それは聖人伝の重要なモチーフでもあるからだ。殉教者は彼女や彼を殺しつつある者のために祈りを捧げる。ルカ二二・三七とそこで暗示されている「その人は犯罪人の一人に数えられた」という言葉は、われわれにイザヤ書五三・一二の「彼が自らをなげうち、死んで／罪人のひとりに数えられたからだ。／多くの人の過ちを担い／背いた者のために取り成しをしたのは／この人であった」というフレーズを思い起こさせる。だが、より重要なのは何といっても祈りの中身である。イエスは彼を迫害する者のために祈った。同じような出来事は使徒言行録七・六〇のステファノの殉教を述べたくだりで起こっている。『主（イエス）よ、この罪を彼らに負わせないでください』。と大声で叫んだ。ステファノはこう言って、眠りについた」。もし十字架上のイエスが彼の敵のために祈ったというのなら、それは彼が弟子たちに教えたことを単に実行したにすぎないのかもしれない。使徒言行録のパウロとイエスの言葉は似ている。あきらかにその言葉は同じユダヤのルーツから引き出されてきたものにちがいない[51]。

そこでフルッサーは次のように結論づける。「ふたりの言葉が由来するところはおそらく、あなたを憎む敵を愛し、迫害する者のために祈れという、すべてを含んだ包括的な命令のようなものではなかったのか。たしかにこうした言葉は乱用される恐れがある。が、心理学的に見ても、やたらに使うことは難しい。それに何ひとつ障碍なしに用いられるものでもない」

この許容の段階を可能にしたのは、エッセネ派の影響をくぐり抜けたいくつかのユダヤ人の集団においてだった。ローマの使徒への手紙一二・八—一三・七が示しているのは、パウロが間接的にではあるが、キリスト教以前に書かれたエッセネ派の文書に依拠していたことだ。フルッサーは、ここに新たなユダヤのヒューマニズムが登場して、イエスの教えの基礎が形作られたといっている。

このようにエッセネ派の周辺で形成されたユダヤ人の集団では、敵を憎めというエッセネ派の教え（死海写本「宗規要覧」）が突破口を求めて、罪人や敵を愛せ、迫害者に祈りを捧げよという教えへと移行していったのだろう。ユダヤ人たちはエッセネ派の憎悪の神学から逃れて自由になったのだが、その際、すがりついて持ちこたえたのは、差別をすることなくすべての者を愛せよというラビの教えだった。フルッサーはユダヤ人の考えを知るための情報源としてディダケー（十二使徒の教訓。十二使徒の教えを示した二世紀初めのキリスト教の教義。作者未詳）や十二族長の遺訓を挙げている。

またフルッサーは、イエスの祈りがユダヤ人に向けられたものと見なされるようになった過程についても述べている。それは、ユダヤ人がイエスの死に対して責めを負うべき者と考えられたからである。[52] 許しの祈りはおそらく、ルカの写本のいくつかから取り除かれたのではないかとフルッサーは考えた。取り除いたのは初期教会の人々であり、ユダヤ人たちが自分でイエスにしたことを、ユダヤ人自身十分に知っていると彼らは思った。そのために彼らは、祈りの言葉をわざわざ福音書に入れるべきではないと判断したというのだ。

これに反して、この言葉はキリスト教徒の布教にとって、つまりはユダヤ人の改宗にとってはよい刺激となった。聖ヒエロニムスはイエスがエルサレムに示した深い愛情について語っている。その愛情はあまりに深く、イエスはエルサレムに涙して、エルサレムが平和を拒否していることを嘆き悲しんだ。彼は十字架に掛けられたときでさえ、「父よ、彼らをお赦しください。自分が何をしているのか知らないのです」といった。このイエスの祈りが達成されたとヒエロニムスは主張している。イエスは彼が求めたものを受け取ることができたというのだ。ただちに、何千という多くのユダヤ人がイエスの教えを信じた。そして彼らには四二年までの間、悔い改めの時が与えられた。

フルッサーは未刊の『主の受難物語』を引用して、このエッセイを終えている。その中で主イエスは、彼になされた悪事について考えることをしていない。そして上品に彼の敵に祈りを捧げている。が、彼は邪悪な意志によって彼に不利なことをする者たちに対しては、祈ることをしなかった。したがって、裏切り者のユダ、大祭司のカイアファ、それにピラトのためには祈ることをしていない。が、彼はユダヤ人や異邦人たちのために祈った。指導者たちによってあやまり導かれた人々、そして自分たちが何をしているのか知らない、だまされやすい人々のために祈ったとフルッサーはいうのである[53]。

## この章をまとめると

ルカはわれわれに、ユダ伝承の中にあったいくつかの要素を提供してくれる。それは新約聖書のどこを探しても見つけることのできないものだ。が、ルカがそれに施した形はユニークで彼独自のものだった。そしてそれは疑いもなく、彼自身が属していた共同体の意見に合わせて作られたものでもあった。今では、ルカで描かれたユダの行動を説明するには、どうしても超自然の要素が必要とされる。これは明らかなことだ。つまり、サタンがはじめてユダの行動に関わりを持つ者として登場してきた。ルカは夜の間中、ユダを最後の晩餐に席にとどめておいた。これもサタンの力が、信徒たちの中でももっとも内側の輪の中まで浸透できたことをルカは示したのだろう。それも信徒たちが彼らの主に出会ったときには、すでにサタンはこの輪の中に入り込んでいた。さらに、ルカの描いたユダはまったく後悔をしていない。したがって、みずから首を吊ることもなかった。それが自然の要因によるものか、あるいは神がもたらしたものか定かではないが、ともかくユダの生涯はアクシデントで突如終わりを告げる（「地面にまっさかさまに落ちて、体が真ん中から裂け、はらわたがみな出てしまいました」使徒言行録一・一八）[54]。しかし、ユダの突然死によって「ユダはわたしたちの仲間の一人であり、同じ任務を割り当てられていました」（一・一七）という事実が変わるわけではなかった。ルカの救世史解釈には、ユダに対するイエスの勝利が含まれている。それだけではない。悪に対する善の勝利、闇に対する光の勝利もまた含まれていた。とりわけはっきりとしているのは、イエスがサタンの主張を満足させるために死んだのではないということだ。「彼（イエス）は死を征服するために死ぬだろう。そして、死の力を持つサタンを滅ぼすだろう。彼は無抵抗な犠牲者として死ぬのではない。神の侵略者として死ぬだろう。……イエスの死は悲劇的なアクシデントではない。それはイエスの意志だった。イエスは難局に責任を感じていた。そして最後の戦いへと果敢に歩んでいった。最後の戦いでイエスは悪魔を倒し、神の王国をもたらすだろう」[55]。このようにして主の晩餐は、いわばイエスの勝利の宴と見なすことができたのである。

ルカが描いたサタン像の持つ、もうひとつの要素を考えてみることは必要だろう。ユダヤの資料では、サタンは密告者としばしば同一人となって登場する場面が見られる。そして、そんな状況では、天の玉座の前にサタンが神の子たちとともに現れても、それはさほど驚くべきことではなかった（ヨブ記一・六）。神はヨブをサタン（密告者）の手に渡して彼を試みている。ただし神は、サタンのできることにはっきりと限界を持たせていた（ヨブ記一・一二「それでは、彼［ヨブ］のものを一切、お前［サタン］のいいようにしてみるがよい。ただし彼には、手を出すな」）。次の局面になると、神はサタンにヨブを完全に引き渡してしまう。「それでは、彼をお前のいいようにするがよい。ただし、命だけは奪うな」（ヨブ記二・六）。こうして、密告者の役回りはサタンの役回りへと移行していった。[56]

さらに、もっとも重要なことは、おそらくルカがわれわれに魅惑的な証拠を提供してくれたことだろう。それはユダがユダヤ当局へいって、イエスがいかなる人物なのか大ぴらに告白したという証拠だ。あるいはおそらくさらにありうるのは、正式にイエスを告発したという証拠だ。しかもユダは、法廷に出てその告発について証言をする用意があった。それゆえにユダはまたわれわれに、別の証拠の性質について再考を促した。その証拠というのはユダに背信の罪ありと主張されている証拠だ。背信といっても最少に見て、彼の師であるイエスに対する裏切りの罪ありと判決を下した証拠である。

が、次のような疑問はなお残っている。それはイエスとユダとの間に何らかの疎隔があったとルカは見ていたのかどうか。そして結局のところ、ユダの行動は神の支配を助成することになったのか、それとも逆にそれをくつがえすことになったのかどうか。この点についていうと、ルカが福音書を書いたとき、ルカはまだ決定的な意見の表明ができなかったのかもしれない。彼がユダの行動を説明することができなかったことだけは確かだ。おそらく彼は、さらに古い伝承と接触のあったアラム語の資料から、いろいろな事実を引き出していたのかもしれない。当然、古い伝承はユダに対して敵意を持っていなかったわけだから。[57] われわれはここで、次のようなことだけは結論としていうことができそうだ。イエスを「裏切った」

（それはこの言葉のありふれた意味のままだ）悪漢としてユダを仕立て上げたいと思っている者はだれしも、ルカを証人として召喚することなどまず考えないだろう。そのための証言を求めて、人は他の者のところへいくにちがいない。

## 補遺・イエスの逮捕とユダの役割——大祭司の手下の耳

大祭司の手下の耳が切り取られるという場面は、四つの福音書のすべてに記録されている。マルコ一四・四七はこの出来事を、あたかも警察の報告書を書くように、小ぎれいにすっきりとわずかに一七語でまとめている。マタイ二六・五一—五四は二三語を使っているが、そのあとに教訓を四八語付け加えていた。ルカ二二・四九—五一では、物語自体が引き延ばされて、四八語となっている。これに訓戒部分がさらに四七語続いている。第四の福音書の説明（一八・一〇—一二）では五〇語が費やされていて、それのおよそ半分の言葉を使って訓戒が書かれていた。

この場面はわれわれのユダ研究にとっては重要である。それはこのシーンが、イエスの態度に強い光を当てているからだ。その態度とは、自分が「引き渡される」ことに対してイエスが見せた態度である。それが弟子のひとりの態度と好対照をなしている。剣を振るって相手の耳を切り落とした弟子のふるまいだ。イエスが引き渡されるときに、弟子たちはイエスを守るために行動したと報告されている。が、これはそう書くことで弟子たちを擁護しようとしたのかもしれない。たとえイエス自身は、彼らの行動をまったく受け入れがたいものと思っていたとしても。そして、「抜かれた剣がユダに向けられなかったことはきわめて重要なことかもしれない」[58]

イエスが神殿の境内から商人を追い出した事件は、四つの福音書がともに取り上げている。それと同じように、弟子が剣を振るった事件を四つの福音書がそろって記録しているという事実は、受難物語におけるこの事件の重要性を示していた。ヨハネは他の福音書では見られないような、重要で詳細な情報を加えている。たとえばそれは、剣で斬りつけた者の名前がペトロであること、また大祭司の手下の名前がマルコスであることなどを明かしている点だ。ヨハネとルカは、切り落とされた耳が右の耳だったという細かな情報を共有している。また、マルコとヨハネはそれが耳たぶだったといっている。切り取られたのが耳全体ではなく、単に耳たぶだったという点が学者たちによって注目された。そしてここでは、耳たぶ（オータリオン）という言葉が重要な意味を持つのではないかと主張されてきた。多く評釈者たちは、耳たぶを切ることが肉体を不具にするある種の象徴的な行為ではないかというのだ。手下は耳たぶを切り取られることにより、神殿で奉仕する資格を失う。ひいてはその上司である大祭司もまた同時に資格を喪失するというのである。

七十人訳聖書には、マルコとヨハネが使っていたオータリオン（耳たぶ）という言葉は出てこない。もっぱら使われているのはオーティオン（耳）である。が、耳たぶは奴隷を識別するために役に立った。終生主人に仕える選ばれた奴隷を識別するために、錐で穴を開けた肉体の部分が耳たぶだった（申命記一五・一七）。また、神が啓示を垂れるとき「主はサムエルの耳にこう告げておかれた」（サムエル記上九・一五）というのが標準的なやり方だった。が、それに対してサムエルが息子のヨナタンに何かを告げるときには[59]、単に「いう」という言葉が使われている。

サムエル記下七・二七では耳が宗教的な意味合いを持っていた。「万軍の主、イスラエルの神よ、あなたは僕（ダビデ）の耳を開き、『あなたのために家を建てる』と言われました」。さらに耳についていえば、旧約聖書でもっとも頻繁に使われた言葉はオータリオン（耳たぶ）ではなくウース（耳）だ（およそ二〇〇回ほど出てくる）。これと比較してみると、目（オプタルモス）はわずかに四回しか登場しない。[60]

耳の用語の使用法でわれわれの目的にとってもっとも重要なのは、祭司の耳に関連したものだ。そこでわれわれが目にするのが、アロンとその息子が祭司の聖別を受ける儀式の場面である。彼らは右の耳たぶに雄羊の血を塗られる（出エジプト記二九・二〇／レビ記八・二三）。また汚れた者（罪を犯した者）を清める儀式では、罪人が犠牲の捧げ物をしている間に、祭司が清めを受ける者の右の耳たぶに血と油を塗りつけた（レビ記一四・一四）。こうした一連の事項が示していることは、祭司が儀式を行う際には「右の耳」がとりわけ重要なものとされていたことだ。[61]

耳を切るという行為に含まれた意味が人を殺す試みではなく、人を不具にする試みだったという事実に最初に気づいたのは、あきらかにM・ロストフツェフだった。[62]マタイ二六・五二とヨハネ一八・一一はこの点については見逃しているようだが、ルカとマルコはその可能性を十分に認めていたようだ。

ここにはまたノルバート・クリーガーによって提案された興味深い問題もある。それはヨハネで述べられている「大祭司の手下」が実はユダ本人ではないかという。そしてヨハネだけが書いているマルコスという名も、その事実を曖昧にするためにヨハネが作り出した名前ではないかというのだ。[63]

しかし、もっとも重要な疑問は、この物語がそれぞれの福音書に対して演じた役割だろう。とりわけ共観福音書について、この主題の研究を深く進めたのはアルフレート・ズールだった。[64]ズールは、弟子たちのひとりが振るった剣の扱いを記す物語が、三つの福音書のそれぞれであきらかに識別のできる、そしてあきらかに違った機能を持っていると結論づけた。この物語が、それぞれの記者が掲げる福音書全体の目的の一部として機能している点についてもズールは述べている。彼はまたこの物語を、各福音書が描いたゲッセマネの出来事や、見捨てられ遺棄されたために、イエスの口から漏れ出た叫びなどとも結びつけている。ズールはこの中の出来事をひとつだけ取り出し、その切り口を開いてみせながら詳細な探究を試みた。それはイエスの祈りが、それぞれの受難物語の中で描かれた神とイエスの関係を、どのように明らかにしているかという問題である。彼の結論はこうだ。マルコが描いたイエスは、どこまでも沈黙を続ける神に見捨てられた存在だった。そしてそれと同時に、目を覚ましていることすらできない弟子たちによってもまた、イエスは見捨てられた存在だったという。つまりマルコの描くイエスは、死に臨んだ良き人というイメージにはほど遠い存在なのである。彼が神をもっとも必要としたときですら、神の不在を知らねばならぬ人としてマルコはイエスを提示した。物語が重要な進展を示すのは、イエスの逮捕を目指す一団が到着して、イエスが弟子たちにはじめて、みずからの悲しみを声に出して話しかけるときだった。「あなたがたはまだ眠っている。休んでいる。もうこれでいい。時が来た。人の子は罪人たちの手に引き渡される。立て、行こう。見よ、わたしを裏切る（引き渡す）者が来た」（マルコ一四・四一―四二）。たとえ神が遠くにいようとも、時はやってくる。そして今やイエスは何ひとつ迷いを見せることはなかった。

イエスのいることを認めるとユダは、イエスにキスで挨拶した。そしてラビ（先生）といって彼に話しかけた。さらに連れの一団に向かって命令を発する。「捕まえて、逃がさないように連れて行け」と。イエスはただちに捕らえられた。ここでマルコは次のように報告している。その場に居合わせた人々の中のひとりが、剣を抜いて大祭司の手下に打ってかかり、片方の耳を切り落とした。この出来事が何よりもはっきりと解明してみせたことは、弟子たちがイエスの使命をまったく理解していなかったことだ。これまでイエスのそばでさまざまなことを経験してきたにもかかわらず、弟子たちはイエスの言葉の要点をまったく理解していなかったようだ。イエスが罪深い人々の手に引き渡される必要があるということは、イエスがくりかえし彼らに語って聞かせていたことだったのだが。

耳を切る行為をした人物についてマルコは、それが弟子だと特定していない。が、他の三つの福音書ではその実行者を弟子だとしている。行為はもっとも急迫した局面で行われたもっとも重大な行動だった。がマルコは、この行為がイエスから呼び起こした反応を何ひとつ記録していない。そのかわりにイエスは、逮捕にきた一団に話しかけて驚きをあらわにする。毎日神殿で教えを垂れているのに、彼らはそのときにはやってこない。それでいながら今になって、剣や棒を携え、あたかも強盗にでも立ち向かうかのようにしてやってきた。そのことにイエスは驚いたのである。が、すでに時はきていた。イエスはもはや逮捕の理由や手順などについて彼らと議論を交わすことはしなかった。そのかわりにイエスは、神の意志を遂行することにひたすら心を傾けた。「これは聖書の言葉が実現するためである」と彼はいう。そしてマルコではこの言葉が、ナザレのイエスが弟子たちに投げかけた最後の言葉となった。それでは、弟子たちはどうしたのか。「弟子たちは皆、イエスを見捨てて逃げてしまった」（マルコ一四・五〇）。人々が捕らえようとすると、ひとりの若者が着ていた亜麻布を脱ぎ捨てて、「裸で逃げてしまった」（マルコ一四・五一―五二）。ここで概していえることは、ゲッセマネで遭遇した大きな危険は弟子たちにとって大いなる誉れを示す場とはならず、面目を施すことさえできなかったということだ。

ズールは次のように述べている。マタイでは、マルコで描かれたような、ゲッセマネの場面で祈りを捧げながら神へ嘆願しているイエスの姿は見られないという。この点はマルコと違っている。ズールはふたつの福音書の差異を、「父よ、あなたは何でもおできになります。この杯をわたしから取りのけてください」（マルコ一四・三六）と「父よ、できることなら、この杯をわたしから過ぎ去らせてください」（マタイ二六・三九）のふたつの言葉を並べることにより示した。マルコの命令形はマタイでは「『わたしから過ぎ去らせてください』という敬意に満ちた間接的ないい方に変えられている。つまりマタイではははじめから、神への服従というテーマが、嘆願しているときでさえ突出して、顕著に目立つように描かれている」。[66] マタイの描いたイエスは、救済という神の意志への洞察と確認に向けて、一歩一歩近づいていくイエスだった。そしてその神の意志は、人の子を媒介としてはじめてなしとげることのできるものだったのである。これがわれわれに思い出させるのは、正しいことをすべて行うことが、われわれにはふさわしいとしたイエスの言葉だ（マタイ三・一五）。イエスは彼自身、その正義を聖書の言葉の実現という神の要請に従うことで実行しようとした（マタイ二六・五四）。そしてそれはまた、夢の中で苦しめられたピラトの妻が、イエスは正しい人だと宣言する記述へとつながっていった（マタイ二七・一九）。

イエスが神に近づくにつれて、また、イエスがより深く神の意志へ関わっていくにつれて、ますます彼は弟子たちから遠ざかっていくことになる。マルコにくらべるとマタイでは、はるかにイエスが弟子に近い存在として描かれていた。そのために、イエスが弟子たちから離れていく姿はさらに印象的だ。ゲッセマネで、イエスが祈りを捧げる場面が解き明かしているのもそのことだった。イエスは弟子たちのすべてに向かって「わたしが向こうへ行って祈っている間、ここに座っていなさい」（二六・三六）といい、さらに、三人の弟子だけをいっしょに連れていき、彼らにも「ここを離れず、わたしと共に目を覚ましていなさい」という（二六・三八）。さらにイエスは「少し進んで行って」、ひとりで祈りを捧げた（二六・三九）。四二節と最後の四四節でイエスの出発を述べるギリシア語の動詞は、そこに含意された離別の意味合いを強調しているし、それはまた、弟子たちが目を覚ましていないのを知って、イエスが抱く深い孤独感をも表現している。[67] マルコはイエスを、神と弟子たちというふたつの沈黙する壁の間に置いた。そして、その間で揺れ動くがままの状態にした。マタイはそれに対して、すべての弟子たちを寝ぼけた状態に描いている。弟子たちの行為が、いわばイエスの神への服従を引き立てる役目を果たしていた。マルコではイエスは祈る。苦しみの時が自分から過ぎ去るようにと（マルコ一四・三五）。が、マタイではすでに時が近づいていた。そして彼は、この杯を私から過ぎ去らせてくださいとだけ神に祈っている（マタイ二六・三九）。

さらにその上マルコでは、イエスはエルサレムで死ぬことをほのめかしているのだが、この点に関しては、その示唆がゲッセマネの園まで持ち越されることはなかった。が、マタイでは弟子たちに最後の話をしたあとで、イエスはみずから受難の出来事に対して「スタートの合図」を送っている。(68) イエスは弟子たちに次のようにいっているからだ。「あなたがたも知っているとおり、二日後は過越祭である。人の子は、十字架につけられるために引き渡される」（マタイ二六・一―二）。それは祭司長たちがイエスを捕らえる相談をしていた直後のことだった。

マタイが描いた、弟子のひとりが剣で耳を切り落とす事件には注目すべき特徴がある。それはこの出来事が、群衆へ教えを垂れる機会をイエスに与えたことだ。「そのとき、群衆に言われた」という決まり文句は、この場面に権威ある雰囲気をもたらすことになった。イエスは群衆に、棒と剣は自分にはふさわしくないことを思い起こさせた。そして、イエスが神殿で教えを垂れていたにもかかわらず、ユダヤ当局はイエスをうるさがることさえしなかったという。さらに、彼が聞き手の群衆に思い出させたのは、逮捕と捕縛が順序正しく行われたことだ。それは、預言者たちの書いていたことが実現するためだったことを群衆に教えた（マタイ二六・五六）。が、ここで見られるアイロニーは、すでにイエスが捕らわれの身となっていたことだ（マタイ二六・五〇）。それにこのときにはもはや「弟子たちは皆、イエスを見捨てて逃げてしまっ」ている（マタイ二六・五六）。しかし、マタイにとって必要だったのは、何としても聖書の言葉が実現されることである。それは、人の子が罪人たちへ「引き渡される」という神の意図したプロセスへ、イエスをぶじに乗せることだった。したがって、福音書のどこを探しても、イエスを神殿当局へ「引き渡す」というユダの役割について言及している箇所はなかった。

マタイはここで、他の福音書では使われなかった方法をとる。それは、この機会を利用して、暴力が人の子にはふさわしくないやり方であることを納得させるという手法だ。イエスは暴力を拒否することで、聖書が正しく実現されるようにしようとした。そして、この逮捕の場面においても、宣教をはじめた当初にイエスが教えたときと同じ言葉で、悪に対峙し続けている（マタイ一二・一四―一二）。イエスはもちろん、神に頼んで軍団を呼ぶこともできた。が、彼はそれをしなかった。ズールは的確に次のようにコメントしている。「イエスは対抗勢力に対して、暴力で立ち向かうことを拒否するという賞賛すべきやり方に終始した。それは根本的に暴力はやめるという、イエスが山上の垂訓で共同体に示した教えと矛盾するものではなかった。暴力は最終的には、愛による暴力からの回避という手段に打ち勝つことなどできないからだ」[69]

同じような意志表示はルカの物語でも見られる。ルカでもイエスはまた、逮捕の間中、捕らわれの身となった姿で描かれている。この段階でイエスの弟子たちが、剣を使ってよいかとイエスに許可を求める（ルカ二二・四九）。が、イエスの返事を待つまでもなく、弟子のひとりが剣を抜いて斬りかかった。イエスは耳を切り落とされた者の耳に触れて、それを癒したばかりではない。剣を使った者に対して「やめなさい。もうそれでよい」（ルカ二二・五一）といって厳しく非難をした。そしてイエスは、すでに今は闇の支配する時で、闇がみずからを主張する時だという。ルカにとってイエスの逮捕は、剣を振り回した事件も含めて、光の王国と闇の王国の間に横たわる差異を、くっきりと強調してみせることのできる絶好の機会だった。そしてそれはまたルカにとって、イエスが神の意志に従って生きることをどれくらい十分に準備していたかを示す機会でもあった。

　ヨハネではこの物語はずっと短く記されている。が、そこでもまた同じ点が解明されていた。ヨハネで特徴的なのは、剣を振るった人物がペトロであると特定している点だ。しかし、イエスはペトロを非難して次のようにいっている。「剣をさやに納めなさい。父がお与えになった杯は、飲むべきではないか」（ヨハネ一八・一一）。他の福音書と同じように、ヨハネがこの物語で示したかったのは、逮捕のとき、すでにイエスは杯を飲み干すことをはっきりと決意していたということだ。自分が運命に従って進んで行く道を妨げられることはイエスにとって、それが何によるものであっても、また、たとえそこにどんな理由があろうとも許されることではなかった。神の道具として、人の子を罪人たちの手に引き渡す役割をしたのは、他ならぬユダだったのではないだろうか。たとえ彼の行動にいかなる曖昧さが付与されていようと、この事実だけは変わらない。重大な時期にイエスを助けて、イエスが選んだ運命へと彼を送り届けることで、イエスが神の計画を遂行することを手助けをしたのは、まさしくユダだったのである。

# 8　第四福音書（ヨハネ）

ヨハネには欠点があった。……彼はけっして繊細で、愛情に満ちた愛の信奉者ではなかった。……彼は博愛についてしばしば語り、それを深く理解していていた。が、それはおそらく、自分自身がそれを身につけていなかったという事実のおかげだろう。すくなくとも親切という思いやりは彼にはなかった。……人間的な見地からいえば、彼はユダを毒薬のごとく忌み嫌っていたにちがいない。

——R・グァルディーニ(1)

他の三つの福音書と同じように第四福音書もまた、この一〇年というもの多くの研究のテーマとなってきた。この福音書の中でわれわれに示されているユダ像を、もっとも信頼できるものとして受け取ることはもはや不可能になった。他の福音書が指し示すものに対するわれわれの理解を、改めて変更させる力はすでにこの福音書にはない。そこにはたしかにレイモンド・ブラウンのように、第四福音書の提示する証拠を大まじめに受け入れようとしたり、ユダについての歴史的な審判をするときにも、なおヨハネにいくつかの点で頼ろうとする人もいるにはいるが。ブラウンがヨハネについて書いた二巻に及ぶ著作では、ユダに関する言及も数多くなされている。基本的にブラウンは、ユダの行ったことを「裏切り」という邪悪な行為として受けとめている。そして彼は次のような考えをほのめかせている。イエスにマリアが香油を塗ったことに対して、ユダが金のむだ遣いだと抗議した事件については、もとになったオリジナルの出来事を、ヨハネがはじめて取り上げたのではないかという。ブラウンはまた次のようにも考えた。「この思い出が共観福音書の伝承では失われてしまった。本物の歴史的な断片が失われてしまった。……したがって、マリアとユダという登場人物がもともと物語の一部をなしていたものが、そののちに共観福音書の伝承の中で彼らの名前が消えてしまったのである」(2)

ブラウンはもっとも最近の著作の中で、われわれに警告を発している。それは、ヨハネの話の運びのうまさについて、「あまたの懐疑論」が持ち出されているが、これをたとえわれわれに確信が持てないからといって、すんなりと正当化できるものではない。実際、ブラウンは大胆にも、共観福音書が語る塗油の物語の中に、ユダがお金の浪費に不平をもらしたというヨハネの観察を導入している。「これを確認したユダは（おそらく、マリアの浪費を大目に見たイエスに対する強い拒否の感情もいくぶんかはあったのであろう）……祭司長たちのもとへといき、イエスを引き渡すことを申し出て、彼らのたくらみを助けた。これこそ、それと交換に銀貨をせしめたユダの裏切りといわれている行為だった」(3)

第四福音書についていえば、概して今まで行われてきた努力は、その内容が本当かどうかを審判することよりも、むしろ初期のキリスト教においてこの福音書がどのような位置を占めていたかを確認する試みだった。(4) したがって、ヨハネが描いたユダ像を取り扱うことはたやすいことではない。あまりにも多くの面で、この福音書はマルコやその他の福音書と異なっているからだ。厳密に方法論的な観点からいうと、私は第四福音書に、共観福音書と同じような歴史的な信頼性を求めることはできないと思う。とりわけマルコといっしょにすることはできない。換言すると、四つの福音書をすべてひとつにして、カール・バルトがしたように、ユダについて新約聖書がもたらす教えというものに帰着してしまうのは、われわれのとるべき道ではないだろう。(5)

もちろん、ヨハネが与えてくれた情報の中には真実の音色を持つものもある。おそらくそれを歴史的な事実と考えてよいものさえある。たとえばユダが弟子たちの財布を預かっていたというヨハネの記述だ（一二・六／一三・二九）。これはきわめて真実のように思われるが、ヨハネの解釈や説明の中には、とても歴史的事実として受け取れないものもある。それはたとえば、ユダが共同体のお金をくすねていたというヨハネの申し立てだ（一二・六）。第一に、このような行為を証明するものが他には何もない。もしその事実が一般に知られたものだったとしたら、他の福音書のどれかに、それをうかがわせる記事が出ていてもよさそうなものだ。それにまた、イエスの弟子たちのように親密なグループが、不注意にユダを会計係に選ぶというのも考えにくい。さらにはグループが、少なくとも自分たちが選出した会計係を周期的にチェックしないというのも想像しがたい。また、グループの限られたお金を使い込んだ人物を、弟子たちがただがまんをして見逃していたというのもちょっと考えられない話だ。こんなふうに用心深い、慎重な解釈者としてC・K・バレットは、「ユダの性格や動機を心理学的に再構築することを試みても、これはあまり有益なことではない」と読者を納得させながら、次のようなことを認めている。つまり、ユダを泥棒として非難することによってヨハネは、すでに一枚のユダの絵を「作り上げ」つつあるのではないか。そして、ここでヨハネが行ったのは「おそらく、伝承の形で徐々に進められてきたユダに汚名を着せる行為を、改めて文章にして表現したということではないのだろうか(6)」とバレットは結論づけていた。

ユダに対する軽信の傾向がさらに強まったのは、十二人のひとりであるユダが、イエスの宣教の当初からすでに「悪魔」に魅入られていたとヨハネが主張したときである（ヨハネ六・七〇）。それは非常に厳しい非難だったために、そこから何を理解すればよいのか、その決断を下すことは生やさしいことではなかった。もっともありうべき説明としては、ヨハネがユダヤ人たちに、イエスがメシア（救世主）であることと、そのためにユダの正体を知っていたことを納得させようとしたというものだった。ヨハネは、ある論拠に対して反撃を試みようとしていた。これはのちにローマの著述家ケルスス（紀元一世紀頃のローマの著述家。洗練されたラテン語で書かれた医学書によって知られる）によって、キリスト教徒たちに対する攻撃の中で使われたものだ。一七七年のアウレリウス帝によるキリスト教徒迫害で、多くの教徒が殉教した直後にケルススは書いている。その中で彼は、ユダヤ人がイエスを神として認めていない事実を重視した。ユダヤ人の書いたものがケルススによって引用されている。それは以下の通り。

その男はわれわれが報告を受けている通り、自分が宣言したことを何ひとつ実行しなかった、そんな男をわれわれはどのようにして神として受け入れることができるのだろう。男に反証をつきつけて糾弾し、彼を罰しようとしたときにでも、彼は身を隠し、逃れようとした。そして、男は恥ずべきやり方で捕らえられた。男が弟子と呼んでいた者に裏切られたのである。彼が本当に神だというのなら、逃げ出す必要もないし、捕縛されて連行されることもなかっただろう。とりわけ、仲間たちに見殺しにされ、見捨てられるような事態にはならなかったにちがいない。仲間たちは、男とすべてを分かち合い、彼を自分たちの師……救世主、至高の神の子であり、その使者だと考えていたのだから。(7)

ここで明らかなことは、ヨハネが何はさておき、まず神学者であったこと、そして二番目として、わずかに歴史的な関心を抱いていたことだ。これがマルコとなるとふたつはまったく順序が逆になる。が、ヨハネにはヨハネの言葉を話させるというのが、われわれに課せられた義務だった。ユダについていえば、新約聖書の記者の中でヨハネはもっとも多くを語っている。それだけではない。彼はユダに対してもっとも批判的だった。それではたして、ヨハネが正しいということもありうるのだろうか。たしかにわれわれは、彼の物語がまったく信じがたいといってそれを全面的に排除することはできない。ユダは、実際、ヨハネの中で描かれた通りの悪漢だったかもしれないからだ。あるいはヨハネが（または第四福音書の最終編纂者が、そして第四福音書を奉じる共同体が）ひとりの弟子を中傷し、けなす罪を犯していることも当然ありうる。

多くの人々にとってヨハネの福音書は、彼らの精神上の大いなる頼みの綱の役割を果たしている。それは過去の時代を通じてつねにそうだった。が、あまたの賞賛を得た彼のイエス解釈について、ここで今、検討を加えるわけにはいかない。ここではむしろわれわれは、ユダやユダヤ人について、ヨハネがもたらした評価に対して関心を持つべきだろう。さらには、キリスト教徒たちがユダヤ人に対して行動を起こしたそのやり方や、同じくキリスト教徒たちがユダに対して抱いた考え方などに、そして、それらに及ぼしたヨハネ福音書の影響についてもわれわれは関心を持つべきだ。

第四福音書の中でイスカリオテのユダに言及されているところは、全部で五カ所ある。

## ヨハネ六・六四―七一

[64]「しかし、あなたがたのうちには信じない者たちもいる。」イエスは最初から、信じない者たちがだれであるか、また、御自分を裏切る（引き渡す）者がだれであるかを知っておられたのである。[65]そして、言われた。「こういうわけで、わたしはあなたがたに、『父からお許しがなければ、だれもわたしのもとに来ることはできない』と行ったのだ。」

[66]このために、弟子たちの多くが離れ去り、もはやイエスと共に歩まなくなった。[67]そこで、イエスは十二人に、「あなたがたも離れて行きたいか」と言われた。[68]シモン・ペトロが答えた。「主よ、わたしたちはだれのところへ行きましょうか。あなたは永遠の命の言葉を持っておられます。[69]あなたこそ神の聖者であると、わたしたちは信じ、また知っています。」[70]すると、イエスは言われた。「あなたがた十二人は、わたしが選んだのではないか。ところが、その中の一人は悪魔だ。」[71]イスカリオテのシモンの子ユダのことを言われたのである。このユダは、十二人の一人でありながら、イエ

スを裏切ろう（引き渡そう）としていた。(8)

ユダの不信仰を叙した文が、イエスが宣教をはじめたかなり早い時期に挿入されているのはユニークだ。共観福音書もまたユダを、十二人の弟子を列挙する際に紹介しているが、ただそれはユダを「イエスを裏切った（引き渡した）男」としているだけだ。それにひきかえヨハネは、ここでユダを紹介しているのだが、それはイエスがすでに次の事実を知っていることを示したいがためだった。その事実とは、イエスが十二人の弟子を選んだのだが、彼らの内のひとりが「信じない者」に属しているということだ。つまり、イエスはおそらくはじめからそのことを知っていた（六・六四）。さらに深刻なことには、ヨハネが「その中のひとりは悪魔だ」（七〇節）だといっている。のちに、「ユダヤ人たち」について、イエスは彼らが「悪魔である父から出た者」（八・四四）といった。同じ記者（ヨハネ）はヨハネの手紙一ではっきりと、悪魔の子たちは、正しい生活をしない者たちだと言明している（ヨハネの手紙一、三・一〇）。それは兄弟を殺したカインのような人々のことだ（ヨハネの手紙一、三・一二）。つまり、簡単にいうとそれは「罪を犯す者は悪魔に属します」（ヨハネの手紙一、三・八）ということになるのだろう。

ヨハネが主張したかったのは、イエスがすべてを承知していたということだった。「イエスは最初から、信じない者たちがだれであるか、また、御自分を裏切る（引き渡す）者がだれであるかを知っておられた」（六・六四）。(9) ルカはサタンがユダの中に入ったのは、イエスの生涯の最後の週だったといっている（ただしそれは最後の晩餐の前だ［二二・三］）。が、ヨハネでは、イエスがきっぱりと「その中の一人は悪魔（ディアボロス）だ」という（六・七〇）。ヨハネの説明によるとそれは、「イスカリオテのシモンの子ユダのことを言われた」のだという。ユダが主の手からパン切れを受け取ると、「サタンが彼の中に入った」（ヨ

ハネ一三・二七）

サタンに関しては、マタイとマルコによく似た平行句がある。ペトロがイエスに向かって諌める場面だ。ペトロはイエスに苦しみの道へ向かうのをやめるべきだという。それに対してイエスは、激しい口調でペトロを叱りつける（マタイ一六・二三／マルコ八・三三）。ここで使われているギリシア語はかなり印象的だ。「イエスは振り向いてペトロに言われた。『サタン、引き下がれ。あなたはわたしの邪魔をする者。[10]神のことを思わず、人間のことを思っている』」（マタイ一六・二三）

マルコではこの会話の内の数語が削除されている。が、鋭い「非難をする」（エピティマオ）という言葉はそのまま残されていて、ペトロがしたこととイエスがしたことの両方に使われていた。またペトロがイエスにいったことをわれわれに伝える代わりに、マルコでは「イエスは振り返って、弟子たちを見ながら、ペトロを叱って言われた。『サタン、引き下がれ。……』」（マルコ八・三三）という言葉が続く。これほどまでに激しくペトロが非難される場面は、新約聖書中でもこの箇所だけである。ヨハネには他の福音書にくらべて、ペトロをいちだんと立派な人物に描きたいという気持ちがあった。そこでヨハネは、この物語に反ユダの視点を持ち込もうとしたという可能性はないのだろうか。つまりマルコやマタイで、もともとはペトロに話しかけるときに使われていた言葉が、ヨハネによって取り去られて、今度はそれがユダに使われたという可能性だ。ヨハネが福音書を書いたのは紀元九〇年頃といわれているが、その頃になると、すでにユダは完全に中傷の対象となっていた。そのために、ヨハネが行ったすり替え行為にリスクが伴うことはなかった。ユダに対して特別の偏愛を示しているわけではないヘングステンベルクも、次の点については認めている。それはヨハネ六・六四―七一の出来事と「完全に類似している」のが、マルコとマタイの中でイエスがペトロをサタンと呼んだ出来事だという点である。「そこではまたペトロも、悪魔のような人間、つまり人間の姿をした悪魔だった」[11]。非難の鋭さと、そこで使われた言葉からして、マルコの記述が本物の伝承であることはほとんど確実だろう。

ルカにも同じようにペトロを巻き込んだ事件が描かれている。イエスにとって、サタンの実在性は確かなものだった。そのために彼はペトロに警告するのに何のためらいも感じなかった。イエスはサタンがペトロを探している、そして、ペトロは小麦のようにふるいにかけられるだろうといって用心させた（ルカ二二・三一）。たしかにイエスは知っていた。悪魔の力が罠にかけようとしてねらっていることを。したがって、所定の行為はつねに神によるものか、サタンによるものか、かならずそのどちらかだということをイエスは承知していた。しかし、ルカはペトロを擁護している。もちろんペトロが三度にわたってイエスを知らないといったことは記録し（ルカ二二・五五―六二）、他の三つの福音書と歩調を合わせてはいるが。

## 福音書に登場するサタンと悪魔

悪魔とサタンが福音書記者たちによってどのように見られていたのか、その見方について、ここで少し触れておくことは問題をバランスの取れた見方で見直すための一助となるかもしれない。というのも、とりわけ現代の精神医学では、人間の行為を説明する際、これとよく似た言葉を使うことに興味を見せているからだ[12]。

ヘブライ語の聖書ではダビデの人口調査が、ある歴代記作者によるとサタンのせいにされているが（歴代誌上二一―一）、別の作者によるとそれは神がさせたものだという（サムエル記下二四―一）。いずれにしても人口調査という行為は、神がダビデを懲らしめるための罰と見られていた。ヨハネ黙示録でも同じような使い方がされている。それは悪魔とサタンが告発する者として、天から地上に投げ落とされていた（ヨハネ黙示録一二―九）。われわれはサタン（ホ・サタナス）と悪魔（ホ・ディアボロス）が、四つの福音書の中ではつねに、冠詞をともなって現れてくることに気がついている。ヨハネでは冠詞を削除しているケースがあるが、この場合でも暗に意味しているのは「その中の一人は悪魔」（六・七〇）という意味だ。が、この言葉は、新約聖書の後期の文書では複数形でも使われている（テモテへの手紙二、三・三／テトスへの手紙二・三）。

サタンや悪魔について、ユダヤ人はどんな考えを持っていたのだろうか。この点に関して彼らの考え方は、ディアボロス（悪魔＝サタン）が悪の個人的な代行者であるところまではまだ明確化されていなかった。悪の代行者、すなわちベルゼブルだ。クムランの人々が好んで使う言葉でいうとベリアルである。ベリアルは新約聖書にもわずかに一度だけだが登場する（コリントの信徒への手紙二、六・一五）。さて、ここで断言できることは、人間がサタンや悪魔の力にやすやすと支配されてしまうことだ。実際、イエスの仕事のもっとも大きなもののひとつは、人々を清めることにより、彼らに取り憑いた不浄な悪霊や悪魔を人々から解き放つことだった。福音書では悪魔の憑依がつねに、キリストの支配力に屈服するものとして描かれていた。したがって、悪魔に取り憑かれた状態はまったく絶望的ということではなかった。キリストの力はまさにこうした人々に対して有益に働いたのである。

ルカやヨハネによってユダに付せられた、サタンという言葉の用法を理解する上で非常に重要なことは、その言葉が早い段階では必ずしも悪魔や悪魔に取り憑かれた者という意味を持っていなかったことだ。むしろヘブライ語の聖書で一般に使われていた言葉は、ずっと広い意味を持つものだった。旧約聖書では告発する者（悪魔）が神の子たちの間に現れ（ヨブ記一）、神の僕《しもべ》（ヨブ）に試練を課していた。ペトロにしてもユダにしても、他のすべての弟子たちと同じで、神の意志にそぐわない目的に目を向けている、いわば人間の姿をした道具のようなものだ。それだけに彼らは無防備で攻撃されやすい。ヨハネはユダの行為をその結果によって判断した。したがってヨハネの見方では、ユダの行為を悪魔のせいにする以外には選択肢がなかったのである。それはちょうど、「ユダヤの人々」のすることを彼らの父である悪魔のせいにしたのと同じだった（八・四四）。現にヨハネはまた、ユダとユダヤ人、つまりユダヤの人々を「信じない者たち」として、ひとまとめにしてしまっている（六・六四）[13]。

もしヨハネが、ヘブライ語の聖書のやり方にならっていたらどうだったのだろう。彼はイエスにいわせていたかもしれない。ダビデがされたように、ユダは神と悪魔の両方から扇動されたにちがいないと[14]。しかもこの文脈でいけば、ヨハネはユダをただ悪魔としてだけ見ることはしなかっただろうし、回復の見込みのない済度しがたい人物と見なすこともなかっただろう。もしかするとヨハネは、イエスが軽い気持ちでいった言葉をそのまま記したのかもしれない。つまりヨハネは、ディアボロスを「悪魔」という意味で使ったのではないのかもしれない。それが証拠に少しあとでは、一三・二、二七でヨハネはあきらかにユダを悪魔と区別している（ユダと悪魔は別物とされていた）。そこでは悪魔がユダに影響を及ぼし、彼の中へと入り込んでいるからだ。したがって、ヨハネ六・七〇でイエスがいおうとしたのは、ユダが法律上の意味でいう「訴訟当事者」だったのかもしれない。そしてユダはイエスの右側にいて、証言を述べる者と想定されていたのかもしれない。それはちょうどヨブ記一やゼカリア書三・一でディアボロス（悪魔＝サタン）がしたようにだ（「主は、主の御使いの前に立つ大祭司ヨシュアと、その右に立って彼を訴えようとしているサタンをわたしに示された」ゼカリヤ書三・一）。ディアボロスの役割は詩編一〇八・七（七十人訳聖書では詩編一〇八・六）で示されていることに限定される（「あなたの愛する人々が助け出されるように、右の御手でお救いください」)。ゼカリア書ではディアボロスが大祭司のライバルとして右側に立ったいる。が、詩編とゼカリア書ではともに場面は法廷である。これはヨハネ六・七〇でもいえることで、イエスは法廷に立つユダを予言したのではないだろうか。ユダはやがて「大いなる信頼を担う場所に立つことになるだろう。それは被告の右側だ(15)」。たしかにヨハネが、逮捕の場面でユダを立たせたのがまさしくそういう場所だった。ユダは「彼ら」とともに立っていた。が、それは、彼らがイエスの敵だというのなら、ユダはイエスの教えを十分に理解していたということかもしれない。イエスとユダとの意見の一致は、敵を憎み、あるいは殺すことではなかったからだ。

ディアボロスを悪魔ではなく、訴訟当事者と見立てる読み方でヨハネの描いたイエス逮捕の場面を読むと、その結末部分がある意味を持ってくる。「そこで、イエスが『だれを捜しているのか』と重ねてお尋ねになると、彼らは『ナザレのイエスだ』と言った。すると、イエスは言われた。『「わたしである」と言ったではないか。わたしを捜しているのなら、この人々は去らせなさい。』それは『あなたが与えてくださった人を、わたしは一人も失いませんでした』と言われたイエスの言葉が実現するためであった」(ヨハネ一八・七—九)。が、はたしてユダはこのグループ(『あなたが与えてくださった人』)に含まれているのだろうか。もし含まれていないのなら、ヨハネは、彼が一七・一二を編集したときにくらべると、いささか不注意だったといえるのではないだろうか(「わたしは彼らと一緒にいる間、あなたが与えてくださった御名によって彼らを守りました。わたしが保護したので、滅びの子のほかは、だれも滅びませんでした。聖書が実現するためです」ヨハネ一七・一二)。つまり、ヨハネがあらかじめ想定していたようには、しっかりとユダの運命が見定められていなかった可能性が出てくるのではないだろうか。さて、ではこれをわれわれはどのように解釈すればいいのだろう。そのよりよい解法としては、ヨハネを文学的な芸術家と見なすことかもしれない。つまり彼は、よいドラマを作る必要に迫られれば、それに応じた形にユダの性格をいかようにでも処理してしまう。ヨハネの六章でも弟子たちが、イエスを「神の聖者」であると信じ、それを目撃した者として描かれていた。

ヨハネは、人々がイエスに対して示した反応を実にいきいきと描いていた。そこにはイエスが指し示した光に向かって心を開いた人々もいれば（サマリアの女のように）、それに反感を持つ者もいた。ユダヤの人々と呼ばれている者たちだ。また、ニコデモ（ファリサイ人でユダヤ人議会の議員。イエスを敬慕し支持した）のように態度を未決定にする人もいた。イエスの弟子たちがいたのもこの灰色の領域だった。そしてたしかに、十二人は「福音書記者（ヨハネ）の目から見ると、まったく権威というもののない人々」だった[16]。が、それでもヨハネにとってユダは、「最もあくどく、もっとも腹黒い不忠実な者のサンプル」として現れた[17]。そこには結論の二重性もない。というのもヨハネの見方からすると、ユダはイエスによって裏切り者として選ばれたのであり、彼は「神の決定にしたがって」「破滅の子」となったからである。「神の前では、人間の心など小川のようなものでいかようにでもなるというのだ」[18]

イエスとユダヤのリーダーたちとの関係を、福音書記者たちは徐々に、典型的な争いと見なすようになっていった。彼らがそうなるにつれて、第四福音書におけるユダの役割は、自分の居場所を代え、他の場所へと移った者として見られるようになる。移った先でユダはサタンの指揮のもとに戦った。その結果作者たちは、とりわけユダの行動に対して新たな動機を見つけては、それを発展させることに熟達していった。やがて、ユダに想定されていた動機が、今度は共同体を離脱し異端者となったすべての者たちに押しつけられるようになった[19]。

さて、ここで起きた出来事については、別のアプローチの仕方もある。ユダの視点からこれを眺めると次のようなことを思い浮かべることができる。ユダは実現つつある神の王国の絵に思いを巡らせていたのだろう。が、とりわけ気がかりだったのは、イエスとユダヤ人指導層との離反が日増しにひどくなっていくことだった（神殿でイエスが引き起こした事件によって両者の疎隔はクライマックスを迎えていた）。あれやこれやでユダは、イエスとユダヤの権威当局を何としてもいっしょに会わせなくてはならないと強く感じていたのかもしれない。

ユダはまたイエスの情熱を知っていた。それは自分の国の人々に対する愛情であり、また、神殿に対する愛情、さらには、異邦人の光になるようにと神がイスラエルに与えてくれた役割に対する情熱だった。イエスは神殿に対して強い思いを抱いていた。神殿は彼がその場で教えを垂れる神の家だったからだ。そしてイエスはさまざまな場面で、神殿に対する強い献身的な愛情を示している。第四福音書にはイエスが大祭司と議論を交わす場面がある。イエスは弟子のことや、自分の教えについてたずねられると、それに答えて「わたしは、世に向かって公然と話した。わたしはいつも、ユダヤ人が皆集まる会堂（シナゴーグ）や神殿の境内で教えた」（ヨハネ一八・二〇）といっている。イエスは秘密裏に話すようなことはしていないといい、大祭司に向かって、自分が何を話したのかを知りたければ、それを聞いた人々にたずねてみるがいいといった。

イエスが逮捕されたときには、ペトロが刀を抜いて大祭司の手下に打ってかかり、その右耳を切り落とした。手下はそのために神殿で二度と働くことができなくなった。イエスはこのときにも、ペトロを叱って「剣をさやに納めなさい。父がお与えになった杯は、飲むべきではないか」（ヨハネ一八・一一）といっている。イエスはもしかしてこのとき、神殿に対するある種の遠慮を示したのかもしれない。実際、神殿の運用管理の乱雑なことに対しては、イエスもこれまで断固として告発する行動をとっていた。が、その彼も弟子たちを扇動して、暴力によって神殿を占拠しようとしたり、神殿で働く人々に引導を渡して、彼らの聖職にとどめを刺そうとはしなかった。彼が実行しようとした計画は、それとはまったく別のところにあった。ユダにしてもペトロにしても、あるいは双方ともに（？）サタンの手先として、イエスを彼の目論みから他へそらせることは十分にありえた。ユダが手はずを整えたイエスの逮捕劇は、父なる神がイエスに与えてくれた杯であり、イエスにはそれを飲み干す準備ができていたのである（ヨハネ一八・一一）。ペトロの性急な行動にはあきらかに悪魔のやり口が反映している。そのためにイエスはペトロを避けて、ユダが可能にしてくれた道に従った。第四福音書ではこの同じペトロが、数時間のちにイエスを知らないと否定し、イエスが復活するまで何ひとつ後悔した気配を見せていない。が、これも悪魔のやり口の別の一面と見てよいだろう。にもかかわらずヨハネは、ペトロをことさらに批判することはしていない。ただ彼がイエスとの関係を三度否定したこと、そして彼のした後悔だけを記しているにすぎない（一八・一二—二八）。が、その後悔にしても、福音書の最後の章で遠回しに吐露しただけなのである。[20]

それに対してユダはどうだろう。彼は容赦なく手厳しい批判を浴びせられている。第四福音書の記者は、とびきり激しい調子でユダを悪魔の王国へと引き渡していた。[21]福音書の注釈者たちはどうかというと、彼らは、次のようなことをいってこれを軽く受け流している。カペナウム（カファルナウム）の時代からすでにユダは、たとえイエスから離れることはしなかったものの、イエスをうとましく感じていたにちがいないというのだ。[22]ユダに対して行われたこの厳しい裁断をわれわれはただひとえに、ヨハネ自身の偏見によるものだと見ることはできるだろう。第四福音書を別にすると、イエスがユダをサタン、もしくはサタンに取り憑かれた者として扱っている確かな証拠を、われわれは他に見つけることができないからだ。つねに編集の方針に矛盾を見せていないルカも、キリストの生涯の最後近くになって（二二・三）、ユダの行為をサタンのなせる業だとしている。しかし、これだけはまったく彼の方針と違っていた。というのもそれは、イエスの布教とまったく相容れないからである。イエスは人々の生活から悪魔を追い出し、サタンの束縛から彼らを解放した。それなのに自分の弟子のユダについては、相変わらずサタンの占拠を黙認している。イエスはサタンに取り憑かれたペトロに対しては、愛情のゆえだろう、彼を非難して救い出した。が、もしペトロと同じ可能性がユダにもあるのなら、イエスがことさら同じことをしなかった理由が何か他にあったのだろうか。

イエスの布教はいってみれば、そのすべてが悪魔との戦いだった。それはルカが報告していた弟子たちの派遣でも見られた。イエスは七十二人を任命して、自分が出向くつもりだった町や村に派遣した。彼らが帰ってきて、「悪霊」でさえ主の「お名前を使う」と弟子たちに屈服したと話すのをイエスは聞いた（ルカ一〇・一七）。そして、サタンが稲妻のように天から落ちるのを見たという（ルカ一〇・一八）。このようにしてイエスは、七十二人の帰還をことのほかよろこんだ（ルカ一〇・二一）。それは弟子たちの仕事を通して、今まさに王国が到来するのを見ることができたからだ。弟子たちが示したのは、イエスのはじめた教えを彼らもまた実行できるということだった。そしてユダもまたこの一団にいた可能性は非常に高い。が、しかし今、ユダは別の任務を帯びていた。それは仲間の弟子たちから、ともすれば激しい誤解を受けかねない任務だった。

悪魔の性質については、ヘブライ語聖書にある一文をもとに分析することが可能かもしれない。大祭司のヨシュアが立っている。その前にいるのは主の御使いだ。御使いの右には大祭司を訴えようとサタンが控えている。主の御使いがサタンにいった。「サタンよ、主はお前を責められる。エルサレムを選ばれた主はお前を責められる……」（ゼカリア書三・二）。が、サタンがエルサレムを非難したのには理由がある。

サタンが気がかりなのは、もっぱら大祭司の務めが完全無欠に行われているかどうかにあった。それなのに、大祭司のヨシュアは「汚れた衣を着て」いる（三・三）。これをサタンは非難したのである。サタンの役割はひとえに神への務めが完璧に行われるのを見守ることだった。この場合もサタンはおそらく、いつものように神の慈悲や思いやりを切願することはできなかっただろう。というのもサタンは、つねに神の神聖と正義の結果として生きていたからだ。したがって、サタンが鼓舞し促進しようとしていたのもそれ（神の神聖と正義）だったのである。(23) もし神の一面、それはたとえば神の愛や思いやりに対して神の激怒といったものだが、そのような一面に注意を集中することが悪魔的だとすると、当然のことながら、ペトロとユダはサタンの指令に基づいて行動する者として、同じように、しかも正確に（神の激怒を代行する者として）叙述されてしかるべきだった。

おそらくそれだけにユダにはまたジレンマもあっただろう。彼は一方でイエスと王国に忠実であろうとした。が、その一方ではユダヤの人々や神殿のリーダーたちにも忠実でありたいと思った。イエスがこれからどこへ行こうとしているのか、それもまたユダには理解することができなかっただろう。が、その点についてはユダも孤独というわけではない。他の弟子たちもやはりイエスの真意をつかむことができなかったからだ。そして弟子たちはことごとく逃げ出した。残ったのはイエスの母のマリアとその姉妹、クロパの妻マリアとマグダラのマリア（ヨハネ一九・二五）、それに「サロメがいた。……なおそのほかにも、イエスと共にエルサレムへ上って来た婦人たちが大勢いた」（マルコ一五・四〇―四一）。そう、ユダだけははっきりと時の到来したことに思い至っていた。だれかが密告者の役割をしなければいけない、その時のきたことを。イエスがユダにパンのかけらを手渡したとき、ユダは自分がその役に選ばれたことを知ったのである。

ユダは祭司長たちのもとへと走った。そして彼らにイエスの教えに従えば、かならずや神殿の崩壊につながることを告げた。別の言葉でいえば、それは当時ユダヤ人たちの間で行われていた、神殿に対する崇拝と奉仕の全否定だった。ここで、イエスの逮捕に際して、神殿側がどのような役割を演じていたのか、それを検討しておくことは価値のあることだと思う。

**神殿とイエスの教え**

近年の神殿に対する関心は、単にクムランの「神殿巻物」の発見とその刊行によって生まれた関心だけに帰すべきものではないだろう。初期のキリスト教の書物の中にも、たとえば「マルコ一一・一五―一七」には、神殿の破壊に対する暗黙の、しかしはっきりと読みとることのできる脅威がある」。そして神殿の消滅を警告する声は、伝承の中でもたびたび聞くことができる。マーカス・ボーグはその明確な言及を次のようなものの中から引用している。Q資料、ルカ一三・三四―三五、マタイ二三・三七―三九、マルコ一三・二／一四・五八／一五・二九、ルカ一九・四二―四四、二一・二〇―二四、使徒言行録六・一四、それにヨハネ二・一九などである。イエスが神殿の破壊について述べているものに加えて、そこには彼の敵対者たちも、イエスの言葉を糾弾しつつそのことに触れていた（マルコ一四・五八／一五・二九／使徒言行録六・一四）(24)。

パウロとヘブライ人たちは、神の歴史における神殿の役割を認めながらも、さらにそれ以上のものを考えていたようだ（「わたしたちにはこのような大祭司［イエス］が与えられていて、天におられるおおいなる方の玉座の右に着き、人間ではなく主がお建てになった聖所また真の幕屋で、仕えておられるということです」ヘブライ人への手紙八・一―二）。ヘブライ語聖書では、エゼキエルが巨大な教会の幻を見ているが（エゼキエル書)、預言者のヨハネは、イエス・キリストの黙示として書いたものの中で、はっきりと神殿のない未来を想像している。「わたしは、都の中に神殿を見なかった。全能者である神、主と小羊とが都の神殿だからである」(ヨハネ黙示録二一・二二)[25]

教会にとって近々破壊すると脅されながら、なお糾弾され続けることは非常に深刻な問題だった。したがって疑いもなく当局は、イエスが神殿の境内で行った行動に加えて、イエスが語った言葉の端をとらえいち早く行動を起こす必要に迫られていた。彼らがもっともそれにふさわしいと思ったのは次のような漠然としたイエスの言葉だった。「わたしは人間の手で造ったこの神殿を打ち倒し、三日あれば、手で造らない別の神殿を建ててみせる」(マルコ一四・五八)。これはイエスの口をついて出た、あまりにも普通の、しかし謎めいた言葉のひとつだった[26]。ユダヤ当局はすでに、イエスを密告する者がいないかどうか探している旨を公表していた。密告者がきて、正式にイエスを告発することを歓迎するという通達が出されていた(「祭司長たちとファリサイ派の人々は、イエスの居どころが分かれば届け出よと、命令を出していた。イエスを逮捕するためである」ヨハネ一一・五七)[27]。

### ヨハネ一二・一―八

1過越祭の六日前に、イエスはベタニアに行かれた。そこには、イエスが死者の中からよみがえらせ
たラザロがいた。2イエスのためにそこで夕食が用意され、マルタは給仕をしていた。ラザロは、イ
エスと共に食事の席に着いた人々の中にいた。3そのとき、マリアが純粋で非常に高価なナルドの香
油を一リトラ持って来て、イエスの足に塗り、自分の髪でその足をぬぐった。家は香油の香りでいっ

ぱいになった。[4]弟子の一人で、後にイエスを裏切る（引き渡す）イスカリオテのユダが言った。[5]「なぜ、この香油を三百デナリオンで売って、貧しい人々に施さなかったのか。」[6]彼がこう言ったのは、貧しい人々のことを心にかけていたからではない。彼は盗人であって、金入れを預かっていながら、その中身をごまかしていたからである。[7]イエスは言われた。「この人のするままにさせておきなさい。わたしの葬りの日のために、それを取って置いたのだから。[8]貧しい人々はいつもあなたがたと一緒にいるが、わたしはいつも一緒にいるわけではない。」

この塗油の物語を編集するにあたってヨハネは、伝承された材料をいくつか利用している。それはヨハネがここでだけ、ユダを「イスカリオテ」という言葉をつけて言及していること、また、これもここだけなのだが（そして六・八でも）、彼は「弟子の一人」という表現を使っていることからも明らかだ。ヨハネが好んで使うのは「弟子の間の」（一八・二五に出てくるが、共同訳では同じように「弟子の一人」と訳されている）という言葉だった。さらにここではまた、「後にイエスを裏切る（引き渡す）」という伝統的ないい回しが使われている。これもここだけに限られた表現だ。さてヨハネの物語で新しい点といえば、次のようなことだろうか。

- ユダだけがむだな出費に不平を述べている。
- ユダがそうしたのは、自分のための金が欲しかったからだという。
- ユダは会計係をしていた。
- ユダは共通の財布からお金をくすねていた泥棒だった。

ユダをもとから塗油物語の登場人物のひとりだったと見なす学者ですら（彼らによれば、ユダの名前は共観的な伝承の中で消されてしまったという）[28]、次のような事実から逃れることはできないだろう。つまり「ヨハネが一二・四―六で描いたユダ像は、マタイのユダ像にくらべると格段に敵意に満ちている。ヨハネはここでユダを泥棒として描いている」[29]。中には「敵意に満ちた光の中でユダを描くことが当時人気を呼んでいたために、これはそうした時代の風潮を表しているのでないか」と考える学者たちもいる。

実際われわれはここで、不明な登場人物をよく知られた登場人物と同一視するヨハネの傾向を目にしたり、ディテールの複雑な変形が、口承の段階を反映したものとしてうまく説明されているのを見ると、さて、どのような結論を出せばよいのか。もはやわれわれは、そこに非難のプロセスが働いていたと見る以外に選択の余地がないのではないか。もし、そうだとすれば、非難のプロセスに責任があるのは、口承の伝達者とヨハネ福音書の最終校訂者の両方ということになる。そして次には、そのプロセスをもたらした動機がいったい何だったかの追求になるだろう。はたしてそれはいつわりの証言のためだったのか、あるいは中傷、誹謗のためだったのか。この罪が招来した厳しい糾弾と、それが世評にもたらした破壊ということを考えると（実際それは、ユダという歴史上の人物に甚大な被害をもたらした）、もはや（ユダを誹謗する）この考え方はいくところまでいき着いたと見なしてよいのではないだろうか。そしてこれを最後にきっぱりと、ユダが泥棒であるとか、悪魔の力によって突き動かされた人物だったという信仰を捨てる時期にきているのではないか。ヨハネのユダ像が真実だとはとても思えないし、信用できるものでもない。ブラウンでさえユダのした行為は「邪悪だ」といいながら、イエスがユダをそそのかせてやらせたことの中にイエスの「悪意」をあばき出している。「実際イエスは、ユダの悪意が取り返しのつかない結果を招くことを十分に承知していながら、なおユダをせかせて行動へと追いやった」。仲間に対する愛情がどのようなものであるのか、もしユダヤ人の見方がイエスの行動に現れているのなら、これはまったく信じがたいことになる。あきらかにそれは、われわれがイエスから学んだ愛情にも矛盾する。もしイエスがユダヤ人であることをはっきりと断言したいのなら、そして、彼が教えてくれた愛のかけらなりとも、われわれが保持したいと思うのならば、このジレンマから脱出する道をわれわれは見つけなければならないだろう。[30]

あきらかにユダはこの場面で、非常に特殊な理由のために悪魔呼ばわりされている。貧乏な人々をないがしろにしたことで、彼はむしろ自分たちの共同体を助けているわけだし、それはまたイエスの名誉を高めるという金のかかるプロジェクトに投資をしていることにもなるのだから。ライナー・シュトルヒは次のように結論づけている。

どれほどヨハネ福音書に高い価値を見い出したとしても、……塗油の物語に関するかぎり、彼の物語の形はもっぱら偏見を最高度に提示したもので、それは現実からますます遠ざかり、純粋なフィクションの方へと向かっている。そしてここでは、その悪方向への進展が最悪の段階へと到達している。……したがって、充実した論争が（「そこには現実的な視点が失われている」とブルトマンは述べている）[31]、他の方法で交わされることなどほとんど考えられない。ここではひたすら、マリアの香油を是認したイエスの現実的な面ばかりが強調されている。

ヨハネは非常に高い正確度で、これまでしばしば使われてきた、そしてすでに十分立証済みの方法を採用している。それは困惑したときにはいつも、突然、今までそれが手近になかったことに気づくといった、そんな方法だ。簡単なことだ。事実について論争していて、収拾がつかなくなったときには、論争を押し進めてきた当の相手を疑い、それを悪魔だと決めつけてしまえばいい。そして、このケースにぴたりと当てはまったのがユダだったのである。それは単に、不必要な出費に反対する「だれか」ではだめだった。また、他の弟子たちでもだめだ。それはのちにイエスを裏切る者でなくてはだめだった。この提案になお納得しない者に対しては、それがだれであろうと、もはやこれ以上付け加えるべき理由などない。その一助として挙げられるものとしては、わずかにユダを泥棒と決めつけるくらいだった[32]。

出費のかさむ教団に背を向けて、むしろお金を貧しい人に与えることを選ぶという人々を黙らせるにはこれで十分だろう。第一彼らは、本当にユダといっしょに喜捨の先頭に立ちたいなどと思っているのだろうか。あの泥棒で裏切り者のユダとともに（ブルトマンは、使徒言行録四・三七によれば、初期の教会は貧しい人々のためにお金の貯えをし、それを分配していたといっている[33]）。

マルコによると、まわりに立って見ていたグループがむだ遣いに反対したとしているが、これを考慮に入れると、物語にひとつの発展があったのではないかと仮定したい誘惑に駆られる。マタイではそれが十二人となり、ヨハネではそれがユダひとりとなる。ヨハネの頃になると、おそらくこの行為（マリアを非難したこと）に対する抵抗が徐々に色あせたものになっていたのだろう。そしてそれは、十二人をさらによい光のもとで描きたいと思ったヨハネの目的にもっとも適っていた。その一方で、ヨハネが利用することのできた伝承は、すでにそのときには、ユダの伝承（マリアを非難した者はユダだとする伝承）だけになってしまっていたのかもしれない。はたして伝承のより古い層から材料を引き出してきたのは、ヨハネだったのか、あるいは共観福音書の記者たちだったのか。これは学者の意見の分かれるところだ。読者は取り残されたままとなり、問題の決着をつけることができない。ここでは断固とした裁決を下しえないからである。たしかにわれわれが同意するのは、「自然的正義」（無理からぬ正義）はひとり以上の証人を要求するということだろう。したがってこの問題に関しては、ヨハネだけが発言を許されることはできない。われわれは他の福音書の記者たちにも、同じように発言の場を与えなくてはならない。私見としては、他の福音書の記者たち、とりわけマルコの記者がそこで起きた出来事の描写にもっとも近いところにいると思う。が、出来事そのものの真理ということになると、もはやこれは別問題である。それぞれの記者が自分だけの趣向をめいっぱい凝らしているからだ。

ヨハネ福音書が他の福音書と共有している点は、出来事とその後の弟子たちの行為を対照的に描きたいという欲望だった。それは例えばユダやペトロ、それに他の弟子たちの行為だ。それはまたファリサイ派のニコデモとサマリアの女の間に見られたような対照である（ヨハネ三および四）。そう、ここでは、貧乏な人々に「実質的な」関心を抱いた男性のリーダーたちは、この話の要点を見失ってしまうということだ。が、ここでの対照もあまり前へと押し出すべきではないかもしれない。それはヘングステンベルクのように、次のような視点からこの物語をとらえる者もいるからである。「この家はマリアの塗油によって浄化された。それはユダが以前、この家をいっぱいにしていた有害な蒸気を香気によって消毒したからだ[34]」

### ヨハネ一三・一―三〇

1イエスは、この世から父のもとへ移る御自分の時が来たことを悟り、世にいる弟子たちを愛して、
この上なく愛し抜かれた。……2既に悪魔は、イスカリオテのシモンの子ユダに、イエスを裏切る

（引き渡す）考えを抱かせていた。……（イエスは）[4]食事の席から立ち上がって上着を脱ぎ、手ぬぐ
いを取って腰にまとわれた。[5]それから、たらいに水をくんで弟子たちの足を洗い、腰にまとった手
ぬぐいでふき始められた。……[10]イエスは言われた。「既に体を洗った者は、全身清いのだから、足
だけ洗えばよい。あなたがたは清いのだが、皆が清いわけではない。」[11]イエスは、御自分を裏切ろう
（引き渡そう）としている者がだれであるかを知っておられた。それで、「皆が清いわけではない」と言われ
たのである。」……[18]「わたしは、あなたがた皆について、こう言っているのではない。わたしは、ど
のような人々を選び出したか分かっている。しかし『わたしのパンを食べている者が、わたしに逆ら
った』という聖書の言葉は実現しなければならない。[19]事の起こる前に、今、言っておく。事が起こ
ったとき、『わたしはある』ということを、あなたがたが信じるようになるためである。……
[21]イエスはこう話し終えると、心を騒がせ、断言された。「はっきり言っておく。あなたがたのう
ちの一人がわたしを裏切ろう（引き渡そう）としている。」[22]弟子たちは、だれについて言っておられ
るのか察しかねて、顔を見合わせた。[23]イエスのすぐ隣には、弟子たちの一人で、イエスの愛してお
られた者が食事の席に着いていた。[24]シモン・ペトロはこの弟子に、だれについて言っておられるの
かと尋ねるように合図した。[25]その弟子が、イエスの胸もとに寄りかかったまま、「主よ、それはだ
れのことですか」と言うと、[26]イエスは、「わたしがパン切れを浸して与えるのがその人だ」と答え
られた。それから、パン切れを浸して取り、イスカリオテのシモンの子ユダにお与えになった。[27]ユ
ダがパン切れを受け取ると、サタンが彼の中に入った。そこでイエスは、「しようとしていることを、
今すぐ、しなさい」と彼に言われた。[28]座に着いていた者はだれも、なぜユダにこう言われたのか分
からなかった。[29]ある者はユダが金入れを預かっていたので、「祭の必要な物を買いなさい」とか、

貧しい人に何か施すようにと、イエスが言われたのだと思っていた。30ユダはパン切れを受け取ると、すぐに出て行った。夜であった。

さて、引用はイエスが弟子たちの足を洗う場面と最後の晩餐の場面である[35]。ユダは足を洗う場面では背景の幕のような役割をしている。ヨハネ福音書はイエスが自分の弟子たちに注ぐ愛情について語ったあと、突然、次のような言葉でわれわれをぎくりとさせる。「既に悪魔は……ユダに、イエスを裏切る（引き渡す）考えを抱かせていた[36]」。「考えを抱かせた」は文字通り訳すと、「彼の心の中にそれを投げかけた」となる。したがって、このフレーズは、決心をしたのがユダではなく、悪魔がひとりで心を決めたという意味にもとれる。そうするとこんな具合になる。「そして、食事のときに悪魔は、イスカリオテのシモンの子ユダにイエスの引き渡しをさせることに決めた」。ギリシア語では「カルディアー」（心）と「バロー」（投げる）が使われている。take to heart（心に留める、真剣に考える）というほどの意味だ。ここからK・ヘインは次のような結論を出した。「ヨハネ一三・二がいっているのは、ユダがイエスを裏切る気持ちを抱いたというほどのことだろう[37]」

われわれはここで、足を洗う儀式にユダが、何ら反対をされることなく参加しているのを苦もなく信じるようになる。ヨハネは一一節で説明を加えている。そしてイエスが自分を引き渡す者がだれであるのか、すでに承知していることをわれわれに知らせてくれる。が最後に、弟子のひとりがこの集団から自分自身を排斥する行動に出る。「わたしのパンを食べている者が、わたしに逆らった」という聖書の言葉通りに（文字通りの意味は「わたしに向かってかかとを上げる」「わたしを足げにする」。詩編四一・一〇「わたしの信頼していた仲間／わたしのパンを食べる者が／威張ってわたしを足げにします」参照）。イエスはそのとき「心を騒がせ」たと書かれている。それは、ともに食事をした者から侮辱を受けたためだった。

これと似た場面は共観福音書にもある。弟子たちがまさか自分のことではとたずねる。するとイエスはパンを浸してユダに与える。そしてそのために秘密は表に現れた。が、ヨハネのテクストでは、弟子の行為によって引き起こされたイエスの痛ましい恥辱感が強調されている。その背景となっている情報を探ってみることは、この場面の意味を明らかにするのに役立つかもしれない。

田舎に住むパレスチナ人を訪ねる人はだれでも知っていることだが、人前で脚を組んではいけない。さらにかかとを人に見せてはいけない。これはいずれも非常に失礼なしぐさで、人を侮辱するものと見られていた。ともかく、足の裏を相手に向けることは許されない。したがって、かかとを持ち上げることは単に、無礼でぶしつけな行為であるばかりではない。「それはさらに深い意味を持つ――軽蔑や裏切り、それに悪意を表現するものでもあった」[38]。七十人訳聖書のテクストでは詩編四一・一〇が「わたしの平和の人、わたしが希望を託した人、わたしのパンを食べた彼が、かかとをわたしに向けて上げた」と訳されている。テクストにはたしかに、自分を高く見せる（威張る）といった考えも見てとれる。が、ここではむしろ、言葉遊びとしてとらえるのがもっともふさわしいのかもしれない。つまり「だれかの足を洗う」と「かかとを上げる」、この両方のケースにおいてかかとは上げられ、そこに仕えている者の方へ足が伸ばされるのである。

「新約聖書のこのフレーズは『裏切りの行動をした』という意味で、その行為に対して使われている。が、フレーズの強調は、むしろそれを行う人物の方へかかっているようだ。つまり、平和の契約によって結ばれていた者、ともにパンを分け合っていた者、その人物が歓待の掟を侵犯した。そして主人に背いた」[39]

V・H・クーイは「歓待」について関連記事の中で次のように述べている。ベドウィン（アラビア・シリア・北アフリカなどの砂漠地を遊牧するアラブ人）は人を歓待してもてなすことを神聖な義務だと考えていた。「彼らは多くの成文法よりこの義務の方を、心を尽くして厳しく守り続けてきた。……客人はたとえそれが敵であろうと、ベドウィンたちの暖かい保護を享受した。保護の期間は主人とともに食事をしてから三日と三六時間（この期間中は、主人の食べ物によって支援を受けることができた）。ベドウィンたちにとって人を歓待することは、のちのユダヤ人にとって施し物が意味したことと同じだった。つまりそれは正義の表現だったのである（士師記一九・一五—二一／創世記一九・一—三）[40]。

「ユダがパン切れを受け取ると、サタンが彼の中に入った」。そしてイエスがユダに「しようとしていることを、今すぐ、しなさい」といったとき、テーブルにいた弟子たちのうち、だれひとりとしてイエスのいった意味を理解した者はいなかった。弟子たちの間で見られた困惑もまた、ユダが「アウトサイダー」（よそ者、部外者）でなかったことを示している。ヨハネでさえ思わず口を滑らせて、そのとき、弟子たちの内でユダを疑う者などだれひとりいなかったといっている。ユダがパンを食べたときに、サタンが彼の中に入り込んだという記述は、むしろ、ユダが他の弟子たちと同じようにこれまでひとりの信仰者だったことを明かすものだ。ユダもまた、イエスとの共同生活にどっぷりと浸っていたのである。ヨハネはユダが二度パンを受けたといっている（二七節、三〇節）。が、ヨハネにとって大事だったのは光と闇である。これこそ彼の倫理的な現実の重要な部分をなすものだった。ユダが出ていくとき、彼は光から離れて闇の中へと出ていった。「イエスはこれから起こる出来事を知っていた。そしてユダを送り出した」[41]

ここで注目すべきなのは、この場面の前の出来事だ。イエスが弟子たちの足を洗うという共同の場面にユダも参加している。そして、イエスが奉仕について教えを垂れるのをその場でユダも聞いていた（「主であり、師であるわたしがあなたがたの足を洗ったのだから、あなたがたも互いに足を洗い合わなければならない」ヨハネ一三・一四)。サンドラ・シュナイダーズは次のような観察をしている。ここで重要なのは、イエスが新しい僕《しもべ》の関係を示すモデルを紹介し、それを教え示していることだという(「僕は主人にまさらず、遣わされた者は遣わした者にまさりはしない」一三・一六)。「イエスの奉仕する行為をペトロは拒絶したが、この拒絶は……イエスの死を拒絶するに等しかった。つまり愛した人に対して、イエスが命を捧げていること、そして徹底的に新しい人間の関係をほのめかしていることをペトロは理解できなかった」(42)。ペトロとは逆にユダは、イエスの奉仕の行為を拒否していない。

イエスの行為がどれくらい同時代の規範を侵犯したものであったかについて、ダンカン・デレットが記録している(43)。彼がわれわれに思い出させてくれるのは、足を洗う行為がもっぱら奴隷の仕事だったということだ。ヘブライの伝承(旧約聖書)の中には、アブラハムがやさしく勧めているものがある。それは天からやってきた訪問者たちに、自分で足を洗ってくださいといっている場面だ(創世記一八・四)。祭司長でさえ「贖《あがな》いの日」には自分で足を洗う。デレットによれば、イエスは十二人(ユダも含まれている)の弟子たちに、自分の肉体による奉仕を受けなさいといっているという。イエス自身を受けよ、それも弟子たち共有の奴隷として。つまりはイエスを奴隷として獲得せよというのだ。こうして弟子たちはたがいに奴隷の共有者となる、つまり分け合う人々、仲間となったのである(44)。

デレットは次にパートナーシップに関するユダヤの律法について書いている。それはこの場面で起こった出来事を解明するためだった。彼の観察によると、もしパートナーが捕らわれの身となったり、人質として捕らえられていた場合、パートナーシップは別のパートナーを強制して、捕らわれたパートナーを取り戻すように仕向けることはない。パートナーシップはあくまで残ったパートナーを守るのだという。そして、自分の命を投げ出してまで、つまりわが身や自分の財産とひきかえにパートナーを奪還しようとすることは、もはや新しい段階のパートナーシップに入ることだという。

ヨハネ福音書では、だれかがイエスを引き渡すだろうというイエス自身の予告を聞いても、弟子たちはまったく動揺しなかったのではないだろうか、とデレットは考えている。弟子たちはたしかに苦もなくそれを乗り越えているからだ。デレットはいうのだが、ユダが行動するときにはいつも、彼は他のすべての者たちのために動いていた。が、それもユダがグループ内にいるときにかぎられた話で、のちに彼がグループから締め出されたあとは、まったく話が違ってくる。それはなぜなのだろうか。イエスがユダの足を洗っているときには、すでに彼の中に悪魔が侵入していたはずではないのか。十二人は出来事を黙認していた。そしてヨハネはユダの運命について考えることによって、パートナーシップの概念に思い至ったのかもしれない(45)。ユダヤ人の社会ではパートナーシップを形作るということは、「たがいの奉仕がたがいに有益に働くための手段となるという意味だった。したがって、この完璧なまでにユダヤ的な考えは、ユダヤ人の風習の及ばない外部ではまったく通用しない(46)」

洗足の引用章句に徹底した注意を向けたのはゲオルク・リヒターだった。まず、この小事件を解釈したものの詳細な歴史を提供したことからはじめて、次に、ヨハネの文書全体の中でこの出来事がどのような位置を占めているのかについて模索をした(47)。彼は、ここで中心となっているテーマが第一節ですでに紹介されていると注意を促している。それはキリストによる弟子たちへの愛情だ。第四福音書の中で、イエスが弟子たちへの愛を語り、弟子たちのために自分の命を捧げると述べている箇所は、この他にもう一箇所ある。さらにイエスはここで、弟子たちがたがいにつき合うモデルとしてこの愛情を提示していた(48)。リヒターは一三章について、さらに詳細な本文批判の研究が必要だという。そしてそれはあくまでも、福音書全体の中でこの章が占めている位置に基づいたものでなくてはならないという。こうした研究をしてこそはじめて、ここに見られる非常に複雑で込み入った問題を解き明かすことができるのかもしれない(49)。

ここには、ユダに関心を持つわれわれにとって、非常に重要なテーマがたくさんある。ヨハネ福音書で描かれているユダの像は、全体として否定的なものだが、それにもかかわらず、ユダはイエスが彼の足を洗うことを拒否していない。この部分で強調されているのが、弟子たちに対するイエスの愛情だとすると、ユダの話が意味するところは、もしヨハネが主張するように、イエスがだまされていないとすれば、ひとえにユダがイエスの愛情の対象だったということではないのだろうか。イエスはユダが目論んでいたことを知っている。これがヨハネの表現だった。それが意味するところは次のようなことだろう。ユダがしたことはすべて、イエスの要求に従ってしたことだ。そしてその事実をイエスは知っていたということになる。ヨハネの観点からすると、それはイエスが自分の敵を愛する、もっとも強力なケースのひとつだったのではないか。召使いのような奉仕を「敵」にまで広げて施すことにより敵を愛するというケースである。というのも、愛に基づく奉仕は何はさておき、もっとも身近な友達や仲間に対してなされるものではないし、彼らだけに限って施されるものでもないからだ。もしペトロが自分の足をイエスが洗うことに抵抗を示して許さなかったとすると、おそらくイエスはまた、ユダの足を洗うことにも何らかの躊躇を感じたに違いない。が、この躊躇は克服されている。そして、ユダがイエスの愛情の圏外にいたという兆候はどこを探しても見当たらない。実際、ヨハネはユダを内輪の人物として描いている。

さて、それにもかかわらず、ここにはヨハネが何度もくりかえし戻ってくる話題がある。それはユダの「不浄」だ。この話題はペトロの足だけでなく、手も頭も洗ってほしいという要求にイエスが答えたときに、その答えとともにイエスによって紹介されている。『既に体を洗った者（ペトロ）は、全身（ホロス）清い

（カタロス）のだから、足だけ洗えばよい。あなたがたは清い（カタロイ）のだが、皆が清いわけではない。』「イエスは、御自分を裏切ろう（引き渡そう）としている者がだれであるかを知っておられた。それで、『皆が清い（カタロイ）わけではない』と言われたのである」」（一三・一〇―一一）。清浄はイエスの教えを通じて大切なテーマだが、ここでもやはり重要だ。しかし第四福音書の全体を見ると、このテーマはそれほどしばしば現れる概念ではない。実際、他の箇所でただ一度出てくるだけだ。それはイエスが弟子たちと別れる際に交わした会話の中で出てくる。ブドウの木を実りゆたかなものにするためにイエスが清める箇所で、弟子たちにも、自分につながっていれば豊かに実を結ぶことができると諭す場面だ。イエスは付け加える。「わたしの話した言葉によって、あなたがたは既に清く（カタロイ）なっている」（一五・三）

　清浄というテーマは聖書を通して重要なテーマだが、マルコ七とコリントの信徒への手紙一で、われわれは従来の清浄をめぐるすべてのカテゴリーを転倒させるような、説得力のあるイエスの意見に出会う。それは清浄とは何か、そして共同体の中ではたして清浄とは何を意味するのかという問題である。ヨハネでは密告者のユダが（ヨハネがわれわれに信じさせようとしているように、ユダはすでにイエスと疎遠になり、イエスを当局へ密告する準備をしていた）、一連の出来事のすべてに参画している。それは足を洗う儀式であり、食事、それに過越祭に行われるすべての祝い事だ。それらの出来事にユダは、みずから清浄さに欠けるというのに参加していたのである。ここで使われている清浄という概念のユニークさは、それをクムランで使われていた清浄の概念と比較してみると、さらにはっきりとしてくる。クムランにおける共同体（クムラン教団）の基礎は、あきらかに教団を清浄へと導くトーラー（律法）の実現だった。クムランでは洗うこと自体が非常に重要な所作だった。とりわけ食事の前には。[50]

　ヨセフスによると、エッセネ派への入来者は誓いを立てなくてはならなかったという。それは次のような誓いだった。「みずからの手を盗みから引き離し、魂を不正な儲けから引き離して清く（カタロス）保つこと。そして強奪（レーステイア）から身を遠く離していること」（ユダヤ戦記二・一四一、一四二）。彼らはこの誓いを立て（二・一三九）、意見の違う者（ヘテロドクソイ）とはけっして食事をともにしないと誓うまでは、共同体の仲間といっしょに食事をすることができなかった（二・一二九、一三七）。いったん立てた誓いに彼らは縛られた。そのために、外部の者から食べ物を受け取ることはしなかった（二・一四三）。エッセネ派の誓いがクムラン教団の掟に類似していることは印象的だが、その一方で、イエスの共同体との差異はあまりにも深くて大きなものだった。

ヨハネはもしかすると、このクムラン教団の伝承に接近したのかもしれない。だとすると、ヨハネはわざわざ好んでユダを泥棒（クレプテース）として描こうとしたのだろうか。物惜しみをしないマリアや、イエスの足に高価な香油を塗りつけた、彼女の自己犠牲的な行為をユダと対照して描きたかったのだろうか（ヨハネ一二・三）。エッセネ派は清浄さの定義をさらに広くして、それを儀式上における清浄さとともに金銭上の清浄さまで含むものとした。この点ではヨハネもまた同様に広い範囲で清浄という概念をとらえている。が、ヨハネにとっては、あるいは少なくとも彼の主イエスにとっては、「不浄な」弟子ユダもまた「清浄な」弟子のペトロと同じように洗浄が必要だった。その上ユダは、イエスの清めの行為を、何ひとつ不平を漏らすこともなく受け入れている。[51] たとえユダを邪悪な画筆で描くのがヨハネの望みであったとしても、異なったユダの絵姿がそこから輝き出てくるような、たくさんの縞目をヨハネは残していたのである。

滅びの子のほかは、だれも滅びませんでした。聖書が実現するためです。

ヨハネ一七で捧げられたイエスの大いなる祈りの中でさえ、ユダの名前は出てこないのに、なおユダの不協和音は鳴り続けている。ここで引用した標準的な訳では、聖書が何を暗にほのめかしているのかはっきりとしない。神の意志はここではあきらかにユダに向けられていて、ユダは「不法の子」（テサロニケの信徒への手紙二、二・三）に似たものと呼ばれている。つまり、それは不法から生まれ出て、不法へと運命づけられた者という意味だろう。「滅びの子」という言葉は、目的を表す所有形（破滅へと運命づけられた子）としてのみ訳されるべきではないし、また、それだからといって、形容詞を作る所有形（破滅しつつある子）としてのみ訳すべきものでもない。それはむしろ出自の所有形として訳すべきものかもしれない。[52]「滅び」を表すギリシア語の「アポーレイア」はおそらくヘブライ語のアバドンの訳語だろう。これは一般には地獄を意味する言葉とされている（箴言一五・一一／二七・二〇／1QH三・一六／一九、三二）。あるいはさらに特殊な場合として、擬人化された悪魔や地獄を表していることもある（ヨブ記二八・二二／ヨハネ黙示録九・一一）。ユダを地獄や悪魔の息子として言及していることは、「地獄の子」という言葉やそれと類似のフレーズを、初期キリスト教が罵倒の形式として一般に使用していたことと軌を一にしていた。[53]

ユダの扱い方に比較する意味で、われわれがヨハネの手紙一の中で見つけたのは、離脱者に対して使われた言葉だ。離脱者についてはじめて言及された箇所で、そこでは次のようにわかりやすい言葉で書かれている。

「彼らはわたしたちから去って行きましたが、もともと仲間ではなかったのです。仲間なら、わたしたちのもとにとどまっていたでしょう。しかし去って行き、だれもわたしたちの仲間ではないことが明らかになりました」（ヨハネの手紙一、二・一九）。ここでは愛する者と憎む者をこの上ないほど厳格に区別し、それにのっとって、前者を神との関係から行動するもの（神から生まれた者）として描いている。神から生まれ出た者として彼らは、父系に属して行動する（「御子を認めない者はだれも、御父に結ばれていません」ヨハネの手紙一、二・二三）。神の子は罪を犯すこともない。それは神の種子がその子供の中にとどまっているからだ。神との関係がその子に罪を犯す能力を与えないからだ。これが神の子と悪魔の子の大いなる差異だった。したがって、正しいことをしない者は神の子ではない。他の人を愛さない者もまた神の子ではない。カインは悪魔の子供だった。彼は兄弟を憎み殺した。愛することのない者は死の王国にとどまったままだ。兄弟を憎む者はすべて人殺しである（ヨハネの手紙一、三・一三―一七）。

「滅びの子」は黙示録的な文書から知られたある特殊な人物を指しているようだ。が、聖書の実現をほのめかしていることにより（「わたしの信頼していた仲間／わたしのパンを食べる者が／威張ってわたしを足げにします」詩編四一・一〇）、それがここではひとりの弟子の失踪を説明する言葉となっている。この言葉はヘブライ語の聖書には出てこない。が、似たような表現はイザヤ書五七・四にある（「お前たちは背きの罪が産んだ子ら／偽りの子孫ではないか」）。七十人訳聖書ではこれを「テクナ・アポーレイアス」（破滅の子）と訳している。これと同じように、クムラン教団でも「地獄の子たち」（ＣＤ六・一五）や「地獄の人々」（ＩＱＳ九・一六、二二）などに言及している。イエスはルカで「平和の子」という表現を使ったが（ルカ一〇・六）、それに対してマタイの中では、「地獄（ゲヘナ）の子」という言葉を使っている（マタイ二三・一五）[54]。

こうして見てくると、この言葉（滅びの子）はどうも終末論的な人物を示しているように思われる。つまり人間と神との関係に、決定的な変化をもたらす人物のようだ。ダニエル書一一・三六で書かれていることが、今にも実現するのかもしれない（「あの王はほしいままにふるまい、いよいよ驕り高ぶって、どのような神よりも自分を高い者と考える。すべての神にまさる神に向かって恐るべきことを口にし、怒りの時が終わるまで栄え続ける」）。が、もしそうだとすると、ヨハネはユダのしたことを実際以上にエスカレートした形で描いていることになる。(55) ユダはここでは自由で自発的な人間というよりも、むしろ機械仕掛けの自動人形のように見える。この見方は第四福音書の他の部分と調和することが難しい。それにたしかにこれでは、イエスが疲れた者、重荷を負うた者に向かって、だれでも自分のもとにきなさいといって招聘した言葉ともまったく合致しない（マタイ一一・二八―三〇）。それはむしろ、ユダが人の姿をしたサタンだったという考えや、テサロニケの信徒への手紙二、二・三は、すでにユダという人物の中に現れていたサタンについて言及したものなのかという考えに、われわれを導いていくものだった（「だれがどのような手段を用いても、だまされてはいけません。なぜなら、まず、神に対する反逆が起こり、不法の者、つまり、滅びの子が出現しなければならないからです」テサロニケの信徒への手紙二、二・三）。(56)

W・スプロストンは第四福音書の中で、サタンが現れるときの現れ方について調べた。そして次のような結論を出している。この福音書の中でユダは、一般にいう裏切り者としてではなく、むしろ悪魔の象徴として描かれている。スプロストンは次の点でブルトマンの意見に同意している。つまりヨハネはここで生きた人間を描いているのではない、サタンそのものを描いている。神と啓示者イエス・キリストの敵対者であるサタンそのものを。

## ヨハネ一八・一―一二

1こう話し終えると、イエスは弟子たちと一緒に、キドロンの谷の向こうへ出て行かれた。そこには
園があり、イエスは弟子たちとその中に入られた。2イエスを裏切ろう（引き渡そう）としていたユ
ダも、その場所を知っていた。イエスは、弟子たちと共に度々ここに集まっておられたからである。
3それでユダは、一隊の兵士(57)と、祭司長たちやファリサイ派の人々の遣わした下役たちを引き連れて、
そこにやって来た。松明やともし火や武器を手にしていた。4イエスは御自分の身に起こることを何
もかも知っておられ、進み出て、「だれを捜しているのか」と言われた。5彼らが「ナザレのイエス
だ」と答えると、イエスは「わたしである」と言われた。イエスを裏切ろう（引き渡そう）としてい
たユダも彼らと一緒にいた。6イエスが「わたしである」と言われたとき、彼らは後ずさりして、地
に倒れた。7そこで、イエスが「だれを捜しているのか」と重ねてお尋ねになると、彼らは「ナザレ
のイエスだ」と言った。8すると、イエスは言われた。「『わたしである』と言ったではないか。わた
しを捜しているのなら、この人々は去らせなさい。」9それは、「あなたが与えてくださった人を、わ
たしは一人も失いませんでした」と言われたイエスの言葉が実現するためであった(58)。10シモン・ペト
ロは剣を持っていたので、それを抜いて大祭司の手下に打ってかかり、その右の耳を切り落とした。
手下の名はマルコスであった。11イエスはペトロに言われた。「剣をさやに納めなさい。父がお与え
になった杯は、飲むべきではないか。」
12そこで一隊の兵士と千人隊長、およびユダヤ人の下役たちは、イエスを捕らえて縛り、……

これはC・C・トーリーが述べている意見だが、ヨハネ一八・六の叙述を見ると、ユダは名うての悪人というより、むしろ臆病な人物だったのではないかという。ゲッセマネの園で、イエスが兵士たちに「わたしである」と告げて、ひとまず裏切りの行為が完了したとき、ユダと兵士たちは後ずさりして、どうと地面に倒れた。[59]「少なくとも、自分のユダ像を自由に作り上げることができた語り手は、ユダを悪漢とは考えていなかった」。[60] 実際、この引用場面を見たかぎりでは（ヨハネはこれを作っただけではない、校訂もしている）、ユダは単なる端役の通行人役にすぎない。ほとんど場面を支えているキャストの一員とはいえないのである。[61]

ユダの実質的な後退はわれわれの目をとらえて離さない。「イエスを裏切ろう（引き渡そう）としていたユダ」とだけ書かれた彼は、祭司長たちやファリサイ派によって送り込まれた兵士や神殿警備の者たちからなる巨大な分遣隊のリーダーとして登場する。この一隊は手に手に松明や武器やともし火を携えていた。イエスは進み出て、あなた方はだれを探しているのだとたずねたあとで、「わたしである」と答えた。そこで、ヨハネは言葉を限って、わずかに次のように付け加えている。「イエスを裏切ろう（引き渡そう）としていたユダも彼らと一緒にいた」

ヨハネは福音書全体を通して、イエスと悪の闇を代表するユダとの交わりをほんのわずかだけしか描いていない。ゲッセマネの最後のシーンでも、イエスがユダに何ひとつ言葉をかけなかったとヨハネは主張している。ルカはゲッセマネで、ユダがイエスにキスをしたかどうかという問題について、それを断定しないままに残しておいた。が、ヨハネは、ふたりの間に何ひとつ相互の交流がなかったように描いている。ヨハネにとってはおそらく、闇の世界が光の主に触れることなどとても考えることができなかったにちがいない。

フランク・カーモードは、ヨハネが「物語を濃厚にした」そのやり方に言及している。そしてヨハネを「大胆で工夫に富んだ作者」だといっている。また、「ある程度の自信で物語をいかようにも操る」ことのできる巧みな作者だとも述べている[62]。

ここでわれわれは神話の形成のみごとな実例を見ることになる、という学者もいた[63]。神話は希薄な空気から紡ぎ出されることはないという。それはむしろ歴史上の現実から作り出されるというのだ。もちろん、それを「果実の核」と呼びたいのなら、そう呼んでも差し支えない。このシーンの場合、核となっているのは、イエスの逮捕におけるユダの関与ということだろう。むろんヨハネは、ユダのしたことを正確に把握していたわけではない。あまねく知られていたのは、危急存亡のときに弟子たちがそろってイエスを見捨てて逃げ出したことだけだった。そのために弟子たちの内、ひとりは何としてもスケープゴートにする必要があった。そして、白羽の矢を立てられたのがユダだった。イエス遺棄の罪をユダに負わせたのだが、その罪の着せ方についていていえば、だれひとりヨハネをしのぐ者などいなかった。それほどヨハネのやり方は苛烈だった。ヨハネのユダ譴責はまた、紀元七〇年直後にはじまったユダヤ人によるキリスト教徒排斥運動に対する、ヨハネの対応とも関わりがあったかもしれない。

ヨハネを扱う学者の研究方法についてはさまざまな評価が下されているが、その中でも代表的な現代学者をふたり取り上げてみよう。レイモンド・ブラウンとハンス・ヨゼフ・クラウクだ。第四福音書に出てくるユダについて、レイモンド・ブラウンはそれをどのように扱ったのか。彼はそこで起きた出来事をあまりにも簡単に説明しすぎている。彼の処理法はいってみれば、そのあまりにも簡単な説明のために役立ったのだろうか。ブラウンは「パラディドーミ」が、「かならずしも裏切りや背信行為という意味を持っていない」[64]ことを認めている。そして、この言葉の「逐語的な」意味が「引き渡す」であることも十分に知っていた。それなのに、その行為をする者を描くときに彼が使った名詞は「裏切り者」だったし、行為自体には「裏切り」という名詞を使った。[65]動詞が「字義通りに」「引き渡す」と訳されたときでさえ、なおブラウンはその行為を「裏切り」として、何ひとつためらうことなく伝統的な言葉の使い方を示した。[66]

ユダの行為自体に対してもブラウンは少しの疑いも持っていない。ユダは最後の晩餐の席で、イエスの差し出したパン切れを受け取ることによって、さらに悪事を犯しているという。「イエスを裏切るという邪悪な計画を変える」ことをしなかったからだ。これが意味するところは、ユダがイエスを選ばずにサタンの方を選んだということだった。それならブラウンは、弟子たちを愛しながら、その一方でユダを破滅へとせき立てるイエスの姿をどのようにして思い描くことができたのだろう。その点について彼はまったく明らかにしていない。[67]また、ユダの側にあったとされる「悪意」についても、それを示す証拠が提出されていない。ヨハネはユダを描くことによって、これからイエスの弟子となる人々に対して、厳粛な警告を与えているのだという。

もうひとりの学者は、ブラウンと同じ信仰団体に属する人だが、ブラウンとはまったく異なる研究の方法をとっている。学者の名前はハンス・ヨゼフ・クラウク。彼はヨハネ福音書こそ、「ユダの像を、もはや引き返すことのできない反ユダヤ的な姿勢で」描きはじめた最初のものだと結論づけている。ヨハネ福音書の中でユダの身に降りかかったことは、「ヨハネ神学の限界を痛々しいほど明らかに際立たせている」という。彼はJ・B・バウアーの比較的あたりさわりのない、実に愉快な観察を引用している。それは次のようなものだ。ユダは結婚していなかったにちがいない、さもなければ、イエスが苦難を受けつつあるのを見たユダは、一年後には生まれ故郷に戻っていたはずだから。[68]それだけではない。クラウクは、他にもさらに有害とも思える試みをしている。それはユダを心理学的に解釈することだった。が、これもまた多かれ少なかれ、第四福音書が招いたものであることに違いはなかった。いったい第四福音書には、人の励みとなるものがいくらかでもあるのだろうかという批判的な問いかけに対して、彼は曖昧な点も見せずにはっきりと答えている。「第四福音書のユダがキリスト教徒に教えることなど何ひとつない。結局、そこにあるものはすべて目標にすぎないのだから。ユダのようになってはいけない。あなたの信仰を失わないように。悪魔に誘惑されないように。そして、あなたの救いを永遠に失ってはいけないなど」[69]

クラウクはまた、ユダを道徳上のひとつの見本として取り扱うことに批判を示している。それはS・ヴィーザーのようなケースだ。ヴィーザーは自分の趣旨を次のようにはっきりと述べている。「私にはただひとつの目的があり、それは私の唯一の願いでもある。それはあなたの心に、使徒ユダのような人物に対する大きな嫌悪感を目覚めさせることだ。そしてそれは、具体的には次のような嫌悪の気持ちだ。一度だけでもよい、あなた自身の心の中でユダのような精神をすべて抹殺しようと決意すること、そしてユダに似たメンタリティーが少しでもあれば、それをことごとく破壊しようと決心すること、また、ユダの魂に憎悪の心を抱くことを強く心に決めることだ」[70]。ヴィーザーの目指したゴールはおそらく十分に賞賛に値するものかもしれない。が、残念なことに、彼は次のようなことをいわれたことがなかった。そんな方法では、とてもあなた自身の目的を達成することなどできませんよ。

クラウクは次のような警告を発しているが、これはまったく正しい。それはこうだ。われわれはヨハネ神学の修正を避けることはできない。そしてバルトがカルヴァン主義の予定説という教義で問題を解決しようとして、ふんだんに用意し、皿に盛ってくれたパラドックスに、われわれはやすやすと満足することはできない。われわれにはそれを乗り越えていくことができるのだし、何としてもそれを実行しなくてはいけない。C・H・ドッドはいう。第四福音書は「イエスの教えのもともとの伝承」という点では、もっとも遠いところに位置している。が、それはまた「イエスの教えの核心を示した、もっとも洞察力のある解説」でもある、と。[71] たしかにこの意見は軽く見過ごしてよいものではない。

おそらくヨハネは、彼の見地からすれば、もはやイエスやユダのいたユダヤ人の世界へ、同情や共感の気持ちを持ちながら入っていくことなどできなかったのだろう。が、この同情や共感の気持ちこそ、われわれが歴史上のイエスやユダを理解しようとすれば、どうしても必要となるものだった。問題はイエスが自分なりのやり方でユダヤの律法を保持していたのに、ユダヤの指導層がそれを知らなかったことだ。第四福音書によると、彼らは次のようにいったと報告している。「わたしたちには律法があります。律法によれば、この男は死罪に当たります。神の子と自称したからです」（ヨハネ一九・七）。イエスはまた、他のユダヤ人たちに対して、イエスの生き方をするように説得を試みる誘惑者だと考えられていたのである。こんなぐあいでイエスは、いつ糾弾を受け、密告されてもおかしくない状況にいた。とりわけ、ユダヤの指導層が人々に密告を呼びかけ、イエスの居所がわかれば届け出るようにと命令を出してからはそうだった（ヨハネ一一・五七）。[72]

ユダの人物や役割を甘受する神学上の試みがなされているが、これにわれわれの注意を向ける前に、ユダの死について書かれたふたつの記述について、ひとまず検討を重ねていきたい。ふたつの記述はいずれもキリスト教初期の文献に見られたものだ。

# 9 ユダの死

死者は死の瞬間からすべての権利を失ってしまう。どんな法律も死者を中傷から守ってはくれない。彼らのプライバシーはプライベートであることをやめてしまう。愛人からもらった手紙も、母親が残してくれた家族のアルバムも、何もかもがもはや彼らのものではなくなってしまう。

——ミラン・クンデラ(1)

## ユダの死(2)

親しい仲間の死について書き記すことは難しい。その死が「時期尚早で早まった」死である場合にはなおさらだ。さらにその死が、書き手の参加していたある運動の創始者の死と何らかの関わりを持っているときには、いっそうそれは困難なことになる。そしてもっとも重要なのは次のことだ。死が親しい友達や仲間の自殺であった場合、それも今まで共に行動していながら、ある時点を境に、われわれから離れていった友人や仲間が自殺したとき、その死について書くことはきわめて難しい。もし人が大きなプロジェクトや仕事に親しく関わっていた矢先に、仲間が自殺したとしよう。そんなとき、仲間の自殺が明確に語ってくれるのは、むしろ自分と死んだ仲間が見かけほど親しくなかったことや、仲間の死がふたりの関係にもたらした唐突な終焉が、残された者を深い悲しみの気分になどけっして浸らせてくれないことだ。自殺という行為に人が与える道徳的な評価は脇に置くとして、そこにはなお残された者の判断と、自殺していった者の判断という要素が残る。そしてそれと同時にたくさんの未解決の疑問が残される。

この点について痛ましいほど多くの説明をしてくれるのが、一九六三年に起きたシルヴィア・プラス(一九三二―六三。アメリカの詩人)の自殺だった。以後三〇年の間に、彼女の生きた生涯とその死がおびただしい量の研究を呼び、たくさんの考察が重ねられた。が、その生涯と死はまた、伝記というものの曖味さをいやというほどわれわれに痛感させることになった。とりわけ親しい友達や家族の人々がなお多く生きている間は、なおさら彼女の伝記を書く作業は難しい。(3)

もっとも早い時期に書きはじめた福音書の記者たちも、これと似たようなジレンマに直面していた。彼らが書こうとしたのは、まず何はさておきイエスの生涯と死についてだった。イエスの死について書くことは、すでに生前イエスが彼らにその覚悟をさせていたので、さほど難しくはなかっただろう。記者たちは、イエスの死が神の計画にかなったものだと信じていた。それは神が、イエスを死者から立ち上がらせ、甦らせてくれるという信仰によって支えられた彼らの認識だった。復活がイエスの死を受け入れやすいものにさせたのである。それはまた、みずからに死をもたらしたときにイエスが演じた役柄の如何を問わず、その役柄からイエスを解放するものでもあった。

福音書の記者たちはそれぞれに、イエスの受難劇という織物の中に織り込むべきユダについての材料を持っていた。われわれがすでに見たのは、マルコがほとんどユダに興味を示しておらず、イエスの受難劇で演じたユダの役柄についてもほとんど述べていないし、ユダの死に至っては何ひとつ語っていないことだ。それにひきかえヨハネは、ユダに対してかなりの関心を示しているが、彼の死についてはまったく興味がないようだ。ルカはユダの死の報告を、初期教会の物語へ組み入れようと決意していた。そして、使徒言行録ではそれを冒頭の一部に据えている(一・一二―二六)。

マックス・ウィルコックスは使徒言行録の一章の中に、アラム語の伝承が含まれていることを突きとめた(伝承はすでにギリシア語の形でルカに伝わっていた)。それはユダの伝承をアラム語に訳されたタルグムの創世記四四・一八へとつなげるものだった。そこでは、ユダ(ヤコブの第四子。ユダ族の祖)がエジプトの宰相となったヨセフに嘆願して、末の弟のベニヤミンをヨセフの手に「引き渡す」ことから守っていた。

ウィルコックスは次のような結論を出している。つまり、十二人のひとりとしてユダは「特別な役割」を果たしたのではないか。使徒言行録が冒頭で描いているのは、もともとユダの後任であるマティアの選出より、むしろユダのことだったのではないのかという[4]。さてわれわれはここで、ユダの死について記したマタイのテクストから点検をはじめよう。

## マタイ二七・一―一〇

[1]夜が明けると、祭司長たちと民の長老たち一同は、イエスを殺そうと相談した。[2]そして、イエス
を縛って引いて行き、総督ピラトに渡した。
[3]そのころ、イエスを裏切ったユダは、イエスに有罪の判決が下ったのを知って後悔し、銀貨三十
枚を祭司長たちや長老たちに返そうとして、[4]「わたしは罪のない人の血を売り渡し、罪を犯しまし
た」と言った。しかし彼らは、「我々の知ったことではない。お前の問題だ」と言った。[5]そこで、
ユダは銀貨を神殿に投げ込んで立ち去り、首をつって死んだ。[6]祭司長たちは銀貨を拾い上げて、
「これは血の代金だから、神殿の収入にするわけにはいかない」と言い、[7]相談のうえ、その金で
「陶器職人の畑」を買い、外国人の墓地にすることにした。[8]このため、この畑は今日まで「血の畑」
と言われている。[9]こうして、預言者エレミヤを通して言われていたことが実現した。「彼らは銀貨
三十枚を取った。それは、値踏みされた者、すなわち、イスラエルの子らが値踏みした者の価である。
[10]主がわたしにお命じになったように、彼らはこの金で陶器職人の畑を買い取った。」

福音書の一部にユダの死を取り入れて報告しているのはマタイだけである。実際、彼はかなり詳細な内容を記述に盛り込んでいる。記述はたしかにイエスの受難劇に関連させて書かれているが、そこにはまたマタイ独自の意見もある。それは彼がユダの死をイエスの裁判と彼の十字架刑の間に置いていること、そしてユダの死を自殺として描いていることだ。

マタイの報告によれば、ユダはイエスがピラトの手へと引き渡されたのを知ると、気持ちに変化が生じたという。これが意味していることは明らかだ。事態が彼の考えていたものと違ってしまったのである。たしかにユダはイエスを祭司長の手に引き渡した。が、イエスがピラトの手に引き渡されると、まったく違ったシナリオが展開しはじめることになる。ユダヤ人が同胞のユダヤ人を異教徒の当局に引き渡す事態については（4章を参照）、その時期および、それがどのような状況のもとでそれが行われたのかなどについて、ユダヤの資料がたくさんのことを語っている。したがって、ユダがこの問題に精通していたことは疑いようがない。現にユダは祭司長から、イエスの身にこのような事態が起きることはないという言質を取っていたのではないだろうか。A・E・ハーヴェーが適切に述べている。「（異教徒の支配者に）引き渡すことの意味が、これまで、当然受けてしかるべき注意を受けずにきたのではないか」[5]

デレットによれば、正義の人であれ罪人であれ、ひとりのユダヤ人を非ユダヤ人の支配者（それが善意の支配者であろうと、圧政的な支配者であろうと）の手に（もちろん彼の死をも予想しつつ）ゆだねることは、ユダヤの律法の中でももっとも重い罪のひとつだった[6]。ユダが個人的につらい立場に追い込まれたことはまずまちがいない。マタイによると、ユダは次の三つのことをした。

・ユダは自分のしたことについて、考えを変えている[7]。

・ユダはお金を返した。
・ユダは出かけて首を吊った。

**「心を変える（後悔する）」の意味（二七・三）**

ほとんどの翻訳者たちは「メタメロマイ」という動詞を「後悔する」と訳しているが、「後悔する」に相当する語は通常「メタノエオ」である。が、この言葉はここには出てこない。そのかわりに、ここで使われているのがメタメロマイだ。ふたつの言葉の差異を説明するのによく引用されるのがコリントの信徒への手紙二、七・八―一〇。ここではパウロがふたつの言葉を使っているからだ。パウロによれば、真実の悲しみこそ悔い改め（メタノイア）への道を開くという（コリントの信徒への手紙二、七・九「あなたがたがただ悲しんだからではなく、悲しんで悔い改めたからです」）。しかしここで、マタイのテクストの意味を明らかにするためにパウロの用法を応用すべきだとするのは、なお釈然としないだろう。いずれにしても、マタイはメタメロマイという言葉を二一・三〇、三二でも使っている。ここで語られている物語はマタイだけに現れるもので、ふたりの息子が登場し、父親からぶどう園へ働きにいけと命令される。が、ふたりはともに素直な返事を返さずに考え直したり、命令に背いたりする（この場面ではメタメロマイは「考え直す」と訳されている）。

引用した断章の第三節で使われたメタメロマイは、あきらかにユダが考えを変えたという意味だ。そしてそこには、悔い改めという言葉に付随した宗教的な意味合いはない。ギリシア語のテクストははっきりといっている。この心の変化が、今（ここで使われているギリシア語の「トテ」は「今、そのとき」の意）起こったあることの結果として生じたのだと。そして「トテ」には（ファン・ウニックの意見に反して）「突然、出来心で」という意味はない。それはあるものが変わったという事実、そして、ユダがただちにその変化に反応しているという事実に注意を促す言葉なのである。ここで、イエスの状態の急変に対するユダの後悔という要素がはじめてクローズアップされることになる。そしてそれが、ユダの驚愕と苦悩から出た自己洞察を生み出すことになった。「わたしは罪のない人の血を売り渡し、罪を犯しました」（二七・四）

ここに後悔と自責の念があるのは明らかだ。そして罪を犯したことに対する告白が前面に出ている。ユダは自分が状況の判断を見誤ったことを認めている。そのために悲しむべき罪を犯してしまった。われわれが見過ごしてはならないのが、ここでマタイがユダに捧げている大きな賛辞だ。たしかに世間では偉大この上ない業績といってみても、わずかな瑕瑾を免れることはできないだろう。それは人間には不可能なことなのだから。が、もちろん大事なのは罪を犯したときに、それを認める勇気を持つことではないのだろうか。ユダはイエスがもはやどこへも逃げ場のないことを目の当たりにした。むろん、ユダが自力でイエスをピラトから解放できる望みなどない。このことは彼自身も十分に承知していた。ここで起きた出来事の中でユダがどんな役割を果たしていたのかはさておき、マタイがユダの唇から出た言葉として記した「（わたしは）罪を犯しました」は、神の愛、それにイエスが教え広めた福音へと通じる扉を開くものだった。

ユダは自分自身の罪を告白した。が、彼はまたイエスについても重要な発言をしている。イエスについて吐露した言葉は、弟子たちの唇から出た唯一の言葉である。それがユダの口から発せられた。「わたしは罪のない人の血を売り渡し、罪を犯しました」。ユダは自分の行動の責任を取ったのである。

「罪のない人の血」という表現は、ファン・ウニックが指摘している通り、それほど広汎に使用された言葉ではない。が、「罪のない人の血」をだれかに引き渡すことは、ヘブライ人の生活の中では、一般的にいっても、もっとも重大な罪のひとつと考えられていた。われわれはここでこの言葉が、ユダヤの指導者たちの罪をそれとなく暗示しているととらえるべきではないだろう。あくまでもユダは自分自身の罪を告発していたからだ。それは他のいかなる者の罪でもない。マタイにとって「罪のない人」という言葉は、あくまでも、何ひとつ罪を犯していないイスラエルの民のひとり（イエス）を指していたのである。

　預言者のエレミヤは、もし神のメッセンジャーである自分が殺されるようなことがあれば、「お前たち自身と、この都とその住民の上に、無実の者の血を流した罪を招く」（エレミヤ書二六・一五）といって警告をした。ユダの王マナセの最大の罪は、罪のない者の血を流し、「その血でエルサレムを端から端まで満たした」（列王記下二一・一六）ことだった。イスラエル自身ですら、偶像崇拝と幼児の供犠のために「無実の者の血を流し」（詩編一〇六・三八）、地を汚したとして告発されている。このような行為は当然のことながら神の呪いを招き、罪を犯した者はこの地に住む資格のない者とされた。何ひとつ理由もないのに人を殺すことは、無実の者の血に対して罪を犯すことだった。それに対して、「賄賂を受けて無実の人を陥れたりしない人」（詩編一五・五）は、とりわけ神の祝福に値する者とされた。無実の人の血が流されたり、あるいは引き渡されたときに、ユダヤの律法で唯一可能な贖いとされているのは罪を犯した者を死にいたらしめることだった。

　ユダは事態を修正しようと試みた。が、神殿の指導者たちは次のような言葉でこれを一蹴した。「お前の問題だ」。そして彼らは次のようにいってユダに知らせた。自分たちの知ったことではない、罪はすべてユダにある。これはまったく自分たちの問題ではないと。祭司長たちはユダの告白を受け入れなかった。したがってユダにはもはや選択肢がなくなっていた。申命記二一・二三にある判決（「木にかけられた死体は、神に呪われたもの」）を自分で自分に下し、それに基づいてみずから刑を執行しなくてはならなかった。

自分自身に呪いをかけることによって、呪いは人々から離れ、土地からも離れた。(8)「(わたしは)罪を犯しました」。思えばユダは弟子たちの中で、このような勇気ある言葉を発したただひとりの男だった。さらに重要なことは、彼が自分の主人イエスの無実を宣言したことだ。この無実の人を死にいたらしめたことについては、ユダの他にも責任を負うべき者はたくさんいた。が、ユダは続けて告白以上のことを行っている。彼は自分の心が変わった証拠にお金を戻した。そして死へとおもむいたのである。

**お金を返したことは何を意味するのか**(9)

ユダがお金を返した出来事の歴史性については、これまで疑問視され続けてきた。理由はこの件を取り扱っているのがマタイだけであること。そして、ゼカリヤ書一一・一三の言葉「それ(銀三十シェケル)を鋳物師に投げ与えよ。わたしが彼らによって値をつけられた見事な金額を」が、オリジナルとしてあったのかもしれないことなどである。このような反論に対して、ヨアヒム・イェレミーアスは以下の四つの論拠を挙げ、出来事の歴史性を主張している。

a　ユダがお金を返したというマタイの説明は、当時、ユダヤで行われた風習に基づくもので、十分に歴史的なものと考えられる。イェレミーアスはミシュナ(ユダヤ教の口伝律法)からその証拠を引用している。ミシュナはおそらくイエスの時代にもなお効力を持つ律法だったろう。引用された例の中ではお金の所有者が、お金を引き取ることを拒否しているケースもあれば、自分の心が変わったことを知らせるためにお金を神殿に戻し、取り決めとはいっさい関わりたくないという意向を示す者の例もある。所有権についていえば、気持ちの変化した者のために十二カ月の猶予が与えられていた。その期間中、お金は神殿に置かれていて、いつでもそれを引き取ることができた。イェレミーアスは結論として、ユダは神殿との約束を無効にするために金を戻したのではないかといっている。マタイ二七・九―一〇に引用されたエレミアの言葉の中に神殿という言葉は見当たらない。したがって、エレミアはこの物語の出所ではないかもしれない。

b　イェレミーアスはまた別の例を見つけ出している。そこでは引き取りを要求されなかったお金が、神殿の金庫を通して公の利益のために使われていたという。

c　さらにイェレミーアスは土地の購入の例を引用している。そこで彼は次のような結論を出した。売買される土地の一区画の値段は平均して、およそ一二〇デナリほどだったという。これは銀貨で三〇枚に当たる。

d　最後に、祭司長たちによって引き合いに出された「陶器商人の畑」について。この名前はゼカリアのテクストから引用されたものではない。そのために、ユダに関するこの引用は、歴史的な観点から持ち込まれた可能性がある。少なくともイェレミーアスは、銀貨を神殿に戻したユダの行為を歴史上のことではないと自信を持っていうことはできないという。その歴史的な根拠がないからだ。

先の引用文の中で、これまでもっぱら注意が注がれてきたのは、マタイによって引用された聖書のテクストだった。とりわけ集中しているのは、マタイがエレミヤ書のものだとしている一文だ（実際はゼカリヤ書一一・一三から取られた）。これはマタイがエレミヤ書のふたつの箇所の助けを借りて、ゼカリヤ書に自分の解釈を施し、加筆したものだった。エレミヤ書のふたつの箇所とは、ひとつが一八・二―四と一九・一―三、もうひとつは三二・六―一五である。こうしてマタイはゼカリヤ書をもとに書いたのだが、それは彼がヘブライ語[10]から、自分の作りたいものに合わせて直接自由に翻訳をしているからで、これは疑いのないところだろう。マタイの引用はこの箇所だけではない。それより前にも、同じ「羊飼い[11]」の文脈から引用した言葉を（「羊飼いを撃て、羊の群れは散らされるがよい」ゼカリヤ書一三・七）、ゲッセマネの園へいく場面でイエスの口からしゃべらせている（マタイ二六・三一）。しかもそれだけではない。ユダに祭司長たちが報酬を支払う場面（マタイ二六・一五）でも、また同じゼカリヤ書から引用した言葉で語っている。それは預言者が悪い羊商人から支払われた、ばかばかしいほどわずかな賃金を描いたときの「銀三十」という言葉だった（「彼ら（羊の商人）は銀三十シェケルを量り、わたしに賃金としてくれた」ゼカリヤ書一一・一二）。

後悔したユダは、銀貨を神殿に投げ込んで立ち去るのだが（マタイ二七・五）、その投げ込むしぐさもまた、ゼカリヤ書の羊飼い（預言者ゼカリヤ）の所作をまねている。羊飼いは同じようにして哀れな賃金を拒否した（「わたしはその銀三十シェケルを取って、主の神殿で鋳物師に投げ与えた」ゼカリヤ書一一・一三）。このユダのしぐさが旧約聖書の前例に基づいていたために、P・ベノアは次のように述べている。

これはおそらく、われわれが具体的な事実を思い浮かべてそれを想像しようとすることから解放してくれるものかもしれない。それはたとえば、裏切り者が本当に、祭司たちだけに出入りが許されていた聖所へ侵入したのかどうか、あるいは「ナーオス」（神殿の内側）という言葉がここでは、「ヒエロン」（神殿構内）という意味にとられるべきではないのではないか（もしそうなら、それは言葉の不適切な使用を意味する）、といった問題を解決する義務からも解放してくれる。解決の方法はただひとつ。このようなさまざまな描写を聖書に出てくる前例で説明することだ。聖書には悪名高い罪人たちの恐ろしい死さえ描かれているからだ。(12)

マタイの物語にとって、[13] 三〇枚の銀貨は非常に重要な役割を担っている。そして銀貨三〇枚への言及は、いわば「赤い糸」のように物語全体を貫いていて、物語をしっかりとひとつにまとめている。[14] ローマイヤー・シュマウホによると次のようなことになる。「主要なモティーフは銀貨三〇枚といってよいだろう。それは高められて、『羊飼い』（イエス）の終末論的な目印のようなものになっている。銀貨三〇枚が裏切りをそそのかし、それを保証した。そして銀貨を取り巻くようにして、改悛の情が表現されている。またそこには裏切り者の死があり、祭司長たちの罪と罰がある。そして神意による『陶器職人の畑』の購買があった。これら個々の出来事のすべてにおいて、銀貨三〇枚が明らかにしていることは、神の宣言した目的が人間の闇や悪意のすべてを通して、どのように神の『羊飼い』（イエス）のもとで達成されていくのかということである」[15]

## 彼は立ち去り、首を吊って死んだ

ユダがみずからの手で自分の生涯を終わらせた、つまり自殺を計ったとするマタイの記述は、評釈者たちにとって多くの問題を生みだした。自殺それ自体は当時のユダヤ教において、反道徳的行為とは考えられていなかったし、[16] それどころか、それよりずっと広くギリシア・ローマの社会に目をやってみると、多くの人々によって自殺はむしろ生からの高貴な退場と考えられていた。このことを思い出すのは非常に重要なことだ。

アントン・J・L・ファン・フーフはこの件について膨大な材料を提供している。そして神話と「現実の資料」との両面からデータの分析を行っている。彼の作り上げた一覧表はこの上なく有益である。彼は神話上の自殺例として一二五件、後期の共和制時代の例として一六四件、われわれの検討している初期帝政時代（紀元前二七―紀元後一九二）のものとして二五五件（これは統計上ではもっとも大きな数字である）をリストアップしている。初期帝政時代に、実際に自殺した者の数は六六二四人とされている。これはどの時代とくらべても、はるかに多い数字だ。[17]

が、しかし、以下の議論でユダの自殺が演じる役割は、結局のところアルベール・カミュの語った真理を説明することになるのかもしれない。それは「ただひとつ、本当に重大な哲学上の問題がある。それは自殺だ」。[18] ユダの死はルカとマタイによって語られているが、そのいずれも叙述は深い悲しみに満ちている。ふたりの記者はふたりとも、ユダの行為を意気揚々とした、高貴な死として描いてはいない。が、われわれに必要なのは彼らの文脈の中で彼らの下した評価を検分することだ。われわれの目の前にあるさまざまな解釈をわれわれが点検するのと同じようにして。

マタイが描いたユダの死についていえば、C・F・ウェーランが福音書のこの部分を分析することによって、新たな地平を切り開いている。古代世界の自殺についてなされた最近の研究に基づいて、彼女はマタイが彼の福音書の中に、ユダの自殺の記述をなぜ入れたのか、その理由を見つけ出そうとしている。彼女は次のような点に注意を促している。それは、古代社会において自殺は、単に個人的な「本人だけの死としてとらえられていなかった。それはむしろグループ全体の一致団結や組織に対する一種の威嚇として考えられていた」[19]

われわれはすでに、マタイが共同体に対して強い興味を抱いていたことを指摘した。ユダの自殺に対するマタイの解釈は、われわれの目指す結論にうまく合致したものとなるだろう。自殺を計るについてはさまざまな理由が考えられるが、ユダの自殺のモティーフはローマの兵士のそれにもっとも近いものかもしれないとウェーランはいう。「いつわりの告発によって面目をつぶされた兵士が計った自殺は、彼の真価ことができなかったという事実だ。そこにはアウグスティヌスの時代から延々と続いた、ユダの自殺に対するわれわれの偏見があったのだという。彼女の気持ちとしては、ユダの自殺を「姦通のために自殺を計った女性たちの死にもっとも近いもの」と考えたいようだ。「それが償いの行為として、そしてみずからの名誉回復のために役立つ点から見て」そう感じたのだという[21]。そしてウェーランは、次の点については自信を持っていた。それはユダの自殺の物語が、イエスの死に対する罪をユダの側から移行して、最終的に責任のある者たち、つまり祭司長や長老たちへと向かうのに役立ったのではないかというのだ。

アウグスティヌス以前にはユダヤ教においても、またキリスト教においても、自殺に対するタブーは存在しなかったという説はこれまで強力に主張されてきた（おもに、ドーブに加えてファン・フーフ、ドロージ、それにウェーランらによって）。が、ヨデファトでヨセフスが行った、自殺に反対する演説の中に「古代にあった自殺に対する反対意見が伏流となって流れ入り、今ではそれが大きな貯水池となっている[22]」というくだりがある。が、ときおりヨセフスは「ユダヤ教による道徳的な理由」から自殺に反対する意見も述べていた[23]。これは明らかなことだ。ということは、ヨセフスの中でも、自殺についてはかならずしも首尾一貫した意見がなかったのではないだろうか。ここにひとつ重要なテクストがある。トビト記の中の一文（三・一〇）。サラは七人の男に嫁いだのだが、初夜を過ごす前に、そのつど悪魔に男を殺されてしまう。女奴隷たちがそのことをあざけり、サラをばかにした。心に深い悲しみを抱いたサラは自殺を考える。が、自殺をすることで、年老いた父に人々が侮辱を加えるかもしれない。そのことが気がかりになったサラは、「私が自分で首をくってしまうよりも、主にお願いして死なせていただく方がよいのです。そうすれば、生き永らえて辱めの言葉を耳にすることもないでしょう[24]」と思った。この感情の背後にあるのは、たしかに、自分の手で死ぬより神の御手によって死ぬ方がよいという考えだった。

キリスト教徒の側からいうと、そこにはまたひとつ古代の小説がある。その中でペトロは意気消沈したキリスト教徒の女性に自殺してはいけないと説得をする。そして次のような質問を投げかけている。「そんなふうにして死んだ人々の魂は、さらにひどい刑罰を受けることになりますよ。自分の手で自分を殺すわけですから[25]」。アウグスティヌスは四世紀に、教会法を定めるためにこの問題を取り上げたのかもしれない。が、もっとも考えられるのは、アウグスティヌスの時代より以前に、すでにキリスト教徒やユダヤ教徒の間に自殺に対する深い嫌悪の情があったということだ。が、それと同時にいえることは、自殺に対する総括的な糾弾というものはまだ存在しなかったのではないだろうか。

死ということになると、新約聖書で描かれているのは、ふたりの中心人物の死だ。イエスとユダである。その他では、わずかにアナニアと妻のサフィラの死（使徒言行録五・一―一一）、それにステファノの殉教などが挙げられる。が、ここで疑いのないことは、ユダの死それ自体については、とりわけ大きな興味が払われていないということだ。結局のところ、多大な興味が生じてくるのは死後の話で、そのときに対象となったのがユダの生前の生活だった。彼がどのようにして死んだのか、また、彼の死をめぐる状況などについてはまったく関心がなかった。が、あきらかに弟子たちには、ユダの死について論議を交わさなくてはいけない理由があったのだろう。十二人の内ではただひとり、その悲劇的な死があまねく知れわたってしまったユダについての議論である。

ユダの運命については多くの人々によって、すでに定められたものとされている。それは、強欲と欺瞞に駆られた行動の結果生じた自殺という運命だった。行動が挫折したときに、ユダの気持ちは絶望へと移行していった。使徒言行録ではユダについて、まったく異なった記述をしている。が、それを思い出したとき多くの人々は、福音書と使徒言行録の記述にあった差異を無視した。ふたつの記述は容易に調和されうるものだというのである。

ユダの死について書かれた聖書の記述は、これまで徹底的ともいえるほど研究しつくされてきた。初期のキリスト教のテクスト中（マタイや使徒言行録だ）で記された時点では、ユダはまだ死んでいなかったと結論づける学者もいた。彼らが主張しているのは次のような点だ。つまり、ユダの死の記述は、むしろ彼が「悪人」であったこと、そして彼が犯した悪行に対して彼は代価を支払わねばならなかったこと、などの事実を強調することが目的だったというのだ。

そこで、われわれの選択肢は次のような形となって現れてくる。

1　マタイの記述をそのままに受け入れて、ユダの死をみずから自分に課した行為だったと見る見方。ここからまた、さまざまな解釈が生まれてくる。たとえばわれわれはヴレーデのような考えを取ることもできる。それはマタイの記述の中に、「人をとらえて離さないある心理学的な真理」を読みとること。これはユダの名誉となるだろう。男の「行為は実際、取り返しのつかないものではあるが、彼の魂はなおより高貴な衝動であることをやめない」[26]。そんな男にわれわれは同情すべきであるという。が、ほとんどの学者は、ユダが悪事をなしたと考えている。そのために彼は、当然その償いをすべきであるという。また、彼の告白はむしろイエス自身か（これはどのようにしてすればよいのか、想像するのがやや難しい）、あるいはイエスの弟子たちに対してなされるべきだと提案する者さえいる[27]。

2　ルカが使徒言行録で書いたユダの記述を正しいものとして受け入れること。この場合には、ユダの死は単なる事故によるものか、あるいは神が介入した出来事だったのか、そのどちらかである。が、いずれの場合でも、われわれは自由に記者の意図について問いかけることができる。はたして記者はこの出来事をどのような意図のもとで書いたのだろうか、そして、ユダの記述は記者が思い描いた福音書全体のテーマに、どのように合致するのだろうかと。

3　ふたつの福音書の記載はあきらかに矛盾している。それなら双方ともに信頼するに足りないとすることは可能かもしれない。そして、ユダは生き延び、キリスト教の運動の圏外で余生を送ったと考えることができるかもしれない。もしそれが真実だとすれば、われわれはユダの死について何ひとつわからないことになる。

クラウクによって提案されているのもこの説で、ユダはイエスの磔刑の時期よりはるかに先まで生き延びたという。が、これはまず高い確率でありえないだろう。たしかにそのような伝承の痕跡がいくらかなりとも残っていたのかもしれないが。ユダの死を伝えるふたつの記事から導き出されたわれわれの仮説は、イエスの死とほぼ同じ時期にユダも死んだのだが、彼がなぜ、そしてどのようにして死んだのかについては、納得のいく推測に到達するために、われわれは選択をしなければならないというものだ。

たとえユダが自殺をしたということを認めたとしても、なおわれわれは、彼のみずから下した死が自責の念と悔恨によるものなのか、あるいはイエスへの愛によるものなのかを問いかけなくてはならない。もしそれが、イエスに対する愛から出たものだとすれば、自殺の行為は「高貴な死」として描かれてしかるべきものだろう。「高貴な死」は忠誠を誓った従者たちが、王との強いきずなのもとで死んだときに使われた言葉だった。[28] アーサー・J・ドロージとジェイムズ・M・テイバーは、「ユダの自殺行為は糾弾を受けたわけではない」と結論づけている。ヘブライ語やキリスト教の資料に当たってみても、アウグスティヌスの時代より以前には、このような自殺行為がとがめられた例はいっさいない。[29] キリスト教や西方世界が自殺に対する糾弾をはじめたのは、他のだれでもない、アウグスティヌスの指図によるものだった。[30] マタイのわかりやすい内容を無視して、その代わりに、自殺に反対するプラトンの主張の上に議論をうち立てることによって、アウグスティヌスは、その後数年の内に自殺行為弾劾の基調を定めることになる。現在、鋭い調子で自殺を非難し、その行為を犯したがゆえにユダを弾劾する人々は、とりわけアウグスティヌスに大きな影響を受けた者たちである。そう、たとえばそれはG・K・チェスタトンのような。

自殺はひとつの罪であるばかりではない。それは罪そのものだ。究極的なそして絶対的な悪である。それは存在に対して興味を抱くことの拒絶であり、生命に対して忠誠を誓うことへの拒否である。ひとりの人間を殺す者は、たしかにひとりの人間を殺すにとどまる。が、自分自身を殺す者は万人を殺すことになる。自殺をする者は世界をぬぐい去るのである。[31]

ユダに関する最近の研究は（クラウク、フォーグラー、マコービーなどの研究）、自殺という考えを否定する傾向にある。むしろ、研究者たちは次のような考えを持っている。つまり、ユダの最後を伝える物語は、キリスト教の共同体や弟子のサークルを離れた人々が、避けがたく遭遇しなければならない苛酷な最期を示そうとしたものではないのかという。彼らの考えを支えているのがルカによる記述だ。ルカはユダの死を偶然によるものとして、あるいは神の介入によるもの、さらには自然の原因によるものとして描いている。

## 使徒言行録一・一六―二〇

ペトロは一二〇人もの人々に向かって話している。

[16]「兄弟たち、イエスを捕らえた者たちの手引きをしたあのユダについては、聖霊がダビデの口を通
して預言しています。この聖書の言葉は、実現しなければならなかったのです。[17]ユダはわたしたち
の仲間の一人であり、同じ任務を割り当てられていました。[18]ところで、このユダは不正を働いて得
た報酬で土地を買ったのですが、その地面にまっさかさまに落ちて、体が真ん中から裂け、はらわた
がみな出てしまいました。[19]このことはエルサレムに住むすべての人に知れ渡り、その土地は彼らの
言葉で『アケルダマ』、つまり『血の土地』と呼ばれるようになりました。[20]詩編にはこう書いてあ
ります。

『その住まいは荒れ果てよ、
そこに住む者はいなくなれ。』

また、

『その務めは、ほかの人が引き受けるがよい。』」

一・二四―二五の「彼ら」による祈り。

「……このふたりのうちのどちらかをお選びになったかを、お示しください。25ユダが自分の行くべき所に行くために離れてしまった、使徒としてこの任務を継がせるためです。」[32]

この物語の中心に立っているのはペトロだ。彼はユダの行為を説明する者として行動している。ここではサタンに言及している箇所はない。が、その代わりにペトロは、ルカの編集によって、次のようなことをしゃべらされている。それは聖書がユダの行為を通して実現される、その実現のされ方である。裏切りについてもここではひとことも語られていない。むしろユダの行為は「イエスを捕らえた者たちの手引きをした」(使徒言行録一・一六)といううぐあいに描かれている。

ここでたしかにいえることは、リュティ[33]が書き留めているように次のことだ。マタイはユダの不道徳な点として、祭司長たちとお金の交渉をしたことを挙げている。が、それに対してここでは、はっきりと「不正を働いて得た報酬」といっている。つまりルカは、「アディキア」(悪辣)を「マモーナース」(富)に関連したものと見ていた。さらに、ルカが描いたユダの死は、あきらかにマタイのそれに準じたものだ。したがって、ルカが描いたユダもマタイの描いたユダも、ともに歴史的な現実を反映したものではないということになる。とりわけルカは、ユダの死を旧約聖書から引用したふたつのテクストと結びつけている。それは詩編六九・二六(「彼らの宿営は荒れ果て/天幕には住む者もなくなりますように」)と一〇九・八(彼の生涯は短くされ/地位は他人に取り上げられ」)だ。

また、使徒言行録についていうと、「まっさかさまに落ちて」という句をもっともよく説明してくれる先例がある。それは知恵の書の四・一九だ。ここでは神を信じない者の死を次のように描いている。

その後、彼らは不名誉なしかばねと化し、死者の中で永遠に恥を受ける。主が彼らを「地に打ち倒して」口を封じ、その基から揺さぶり、ことごとく討ち滅ぼしてしまわれるからだ。彼らは苦悩に責めさいなまれ、人々の記憶から消えうせてしまう。

さらにここには、ユダの思い出と血の畑との奇妙なつながりも見られる。マタイでは「血」という言葉が、ユダの死を語るくだりで三回出てくる。「罪のない人の血」（四節）、「血の代金」（六節）、「血の畑」（八節）[34]。使徒言行録によると、畑はユダの持ち物で、ユダはそれを裏切りによって得たお金で購入したという。この血はまた、ユダがみじめな死に方をしたときに、畑に流した彼の血で、そのために血の畑という名がついたようにも受け取れる。一方マタイでは、畑の購入は祭司長らによって行われたという。そして畑の名前の由来はイエスの血にあるという。つまり畑は、イエスの血の代金によって獲得されたものだったのである[35]。

## マタイと使徒言行録を比較すると

新約聖書の中でユダの死を語っているこのふたつの記事（マタイ二七・三と使徒言行録一・一五―二〇）は共通したいくつかの点を持っている。

- ともに人口に膾炙した伝承をもとにして描かれている。
- ユダが異常な死に方をした点で一致している。

・ともに好んで旧約聖書の預言を持ち出している。そして記事を旧約聖書の引用で終わらせている点も共通している。
・エルサレムの地勢のかなりくわしいデータを記している点でも共通する。
・購入された土地の名前がふたつの記事で一致している。(36)

さて、次にふたつの記事の異なる点を挙げてみよう。これも十分に注目に値する。

・死に方がふたつの記事で違っている。マタイではユダは首を吊って死んでいるが、ルカ(使徒言行録)では墜落死と記されている。
・死の時期が異なっている。マタイはユダの死をイエスの死の前に置いている。それに対してルカの方は、いっさい死の時期については言及していない。
・畑の購入の状況がふたつの記事では違っている。それに購入者も違う。
・ルカによると畑の場所はエルサレムの近郊にあり、よく知られたところだという。が、マタイにはこのような情報は提供されていない。
・マタイではユダの後悔が記されているが、ルカはいっさいそのことには触れていない。

ふたつの記事を比較してみて、われわれがとりわけ興味深く思うのは次のことだ。それはユダ以外の使徒の死について、われわれはひとつとして情報を知らされていないのに、なぜ初期教会はユダの死を記録したのだろうか、彼らを急がせたものはいったい何だったのだろうかということだ。ピエール・ベノアによると、このふたつの報告を検討してみたときに、「われわれが見い出さなくてはならないものは、双方の報告の中に含まれている現実の記憶の名残だという。それはエルサレムのよく知られた土地が出てくることによって、弱まることなくはっきりとした形で保たれている」[37]という。それゆえに、これらの資料の実在性を探る重要なキーは、資料がエルサレムの土地の名前に注いでいる光にこそあるとベノアはいうのだ。

マタイが描いたユダの自殺のテクストがとりわけ重要なのは、そこで果たしている編集者（マタイ）の創造的な役割を知ることができるからだ。マタイ福音書の最終的な形を作り上げるに際して、編集者が演じた役割である。ドナルド・シニアが記しているようにユダの自殺のテクストは、マルコの描くイエス受難劇の中にマタイが差し挟んだこの上なく大規模な追加部分だったからだ[38]。こんなふうに、マルコとマタイの受難物語の間にあった緊密な平行関係や、ふたつの文学上の関係に見られた「穏やかなハーモニー」は、ユダの死について書かれた断片によって破られることになる。マタイの記事を、最初に福音書を編集したギリシア人の手になるものと考える者もいる[39]。が、いずれにしても、この物語が福音書の中で担っている役割とはいったい何だったのだろうか。これについては多くの提案がなされてきた。が、いずれの提案も満場一致の同意を得るにはいたっていない。シニアは、マタイがマルコによって残された空隙を埋めるためにユダの運命を書いたにちがいないという。マタイ福音書について書かれた最近の注釈書などでは、ここでマタイはユダの「裁き」について書いているという意見も出ている[40]。

マタイのテクストはこれまで、サムエル記下一七・二三に描かれたアヒトフェル（ダビデ王の儀官。ダビデに背いて、ダビデ王の愛児アブサロムの顧問となるが、提案した謀計が用いられずみずから縊死した）と結びつけられて考えられてきた。が、両者の比較はけっして確かなものではないだろう[41]。第一に、アブサロムの物語には裏切りというものがない。それに彼はたしかに自殺したのだが、その理由は、王の信頼を得ていた顧問の地位を失ったからで、アブサロムにはこれ以上恥を忍んで生きていくことができなかったからだ。それに、縊死に見られる平行関係はここではさほど重要ではない。というのも、当時、一般の人々の間でも、自殺の手段として縊死はもっとも標準的なものだったからだ。したがってわれわれは、マタイがサムエル記下一七の物語から縊死という手段をコピーしたと考える必要はないだろう。

ユダの中傷をもとに築かれたのちの教会は、もっぱら、他の邪悪な人間たちと彼らの死にざまを描いた物語に、ユダの死とその物語を重ねて見ていた。パピアス（紀元前の小アジア・ヒエラポリスの主教。福音書中に伝えられていないイエスの言葉を集めた『主の言葉の注釈』を著した）はアンティオコス・エピファネス（紀元前二一五―一六四。セレウコス朝シリアの王）の物語を重ね、ヨセフスはヘロデ大王（紀元前七三―四。ユダヤの王。イエス誕生時の支配者）の物語を重ねた（ユダヤ古代誌一七・六）。またルカ自身も、ヘロデ・アグリッパ（紀元前一〇―紀元四四。ユダヤの王。ヘロデ大王の孫）について言及している（使徒言行録一二・二三）。

こんなふうにして、聖書の記事から似た人物を選び出しては学者たちもまた、ついついマタイの説明を承認する形となっている。「ユダの死が自殺によるもので、しかも縊死だとする見方は、より正確で詳細な報告だ」というのである。(42)

このような説明を代表しているのは、何代にもわたって語り継がれてきた伝承だろう。それがルカやマタイに受け継がれていった。これは分類上「原因論的な伝説」と呼ばれているもので、つねに原因を探し求める伝説を意味している。が、われわれが使う「伝説」という言葉には軽蔑的な意味はない。というのもわれわれはつねに、伝説の中にある深い意図を探すように教え込まれてきたからだ。したがってこの場合、そこに潜む意図は何かというと、それは「すべての人が知っている『血の畑』と、ユダの悲劇的な最期との関わりを明らかにすること」だろうとベノアはいう(43)。

まず、マタイと使徒言行録の記事を調和させる試みは成功しないだろう。そこでわれわれがすべきことは、記者たちがユダの死の物語を語ることによって、何を主張しようとしているのかについて問いかけることではないだろうか。この問いかけに答えるためにはユダの死に方がかなり重要なキーポイントになる。使徒言行録のテクストから縊死を読み取ることはできない。テクストが墜落を描いていることすらはっきりとしない。さらにルカが自殺について考えていたということも定かではない。そこに書かれた言葉が示唆しているのは、ルカが事故による死を考えていたこと、それも自然(あるいは超自然)の原因による死を考えていたことだ。

そこには、ユダの思い出と血の畑との不可思議なつながりもある。この点についてはマタイとルカでは見方が異なっている。

使徒言行録を読んでいて、詩編六九・二六が出てくると、われわれはこの詩編の一節にびっくりさせられてしまう。そこには受難劇を示唆するものがあまりに多くあるからだ。最初に詩編の句を見たキリスト教徒は、裏切り者の上に下された神の呪詛をそこに見ただろう。裏切り者の土地は荒れ果てたままで、住む人もいない。これがあまりにも不運な土地を立証していたために、それはまぎれもなくユダの畑として指摘されたのだろう。彼がそこで死に、あるいは埋葬されたということは十分に考えられることだった。が、人々が語り伝える内に、それが「彼の」畑だというディテールが加えられていった。さらにそこにはまた、彼がそれを自分の罪で得た金で購入したというものまで追加された。

こうして伝承ができあがる過程で、それは基本的な真実を表現していた。その真実とは、欲深い使徒が不正な手段で得た儲けは、けっして彼を利するものではなかったというのがそれである。ルカはこの伝承を唯一の重要な側面として蒐集した。(44)

この物語のもうひとつの側面にも注意すべきだろう。それは離脱や放逐と死との関係である。マタイやルカの記者にとってこの物語の主要な点は、ユダがもはやイエスの共同体のメンバーではなかったことを示唆することだった。これはありうることだろう。ユダは仲間たちから離れた。そこにはおそらく、第二神殿時代（第二神殿は紀元前一世紀にヘロデ大王によって建てられた）のユダヤ教が離脱者を扱ったやり方や、クムラン教団が放逐し、破門した者を扱うやり方と、初期のキリスト教会がユダの死について語る語り口との間にある種のつながりがあるにちがいない。ユダは仲間たちの間で生きることはもはやできなかった。それはイエスの死の中で演じた彼の役割があまりに複雑で込み入ったものだったからだ。第二神殿時代のユダヤ教の一セクトにとっては、破門や追放、それに尚早な死はなんら不自然なものではなかった。したがって人々から「引き離される」ことは、そのまま放逐や尚早な死という形を十分に取り得たのだ。(45)

## 死の前の改悛

ユダの死と彼の生涯、それに彼の行いなどを論じたものの中で、もっともすぐれたもののひとつは一九世紀の会衆派説教者ジョセフ・パーカーのそれだろう。彼はけっして以前の神学を勉強したわけではなかった。(46)パーカーはおそらくド・クインシーに影響を受けたのかもしれない。パーカーは次のように主張している。われわれはユダを、われわれすべてと同じように過ちを起こしかねない、また、悪意を抱きかねない普通の人間として取り扱うべきだという。イエスがなぜユダを選んだのかというミステリー[47]は、さほど意味深長なことではない。それはわれわれのひとりをイエスが選ぶのとさして変わらないからだ。ユダがみずからの手で死んだことについて、パーカーはそれが「まったく自分のためにしたことで、……耐えることのできなかった自己呵責の順当な達成ということだろう[48]」と述べている。が、しかし、もっとも重要なことは、イスカリオテのユダが「これまで、イエスの性格について発せられた賛辞の中でも、この上なく印象に残る、そして貴重この上ない言葉を話したことだ。これほどまでに簡潔で、これほどまでに飾り気がなく、これほどまでに完璧な言葉はない——『罪のない人の血[49]』」。この言葉が出てきたのは、他ならぬイエスを非常によく知っていた人、イエスと三年間寝食をともにした人、イエスの教えがどこへ向かおうとしたのか、それを何とかして理解しようとした人の口からだった。それはイエスの使命の完全無欠さを証す強い証言だった。むろん、ユダにとってそれは身を切られるようにつらい言葉だったのだろうが。「ユダはいつわりの言葉を手に握りしめたままで死んだのではない。真実の言葉を唇の上に載せて死んだ。そのために、それなくしてはこの上なく深い傷を負っていたかもしれない状況から、キリストの名前は救い出されたのである[50]」

使徒言行録一・二五でペトロは「ユダが自分の行くべき所に行くために離れてしまった、使徒としてのこの任務」について言及しているが、パーカーはこのコメントについて次のように述べている。これは「ペトロとしては精妙なデリカシーを示した実例だ。そこには審判めいた言葉は何ひとつ述べられていない。墜落にしたところで、おそらくそれはただの正式なコメントで、それにともなう当然の結果を述べたものにすぎない。罪人であるユダ自身はなお神の手の中に残されている[51]」

結局のところ、ユダについて述べられたふたつの記事には、それぞれに明確な目的があったのだろう。使徒言行録においては、はっきりとペトロの役割が強調されているように見える。それは十二人を結束の固いものにしなければいけないという役割である。が、そこにユダに対する批判めいた厳しい言葉はない。信頼に対する背反や不名誉な行為に言及した言葉もない。ユダは自分の手で死んだわけではなかった。が、彼の死は他の「邪悪な」人々の死と同じものとして見られていた。

それではマタイはどうだったのか。マタイに関しては次の点を見逃すわけにはいかない。つまり、ユダは伝統的な悔恨の情がたどるすべての過程に従って、三つの基本的な状況に遭遇している。まず深い悔恨を示し、「後悔し」た（心を変えた）。そして彼は告白をして、みずからの罪を認めた。さらにお金を返すことによって、改悛の情を示そうとした。「マタイが真実の悔恨を描いていたということがごくわずか」(52)でもここにあったのかどうか、これについてはわれわれ読者が自分で解決しなければならない問題だ。たしかにカトリックの伝承では、ユダにとってはそこにひと筋の希望があったと確信されてきたのだが。

有力なドミニコ修道会の説教者ヴィッツェンツ・フェレールは、この本のはじめのところで引用したように、一三九一年の説教の中で次のように述べていた。主を裏切り、売り渡したユダは、主の十字架刑が決定されたのちに真実の、そして彼にとっては救いともなった悔恨に見舞われた。何とかして彼はイエスのそばに近づいて、自分の背信行為の許しを乞いたいと思った。が、すでにイエスはたくさんの民衆に伴われて、ゴルゴタの丘へと向かう道をたどっている。そのために、ユダはとても彼のもとへいきつくことなどできない。そこで彼は自分にいい聞かせた。ここで主の足もとまでいくことができないのなら、せめて自分は心の中で主のおそばへいこう。そして主に心から許しを乞おう。彼は実際にそれを実行した。ロープを取り上げると、それで首を吊った。するとそのとき、彼の魂はいちもくさんにゴルゴタの丘にいたキリストのもとへと直行した。そして許しを願い出ると、キリストによってそれは受け入れられた。許されたユダの魂はキリストとともに天へと昇り、そこで選ばれた人々とともに、彼の魂は神の癒しを享受した。(53)

フェレールはこの考えの一部を七世紀の歴史家テオフュラクトス・シモカッテス(五八〇―六四一)に拠っている。テオフュラクトスはユダに関連して起こった出来事についても、興味深い解説を行っている。テオフュラクトスはユダがイエスのお気に入りの弟子だったと信じていた。ユダはイエスがわざわざ抜擢して会計係に任じた人物だというのである。

ある者がいうには、ユダは強欲のために、キリストを裏切ってお金を手に入れようとしたという。それに彼は、キリストが殺されることはないと考えていたし、これまでいくたびも逃れてきたように、今度もまたユダヤ人の手から逃げおおせることができると思っていた。しかし、イエスが有罪の判決を受けるのを見て(実際にはすでに死刑の判決を受けていた)、後悔の念にさいなまれた。というのも、事態が彼の予期していたものとあまりにも違ってしまったからだ。彼はイエスより先にハデスへいき、救いを願い、それを得るために、みずから首をくくって死んだ。しかし、驚いたことに、首を縄の輪に入れて、木にぶら下がったまではよかったのだが、木がぐにゃりとたわんで、彼は生き続けることになってしまった。これも神の意志だったのだろう。悔い改め、不面目と恥を衆目にさらすようにと、神によって生き延びさせられたのである。というのも、ユダは全身に浮腫が出たために、荷馬車がらくらく通れるほどのところを通り抜けることができず、前にばたりと倒れて、体がばらばらになってしまった。つまり体が裂けて四分五裂してしまった。それはルカが使徒言行録に記した通りである。(54)

それでは、ユダの死について語られたこれらの物語の中で、歴史の核について語られたものはいったいどれだったのだろう。あるいは物語のすべてがまったくの作りものだったのだろうか[55]。

クラウクはユダの死について語られた正典や正典以外の記事をことごとく渉猟しつくしたあとで、次のような結論を出した。「歴史的な視点から見ると、われわれはユダの運命について、とりわけユダの死については何ひとつ知ることができない。テクストをもとに考えたときには、どのようにすればこれと異なった結論に達することができるのか、それが私にはわからない。……ユダの物語を語る教会でさえ、ユダについては何ひとつ知るところがないのである[56]」。そしてクラウクは憶測する。ユダはけっして劇的ではない死を迎えるまで、エルサレムを離れて、一般の人々の間でひとりのユダヤ人として生きていたのではないかと。ブラウンはあえて次のような指摘をしている。ユダの死についてマタイの記述の仕方から感じられるのは、「旧約聖書の背景が実際にはこの物語を作り出したのかもしれない」[57]ということ。

## この章をまとめると

自殺という話題ほど、感情的な観点から見ても重苦しいものはない。が、この問題をめぐっては今もなお活発な議論が繰り広げられている[58]。おそらくもっとも重要なことは、みずから死を選んだ人々の勇気を敬うことだろう（彼らの痛みを感じることだ）。そして、激烈で取り返しのつかない行動の背後に横たわる理由について、あれこれと思いめぐらすことを差し控えることだ。ここでもたしかに、これまで人間が経験したもっとも深く個人的な選択を前にして、われわれができる最善のことは、不確実の影の中にとどまること、そして行為の謎とともに生きることだろう。

共同体にとってこのような行為は、しばしば、次のような告発として重くメンバーの心にのしかかってくる。どんな告発かといえば、みずから命を絶った悩める魂から発せられた救助の叫びに、メンバーたちが耳を傾けることをしなかったという非難である。しかし、みずからの罪を軽減するために大げさに胸を叩いてみたり、他人や死者に向かって中傷の言葉を投げかけてみても、それは自殺という行為をわれわれが考える上で、十分な助けとはならないだろう。

自殺についていえば、マタイがしたように、それをユダに対する審判として使う必要はないだろう。われわれにいえることは、ユダがイエスの無罪に対する最初の、しかも最強の証人だったということだ。彼はこの国でもっとも高い地位にあった当局の人間たちに対して、その告白をしたのだから。彼はまたイエスとともに死んだ最初の人だったということができる。こうしてユダはイエスと一体となって、みずから信じたことのために死んだ。それは何だったのかといえば、イエスが善き人であったこと、そして、いかなる罰則にも値しない、まったく罪のない人だったということである。

# 10 神学者が見たイスカリオテのユダ

ユダの罪と罰について、われわれが系統立てて述べようとすればするほど、……彼の意図と行為はますます、この件について神が欲して行ったことに近づいていく……。

ある意味でユダはイエスを別にすると、新約聖書中でもっとも重要な人物かもしれない。というのも彼は（使徒の中で彼だけが）、この決定的ともいえる状況の中で、神の意志や福音の内容の仕上げをめざして積極的に行動しているからだ。

——カール・バルト（1）

神学者たちもまた聖書学者たちと同じように、ユダの性格や、ユダがイエスの死に深いかかわりを持ったことの意味について、これまで大きな興味を抱いてきた。それがとりわけ真実なのは、カトリックやプロテスタントといった宗派に関わりなく、聖書に基づいた神学をさらに発展させたいと試みてきた人々だった。われわれはこれから、現代を代表する神学者たちを何人か取り上げてみたい。それはハラルト・ヴァグナー(2)、ヘルムート・ゴルヴィッツァー(3)、ベルンハルト・ディークマン(4)など、非常に倫理的な側面を持つ神学者たちである。中でも主要な注意はカール・バルトに向けられることになるだろう。彼は数巻からなる『教会教義学』の中で、ユダについて詳細で広範な取り扱いをしている。おそらくバルトは二〇世紀でもっとも影響力の強い神学者であるにちがいない。彼は聖書をおそろしく真剣に受けとめているため、われわれの探求しているテーマにとっては重要な人物となる。弁証法的神学者としての彼はまた、われわれのテーマについてもおそらくもっとも理解の困難な学者といえるだろう。私の神学仲間にもバルトの崇拝者が何人かいる。が、彼らもやはり、この手の調査を続行する私を励ますことはどうにも気が引けるようだ。しかし、このような重要問題について学者であるわれわれが、たがいに対話することはたしかに有意義であるにちがいない。そのために私は、ユダ（そしてユダヤ教）に対するバルトの見方を、私の読み得た範囲内で提示し、その上で、それに対する読者の返答と修正を待ちたいと思う(5)。バルトの占める位置については、近年ふたたび討議のテーブルに上げられている。したがって、新約聖書に見られるユダについて、バルトの考え方がここで再検討されることはけっして見当違いのことではないだろう。

さらにここで取り上げるのが歴史神学者のベルンハルト・ディークマンだ。彼が最近出した本は、ユダを歴史神学の視点から取り扱ったもので、彼をスケープゴートとしてとらえようとしている。[6] ディークマンはユダの重要性を神学的な側面からのみ書いているわけではなく、ユダが絵画や文学に及ぼした影響についても言及している。そのために、ここで取り上げる価値は十分にあると思う。バルトだけは英語で読むことができる上に、彼の広範囲にわたるエッセーは論旨をたどるのが難しいので別にしても、他の神学者たちの仕事は、彼らの言葉をそのまま、より多く、より頻繁に使いながら要約を示していくのがもっともよいやり方だと思う。ここに選んだものは代表的な神学者たちだが、もちろん、これで万全だと思っているわけではない。宗教革命以来行われてきたユダ解釈の歴史については、K・リュティの仕事を推薦することができる。それはこれに取って代わるものがいまだに出てこないからだ。[7]

## ハラルト・ヴァグナー

ヴァグナーの視点には、救世史のドラマにおける神と人間の関係が含まれている。その幅広い話題の中で、彼はとくに罪の問題に関心を示していた。罪の普遍性と不可思議性についてである。彼はユダを一連の出来事(この一連の出来事によってイエスは十字架へと運ばれていった)をはじめた最初の人物と見なしている。それが意味するところは、ユダの行為によってある出来事が出来し、キリスト教徒の信仰によると、それが人類の贖罪を生み出したという。が、ユダの行為そのものは手厳しく攻撃され(ユダの性格についてはいっそうそれが激しい)、漆黒の色彩で色づけされている。ここにヴァグナーが引用した説教の一節がある。四世紀に書かれたもので、シリアのキュリロス（三一五—三八六。三五〇頃にエルサレムの主教をしていた）がイエスの受難劇について話したもの。

夕まぐれ、ユダが食堂をあとにすると、それまで意気消沈していた弟子たちは、ほっと安堵のため息をついた。怒りの器（神の怒りに会うべき人＝ユダ）は主のもとを離れ、狡猾な者（ユダ）は仲間たちからみずからの身を引き離した。食堂の部屋は、闇がやっと十二人の足もとから明けていったために、明るさを取り戻した。そして、ヤギは逃げていった。やっと今、雑草が麦から取り除かれ、ぶどう園からは野生のぶどうが取り除かれた。闇をほめたたえていたフクロウはハトたちをあとに残して、鳴きながら飛び去っていった。家全体が光で明るくなった。その光の中に、今まで隠れていた太陽がふたたび光線を投げかけながら現れてきた。みずからの身を滅ぼす呪われた毒ヘビがいなくなったために、家ははなやいだ気分になった。ユダが出ていくとき、彼の頭は重く、顔は赤く照り輝いていた。表情はゆがみ、心臓は激しく鼓動していた。体全体に動揺の色が見えた。歯はカタカタと音を立て、膝はがくがくと震えていた。そして、彼の心は体から離れ、思慮分別の力は抜け出てしまっていた。(8)

ヴァグナーの興味はグァルディーニの意見との一致からきているようだ。それはユダがわれわれの正体を暴く方法を体得しているというのだ。人間はすべて罪人で、それゆえに、すべての人は生まれながらにユダの行為に関わっているという。ヴァグナーの意図は、一連のキリストに起こった出来事の中でユダの持つ意味を明らかにすることだった。

しかし新約聖書はあきらかに、ユダの罪に名前をつけることを躊躇している。そこでヴァグナーが出した結論は、貪欲の罪（早い時期からユダの重大な違犯と見られてきた）こそが、事実上の鍵となるかもしれないというものだった。それはこの罪が次のようなことを意味しているからだ。つまり、貪欲の罪を犯すことにより、神は人の生活の中心から離れ、人は保護者として神に頼ることを拒否する。ヴァグナーはまた、ユダの罪がそのまま教会の失敗を暴露するものであることを認めている。ユダとともに暮らしていた内輪の弟子たちが、ユダの痛みをともに耐え忍んで、彼を守ることができなかった。これが教会の失敗だという。ヴァグナーはここでアウグスティヌスを引用している。アウグスティヌスはイエスがユダを選んだことの中に、イエスが弟子たちに教えを垂れる試みを見ていた。それは罪人をどのようにして受け入れ、キリストの体からそれをどのようにして引き離さずにおくかという教えである。(9)

ヴァグナーがおもに扱ったのは、ユダにおける予定説（人間は救われるか滅びるかあらかじめ神の意志によって定められているとする説）と彼の自由意志という問題だ。ヴァグナーは教父の書いたものから引用して、自由意志と神の選択の双方を支持している。彼がしようとしたことは、ユダの行為（彼はそれを「否定的」なものと見ていた）がどのようにして肯定的なものに変化できるのか、その謎を解き明かすことだった。いったい、このようなすべての出来事のどこにユダの自由意志があるのか、あるいは神の予知があるのだろうかと彼は考えたのである。

ヴァグナーはプロセス神学を拒否していたし、同じように、従来の伝統的な予定説にも不満を抱いていた。そのためにユダは彼にとって重要な人物となった。それはユダが伝統的な疑問に答えを出してくれないで、われわれを強要し、新たな方法でこれらの疑問を問い続けるように仕向けるからだ。その新しい方法によって、われわれは否応なく、人間の自由についてみずから下した定義を再検討しなくてはならなかった。が、それはまた「神がすべてにおいてすべてとなられること」（コリントの信徒への手紙一、一五—

二八）を意味するものでもあった。ヴァグナーが試みたアプローチの強みは、こうした疑問を探究するのに、ユダヤ人仲間との対話を通して行ったことだ。彼らがともにした研究の成果は同じ書物の中に収められている。

## ヘルムート・ゴルヴィッツァー

ヘルムート・ゴルヴィッツァーはユダを「ユダにとっての福音」というタイトルのもとで扱っている。そしてユダに非常な重要性を与えている。それはユダの行為が他の弟子たちから彼を引き離すものではなく、むしろ弟子たちを固い信義で結ばせたのだという。「彼らはそろって同じベンチに腰を下ろしている」[10]。が、だからといってゴルヴィッツァーは、ユダに無罪をいい渡すことはしていない。彼はユダを他のすべての者たちと同じように罪人として扱っている。他のすべての人間のようにユダもまた、はっきりとは書かれていないやり方で失敗を演じた。そしてその失敗の負い目はけっして元通りにできないものだった。「新約聖書はイスカリオテのユダに大いなる関心を寄せて書かれた本である。それは彼の苦境を描いているからであり、その苦境はわれわれすべての人間の苦境でもあるからだ」とゴルヴィッツァーはいう。そして次の人々の名前を挙げている。「ユダ、アイヒマン、スターリン、ヒトラー、アメリカのL・B・ジョンソン大統領、それに（軍のリーダーである）ルーデンドルフ（ドイツの将軍）、ウェストモーランド（アメリカの軍人。南ヴェトナム援助軍司令官、参謀総長などを務めた）、そして部下の血に汚れた将校たち。彼らは（ヴェトナムで）ナパーム弾を搭載した飛行機を飛ばした。それに加えて、罪のない人々の血を流した数えきれない者たちのすべて」[11]。しかし、残念なことにゴルヴィッツァーの論点は、われわれの視点から見るとかなり的が外れている。それは彼が、ユダの行為の性格について、はじめから新約聖書のデータを読み違えていることからきていた。が、それとは別に、彼は非常にまっとうな質問を投げかけてもいる。

ゴルヴィッツァーが最優先で提起している質問は次のようなものだった。ユダがみずから首をくくろうと決意して歩いていた道すがら、もしイエスに出くわしていたらどうだったのだろう。イエスはユダに何といって話しかけたのだろう。はたしてイエスは、ユダにもう一度チャンスを与えていたのだろうか。

この質問に対して、ゴルヴィッツァーは自分で答えている。イエスがユダに語りかけた言葉は、おそらく復活に関わるものだっただろう。たしかに敵に対する愛を日頃説いてきたイエスである。したがってユダに対しても、おそらくイエスは許したにちがいない。が、しかし、これではあまりに寛容すぎる。寛容すぎるために、議論を前へ進めることができない。そこでゴルヴィッツァーは、イエスがユダに語りかけたと思われる言葉をみずから創作した。これは引用に値すると思うので、その全文を掲げてみる。

私があなたを十二人のひとりとして喚んだときに、すでに私はあなたが今日のあなたであることを知っていました。私があなたに託した希望をあなたは今でも台なしにすることなどしていません。「聖書を実現する」という崇高な計画の中で働き、そして今となっては打ち捨てられてしまった、あなたあなたはそんな将棋の駒のような存在ではけっしてありません。私はあなたを、今実現しているあなたをそのまま受け入れました。あなたは私の愛する者です。はもちろん、あなた自身のためでもあるのです。あなただけではなく、あなた方すべて（私の弟子たち）が私を死へと送り出すことは、もうずいぶん前から明らかなことでした。それはあなた方と私との生き方から生じることで、仕方のないことでした。が、私は自分をあなたから守ることによって、なぜ、あなたを罪に陥れることから守れなかったのでしょう。それは私があなたにいったように、召使いは主の上に立つことができないからです。私は私を送り込んでくれた主の上に立つことなどできません。主は私を通して、あなたのためにそこにいたいとお思いになったのですから。われわれはともに、先祖の時代から、この主をイスラエルの神と呼んできました。その神はけっしてご自分を安穏な場所に置くことは望まれない。あなたは私とともにその神を引き渡したのです。それこそ、あなたが自分にがまんのできなかった理由であり、世間に対して耐えきれなくなった理由だったんですね。それはあなた自身十分に承知していることです。主は私とともにみずからを引き渡されることに同意しました。このことについては事態は明らかです。そしてさらに明らかになったことは、主ご自身も私とともに殺されたということです。それは、あなたが今自分を殺したいと思っているのと同じようにして。しかし私がお願いしたおかげで、だいぶ前に主は、ご自分を片づけてしまおうとしたあなたを受け入れています。主はあなたを忍びがたい者として、手を差し延べ受け入れています。主と私はふたりして、あなたのために死にました。しかしその時点ではあなたも死んだのです。というのも、私とともにいることがあなたの生きることなのですから。あなたは知っているでしょう。今となっては、なおいっそう身に浸みているにちがいありません。それゆえに、私の死はすなわちあなたの死なのです。ですから、もはやあなたはわざわざ死を求める必要などないのです。すでに死は起こってしまったわけですから。私はあなたをことさらしっかりと私に結びつけました。ですから、私の死はもはやあなたの死と同じことです。あなたはもう私から逃れることなどできません。私があなたを選んだときに、すでにあなたは私を選び、私の弟子になったわけですから。その時点で、あなたは私の中に自分の命を認めたのです。あの選択があなたと私をまさしく死へ導いたと考えれば、今あなたが思っているように、もはや失望する必要などありません。主と私はともに、われわれを死へと追いやる者たちのために、その命であり続けます。それは彼らが、われわれを死へと導こうとしたときだけにかぎりません。とりわけそれは、彼らがそれを実行したときにも、なおわれわれは彼らの命であり続けます。神と私はあなたの命のために、われわれを死へと導いたあなたとともにいました。それはあなたの命のためであり、けっしてあなたの死のためではありません。われわれはあなたの死をわれわれ自身の死によってわれわれのものにしています。それほどまでに私はあなたを思い、主は私とともにあなたのために存在しています。したがって、あなたの命をあなた自身に逆らって押し進めることは、由々しい問題です。われわれがすでに自分たち自身をあなたに引き渡しているわけですから。すでにあなたの死は生じています。が、われわれの命は、なおあなたのために存続しています。あなたのために私もまた死にました。それはあなたが私にもたらした死でした。今はまたあなたのために、あなた自身の手で私の命を取ってください。そのために私は、今あなたと話をしているわけですから。死は今あなたが考えているように、自分自身の中に投げかけてしまえば、いちばん最後のものとなってしまうでしょう。が、あなたがわれわれの中に投げかけた死は最後の死とはなりません。私はあなたにとって命の言葉です。過去にもそうでしたし、今もなおそうです。またこれから先もなおいっそう、そのようにあり続けるでしょう。私はあなたのために、あなたによって殺されました。それもこれも、死が過ぎ去り、今、命の言葉だけがあなたに向かって自分を主張するためだったのです。私の中で、私を送り込んだ主は、ご自分で死を選ばれました。が、主を殺した下手人であるあなたのために、主は命を選ばれました。ずいぶん前に、私はありのままのあなたを受け入れました。それゆえに私は今、あなたが私を通してなることのできるものを期待しながら、あなた自身を受け入れます。あなたは生きる権利を失っていました。が、今は私が、あなたの新しい生きる権利に他ならないのです。[12]

ゴルヴィッツァーはこれが、純粋に想像上の作り物ではないといっている。むしろそれは、新約聖書の中心にある「和解の言葉」をいい換えようと試みたものだという。彼が主張していることは、復活のメッセージと福音の核心でもあった命のメッセージのもとに、ユダもまた他の弟子たちとともにいたのではないかということだ。ユダは復活の言葉を告げられたにちがいない。そのために彼は命を授かったかもしれない。その命はみずから進んで殺され、それゆえにその死は殺害者のための命となった。「実際、無限の許しだけが神の許しといえるものなのである」

ゴルヴィッツァーは新約聖書を、イエスの殺害を扱った本としてとらえている。イエスの殺害という点でいえば、ユダがきわめつけの代表である。福音書記者たちでさえ、ユダについてよい言葉を進んで口にすることはできなかった。にもかかわらず、新約聖書はユダのために福音を与えている。残りの人類すべてに与えているのと同じようにである。

ゴルヴィッツァーが描いて見せたユダ像と、それを福音の核心に関係づけようとした試みは非常に印象的だ。実際、もしあなたが古典的な裏切りの教義を受け入れていたとしたら、ゴルヴィッツァーの説明は、ユダの邪悪な行為と彼の最終的な運命について書かれた大半の資料に対して、修正を迫る重要なものとなるだろう。それはまた、イエスが多くの人々に対して話しかけた言葉、つまり、外に開かれていて、人々を解放へと導くイエスの言葉をまともに見すえた試みともなるだろう。

とりわけゴルヴィッツァーはふたつのことをいっている。それは彼がユダとイエスと神、この三者の生と死をほどくことが難しいほどしっかりと結びつけたこと。ゴルゴダの丘で死んだのは、神の子イエスの形をとった神だったのだが、その神とイエスの弟子のユダが固く結びついていることが、ここでは強く主張されている。さらにイエスはありのままのユダを肯定している。イエスのユダに対する愛はけっして取り消すことのできないものだったし、それはユダが善悪いずれを行ったとしても、それによって左右されるようなものではなかった。この点でもゴルヴィッツァーは福音に深く共感を示している。

## ベルンハルト・ディークマン

この本の聖書解釈の章で、すでにわれわれは立証してきた通り、「パラディドーミ」という言葉を正しく翻訳してみると、新約聖書のどこにも裏切りをはっきりと指し示すものはまったく見当たらない。ユダが裏切りを働いたという証拠は、この言葉をおいて他にはまったく存在しないのである。むしろ、すべての章句が示していることは、意外な要素などまったくなかったこと、そして、ユダが行っていたことをイエスが完全に承知していたこと、さらには、ヨハネの言葉によると、イエスがユダに指令を発してそれを行わせていたことなどだった。このような状況の中ではわれわれも、劇的なことや悲劇的な要素や内容をいったん手放す必要があるだろう。そして伝承が与えてくれるものより、むしろドラマ性の少ない絵の方を手にすべきかもしれない。ユダが裏切ったというのはたしかにありうることだろう。が、それではだれを、あるいは何を裏切ったというのか。そしてなぜ裏切ったのだろう。人はユダを背信行為と不信義と強欲のとがで告発するという。そして、その告発理由はことごとく正当だというかもしれない。が、テクストを見てみると、そこには何ひとつ確実な証拠は見つからない。

このような先の見えない光の中で、神学者たちはスケープゴートの理論をまじめに取り上げてきた。そしてそれについては、多くの議論が交わされた。

たがいに議論をし合った中から、その結実をもっとも鮮明に打ち出したのがベルンハルト・ディークマンだった。彼の『スケープゴートとしてのユダ』は、文学史や美術史の視点からユダについて神学的な考察を重ねたものだ。ディークマンは作家や画家たちから投げかけられた問いかけを、神学にとって非常に役立つものと考えた。それはわれわれが避けて通っていた問題に、彼らがわれわれの注意を向けさせたからである。作家や画家が差し出したユダに対する多くの解釈は、いやおうなく釈義学者や神学者たちを「人間」ユダに対面させた。したがってそれはもはや、神学的なクリーシェ（月並みな主題）としてのユダや戯画化されたユダではなかった。(13)

ディークマンは神学的な側面から見て、ユダが「裏切り」を行ったと考えることでどれくらい多くのよいことがあるのだろうか、という疑問を吟味している。つまり、「取り柄としての」裏切りの可能性を調べてみたのである。これについてはたしかに、ヨセフが兄弟たちに裏切られたことに関わりがあるかもしれない。が、はたしてユダの行為がこの状況にどのように合致するのか、それについては明らかではない。もしキリストの死がどうしても必要なものだったとしたら、ユダの行為（たしかにそれを可能にしたのは彼だ）あるいは彼の行動が、どのようにして「裏切り」と、そして史上もっとも非難されるべき罪と考えられうるのだろう。(14)

ディークマンは次のような結論を出している。「ユダの解釈」はいまだ不完全だ。そしてこの解釈こそ、神学が行うべき緊急の仕事である。そのためにも彼は、新約聖書中の逸話の分析が必要だといっている。出来事の筋道と性質を明らかにすることがぜひとも必要だというのだ。

しかし、ディークマンが提出した主要な論点は、何といっても、ユダの物語の持つスケープゴートという側面だろう。この問題に対するディークマンが果たしたもっとも強力な貢献は、スケープゴートの理論を真剣に取り上げ、それを詳細に探究したことだ。これはユダを論じたものの中では、まったくといっていいほど失われていた主題だった。さらにディークマンは画家が釈義学者や神学者たちに向けて投げかけた質問に耳を傾けている。「釈義学者たちが受けている質問は、ユダについて聖書が下している断定がはたして、伝承があらかじめ仮定しているように否定的なものなのか、しかもそれは、それほどにまで一律に否定的なものなのかというものだ。また神学者が受けている質問は、通常見せられているユダの絵が、キリスト教の神に対する見方とどのように一致しているのかというもの。そして最後に、教会が受けた質問は次のようなものだった。このユダ像は、教会が愛の精神を失ってしまった、そして今もなお失っている象徴に他ならないのではないか」。ユダはこのようにして、キリスト教と教会を理解する上で鍵となる人物となったのである。

## カール・バルト

われわれの世紀で、ユダのために声を上げた最初の神学者、それも非常に大きな声を上げたのがカール・バルトだった。もっとも、彼はまた逆説的にユダを断罪した者でもあったのだが。バルトが一九五七年に書いた『教会教義学』では、ユダに五〇ページものスペースが割かれている。バルトの立っている位置を要約すること、そして神学上、平信徒の視点から論じられた彼の批判を知ることは、われわれがユダを理解する上で非常に役立つかもしれない。バルトは一連のシリーズで、神が、拒否された者たちにさえ祝福の言葉をもって応じていることを示しているが、シリーズの最後のところでユダの物語を取り上げている。その前に彼が使ったのはレビ記一四と一六（これはダビデとサウルの物語だ）、それに列王記上一三だった。彼のエッセイはそこからさらにクライマックスへと向かうわけだが、そこで主題となったのがユダだった。この時点でバルトの「神学的予型論は最大の集中力を示すことになる」[15]

## 神学的考察――使徒としてのユダ

カール・バルトが扱っているテーマは個人の選出である。この章のタイトルは「拒絶された者の決定」[16]。バルトにとって重要だったのは、拒否された者という問題が、ユダにおいて集中されていて、それがさらにくわしく説かれていることだ。選ばれた者の相方である拒否された者は、神の王国に反対する外部からやってきた敵対者ではなかった。それはむしろイエス・キリストや使徒たちのすぐそばにいる悪意に満ちた人物だった。拒否された者がイエスのそばに存在するというこの近さがまた、拒否の相関性を表している。さらに拒否が現れる場は、主自身が直接監視しているところや、圧倒的な主の力と影響力のもとといういうぐあいに限定されていた。つまり拒否は、イエスの弟子や使徒の仕事中においてのみ起こりうることだったのである。

バルトにとってユダは、ペトロと同じほど、あるいはヨハネと同じくらいに、イエスの弟子であると同時に使徒でもあった。ユダは「それより少ないというより、むしろ彼らよりその程度は多かった。というのも、彼（ユダ）は十二人の中でただひとり、イエスと同じユダ族に属していたからである。ダビデを祖先に持つユダ族の出だった」。したがってバルトは、イエスが弟子や使徒たちの問題を扱ったときには、そのすべてにおいて、積極的であれ消極的であれ、ユダが大きな役割を果たしていたことを非常に重要と見なしている。イエスが最後の晩餐で与えたものを、ユダも当然受け取ったにちがいない。「厳密にいえば石のつぶてのひとつといえども、ユダに投げつけられたものなど何ひとつない」[17]

しかし、バルトがユダを取り扱うそのやり方は、ただ個人としてのユダに関心を持つことによって促進されるものではなかった。そこには三者がいてしっかりと結びついている。そして三者は一体となって、バルトが「くだらない」と呼ぶ行為で独自性を発揮しているという。それでは三者とはいったい何なのか。まず第一に、弟子であり使徒であるユダ、それにこのグループによって形成された教会。これが第一者。次にそのメシアを拒否したイスラエルが第二者。そして第三者は、イスラエルと同盟を結んでいる異教徒の世界である。したがって、こと「裏切り」について語るにしても、それを技術的な面に限っていうことさえ、バルトにとってはあまりに複雑であるために、ユダについて簡単に説明することができない。

が、にもかかわらず、ユダの行為はつまらないと同時に、恐ろしい結果を差し招いた。使徒イスカリオテのユダは、イエスを引き渡した特別な代理人であり、その代表者でもあった。それが神の勧告の中で、神によって命じられた必要欠くべからざるものであったとしても、なおそうなのである。さらに、新約聖書は「驚くべき静謐さ」でこの事件を描いているが、バルトは確信を持って次のようにいう。「新約聖書は疑いもなく、この男の行為を恐るべき極悪非道な性格が引き起こした罪と見なし、そのような判断を下している。……ユダは新約聖書中もっとも際立った罪人である」[18]

残念なことにバルトの重大な告発が見渡しているのは、新約聖書の中でもユダに与えられた比較的わずかなスペースだけである。それなのに彼は、ユダの行為を包み込んでいる否定的な光をことさらに誇張している。もっとも気がかりなのは、彼の言葉が歴史的なパースペクティヴを欠いていることだ。たとえばユダの行為は、パウロが自分自身を評価して、彼（パウロ）は「罪人の中で最たるもの（プロートス）です」といった言葉とはたしてどのように関連するのだろう（テモテへの手紙一、一・一五）。あるいは、イエスがペトロに対して放った鋭い言葉「サタン、引き下がれ」(マルコ八・三三)との関連はどうなのか。初期キリスト教の共同体の中で、罪に対して何らかの比較や対比が存在し、それがメンバーたちにとって意味を持っていたということは高い確率で疑わしい。もしそうしたメンバーがいたとすると、彼らはまちがいなく師によって薫陶を受けた者ではないにちがいない。そういう彼らが語る物語は、つねに、自分をまったく善なる者と考える人々のストーリーだったろう。彼らが見たものは、彼らの軽蔑した人々が神の目から見ると、他の者よりむしろ義なる者とされたことであり(ルカ一八・一四)、収税人や娼婦たちが、神の国へ入る者たちの先頭に並んでいるという事実だった(マタイ二一・三一)。

この議論の中でバルトは、一度もイエスがペトロへ向かって投げつけた鋭い言葉に言及していない。ペトロに向かって「サタン」と呼びかけたあの言葉だ。弟子たちの汚れた足を代表するのはもっぱらユダである。ユダは「特別な意味で彼らの不潔さの運び手であり、それを代表する者であった」

さてそれでは、ユダの犯した罪とはいったいどのようなものだったのだろう。あるいはヨハネの語る不潔さとはいったい何なのだろう。バルトはそれを解く鍵がヨハネの語る塗油の物語にあるという(ヨハネ一二・一—八)。そこで見られるマリアとユダの対比は、マリアがイエスに対して惜しみない愛情を示しているのに対して、ユダはあまりに吝嗇すぎるというのだ。マリアはイエスの足もとに惜しみなく香油を降り注ぐ。が、ユダはこのような気前のよさを見せることができないし、また、見せようという気持ちもない。その代わりにユダは、これほどの献身の力があれば、さらによい、さらに利のある仕事がなしとげられるだろうと考える。つまり彼は「それを利用したいと思う」。この考え方、この態度がユダを不潔にさせる。「それこそユダが『イエスを引き渡した』原因だった」とバルトは強く主張する。

が、バルトはこの事件がユダの考え方の中で、なぜこのような役割を演じることになったのか、その理由についてははっきりと示していない。さらに、この事件と彼がイエスを「引き渡した」こととの関連についても明確にしていない。たしかにこの見方のもっとも深刻な弱点は、ユダが貧しい人々に対して、ある種の心配を示しているにもかかわらず、かえってその点について批判を受けていることだろう。もしイエスがたえず貧しい人々に対して注意を向け、彼らについて話すことに気を配っていたとしたら、ユダは単に、イエスが教えてくれたことから論理的な結論を引き出していたにすぎなかったわけだから。たとえこの場合、ユダがイエスの考え方に同調しなかったとしても、それについてイエスがユダを叱責するとはとても思えない。

しかしながらバルトは、ユダがユダヤ当局へ出向いたことにより、実際にはイエスの要求したものを拒否していたという。ユダは、使徒であり弟子である者が身につけるべき義務を知る権利をみずから留保してしまった。イエスの要求したものとは完璧な信仰であり、絶対的な謙虚さであり、惜しみなく与える気前のよさだった。そして、それらの徳目がイエスと彼に敵対する者たちの間を隔てていた。が、ユダのいた場所では、もはや、ただイエスを引き渡し、十字架刑へと向かわせることができるだけだった。つまり「ユダにとってイエスは売り物同然だった」のである。ユダは自分の自由を主張すべきだったとバルトはいう。ところがユダは、イエスの方へ顔を向けながら、イエスに同意することはなかった。しかしそれにしても、バルトはどのようにしてこんな結論へたどり着くことができたのだろう。バルトの考えが第四福音書に基づいていることは明らかだった。が、それもバルトの想像力によってかなり増幅されている。ここでは、歴史批判的な解釈が予型論にその場を譲っている可能性はないのだろうか。常識が感情的な考え方に置きかえられていることはないのだろうか。バルトは、福音書が資料を整理したやり方に基づいて、このモティヴェーションに到達したように見える。それも、歴史的な結論を引き出すには、もっとも信頼するのが難しい福音書（第四福音書）のやり方にならって行ったのではないだろうか。

バルトが採用した、いくつかの行動と出来事を関連づけるやり方は第四福音書の手法で、このやり方によってはじめて彼の論は可能となった。それは利用のできる資料をうまく整理整頓するという方法である。ユダに関するさまざまなパズルの切れ端を寄せ集める手法。バルトの行ったこのやり方がわれわれの手元に残してくれるものは、四枚のユダの肖像画ではなかったし、四枚を統合した一枚の肖像画でもなかった。それはたった一枚の肖像画にすぎなかったのである。「こうして現れてきたユダは、模範となる福音書（ヨハネ福音書）のユダだった。いや正確にいうと第四福音書のユダでもないし、四つの福音書のどのユダでもなかった[19]」。このようなバルトの立場はまったく受け入れがたい。神学者、とりわけ聖書の神学者は歴史的な蓋然性に注意をすべきだし、さらに彼らはまた、質の劣った資料を避け、すぐれた資料を選り分けることができなければならない。それに加えて、描かれた人物と歴史上の人物との差異をきっちりと見分ける能力を持たなくてはならないだろう。

バルトはユダの行為を明確にして、それはイエスを報酬と交換する行為だったと定義した。ユダの罪はイスラエル全土とともに、この邪悪な報酬を欲しがったところにあるという。ユダにとってイエスは、交換され得るもの、ただそれだけだった。

が、それならバルトは、報告されているユダの後悔についてはどのような意見を持っていたのだろう。ユダが望んでいたのは最初のわずかな一歩だけで、最終的な結果ではないとバルトは記している。ユダのイエスに対する態度は気まぐれなものだった。われわれがイエスに好意を抱いていれば、当然とるであろう態度をユダはイエスに対してとっていなかった。したがって、事態が自分の思惑と違った形で進展し出すと、とたんに悔い改めてしまった（が、バルトは、このときにユダが心に抱いていたことについては何も述べていない）。「ユダの後悔や告白、それに、もとに戻したいと画策したユダの試みなどについて、それを真剣に取り上げる必要がないという理由」を、バルトはまったく見つけることができていない。

さらにその上彼は、もとに戻そうとするユダの試みが、「ペトロのものとくらべるといっそう周到なやり方をしている」と述べている。ユダの行為は祭司長の使用人たちを案内して、大騒ぎすることなく、イエスを逮捕できるような場所へ連れていくことだった。これがペトロの罪と比較して、本当にそれより邪悪なものなのだろうか。

バルトはここでまた、最後の晩餐や洗足の儀式がユダに及ぼした影響をいやいや認めざるを得なくなっている。ユダが他の使徒たちといっしょに行動していることが、バルトをして、すべての使徒をひとまとめに見ることの必要性を痛感させた。

一方で、すべての福音書記者によれば、ユダはなお選ばれてイエス・キリストの使徒と呼ばれていた。そして記者たちはそろって、ユダが主の晩餐や洗足の儀式に参加していたことを認めている。が、その一方で、次のようなことはまったく厳然たる事実として主張され得るだろう。それは、ユダにとってそこでは、罪の許しとなるものなど何ひとつなかったということ、また、そこで見られた行為の中で象徴されているものには、ユダにとって何ひとつ積極的な意味を持つものなどなかったということ。さらには、イエスの死はユダにとってまったく意味のないものだったということなどである。したがってユダの行為は結局のところ、ペトロにおいて隠されていたことをあらわにして見せたということではないのだろうか。むろん、それはペトロだけではなく、他のすべての使徒の秘密も同じように暴露した。……

そうすると、ルカ二三・三四のイエスの祈り「父よ、彼らをお許しください。自分が何をしているのか知らないのです」には、ユダだけが除外されて入っていないのだろうか。それともユダに対しては、イエスの祈りも効力がないということなのだろうか。

このような形で質問を投げかけてみても、それに最終的な解答を与えることはいまだ尚早の感があるし、それはまた非論理的でもある。というのも、ユダがイエスに敵対しているときですら、イエスがユダに好意を抱いていることは明白だったからだ。が、しかし、バルトはわれわれに警告を発している。ユダに対してはは永遠の断罪を与えるにしろ、許しを与えるにしろ、いずれにしてもそれを支持するものを、何ひとつわれわれは見つけることができないという。

しかし、一方で、新約聖書はイエス・キリストの恩寵にいかなる制限もつけていない。それはユダについてですらそうだ。したがってそれは、ユダをもっとも明るい恩寵の光の中に置くことになる。が、それと同時に新約聖書の中には、ユダがすべての復活再生の手本となることを指し示すような言葉は、何ひとつ書かれていない。

重要な点は、ユダがレバーに手を置いた使徒だったということだ。つまりイスラエルが神の民でありながら、まったく彼らの神に仕えていないことをみずから明かすことになったのは（イスラエルの民は自分たちの神にすら仕えようとはしない）、他ならぬユダにおいてである。すべてはユダからはじまったというのだ。バルトが主張するには、ユダの行為によって、ユダヤの民は約束されたメシアを拒否した。そして使徒のグループもまたこの拒否という罪を犯すことになった。ユダの行為はもはやあともどりするわけにはいかない。そのためにユダの後悔も、たとえそれがいかに真摯なものであっても、イエスがユダに対して口にした嘆きという評定を変更することはできない。ユダは自分の犯した行為を元通りにすることなどできない。ユダがもたらしたあやまちは、「鎖の最初の輪を差し出したことだ。たしかにそれは最小の輪だった。が、それはあとに続くすべての輪を含み、それらをコントロールする輪だった」。こうしてユダの後悔はだれに聞き届けられることもなく、恩寵という約束によって答えられることもない問いかけとして、そのままの状態で残されている。

バルトがユダの後悔の「非現実性」と呼んだものは、ユダの拒否によって立証されている。それはイエスを自分の主として忌憚なく受け入れることをユダが拒否したこと、そして、みずから進んでイエスの死の光栄をほめたたえることもせずに終わったことなどによって証されているという。「新約聖書によると、ユダに対しては、いかなる恩寵の約束も与えられることはないし、いかなる悔恨も不可能」だった。エルサレム神殿の時代が過ぎ去ってしまった今、「この都市固有の信仰」や「神の選民としてのイスラエルという存在」にとっても、すでにその時代は過ぎ去ってしまった。祭司長や長老たちは、ユダの報酬を処理することにより、ユダに死刑の宣告をした。が、それは彼ら自身の拒否に対する刑の宣告でもあり、またそれは、イスラエルそのものに対する宣告ともなった。

## パラディドーミの意味

バルトにとっては「パラディドーミ」の意味は重要だった。彼もまたこの言葉についてはたくさんの研究を重ねている。[20] 彼の出した結論は「この言葉はユダの行動に関して使われるときには、まぎれもなく否定的な性格を持っていて、それは否定的な性格以外の何ものをも意味しない」というものだった。これについてマグラッソンは次のように述べている。「古今を問わず、バルトのようにこの言葉とその概念を、解釈上の意見を述べるために使った者はいない。……バルトの読み方は技術的に見ても、すばらしい業績である[21]」

バルトはユダの行動の意味を、この言葉が出てくる新約聖書のテクストから引き出しているが、それはおもにイエスの逮捕を述べたくだりだ。[22]バルトの主張は、ユダがイエスをテクストに書かれている通りに扱ったというもの。「ここに見られるすべての文脈の中で、『引き渡し』という言葉は、自由な、比較的自由な人を、彼を傷つけたいと思う人々の力の中へと引き渡すこと、あるいは移すことを意味している。移された人はまた、その力の中で傷つけられることを期待しているにちがいない。そして、ユダがイエスをこんな方法で引き渡したのは、ひとえにユダの罪だった」

ユダはイエスを、神を除けばだれひとり助けることのできない状況へと導いた。それはむろん彼が自分の良心にかけて行ったことだった。ユダがイエスを導いた場所は、イエスをまったく無力にさせ、最終的にはイエスを殺す人々の手の中だった。イエスがそこで求めることができるのは、もはや神以外には何もなかったのである。

バルトは、ルカ二二・三、ヨハネ六・七〇、一三・二、二七で、ユダの行為がサタンに取り憑かれた者のそれとして描かれていたことに注目する。その一方でバルトは、ユダが自分の行った行為によって、使徒という役目と縁を切ることになったと述べている。が、他方でバルトは、ユダの行為がまた別の意味を持っていたことを認めていた。彼はこれを「引き渡す」という言葉の肯定的な意味に基づいたものだとしているが、それより前に彼は、ユダに関連したときにはこの言葉が、ことごとく否定的な意味を持つといったばかりである。バルトはここでは完全に的を外していた。が、元来、彼の方法自体が自分の都合の悪いときには、歴史批判的な方法を拒否するというやり方なので、そのことを考えると、これはべつだん驚くべきことではないのかもしれない。

ユダの行為の意味が薄められ、肯定的なものへと変化していくことは断じてないとバルトはいう。ユダの不服従はたしかに服従をしなかったということだが、それどころか、それは全面的な不服従といってもよいものだ。彼が行ったことは神の世界の拒否であり、回避であり、破棄であった。

ユダが行ったイエスの引き渡しは残酷で罪深い行為で、それ自体は絶対に正当化できないものだ。が、しかし、これも客観的な視点から見ると、イエスを人々の手に引き渡したということになる。それは意味からいっても、内容からいっても、まさしく使徒の仕事だった。ユダの行為によってこの地上に教会が建てられ、それが継続して維持されてきたことになるからだ。後者（イエス）の引き渡しが、前者（ユダ）によってなされた悪行を矯正する形になっていた。ユダと同じように、かつてはイエスを引き渡す側にいたパウロの活動は、まぎれもなく使徒の仕事に積極的に参画することだった。が、だからといって、これを使徒ユダの引き渡し行為とくらべてみても仕方がない。パウロの活動はけっして否定されるべきものではないのだから。

## 神の引き渡し行為

カール・バルトの神中心の神学は、ユダの物語を処理する際にも、やはり顔を出してくる。イエスは人間の手によって死へと引き渡されるのだが、バルトによると、その彼方に神が立っているという。「ユダがイエスを引き渡す前に、神はイエスを引き渡していた。つまりイエスは自分自身を引き渡していたということだ」。したがって「神を除いたままの状態で引き渡しを理解することは、それがいかなるものといえども許されることではない」

ユダによって奪われたイエスの自由は「あきらかに、神がイエスから奪った神の自由のぼんやりとした反映だ。したがってそれは、イエスが自分自身から奪った神の自由の反映でもあった」

この文脈でいくと、神がユダと交わした誓約とユダの行為との関係を、もしバルトが説明することができれば、それはわれわれにとって非常に役立つものとなっただろう。これが明らかになれば、イエスの引き渡しについて神と交わした誓約に、ユダはただ忠実に従っただけということになるからだ。

## 中心はキリスト

バルトの神学とそれを適用したユダの解釈は、もっぱらキリストを中心に置いたものだった。したがって、イエス・キリストが罪もないのにこうむった苦しみの数々は、疑いもなく、神の怒りによって引き渡された人間が受けた罰とされた。それは結局、人間が人間に下した審判という形をとり、ユダのように、悪を行い続ける自由の中で、人間は人間に対して審判を履行していかなくてはならないという。

ということになると、これではたしてユダ自身が邪悪だという意味になるのだろうか。バルトはこれに答えて、「もちろん、そうではない」という。杯を飲み干すのはイエスただひとりで、それはペトロでもなければ、ユダでもない。彼らは神の怒りによって引き渡される人々ではないからだ。もちろんわれわれの中にはだれひとり、このような引き渡しに値する者などいない。

たしかに悪の問題は真剣に取り上げる必要はある。神によって冷淡な心の持ち主とされたファラオ、それに精神がすでに彼の肉体から離れてしまったサウル、さらにはユダ、そしてパウロがサタンの手にゆだねたアレクサンドロとヒメナイ（テモテへの手紙一、一・二〇）など、彼らにとって悪の問題は深刻だ。というのもバルトがいうには、それは次のような死活に関わる問題となるからだ。地獄こそ彼らにふさわしいとして、地獄行きを宣告され、地獄におびえて暮らさなくてはならない。いや、すでに彼らは地獄への道を歩みつつあるのかもしれない。が、われわれがここで強調しておかなければならないのは、ただひとつ、地獄行きを回避する方法をわれわれが知っていることだ。それはひとつの勝利といっていいだろう。イエスを神に引き渡すことである。地獄に対するこの勝利がもたらされたのは他でもない。地獄がふたたび人々の上に襲いかかり、凱歌を奏することのないようにするためだった。イエスの行ったことは、他のすべての先駆けとなるいわば「絶対的な先例」といってよいだろう。それはこれまでに試みられてきたこと、あるいは可能なかぎりの試みに先行した行為、善悪のすべてを含め、積極的なもの受動的なものなど、あらゆるものすべてに先行した行為だった。

イエス・キリストを信仰していさえすれば、神により亡き者として引き渡される人々について、われわれはもはや、だれひとり考える必要もなくなる。第一われわれは、神がまったく見捨てた人などこれまでひとりとして知らないわけだから。われわれが見捨てられた人として知っているのはただひとりだけである。亡き者とされたのもこの人ただひとり。それがイエス・キリストだった。そしてキリストは、彼以外の者がだれひとり失われることがないようにと願いつつ死んだのである（そしてふたたび彼は甦った）。

## ユダに希望はあるのか

この問いかけはバルトを次のような質問に導いていく。ユダははたして救われる者の中に含まれているのだろうか。バルトはこれに対して次のように答えている。聖書はユダについて語っているのと同様に、数限りない人々についてこんなふうに語っている。われわれが当然承知しておかなければならないのは、ユダのような人々が、救いとなる悔い改めを果たすことができないのはむろんのこと、その可能性すら持つことができずに、生きて死んでいかなくてはならないことだ。もし、彼らに光と希望があるとすれば、それは最後の審判しかない。それも終末というものがあると仮定しての話だが。つまり、拒否された人々の運命や資格が直面するのはこの最後の審判しかない。が、彼らにとって、絶対的に新しい要素として今あるのが、イエスの引き渡しという行為であり、これに含まれたものすべてだ。それが彼らの罪を浄化してくれるからである。イエスはわれわれにとって希望の保証であり、したがって、拒否された者たちはこの光の中に立つことになる。

しかし、それでは、イエスを引き渡すという決定的な行為に対する、ユダの特別な関係というのはいったいどのようなものなのだろう。これについては前に述べた通り、ユダは最初の石をむりやり動かしたということだ。そのためにバルトはここでユダを告発している。それは他のことはともかく、ユダがイエスに加えた行為によって、そののちイエスの死にいたるまですべてのことが進行した、それゆえにバルトはユダを責めるのである。すべてはユダがしたことからはじまったというのだ。それはちょうど、とるに足りない小さな種子に、すでにそこから現れる生長の全体が含まれていて、種子はその生長全体をすでに表しているようなものだという。

しかし、それはたして、どのようにしても「動かしえない」ように進展したものなのだろうかとわれわれはたずねる。そこには、ユダがイエスの指令に従って行動したという可能性はないのだろうか。そして事態が変化して、ユダが後悔を経験したという進行は考えられないのだろうか。

バルトの弁証法的な思考法によると、彼は次のように結論づけている。つまり、われわれがユダの罪をより包括的に、より深く系統的に述べようとすると、ますますわれわれは、ユダの意志も行為も彼が意図したものから遠ざかっていくという現実を目にすることになる。そして彼の意志と行為はますます神が意図し、神が行ったことに近づいていく結果となる。神が引き渡したという行為は、罪人たちを神に対する彼らの罪から洗い清める。そして今、すべての罪人たちの先頭にいて、罪を背負っているのがユダである。「ユダの罪を、最終的なもっともひどい罪として考えること。彼の前にはアダムがいた。ヘビの入れ知恵に耳を貸して、アダムは神のようになりたいと思った。神と肩をならべる神人になりたいと考えた。神との弁別によって単なる創造物とされ、制限を受け邪魔をされる、そのような束縛は受けたくなかった。そんなアダムが今では、公然と神に対して攻撃を仕掛けてきていた」。このフレーズでわれわれがはっきりと聞き取れるのは、序でわれわれの引用したカール・ダウプのエコー（反響）である。

同時にバルトは、とりわけユダについてはパウロの意見が正しいと言明している。罪がたくさんあるときには、恩寵もよりいっそうたくさんあると説くパウロが正しいという。

それゆえに、ユダの行いは単に不幸な出来事として見なされることはできない。ましてや、神の意志や神の働きの及ばない暗黒の領域を表したものとしてとらえるべきではない。それは、すべての点において（とりわけ目立った場面では）、神の意志と神の業の一部として考えるべきものだ。ユダがみずから欲して、みずから実行することで、ユダは神がそのようにされることを欲していることを行った。ユダ（ピラトではない）はその意味で、新しい神と人との聖約（新約）の執行者なのである。が、イエスを敵対者に渡すという邪悪な裏切りによって、彼はまた神が行おうと決めていたイエスの引き渡しという行為の執行者でもあったのである。

ふたたび微調整された弁証法は、バルトを次のような結論に導いた。イエスの逮捕のときに、ユダが取り巻きの弟子たちからイエスを見分ける合図として使った裏切りのキスは、彼のすべての偽善にもかかわらず、今は亡き者とされた人間たちが示した神に対する感謝のしるしだった。その神が今では人間たちのために介在することを望んでいた。そして「イエスがいわばユダの手を借りて実施しようとしていた命令が、今、現実に実現された。それはイエス自身、ユダがイエスとともに行ってくれるものと信じていたものだった。……ある意味では（もちろんこの意味でしかないのだが）、ユダはイエスを除くと、新約聖書中でもっとも重要な人物である」

ユダは決定的ともいえるときに、神の意志を実行したわけである。そのようなユダが匹敵する者もないほどの罪人だというのは、いかにも解せない話ではないだろうか。が、そこにはユダを尊敬する余地もなければ、見下す余地すらない。「尊敬は軽蔑と同じくらい場違いだ」とバルトはいう。そこにあるのはただひたすら、神に対する認識と崇敬、それに賛美があるばかりだ。ユダはあきらかに打ち捨てられた。そのためにいかなる擁護のための弁明も不可能だ。それにすべての賛辞は愚かしい。が、非難や弾劾もまた同じように愚かしいとバルトはいう。というのも、ここでまったくちがった形で打ち捨てられた者（つまりこれは神だ）によって行われたことが、弁護や賞賛、それに非難や弾劾をまったく余計な、そしてまったく見当違いなものにしてしまうからだ。神が神自身を捨てるとき、やはり捨てられたユダと対面することは神をよろこばせた。そのためにすべての人々の中からユダが神の召使いとなった。それはユダの、あくどい拒否という行為において神の召使いとなったのである。パウロやペトロでさえ、神の召使いになることはできなかったのに。つまりバルトがいうには、ユダは和解という仕事の召使いになったという。他の人々はただあとでこの仕事の分け前にあずかるか、その目撃者となるしかなかったのだが。

神による引き渡しは使徒の伝説の内容でもあり、そのテーマでもある。したがって、それはユダやユダの行為なくしては存在しえないものだった。バルトは基本的に見て、ユダがみずからの意に反してとはいうものの、イエス・キリストの選定に基づいた使徒職や教会の仕事に協力したことは疑いのない事実だと主張している。が、バルトがここで、ユダが「意に反して、しかも相応の罰を承知しながら」この行為を行ったと断言しているのはちょっと了解しかねる。そこには何ひとつそれを証明する証拠がないからだ。

マグラッソンがパラディドーミという言葉の使用法のことで、バルトがもたらした貢献について賛辞をおくっていたが、これはたしかに正しいかもしれない。バルトの結論についていうと、彼は次のように述べている。「『裏切り』という言葉の使用を技術的な面から見るだけでも、あまりにも複雑な意味が生じるので、この言葉で問題を説明することは不可能だ」。が、ここで疑問が生じるのは、もしバルトがいつものように、この言葉の意味を大まじめに何とか突きとめようと努力していたらどうだったのだろう。どんなことになっていたのかと私はふと思う。彼はこれまで「聖書厳守主義」をことあるごとに糾弾してきた。それは聖書のテクストの意味に奴隷のように固執することだといったり、記者の意向にあまりに気を使いすぎるといって非難をしてきた。が、もしこの場合、少なくとも歴史批判的な方法に対する嘲笑をやや控えめにしていたらどうだったのだろう。彼の物語的な釈義や予型論的な釈義に加える形で、歴史批判的な釈義にそれほど深くコミットしないまでも、いくらかでも軽蔑の念を控えていたら、おそらくそれはバルトにとってたいへんな収穫をもたらすものだったかもしれない(23)。が、現実にはさらに悪い方向へとバルトは向かうことになる。

### バルトのイスラエル観

バルトの占める位置でもっとも深刻な側面は、彼がユダについて語っていることではなくて、イスラエルについて語っていることだ。ユダは単に彼自身のために行動を起こしたわけではない。それは弟子たちのためでもなかった。バルトにとって「ユダはユダヤ人を代表している」。ユダがすることは、「そのまま、イスラエルがつねにヤハウェに対してこれまで行ってきた」ことだった。イスラエルはイエスを引き渡して死に至らしめた。それなら、イスラエルはそうすることで何を獲得できたのだろう。ここでバルトの初期の反ユダヤ主義が不気味に輝きはじめる。この上なくはっきりとした形をとって。「たかだか三〇枚の銀貨とわずかな信仰心、イスラエルはこれを払って彼らの神を守ろうとしたわけだが、こんな金でも崩れかけた神殿の修理に回していれば、いくらかでも修築の足しにはなっただろうに」。ユダが裏切りの見返りとして受け取った金は全部でこの三〇枚の銀貨だけだった。「ユダとイスラエル、ユダと彼とともにいたユダヤ人たちはこんなふうだったのである」

使徒言行録とマタイは、ユダの報酬をめぐってどんなことが起きたのか、その詳細を記している。そしてその説明が確認していることは次のようなことだ。「ユダとユダヤ（ユダヤの肉体化したものとしてのユダと、ユダにおいて肉体化したユダヤ）にはともに、それぞれ、まったく未来というものがない」バルトによると、「イスラエルの存在する権利は消失している。そしてそれゆえに、イスラエルの存在そのものも消失する可能性がある。……が、イスラエルはイエス・キリストを生じさせることによって、存在の条件を満たし、それを正当化した」

しかし、イスラエルがイエス・キリストに対して行った行為のあとは、もはや、イスラエルはつねに過ぎ去った、そして拒絶された人々であるとバルトはいう。それはイスラエルが今もなお、教会で新しい信仰生活をはじめていないことでもわかる。それほどまでに彼らは拒絶された人々だった。が、しかし、バルトがいうにはイスラエルは、邪悪だがしかし人間的なその「伝説」によって、イエス・キリストの教会が築き上げられるための道具となった、そしてこれはなお真実だという。バルトのコメントは私にとっても、また多くの作者たちにとっても、危険きわまりないほど次のようないい方に近く聞こえてしまう。それは、イスラエルの唯一の存在理由が教会の創建にあり、それ以外にはもはや存在理由がどこにもないといったふうに。

イスラエルの「伝説」を邪悪だが人間的だというバルトの指摘は、もちろん「引き渡す」という言葉に対する洒落にすぎない。が、しかしそれは、イスラエルの市民はいうまでもなく、信仰に篤いユダヤ人に対して、たとえ侮辱とはいわないまでも、あまりに鈍感な発言ではないだろうか。もちろんそれは、イエスやパウロに対してもおそらくは思いやりのない、無神経な記述だったろう。この種の発言は、新約聖書の基本的なメッセージに反抗を示すものとして、当然、拒否されてしかるべきだ。それは単に反ユダヤ主義の火を燃え上がらせるだけではない。すべてのユダヤ人を侮辱するものであり、それにもましてキリスト教徒をないがしろにするものだ。

反ユダヤ主義の問題に関してバルトの気持ちが素直に出ているのは、彼がマルクヴァルトへ出した手紙の文面である。ここでバルトは、彼がユダヤ人に対して抱いている嫌悪の感情を認めている。さらに自分がユダヤ・キリスト教の神学を適切に扱うことのできないことを吐露していた。バルトがいうには、彼の息子たちはバルト自身にくらべると、はるかにこの問題を扱う能力を備えているという。ということは少なくともそこにはなお、取り扱われるべき仕事があることをバルト自身が認めているということだ。[24] ここでちょっと中断して、ピンチャス・ラピデの書いたものに思いを巡らせてみることは重要かもしれない。彼はイエスについて、あるいは最近はユダについての議論に対しても、挑発的で刺激的な考えを打ち出している。

ラピデは次のことに関心を寄せている。それは『キリスト教の』反ユダヤ主義の兵器庫にある武器の中でも、もっとも古い殺人武器――ユダの裏切り、そしてそれとひとまとめにされている非難、つまりはユダヤ人の手によるキリストの殺人」(25)だった。ラピデは絵画の中でユダがどのように扱われているのか、その跡をたどっている。とりわけ、西洋の教会の祭壇に描かれた絵を調査した。そして、ユダが悪魔のように描かれている絵について、ほとんどその描き方に例外のないことを明らかにした。彼は次のように述べている。

イスカリオテはイエスの受難劇では、スケープゴート役を務めているか、あるいは身代わり役を演じているか、それとも、考えうるかぎりの恐怖を秘めた暗号として働いていた。恐怖は文字や絵で表されたユダの両肩に置かれている。(26)

ラピデはさらに次のような結論を出していた。「もしイスカリオテがユダという名前の代わりに、ヤコブやダビデ、あるいはヨナタンといった、あまりに一般化しすぎていて、とてもユダヤ人全体の象徴とはなりえない名前を持っていたらどうだっただろう。おそらく殉教者の死がこれまで、どれくらいたくさんのことを語らずに残してきたのか、今もってだれひとり知る者がいなかったのではないだろうか(27)」

## この章をまとめると

バルトが作り上げたユダ像についてわれわれがあれこれ論じても、バルトはふたたび、われわれがユダ像をどのように描くべきかを立証するだろう。また、歴史上のユダを解釈する上でわれわれが行った取捨選択は非常に役に立ったのだが、この取捨選択を徒労に終わらせるためにバルトは、聖書研究のあらゆる手段を利用することの重要性を証明してみせるだろう。たしかにバルトは、ユダについて決定的な意見を述べなかった。そして、ありがたいことに、ユダヤの人々の運命についても述べていない。歴史上イスラエルの果たした役割についても決定的な発言はしていない。これは明らかなことに思えるのだが、神学者と釈義学者との間で行われる共同の研究が、やがてはこの議論を前へと押し進めることになるだろう。議論の中で見られたバルトの悪意に満ちたユダヤ人に対する処理は、実のところ純粋に神学上の反ユダヤ主義にすぎないのだが、これはわれわれに次のようなことを思い起こさせた。それは、この話題について議論をするためには、何としても、ユダヤ人の研究者たちと協力し合いながら議論を進めていかなくてはならないということだ。デーヴィッド・ハートマンは他の信仰を持つ人々に寛容にならなくてはいけないと強調し、現存している宗教がわれわれの持つ文化に革新的な適応をもたらしてくれると主張している。この考え方からすると、バルトがキリスト教の特異性を力説し、目立たせたいと思う気持ちは、むしろ賞賛すべきものなのかもしれない。そしてわれわれが学ぶべきなのは、バルトが神の選びに執着しているのを見て、それを相殺するのに、神の選んだ人々としてユダヤ人を強調するのではなく、神はつねに選ばれた人々を持つものだという認識をもって当るべきだということだ(28)。実のところ、神に選ばれた人々というのはすべての宗教に有効で、絶対に必要な条件でもあるからだ。

これまでわれわれが探索してきた中で見てきたことから考えると、「ユダ像」の必要性を、ときにそれが要求されたからといって、つねに正当なものとするのは適切ではない。たとえばR・P・シャールマン(29)は、次のような提案をしている。「イエスをキリストたらしめている現実性には、ペトロとイエス、ユダとイエスという三幅対の構造が含まれている。……この仮定から私には、キリスト教がそのもっとも排他的な時期においてさえ、キリスト教ではない他のものの存在を要求していたように思える。それはイエスの生きた現実性が彼の外貌に対応するふたりの人物を必要としていたように。それはペトロとユダである[30]」。「ユダは神から見放された人物を代表するものではない」。そして、ペトロがその弱さから、それより前に告白していた言葉をくつがえして、イエスを否定したことにくらべてみても、ペトロの行いは、ユダの引き渡し行為（パラディドーナイ）とはだいぶ違うことがわかる。シャールマンはユダが行動によって、イエスが救世主ではないと表現していると理解していた。

　シャールマンは宗派間の議論のために、この分析から何らかの利点となるものを引き出したいと考えているが、私には、けっしてそれは役に立つものではないように見える。神学者たちがどのようなユダ像を描き上げたいと思ったにしても、われわれに必要なのは、まず、キリスト教の運動のもっとも早い時期に、他の弟子たちと同じことをしはじめていたこの人物（ユダ）の身にはたして何が起きたのか、それを正確に見定める努力をすることだ。ユダをあの行為に走らせたものが、イエスに対する不服従ではなく、むしろ服従だったということ、そして、ユダとイエスの間には、目的を同じくするふたつの平行線が引かれていたことなど。これらの提案はそれほどまでに難しいことなのだろうか。キリスト教とその姉妹宗教ともいうべきユダヤ教との関係には、ユダの声に耳を傾けることのできなかった教会の無能ぶりが、歴史的なルーツとして存在しているのかもしれない。ひとまず、ユダの性格を新しく読み直す道へとあともどりをすることが必要だ。この方法がかならずや、われわれをユダヤ人の仲間たちとの対話（異教徒間の対話）へと導いてくれるにちがいない。ともかくシャールマンの描いた略図では、とてもわれわれの手助けにはならない。

# 11

# ユダヤ人学者のユダ観

イスカリオテのユダのイメージを払拭したり、「ユダ」という名前に名誉を回復することは必要だ。それは反ユダヤ主義の基盤をなしている、想像が作り上げた架空の論拠に対する抵抗の一部と見なされてしかるべきものだからだ。このような抵抗は、……反ユダヤ主義の要因や罪悪について、合理主義的な論議をすることにくらべればはるかに重要である。

——ハイヤム・マコービー(1)

シオニズムが台頭して一九四八年にユダヤ国家が形成される以前に、すでに新約聖書を研究していたユダヤ人の解釈学者たちがいた。が、イスラエル国家の創建とともにユダヤ人学者たちは、これまでにない自由な気持ちでイエスや初期教会の歴史に取り組みはじめた。したがってわれわれは、第一級の学者たちによるイエスのすぐれた研究を享受できるようになった。その中にはヨゼフ・クラウスナー、(2)ダーフィト・フルッサー、(3)それにギーザ・ヴァームズ(4)などがいた。さらにわれわれが幸運だったのは、北アメリカにいながら、神学校や大学の宗教学部ですぐれた新約聖書の教授に出会うことができたことだ。彼らは初期のユダヤ文学を教えている現役のユダヤ人教授だった。私もまた、自分で新約聖書を教えるに当たって、クラスにいたユダヤ人学生たちに助けてもらい、授業を豊かなものにすることができた。したがって今では、こうした仲間のいない聖書研究のシンポジウムに出席することなど想像すらできない。私がユダヤ人の仲間をなぜ本書の議論に巻き込んだのか、読者のみなさんもおそらく理解してくださるだろう。

デーヴィッド・ドーブについては、この本を通して再三名前を挙げ、世話になったことを知らせた。彼の自殺に関する研究やそれに関連した記事は非常に役に立ち、本書で書かれていることの多くを形作っている。歴史や法律について彼の貯えている知識、それに彼の才知あふれるプレゼンテーション、さらには私の質問に答えてくれたそのていねいな解答ぶりなど、私はたくさんの恩義を彼に感じている。

ダーフィト・フルッサーは初期のキリスト教について多くの資料を提供してくれた。とりわけ彼は、キリスト教とクムラン教団との関係について言及することに熱心だった。が、ユダ像についてはあまり注意を払っていなかったようだ。しかし、間接的にではあるが、イエスの愛に関連した命令を強調することで（とりわけルカのテクスト「父よ、彼らをお赦しください。自分が何をしているのか知らないのです」を強調。7章を参照）、われわれの議論に重要な貢献をしてくれた。直接、フルッサーとともに仕事をする機会を得た者はみな、イエスや紀元一世紀のユダヤ教を研究をする際に、彼が見せる情熱的ともいえる関心を理解することができるだろう。イエスを正しく理解したいと思う彼の情熱は、彼の深い信念からきたものだ。それはイエスをひとりの教師として、また精神上の指導者としてとらえるべきだとする彼の信念である。私見によればフルッサーこそ、われわれの世紀が生み出し得たもっともすぐれたイエス論の書き手だと思う。

ギーザ・ヴァームズは、しばらくの間、カトリックの世界で学者として過ごしたあとで、自分がその中で生まれ育ったユダヤ教へと戻っていった。彼はクムランの資料を研究したり、ユダヤ教への関心を深めていったが、そのことはまた、彼の注意をイエスへ向けることになった。メシアの問題については興味を抱いていたようだが、ユダの歴史的な問題にはあまり関心がなかったのだろうか、歴史上のユダに取り組むことはなかった。

これはゲスタ・リンデスコークが述べていることだが、受難物語やミステリアスなイエス像が、ユダヤ人の研究者たちの特別な関心を呼び起こしているという(5)。彼が刊行したレポートはこの話題について基本的な資料となっている。ユダヤ人の研究者たちは次のような結論を出していた。ユダは結局のところ、キリスト教の伝説が作り出した人物だということ、あるいは、福音書の中でユダを確認することはできないことなど。いずれの場合にも、ユダはユダヤ人の代表として見られていて、キリスト教の救世主を裏切る者とされている。そのほとんどはユダを、ただイエスとの関わりの中でのみ取り扱っていた。[6]『トレドス・イェシュア』[7]（文字通りの意味は「イエスの世代」。イエスに関する伝説や民間説話などを集めた中世の稿本）では、ユダは「ラビ・イェフダ・イシュ・バルトタ」と呼ばれている。これはユダがイエスと神の名とのつながりを知っていると信じられていたためで、ユダはイエスの名誉を汚した者と見られていた。その理由のひとつは、彼がイエスに期待を抱いていたことによる。その期待とは、イエスが神の戦争を遂行することだった。相手は神を認めない人々と神の人々の両方である（トレドス・イェシュア一六・二七―二八）。ここに集められた伝説が生じたのは二世紀頃で、ユダヤ教がキリスト教に対して自分たちを守ろうと試みたときだった。二世紀からこの方、ユダヤ人たちはユダのことをイエスの復活を偽りだと暴いた輝かしいイエスの同僚として、その栄光を称えてきた。

クラウスナーは、はじめてユダに歴史的な関心を注いだ研究者である。それもイエスの研究に関連した形で。彼はまた『ピルケアボス』（「父祖の教訓」。ミシュナの第四篇ネジキム中の一書。ユダヤ人の祖先の倫理的・宗教的な格言を集めたもの）の中の一章に注目した。それは放蕩者バラムの弟子たちで、彼らはバラムによって「ゲヒノム（キリスト教のゲヘナ）の谷」の懲罰へと追い込まれる。弟子たちは深い谷底へまっさかさまに落ちていく。これはちょうどユダが報告された死に方と同じだった。

> 神よ、あなた御自身で／滅びの穴に追い落としてください／欺く者、流血の罪を犯す者を。／彼らが人生の半ばにも達しませんように。／わたしはあなたに依《よ》り頼みます（詩編五五・二四／ピルケアボス五・一九参照）[8]。

が、クラウスナーがもっとも強い興味を抱いたのは、イエスの逮捕と裁判の時期にユダを置いてみる試みだった。彼はユダを十二人中でただひとり、ユダヤの出身者と考えている。[9] ユダは当初、有能で忠実なイエスの弟子と見られていた。が、そののち、ひとたび自分の主人を批判的な目で見はじめると、彼の熱意は失われはじめた。

人々を癒していたイエスが、かならずしもつねに成功しているわけではないことにユダは気づくようになる。さらに、イエスが彼の敵対者や迫害者を恐れていることにも気がついた。実際、イエスは彼らから逃れて身を隠している。ユダはまたイエスの教えに、たくさんの矛盾のあることにも気がついていた。あるときなどイエスは、律法の非常に些末な点を遵守しなくてはいけないといい張った。犠牲を捧げるように、そして祭司長の前に出るときには身づくろいをきちんとするようにという。イエスは聖書のフレーズを本物のファリサイ派の人のように解釈してみせた。が、別のときには、イエスは禁じられている食べ物を平気で許可したし、サバト（安息日）の遵守についてはほとんど気にもかけない。それは手を洗うことに気を使わないのと同じだった。新しいぶどう酒は新しい容器に入れるように、それとなく指示を出した。それはあたかも、ユダヤの法がもはや要件を満たしていないかのようだった。[10]

ユダはまた、イエスにはたして、人々を救済するメシアとしての能力があるのだろうかと思案していた。結局、イエスがしたことは、神殿が崩壊することを宣言したことだが、神殿はユダヤ人にとって世界中でもっとも神聖な場所である。イエスはそれを立て直してみせると公言した。クラウスナーがいうには、ユダは徐々に、自分が間近で仕えているイエスが、もしかしたらにせもののメシアかもしれないと思いはじめた。そして、イエスはまちがっている、人々をあやまったところへ導こうとしていると思った。またユダはイエスを、律法が死を命じているにせものの預言者ではないかと考えた。哀れみや同情などはいっさ

い受ける価値のない、そして確実に死を免れることのできない、許されざる預言者にちがいないと思ったのである。(11)

が、カイサリアで行ったイエスの宣言は重大だった。イエスはそこで自分が神の救世主(メシア)であることを認めた。実際、この宣言を聞くまでユダは、イエスを型通りのラビだとばかり思っていた。それ以上のことを期待していなかった。が、今、ユダは期待しはじめていた。イエスがユダヤの人々の宗教上の中心であり、国家の中心でもあるあの聖なる都(エルサレム)へ入城するかもしれない、そして、この上なく大きな奇跡を起こすかもしれないと考えたのである。イエスはローマ人を滅ぼすだろう。ファリサイ派やサドカイ派の権力者たちを滅ぼすだろう。そして彼らに自分をメシアだと認めさせるにちがいない。さらには、大いなる栄光と賞賛の中で、全国民によって「最後の贖《あがな》い主」として認められることになるだろう。が、しかしユダは、これらの内ひとつとして、それが実現した姿を目にすることができなかった。わずかにマタイが報告しているのは、イエスが神殿でささやかな奇跡を行ったことだ(「境内では目の見えない人や足の不自由な人たちがそばに寄って来たので、イエスはこれらの人々をいやされた」マタイ二一・一四)

さらに、向かうところ敵なしと思われたメシアが、毎晩、エルサレムからベタニアへおびえるようにして引き下がっていった。長老たちに怒りの言葉を投げかけた以外に、イエスは何ひとつ明確な計画を打ち出すことをしない。ユダはユダヤの出身で教養の高い人物である。明晰で鋭い知性と、冷徹で計算高い心の持ち主だった。(12)したがって人々を批判し、詮索することをつねとしている。が、そんな器量が今度は彼の目をふさぎ、イエスの数多い美徳を見えなくさせてしまった。クラウスナーは他の弟子たちを、ガリラヤ出身の教養のない者たちと見ている。同時に彼は、その弟子たちを知力に劣った、無骨な田舎者と考えていたのである。したがって、こんな無能な弟子たちにふたつのグループ(イエスとユダヤ当局)を一堂に会させることなどできない。ユダの裏切りの行為なくしては、イエスの敵対者といえども、イエスを見つけ出すことはできなかったのである。(13)

クラウスナーにとって、ユダがイエスを裏切ることを、イエス自身が知らなかったと考えるのはとても耐えがたいことだった。「イエスははじめから、裏切りについては承知していた。ユダを『裏切り者』と暗に示していたし、現に名指しでユダにそのように言及している」(14)。が、ユダがイエスを引き渡したのは、単に彼がユダヤの律法に従ったまでだった。イエスのような詐欺師を当局へ密告することは、宗教上の義務ではなかったのだろうか。「あなたの中から悪を取り除かねばならない」という律法を履行するためにもそれは必要なことだった(申命記一三・二―一二)。

精力的な刊行を続けながら、ピンチャス・ラピデはイエスの論議について、あるいは最近ではユダについても、挑戦的で刺激的な考えを打ち出している。(15)彼はその著書の中で、イエスの死についていったいだれがその責任を負うべきなのかを決定しようとした。そしてその際、最大の配慮をしたのがユダだった。(16)最近の「ユダへの手紙」でも、彼が長い間、ユダに対して関心を抱いてきたことを明かしている。(17)ラピデが表明しているところによると、ユダは熱心党の一員だという。そしてユダのイエスに対する忠誠心は、けっして動揺したり揺らいだりするものではなかったが、ペトロと同じように、ユダもやはり、イエスの教えがどの方角へ向かっていくものか理解できなかった。そのために、ユダはイエスをユダヤの指導者たちに引き渡す手助けをしたという。ユダの神話とはだいぶ違っているのだが、ラピデはわれわれを手招きして、ユダが自由の闘士か熱心党の一員だったことの可能性について考えさせる。彼はこの時期の熱心党に重要な役割を担わせていた。(18)これはおそらくオスカー・クルマンに従ったもので、いくぶんかは、マルティン・ヘンゲルの影響があるかもしれない。

ラピデはまた、初期のキリスト教文書の中でも、とりわけヘブライ語聖書から章句を取り出してきて、次のように結論づけた。聖書に記載されている自殺の中で、もっとも注目すべきものはアヒトフェルとユダの自殺だ。

ユダと祭司長たちの間で交わされたお金の交渉についてもラピデは、四つの福音書がそれぞれに異なった四つのユダ像をわれわれに提供していると述べている。彼はまた、ここではわれわれが少なくともふたつの時代錯誤に直面しているという。つまり、もし三〇〇年の間貨幣が使われていなかったとすると、ここで銀貨が出てくるのはありえないことだ。それに銀貨を計量するという作業はもはや必要がないという。ひとたび硬貨は鋳造されれば、枚数を勘定すれば事足りるからである。(19)

しかしながら、ラピデの注意をもっとも強く引いたものは、「パラディドゥーナイ」(パラディドーミの不定詞)が再三繰り返して使われていることだった。六回にわたって、このキーワードは繰り返されている。そしてそれは「裏切る」ではなく「引き渡す」という意味だった。新約聖書に出てくる語に言及しながら、彼は次のような結論に達した。

ローマの信徒への手紙八・三二にはじまり、イエスの受難劇を作り上げているものは、七重にわたってつらなる「引き渡し」の鎖である。
ユダはイエスをサンヘドリン(最高法院)に引き渡し、
サンヘドリンは彼をピラトに引き渡し、
ピラトは彼をヘロデに引き渡し、
ヘロデは彼をピラトに戻して渡し、

ピラトは兵士たちに彼を引き渡し、
兵士たちは彼を十字架に釘打ちし、
そこでイエスは、みずからの魂を創造主に引き渡す（ルカ二三・四六）[20]

ハイヤム・マコービーもまたユダの人物像に興味を抱いてきた。彼のユダの扱い方はかなり重要である。[21]マコービーはユダの物語を「ほとんどすべてが作り物」だと考えている。が、彼はフィクションの要素から歴史上のもつれを解きほぐすことに大きな関心を持っていた。[22]

実際、神話はその社会的な効果によって試されるべきものだし、反ユダヤ主義もただ神話的なレベルでのみ扱うことが可能だ。したがって、イスカリオテのユダのイメージを払拭したり、「ユダ」という名前に名誉を回復することは必要だ。それは反ユダヤ主義の基盤をなしている、想像が作り上げた架空の論拠に対する抵抗の一部と見なされてしかるべきものだからだ。[23]

こうした一連のプロセスの一部としてマコービーは、おのおのの福音書に描かれたユダのイメージを詳細に研究した。彼の著書の丸ごと一章が「イスカリオテのユダとはだれだったのか」という疑問にあてられている。そのあとに続いているのが「王子ユダ」の再構成だった。マコービーは、「ある程度までなら、歴史上のイスカリオテのユダを再生することは可能だ[24]」と断言する。

彼がいうには、その人物とはナザレのイエスの実の兄弟だという。[25]おそらくユダの手紙の著者だともいう。[26]そしてダビデ王の血を引いた王子だというのだ。「イエスを裏切ったイスカリオテのユダなど、どこにも存在しない」。マコービーはまた、イスカリオテの名をユダが熱心党員だったという意味にとっている。

マコービーの論じ方の根本的な弱点は、ユダの物語中、歴史的に見て十分に信頼できる特徴まで、はたして切り離すことができるのかどうかについて、彼に逡巡と躊躇が見られることだ。ユダの像を神話的な広がりを持つものにまで、どのようにしたら到達させることができるのか、この点に彼の再構築の重要な意図があったわけだが、それが、初期キリスト教のストーリーに課した厳しい歴史上の拘束のために、かえって切りつめられるという結果に終わっている。しかし、彼によって書かれた本の中には、新鮮で、十分考慮に値する材料がふんだんに含まれている。彼が提示した刺激的な仮説は批評眼に富んだ対話への誘いとなるだろう。

これは驚くべきことだが、イエスを解釈するユダヤ人のすべてが、実際、ユダを熱心党員か、あるいはその傾向を持つ者と結論づけている。そのひとつの例としてわれわれはアーヴィング・ザイトリンを挙げることができる。(27) 彼の主張するところによると、彼らのイエス分析へ効果的に導いてくれる概念をひとつ挙げるとすれば、それはカリスマ性だという。つまり、イエスの持つカリスマ的な資質だというのだ。ザイトリンはこのカリスマという見方をマックス・ウェーバーに基づいて作り上げているのだが、ザイトリンはさらにその先へと向かっている。純粋なカリスマはそれが本来持つ性質によって、「制度化された」社会機構の対極にあり、そうしたものから独立しているという。

カリスマ性を持ったリーダーシップの重要な要素は、伝統的な権威に対してそれが提示する挑戦である。イエスについていえば、「イエスが熱心党とどのような関係にあったのかという疑問は、イエスの自己認識を明らかにする上できわめて重要である。それはまた同じように、イエスが接触した個人やグループによって、彼がどのように見られていたかを明らかにする上でも重要だ[28]」

ザイトリンの結論は次のようなものだ。「イエスは熱心党員でもなければ、その準党員でもなかっただろう。むしろ彼はカリスマ性を持つ人物だったのではないだろうか。イエス自身の意志に関わりなくそのカリスマ性が、熱心党の考えに同調する人々に強い魅力を投げかけていた。そのためにイエス自身もまた、ほとんど日常的に熱心党の掲げる問題に慣れ親しんでいたのではないのか[29]」

イエスの弟子たちについてザイトリンは次のような考えを持っている。「これはテクストの証拠がことごとく示していることだが、ペトロ、それにゼベダイの子のヤコブとヨハネ、そしてイスカリオテのユダは、彼らが強く待ち望んだ者としてのみイエスを見ていた。そして、それ以外のイエスをけっして見ようとはしなかった。彼らが望んでいたのは勝ち誇る救世主的な王となったイエスだった[30]」。ザイトリンによれば「ユダの本当の動機は、イエスをむりにでも前へと押し出し、イエスだけが勝利を得ることのできる抵抗へと向かわせることだった」とほのめかす学者もいるという[31]。

これは前にも述べたことだが、われわれが手にしている歴史上の基礎的な事実は、わずかにユダが一世紀に生きたユダヤ人で、イエスに付き従っていたということだけだ。イエスは教師であり、奇跡を起こす人であり、神の召命を感じる預言者でもあった。このように優位な立場にいながらイエスは、自分をメシアとは見なしていなかったようだ。神の呼びかけの声を感じることができたのに、なおそうだったのである。マーカス・ボルグが指摘しているように、この神からの呼びかけがイエス自身の精神の中に深く根ざしていた。したがって、神の人々（神殿）のリーダーたちによって掲げられていた「神聖への探求」というスローガンを、イエスは非難していた。そしてその代わりとして、「慈悲深い神の性質に基づいたもうひとつの道を提示し、このパラダイムに従って人々を集めた。そしてその人々を、すべてを包み込む慈悲というパラダイムから自然に導き出されるやり方、つまり平和という方法で導いたのである」[32]。が、イエスの死後に出現した教会がイエスの復活を唱えはじめ、それと前後して、神の子や神が選んだメシアというイエスの特殊な地位を主張し出した。

一般的に見て、ユダヤ人の学者たちは、リヒャルト・ルーベンシュタインの意見に同調しているようだ。彼のように強行に主張することはしていないが。ルーベンシュタインは「キリスト教徒とユダヤ人との否定的な関係の中で、もっとも害を与えているものは、他ならぬあのユダの物語である」と考えていた[33]。たしかに、もしそれが事実だとしたら、引き続きわれわれがユダの人物像を探っていくことは、正しいことのように思われる。

もしユダが実際にイエスを裏切っていたとしても、われわれはそれに腹を立てる必要はないだろう。というのもわれわれは、ユダの身に起こったことを理解するために、ことさら特殊な条件を引き合いに出そうとは思わないからだ。したがってわれわれは、特別な神の力（あるいは悪魔の力）をユダやイエスの行ったことを理解するために持ち出すこともしない。われわれはただ歴史というフィールドでプレイをするだけだ。そして資料がわれわれを手招きして、そのフィールドを越えるように誘ったときにのみ、フィールドの外でプレイをすることになる。

## この章をまとめると

ユダの伝説について、共観福音書以前の古い層の研究が最近進んでいるが、この研究によっていくつかの重要な結論が導き出されている。

まず第一に、ユダはけっして象徴的な人物などではないし、宣布（キリストの福音を宣べ伝えること）上の想像力が作り出した産物でもないということ。彼はあきらかに歴史上の人物で、イエスの弟子のひとりだった。名前のイスカリオテはセム族の環境に由来するものと思われる。ユダが十二人という内輪のサークルに所属していたとするわれわれの知識は、アラム語を話す教会から出た伝説に基づいている。さらに金を受け取ったあとで、後悔にさいなまれて自殺したとされる密告者についての情報は、最も早い時期の伝説には見当たらない。したがってわれわれが描いたユダの肖像は、むしろ、弟子たちの輪にいた仲間たちとさして変わらない人物像だった。ユダはイエスによって、他の弟子たちと同じように力量を認められていた。そして、特殊な任務を果たすために選ばれたことにより、いっそうイエスに名誉を与えられたということなのだろう。

ユダの行為を「裏切り」として理解する考えは、アラム語を話す教会に由来するのかもしれない。が、それにしてもそれは、のちにイエスの死に対する責任を部分的にではあれ、ユダに負わせざるをえなくなった結果だろう。しかしさらに可能性が高いのは、それがギリシア語を話す教会から生じたという説だ。ギリシア語を使う教会はすでに、ユダヤ教において密告者が担っていた両面の役割を把握できなくなっていたのではないだろうか。イエスの死の神学的な合理化によって、それはおおい隠されてしまった。したがってその時点でユダは悪人となってしまったのである。

ユダの行為に対する解釈はやがて大きく変化していく。教会がイエスの死を解釈しはじめると、それにつれてますます大きな非難がユダの上に集中した。彼はイエスの集団を離脱した最初の男としてのみ想起されるようになった。もちろん他の弟子たちも同じようにイエスを見捨てている。数人の女性追随者だけに付き添われてイエスは十字架上に取り残された。しかし、ユダが最初にイエスを遺棄した行為が、結果的には裏切り行為と見なされたのである。が、それでも、マルコ一四・二一ではユダを名指しで呼んではいないし、教会も、ユダの行為を示すのに「彼を引き渡す者」という言葉を使っていて、直接ユダという名前を使用することは避けていた。(34) ところが、使徒時代の直後になると、それは紀元七〇年から一二〇年にかけてだが、「引き渡す者」は「裏切り者」とまったく同意と見なされるようになった。そして徐々にそれは、ユダ本人を指す言葉となっていったのである。この過程がはじまった時期を確定することは難しい。それはまたもうひとつの重要な研究課題となるだろう。

# エピローグ　ユダはこんな人物だった

ユダの歴史像を探るわれわれの旅は、特別な目標を掲げつつはじまった。それはまず、何はさておいても資料に耳を傾けること。とりわけ、文書に表された伝説の層の下をのぞいてみること。そしてユダの人物像を理解する上で、何か利用できるものがあればそれを見逃さないことだった。歴史上のユダについて知りうる事実に関心を持つことはもちろんだが、それと同じくらいの関心を、われわれは初期の教会が作り上げたユダ像に対しても抱いた。

福音書記者や歴史家、それに画家や神学者などが作り上げたユダ像を見るにつけて、ますますはっきりとしてくることは、彼らの努力のほとんどが歴史上の記録を曖昧にさせることに費やされてきたことだ。そこではユダがおおむね、道徳上の否定的なモデルとして使われている。もちろん、もっとも早い時期のキリスト教の資料には、ユダの行為の性質やその動機、あるいは同時代の人々がユダについて感じたことなどが記されたものもあるにはある。が、それはほんのわずかだ。

ユダ像を築き上げる上で確固とした基盤となるものは、まずユダをひとりのユダヤ人としてとらえること。そして彼がイエスの内輪のメンバーのひとりであったことを確認することだ。イスカリオテのユダという名前が明かしてくれるのは、彼がユダヤ人で、十二人いた内輪の弟子のひとりであること以外には何ひとつない。それに加えて、われわれが知らされているのはユダが使徒であったことだけである。

ユダがイエスの集団の中で、何らかの重要な職務を任されていたという証拠はまったくない。が、あきらかにいえることは、ユダはイエスの生涯が最後の週を迎えるまでは、集団内でこれといって識別できるほどの役割を担っていなかったことだ。しかし、このときにいたってはじめて、彼が人の子を「引き渡す」人物として鍵となる役割を演じたことを資料は異口同音に報告している。

われわれの探求で明らかになったもっとも驚くべき事実は、ユダがそのために非難の的となっている行為（イエスを裏切ったことだ）が、まったく言語学的な基礎に基づいていないことだった。ギリシア語の動詞「パラディドーミ」はつねにこれまで、ユダの行為と関連して「裏切る」と訳されてきた。が、われわれが目にしうるかぎりの古典テクストを調べてみても、この言葉が「裏切る」という意味で使われた例がない。それはヨセフスの書いたものでも、新約聖書でもそうなのである。この点については今では、あらゆる権威がこぞってこの意見に同意を示している。そして徐々に、現代の聖書翻訳者たちもこれを認めつつある。

初期の資料がわれわれに告げていることは、ユダが祭司長たちにイエスを「引き渡した」ことだ。が、この行為に対してイエスは、何ら驚きの表情を見せていない。実際、どの資料を見ても、イエスがこの行為を裏切りとして受け止めたと書いているものはない。ユダの行為や人物を描く際によく使われるのが、裏切り、陰謀、詐欺、強欲、貪欲、幻滅、悪辣、怠慢、不正などの言葉だが、新約聖書にその証拠を求めても、まったく裏づけをとることなどできない。とりわけユダとイエスの関係という点では、ふたりはつねに思いやりを示し、親密な関係にあったようだ。第四福音書が描いたユダ像がもっとも反友好的なものだが、それにしても、そこであきらかに示されていることは、イエスがユダを使者として送り出すときに、「しようとしていることを、今すぐ、しなさい」（ヨハネ一三・二七）という言葉を掛けていることだ。同じヨハネ福音書でユダは、イエスや弟子に何の気がねもせずに、自分の足をイエスに洗ってもらっている。

さらにこの福音書ではゲッセマネの園で、イエスを逮捕にきた者たちに向かってユダは、イエスを指し示す役割を果たしていない。実際、イエスの逮捕についてはまったくといってよいほどユダは重要な役回りを演じていない。ヨハネによるとユダはその場で、祭司長や兵士たちといっしょに立っていたという。そしてイエスが、自分がイエスだと名乗ると、ユダはその場にいた者たちといっしょにあとずさりして、どうと地に倒れたという(ヨハネ一八・六―七)。

ユダの死については、マタイとルカが書いているが、このふたつの異なった記事はたがいに打ち消し合っていて、結局のところわれわれに、ユダの死のことは何ひとつわからないという印象を強く与えるにとどまっている。もしマタイがいうように、ユダが自殺をしたのだとすると、われわれはこの行為を非難すべきではないし、彼をとがめだてすることもできない。ましてやそれを彼の行為を解き明かす鍵として使うことなどできないだろう。これはよく知られたことだが、人が自殺へと向かう動機を解釈しようと試みても、それはなかなか難しい。それに信頼すべき学者の説によると、一世紀のユダヤ教やキリスト教においては、自死は何ら不名誉なことではないし、恥辱と見なされるべきものでもなかったという。

「引き渡す」という仕事は、基本的には神を中心にして神によってはじめられ、神の命令のもとに実行されたものと初期教会は見なしていた。これは今日、われわれがいうところの神学的な(神意と神性に基づく)処理といってよいだろう。そのために、この「引き渡し」には悪魔(ルカとヨハネに登場する)と神がともに参画する。その上、歴史上ではつねにそうだが、神が行動を起こせば、きまって人間も巻き込まれる。が、初期教会に神学上の洗練が欠けていたためもあるのだろうが、さらに重要なのは、初期教会が壁や境界を築きはじめたために、ユダはその格好の利用材料となってしまった。ユダはしくじって失敗をしでかした上、教会によって見捨てられ「アウトサイダー」(よそ者)となったはじめての「インサイダー」（身内の者）にされてしまったのである。このような場合、われわれが往々にして耳にするのは、教会の失敗ではなく個人の犯した失態ばかりだった。

まず第一にいえることは、失敗というカテゴリーが置かれたのが、イエスに付き従ったもっとも初期の共同体の門口だったということだ。発生場所はそこ以外のどこでもない。ユダは神が与えてくれた義務を果たした。そしてイエスを引き渡すことによってイエスの使命の実現に貢献した。が、徐々に姿を現しはじめた教会が境界線を引くことの必要性に迫られると、教会はユダの中に格好の人物像を見つけ出した。それはユダが、ユダヤ人であると同時にイエスの弟子でもあったからだ。こうして、ヨハネの共同体はユダに対して強い嫌悪感を抱くことにより、それを利用して、背教のキリスト教徒やユダヤ人敵対者の双方にうまく対処することができた。そうすることで彼らは、ユダに背を向けたばかりではなく、イエスが彼らに教えた敵を愛せよという教えからも目を背けたことになる。イエスに従う多くの人々がこの不当な扱いに気づいて、その意味をとくと考え直すようになるまでには、なお二〇世紀もの長い年月を必要としたのである。

離脱者を扱うスタイルが生じたのはおそらくかなり早い時期だったろう。それは紀元四五年から六〇年代にかけてだったかもしれない。ちょうど「Q資料」を掲げる人々がみずから境界線を引いて、共同体を立ち上げた時期だったのかもしれない(1)。そして第四福音書が書かれる頃になると、ユダはもはやひとりの人間として扱われることなく、道徳劇の中の一登場人物のような存在となってしまった。登場人物を創造する脚本家にはまったくとがめだてをする筋合いはないのだが、基本的には歴史上の出来事に基づいていた宗教が、その出来事の要《かなめ》ともいうべき要素を失ってしまい、そこに登場する人物をゆがめて戯画化してしまったとき、そこでは何かよくないことが生じてしまったのである。

それではわれわれはここで、ユダ像の根本的な見直しを提言しようとしているのだろうか。たしかに、もしこの本の中で提供された証拠が、学者による精密で注意深い吟味をくぐり抜けることができれば、そのような見直しは当然要求されるだろう。そしてたとえ私の読者が、本書で掲げた証拠に納得がいかないとしても、問題の門口へと導いた役割だけは果たせたと思う。考えてもみるがいい。ユダを裏切り者として描くことにより、また神のドラマの中にひとりの邪悪な人物としてユダを登場させたことにより、どれくらい大きな害悪がもたらされたことだろう。さらには次のことを問うてみるがよい。われわれが誠実と見なすことのできない人々について、有害となる話をいいふらすより、そこには、信義や寛大さを鼓舞激励するような、さらによい方法があったのではないのかということを。実際、長い人類の歴史の中で、ユダほどひどい中傷を受けてきた人物が他にいたのだろうか。中傷は他人の評判を下げるために告げられるただの嘘にとどまらない。われわれはこのことをしっかりと肝に銘じておかなくてはいけない。それはまた人を傷つけるために告げられた「真実」ともなるからである。この双方はともに旧約・新約聖書でそろって糾弾されている。(2) 少なくともイエスに付き従おうとする者は、みずから内省し、次のことをしっかりと見きわめることが必要だろう。それはイエスが十字架上で、他の人のために漏らした神への祈りの中に、はたしてユダは含まれていなかったのかどうかということ。さらには、ユダが十二使徒のひとりとして扱われたことが、そのままイエスに忠実であることを意味しないのかどうかということ。たとえユダが、イエスにちなんでのちにキリスト教と名付けられた共同体によって完全に拒絶されたとしても、十二使徒がイエスによって拒否されることはないのだから。

ユダは弟子なのか、あるいは裏切り者なのかという問いかけに対する答えはそれほどやさしいものではない。一方でそこには、友情や弟子という関係を無視したところに裏切り行為が生じるわけがないという事実がある。それと同時に、歴史上のアイデンティティーを検討する上で重要となるのは、何がもっとも優先されるかということだ。今はとりあえずわれわれも先例にならうとすれば（実際、これこそ学者たちが満場一致で同意するところだ）、まず、ユダに関連した記述で「裏切り者」という言葉の使用を拒否すること、そして、ユダの行為を描くのに、「裏切る」という動詞の使用をやめることだ。そうすれば、歴史上のユダの行く末は、いくらか安心のできるものとなるだろう。そして、少なくともわれわれは、現に、自分たちが利用できる資料を真剣に取り上げていると明言できると思うのだ。真理がわれわれを自由にすると信じているのは翻訳者であり、教会でもあるだろう。したがって彼らに、われわれと同じ作業をするようにと要求することはそれほどむりなことではないはずだ。

# ユダの自殺ノート（紀元三〇年頃）

イスカリオテのユダによって残された自殺ノートが最近発見された。そしてそのノートは、アンティオキアにいるヨハネ・マルコのもとへと送られた。マルコは今、イエスが過ごした日々についてくわしい話を書いているという。ユダのノートはさっそく、イエスの教えに従った者たちすべての手に渡され、読まれることになる。実際、われわれの仲間だったユダはこれまで数知れぬほどの中傷を受けてきた。が、このノートは、ユダが主の死に当たって果たした役割について、何らかの光を投げかけてくれるだろう。

私の名はユダ。この手で今、遺書を書いている。私の頭はひどい混乱ぶりだ。それは今しがた、見張りの者たちがイエスをともない、大祭司カイアファの家から出てきて、ローマのユダヤ総督ピラトの館へと向かうのを目にしたからだ。私は思案に暮れている。これから先どこへいけばよいものかまったくわからない。心だけは水のある方へと向かっていく。しかしそれにしても、大祭司はどうして、われわれの主をローマ人の手になど渡してしまったのだろう。律法では、ユダヤ人を異教徒の支配者に引き渡すことが、どれほど重い罪になるのか、まさか大祭司ともあろう人が知らないわけはなかったろうに。が、それはともかくとして、今の私に何かできることがあるのだろうか。

おそらくイエスはピラトの手から逃れることはできないだろう。間の悪いことにピラトは食事中ではなかった。ローマ人のあごは一度噛みついた餌食を、口を開いて取り逃すようなことはまずしない。ピラトの手から解放されないとなれば、まちがいなくイエスは、ピラトによって死へと引き渡されることになるだろう。

この急変ともいうべき事態をもたらしたものは、いったい何だったのだろう。イエスはカイアファに向かって何といったのか。それにだいたいイエスは、カイアファからどんな質問を受けたのだろう。そしてイエスは、自分を弁護するために彼にどんなことを話したのだろう。

思い起こせばこの数年というもの、私はナザレのイエスの弟子として過ごしてきた。それは大いなるよろこびに満ちた、また、おびただしいほどの興奮にあふれた日々だった。人々のためにすべてを一新できるかもしれないという気持ちが、われわれの気分を浮き立たせていた。が、その一方でこの数年はまた、いらだたしい、失望の日々だったかもしれない。そしてそれはまた、痛ましい当惑の日々だった。

とりわけこの数カ月にいたっては、信じがたいほど私の周辺はごたついていた。イエスは自分の差し迫った死にまったく気を取られてしまっているようだった。が、しかし、それはなぜだったのだろう。やっとすべてが変化しはじめたというのに、なぜ今になって、イエスは死ななくてはいけないのだろう。われわれにはそれがわからない。

混乱にピークがやってきたのはちょうど過越祭の期間中だった。いつものようにわれわれはみんなで夕食のテーブルを囲んでいた。イエスとともに過ごす慎ましやかで楽しげな食事だった。たがいにわれわれはうちとけて話をしていた。そのときに、イエスが来るべき王国のことを口にして、それが実現した暁には、彼を囲んでまたみんなでとる食事の話もした。そしてイエスは話題を、今彼の心にあり、気がかりとなっていることに移した。それはイエス自身をだれが祭司長たちに引き渡すのかという問題だった。弟子たちはそれぞれに動揺していた。もしかして選ばれるのは自分なのだろうかと思いながら。が、指名されたのは私だった。イエスは引き渡し役を私にゆだねたのである。もちろん私はそれを名誉なことに感じた。が、その一方で、そんな大役が私に果たせるものかどうかとかなり怖じ気づいたことも事実である。イエスが自分を引き渡す者について語った言葉に、私は狼狽してしまったからだ。が、ともかくイエスは事態を先へ進ませたいと願っていた。そこで私は自分の役割を果たした。

これから先、私はどうなるのだろう。私にどんな未来があるというのだろう。おそらくサンヘドリン（最高法院）の裁判で、イエスはカイアファに正面から立ち向かうことをせずに、ピラトを総督の地位から引きずり下ろす道を選んだのだろう。イエスはそれを説得して可能にさせるほどの人だった。おそらくイエスはピラトを説得するだろう。ピラトはみずから進んで総督の座をイエスに譲るにちがいない。そうなれば、イエスは支配者となるだろう。が、しかし、もし事態がそうならなかったら、そのときには何が起きるのだろう。つまり、イエスが自分のためにはっきりとした意見を述べなかったら、どうなるのだろう。祭司長たちはイエスに敵意を抱き、ピラトにイエスを告発して、その証人となるかもしれない。そうなれば、ピラトが彼らの懇願を聞き入れ、イエスを殺させるのもさほどむりな話ではないかもしれない。というのもイエスは人々を混乱に陥れ、動転させたわけだから。たしかにイエスは人々を魅了する。そのために人々はイエスのあとに従う。それは私やペトロや多くの人々が主に従ったのと同じだ。が、イエスが死刑を宣告されたらどうなるのだろう。

私はずっと悩んでいる。自分はイエスといっしょに死ぬべきなのかどうかと。イエスはつね日頃、弟子は主人にまさることはないと話していた。さらにわれわれ弟子は、イエスとともに苦しみを享受すべきだともいっていた。もし今、主が死ぬようなことがあれば、もはやわれわれにとって、主とともに死ぬ以上に名誉なことなど何もない。

私は今ひどくおびえている。心は悲しく、混乱している。これまで一度としてこんなことが起きるとは思ってもみなかった。だれがいったい、こんなぐあいに神の王国が終わりを告げるなどと考えただろう。イエスが十字架上で死んだとしたら、たしかに彼はメシアではありえないということになるのだから。

ここで起きたことを、私は今、じっくり考えてみようとしている。新しい神のイスラエルを代表する十二人のひとりとして、私はイエスによって選ばれた。私は自分の名前のもとになった族長ユダに対して誠実でありたいと思った。自分の義務を果たして、最善を尽したつもりである。私はつねにイエスの命令に従って、自分のできるかぎりのことをした。したがって、イエスが私を非難したことなど一度もない。ペトロに向かっていったように、私を「サタン」(悪魔)と呼んだこともない。それどころか、ゲッセマネの園では私を抱いて「友よ」と呼んでくれた。

この三年間というもの私は、イエスに付き従って各地を巡歴するグループの会計係を務めていた。会計係として出納帳に記入し、勘定を支払ってきた。支援者からの寄付も私が受け取った。支援者の中にはとりわけ奇特なご婦人方が何人かいて、われわれを助けてくれた。グループのメンバーたちには、つねにわれわれの資産がどれくらいあるのか、その現状を知らせるようにした。イエスとともに過ごしたこの数年は、私にとってもっとも充実した年月だった。人々の銀行ともいうべき神殿、その神殿の財産管理係を務めていたときにくらべてはるかに幸せな日々だった。

それがこんな最悪の事態になろうとは。私はイエスを祭司長たちへ引き渡すために選ばれた。たしかにこの数週間というもの、イエスは自分が罪人たちの手に引き渡され、彼らによって殺されるとくりかえし話していた。イエスとともに旅をしていたわれわれはだれしも、こんなイエスの予言を信じなかった。そして、これまでにもたびたびイエスは強烈な比喩を使って話すことがあったが、それが現実になることなど一度としてなかったと決め込んでいた。

それに実のところ、大祭司は罪人などではまったくない。彼は神によって聖職へ任じられ、律法と秩序がこの国で正しく守られているかどうかをつねに見守っているわけだから。そんなことを考えていたので、イエスを祭司長たちに引き渡す役目が私に振られたときには、当然、私はそれをよろこんで引き受けた。イエスが私を信頼してくれたことに非常な名誉を感じたからだ。大祭司とイエスがひとたび面と向き合えば、かならずやふたりは、イスラエルの再生が急務なことに同意を示すにちがいない。そしておそらくは、そのやり方についても意見の一致を見るかもしれないと私は確信した。

これまでも機会あるごとにイエスは、私を励まして前へ進むようにと仕向けてくれた。私は今まで、イエスに命令されたこと以外は何ひとつしたことがない。もしだれかが私に、なぜあんなことをしたのかと問いかけたなら、私は次のように答えてその人を納得させるだろう。つまり弟子としてもっとも大切なことは、イエスがわれわれに命じたことを行うことだ。私がこれまでに学んだのもこのことだった。そのために、イエスがしてほしいと望んだことを私はよろこんでした。それは今も変わらない。

ほんの今しがた、ピラトがイエスに死刑を宣告したという知らせが届いた。私はついさっき神殿から戻ってきたところだ。あの心得違いの祭司長たちは、取り決めを帳消しにしてほしいという私の願いを聞き入れてくれなかった。私は彼らの足もとにお金を投げつけて、イエスに罪はないといってやった。

今、私はイエスとともに死のうと思う。私の妻や子供たちのために、みずからの手で命を絶つという行為が、主に対する私の愛という視点から見られることを願っている。イエスが死ぬのなら、当然、私は彼とともに死にたいと思っているからだ。

われわれの偉大なるサウル王には、王のあとを追って自決した鎧運《よろい》びの従卒がいた。(1) 慈悲深い神よ、あなたが油を注いだイエスが、みずから思い描いた王国のために戦うより、むしろ死ぬことを選んだというのなら、私はよろこんで彼に付き従って死のうと思う。私はみずからの運命を神にゆだね、私の命はイエスに引き渡す。それはちょうど神の選んだ子を、私がこの国における神の最高権威者、大祭司の手に引き渡したようにである。神よ、どうかイスラエルの子供たちが、平和を見つけることができますように。また、私の妻や子供たちをお守りください。平和のテントのもとで彼らを守ってやってください。

みずからの手で記す　イスカリオテのユダ

# 謝辞

大学で初期キリスト教の文学を教えていたときのことである。私は学生たちに歴史上のイエスについて紹介する機会を持った。そんなことから知らず知らずの内に、イスカリオテのユダにも注意を向けるようになった。そして、どんな理由だったのか、とりわけある信仰を持つ学生たちから、ユダに対する質問に正確に答えてほしいという要求が出た。

そこで私は、質問に答えるひとつの試みとしてユダの役割を自分で演じてみようと思ったのである。最初は私のクラスで、のちにはリクエストがありしだい、他の集まりでもこの試みを実行した。やり方はしごく簡単である。私が紀元一世紀頃の衣裳を身にまとって、ユダになりきった姿でみんなの前に現れる。時期はユダがある事実を察知したときに限定した。それはちょうど、イエスが大祭司によってピラトへと引き渡されたのをユダが伝え聞いたときだ。試みはすべてユダに向けられた質問をめぐって展開する。学生たちが私に問いかけた質問に、そのつど私が答えるというスタイルを取った。質問の内容についても制限をした。学生たちが新約聖書を読んでユダについて疑問に思ったことに限った。こんなやり方で私は、新約聖書という複雑な資料に取り組むことになった。が、あくまでも実際に取り組んだのは、ユダやユダが果たした役割について、あるいはユダの運命について学生たちが投げかけた質問だった。

小さなドラマというこの試みは驚くべき結果をもたらした。その最たるものは、ユダの役割を演じている私に向けられたあまりに多くの人々の怒りと憎悪である。それはまるで人々が、ユダという人間を今なお評価できないでいるように思えたし、ユダがイエスの生涯と死で演じた役柄についても、彼らはまったく理解していないように思えた。もちろんこれは私の講義の聴講者だけではなく、一般の多くの人々にとっても当てはまることだったろう。私がこの本を書いたのもそんな人々のためである。

私がはじめてユダについて書いた文章は *ABD* (1992), 3: 1091-1096 に掲載された。この仕事を私に振り当ててくれた David Noel Freedman に私は感謝をしている。六年前に書いたこの記事が、歴史上のユダを探索しはじめていた私の最初に発表した研究成果だった。が、本書はこれとはだいぶ趣が違っている。はるかに完成度の高いものが書けたと思う。この本ができたのは次のような事情による。一九九一年秋、私は Catholic Biblical Association of America の招きを受けて、エルサレムへ客員研究教授として出向くことになった。出向先は École Biblique。この学校の人々がありがたいことに私と妻の Dona を暖かく迎え入れては、何くれとなく世話を焼いてわれわれを助けてくれた。これについては、言葉で表し切れないほど感謝をしている。すばらしい図書館で勉強ができたことや、精神的な面でも知的な面でも、精力的で健やかなスタッフの生活に私たち夫婦もともに参加できたことは、今もなお忘れることができない思い出である。現在、トロント地区の副司教をしている Terry Prendergast, S.J. にも世話になった。一九九五年に彼が École Biblique の客員研究教授をしていたとき、本書の草稿にはじめから終わりまで目を通してもらい、たくさんのありがたい助言をしてもらった。

ユダの研究を続けてきて、ようやく私がたどり着いた新しい結論に、多くの人々が辛抱づよく耳を傾けてくれた。が、だれよりも辛抱強かったのは妻の Dona Harvey である。彼女は自分の急ぎの仕事をさておいて、私の原稿の整理をしては再度見直しをしてくれた。その結果、本書は妻とふたりの共同作品となった。思い出すのは結婚記念日に、ふたりでエルサレムの南西にあるヒンノムの谷を歩いたときのことだ。われわれがその日探していたのは、ユダの終焉の地として伝えられるアケルダマ（血の地所）だった。思えば私は、自分の研究の成果を思慮深い読者に少しでも利用してもらいたいと思い、これまで努力を重ねてきた。そして、そのためにおびただしい時間を費やした。

ジャーナリストという妻の仕事は個人的にも私を豊かにしてくれたし、さらにそれは私を助けて、紀元一世紀の物語を今日のわれわれに意義あるものにしたいと願う私の努力をあと押ししてくれた。

私に貴重な貢献をもたらしてくれた学者がふたりいる。それは Hans-Josef Klauck と Werner Vogler である。この両人が私の仕事を支えてくれた。大いなる感謝の意を込めてふたりの名前をここに記しておきたい。私が出した結論は結局彼らと同じものになった。たしかに私は、この場で表現しきれないほどの恩恵を彼らの業績からこうむっている。が、それはけっして彼らからその業績を奪い取るようなものではない。むしろ私は、彼らの仕事を越えることによってさらにその領域を押し広げた。むろん、そうするように私を励ましてくれたのは彼らの仕事である。さらに私は、原稿の見直しの段階で Raymond Brown と Elaine Pagels の仕事から大きな活力を得た。主要な点についてはこのふたりと私の意見は違っている。が、それはあくまでも、彼らの仕事の重要性を認識した上で重ねた議論の結果だった。

この本を書きながら私はふたつの大学で教えていたのだが、その大学の名前をここに記すことができるのはとてもうれしい。ひとつは University of Toronto。この大学では Peter Richardson がとりわけ強いサポートをしてくれた。彼の見識のある質問が私を大いに助けてくれた。学者としての彼を私はたいへん尊敬しているが、それにもまして、彼は私にとって得がたい友人でもある。もうひとつの大学は University of Waterlooだ。伝統のある古い University of Toronto とはだいぶ雰囲気が違うが、この大学は、本書の冒頭部と最終結論で取り上げたテーマを大学のプログラムに組み入れてくれ、私への協力を惜しまなかった。また、St. Paul's United College の同僚たちも辛抱強く私の試みを支援してくれた。ユダはまぎれもないイエスの弟子のひとりだったことを、私は人々に理解してもらおうと努力していたのだが、彼らはそれをやさしく見守ってくれた。Peter Frick にも世話になった。彼のギリシア語の知識とコンピュータ技術を私は気のすむまで活用させてもらった。そして、私の本の編集作業とコンピュータ作業に貴重な手助けをしてくれたのが The Social Sciences and Humanities Research fund at the University of Waterloo である。コンピュータの作業については、さまざまな段階で Arlene Sleno の完璧な技量に助けられた。

しかし、このような性質の本は、いかなる作業にもまして編集者と出版社の勇気ある支援がなければとても刊行できるものではない。ここではまず第一にFortress Pressのスタッフに感謝の意を捧げたい。Fortress Pressが立証してくれたのは次のようなことだった。通常の商業ベースに乗った出版社は、経済的な理由からとてもこの種の本には手を出さないということ、そして大学の出版局もそのシステムからして、政治上ふさわしくない本ははじめから除外してしまうということ。さらには、教会をベースにした出版社のみがこうした書物の刊行を可能にしてくれるし、その意志を持っているということを教えてくれた。中でもとりわけ感謝したいのはDr. Cynthia Thompsonだ。彼女の好奇心と鼓舞激励に私は大いに励まされた。さらに感謝したいのはMarian Noeckerである。彼女の厳密な原稿整理がなければ本書の刊行はとてもおぼつかなかっただろう。

私はこの本を二〇年にわたる友情を育んできたDavid Flusserに捧げたい。私の知的で精神的な生活の大部分は、エルサレムの彼の家で過ごした時間の中で培われたものだからだ。彼と妻のHannah、それに家族のみなさんが、イエスとユダが最後の日々を過ごしたあのエルサレムの街で、変わらぬ喜びと幸せの日々を送られることを私は願うばかりだ。

ウィリアム・クラッセン

# 原注

# 略語一覧

| | |
|---|---|
| AB | Anchor Bible |
| ABC | Anchor Bible Commentary |
| *ABD* | Anchor Bible Dictionary |
| *AJT* | *Anglican Journal of Theology* |
| *ANRW* | *Aufstieg und Niedergang der römischen Welt* |
| *Ant* | *Antiquities of the Jews*（ユダヤ古代誌） |
| *ASTI* | *Annual of the Swedish Theological Institute* |
| ATANT | Abhandlungen zur Theologie des Alten und Neuen Testaments |
| *ATRS* | *Anglican Theological Review*. Supplement Series |
| B. *Qam* | *Baba Qamma* |
| Bauer, *Lexicon* | *A Greek-English Lexicon of the New Testament*, by Walter Bauer |
| BETL | Bibliotheca ephemeridum theologicarum lovaniensium |
| BEvTh | Beiträge zur evangelischen Theologie |
| *BR* | *Biblical Review* |
| *BVC* | *Bible et Vie Chrétienne* |
| BWANT | Beiträge zur Wissenschaft vom Alten und Neuen Testament |
| *BZ* | *Biblische Zeitschrift* |
| *CBQ* | *Catholic Biblical Quarterly* |
| CD | Damascus Document |
| *ChH* | *Church History* |
| *CJ* | *Concordia Journal* |
| *CToday* | *Christianity Today* |
| *DACL* | *Dictionnaire d'Archéologie Chrétienne et de Liturgie* |
| *Did* | *Didache* |
| *DJG* | *Dictionary of Jesus and the Gospels* |
| *DRev* | *Downside Review* |
| *DtPfrBl* | *Deutsches Pfarrerblatt* |
| EB | Echter Bible |
| *EnJ* | *Encyclopaedia Judaica* |
| *ET* | *Expository Times* |
| *EthEn* | *Ethiopic Enoch* |
| *ETL* | *Ephemerides Theologicae Lovanienses* |
| *ETR* | *Etudes Théologiques et Religieuses* |
| *EvQ* | *Evangelical Quarterly* |
| *EvTh* | *Evangelische Theologie* |
| *EWNT* | *Evangelische Wörterbuch zum Neuen Testament* |
| *Exp* | *Expositor* |
| EBBS | Facet Books, Biblical Series |
| FRLANT | Forschungen zur Religion und Literatur des Alten und Neuen Testaments |

| | |
|---|---|
| FS | Festschrift |
| FTS | Freiburger Theologische Studien |
| *HDB* | Hastings, *Dictionary of the Bible* |
| *Hochl* | *Hochland* (Kempten and Munich) |
| *HTR* | *Harvard Theological Review* |
| *HWDA* | *Handwörterbuch des deutschen Aberglaubens*, ed H. Bächtold-Stäubli, 1927-1942. |
| *IB* | *Interpreters Bible* |
| ICC | International Critical Commentary |
| *IDB* | *Interpreter's Dictionary of the Bible* |
| *J.Ter* | Jerusalem Targum, *Terumot* |
| *JAAR* | *Journal of the American Academy of Religion* |
| *JB* | *Jerusalem Bible*（エルサレム聖書） |
| *JBL* | *Journal of Biblical Literature* |
| *JE* | *Jewish Encyclopedia* |
| *JEGP* | *Journal of English and Germanic Philology* |
| *JJS* | *Journal of Jewish Studies* |
| *JL* | *Jüdisches Lexicon* |
| *JQ* | *Jewish Quarterly* |
| *JQR* | *Jewish Quarterly Review* |
| *JR* | *Journal of Religion* |
| *JSNT* | *Journal for the Study of the New Testament* |
| JSNTSup | Journal for the Study of the New Testament, Supplement Series |
| *JThS* | *Journal of Theological Studies* |
| *JThSA* | *Journal of Theology for South Africa* |
| *JW* | Josephus, *Wars of the Jews*（ユダヤ戦記） |
| *KTWBNT* | Kittel, *Theologisches Wörterbuch zum Neuen Testament* |
| *LavTP* | *Laval Théologiqure et Philosophique* (Quebec) |
| LCL | Loeb Classical Library |
| *LD* | *Lectio Divina* |
| *LM* | *Lutherisches Monatsheft* |
| *LSJM* | Liddell, Scott-Jones & McKenzie, *Greek-English Lexicon* |
| *LThK* | *Lexicon für Theologie und Kirche* |
| LXX | Septuagint（七十人訳聖書） |
| *MGWJ* | *Monatsschrift für Geschichte und Wissenschaft des Judentums* |
| *MLR* | *Modern Language Review* |
| *MTZ* | *Münchener theologische Zeitschrift* |
| NEB | New English Bible（新英訳聖書） |
| *NIDNTT* | *New International Dictionary of New Testament Theology* |
| NIV | New International Version |
| NJB | New Jerusalem Bible |
| NJBC | New Jerusalem Bible Commentary |
| NRSV | New Revised Standard Version |
| *NT* | *Novum Testamentum* |
| NTAbh | Neutestamentliche Abhandlungen |
| NT, Sup | Novum Testamentum, Supplement |
| NTOA | Novum Testamentum et Orbis Antiquus |
| *NTS* | *New Testament Studies* |
| *NYTBR* | *New York Times Book Review* |
| OBO | Orbis biblicus et orientalis |

| | |
|---|---|
| OCP | Orientalia Christiana Periodica (Rome) |
| *PG* | Migne, *Patrologia Graeca* |
| *PL* | Migne, *Patrologia Latina* |
| *PMLA* | *Proceedings of the Modern Language Association* |
| 1QH | Qumran, Hodayoth Scroll |
| 1QS | Qumran, Serek Scroll |
| *RB* | *Revue Biblique* |
| *RevQ* | *Revue de Qumran* |
| *RevScRel* | *Revue des Sciences Religieuses* |
| *RE* | *Realencyklopädie für protestantische Theologie und Kirche*. 3rd ed., ed. A. Hauck. Leipzig 1896-1913. |
| *RGG* | *Die Religion in Geschichte und Gegenwart* |
| *RHPR* | *Revue d'Histoire et de Philosophie Religieuses* |
| *RHR* | *Revue de l'Histoire des Religions* |
| *SAC* | *Studien zur Antike und Christentum* |
| *Sanh* | *Sanhedrin* |
| SANT | Studien zum Alten und Neuen Testament |
| *SEÅ* | *Svensk Exegetisk Årsbok* |
| sh | shekel, shekelim |
| *SLJT* | *St. Luke's Journal of Theology* |
| SNTSMS | Society for New Testament Studies, Monograph Series |
| SST | Studies in Sacred Theology |
| STBibEChrist | Studia Biblica et Christianis |
| *StMed* | *Studia Medievalis* |
| StNT | Studium Novum Testamentum |
| *T. Gad* | *Testament of Gad* |
| ThA | Theologische Arbeiten |
| *THKNT* | *Theologischer Handkommentar zum Neuen Testament* |
| *ThLZ* | *Theologische Literaturzeitung* |
| *ThPQ* | *Theologische-Praktische Quartalschrift* |
| TPI | Trinity Press International |
| *TJ* | *Toledoth Jeshua* |
| TPC | Torch Preacher's Commentary |
| *TRE* | *Theologische Realenzyklopädie* |
| WUNT | Wissenschaftliche Untersuchungen zum Neuen Testament |
| WUS | Washington University Studies |
| *WZ* | *Wissenschaftliche Zeitschrift* |
| *ZNW* | *Zeitschrift für die neutestamentliche Wissenschaft* |

## 序　ユダはどんな人物に見られてきたのか

（1）Dieckmann, *Judas als Sündenbock*, 141.
（2）Mark 3:19; Matt 10:4; Luke 6:16.
（3）Luke 6:13.
（4）Luke 6:13; Matt 10:1-2; Mark 3:14.
（5）Hughes, "Framing Judas," 223-237.
（6）神学の方面ではK.Lüthi, *Judas Iskarioth*がある。宗教革命以降、Judasがどのように取り扱われてきたのか、その経過を記したすぐれた歴史書。Klassenの"Juda"では以下のものを参照にして、初期教会が見たJudasについて短い概要が記されている。Haugg, *Judas*, 19-61; Vogler, *Judas*, 119-134; Klauck, *Judas*, 125-135. さらに詳細に記述したものとしてはW.D.Hand, "A Dictionary of Words and Idioms Associated with Judas Iscariot"がある。
（7）Walter Puchner の堂々たる記念碑的な著作 *Studien* は、東方教会の美術に及ぼしたJudas の影響について証拠となる資料をふんだんに提供してくれる。
（8）Jeffrey, ed., *A Dictionary of Biblical Tradition*, 418-420 は今なお、Judas の資料を公平に扱う作業をはじめていない。
（9）Mellinkoff, "Judas's Red Hair," *Journal of Jewish Art*, 31-46.
（10）H.-J.Klauck は *Judas*, 17 で Judas を解析して七つのタイプを指摘し、その中でも「悪魔の化身」がもっとも支配的だと述べている。
（11）たとえば、Schille, *Die urchristliche Kollegialmission*. 索引で「Judas」を引くと、読者は「裏切り者」という見出し語に導かれる。
（12）Gillooly, *New York Times Book Review*, 18. Mario Brelich, *The Work of Betrayal* についての書評。
（13）Guardini, *The Lord*, 348.
（14）Fiorenza, *The Book of Revelation*.「Revelation を批評する者たちは、それが説いているのは復讐と意趣返しで、山上の垂訓への愛などではないと指摘してきた」（Collins, 1980, 204）。「Judas」という指摘は Fiorenza のもので、A.Y.Collins のものではない。
（15）「そしてもし、この墓をあえて開けようとする者がいれば、……Judas と同じ運命を分け持つことになるだろう。／その者にとって、すべては暗闇となり、／その日に、God はその者を滅ぼすだろう」（B.Mclean, "A Christian Epitaph: The Curse of Judas," and P.W.van der Horst, "A Note on the Judas Curse"）. John Henry Kent は Corinthで発見された碑文（紀元二六七―二六八）にJudasの名前がなかったにもかかわらず、あえてそこに彼の名前を補填して読んだくらいだ（Corinth, 200）。
（16）"Holding Out"の見出しがある *Journals*, 1852-1854, 230-231.
（17）Lowrie, trans., Kierkegaard, *Attack upon Christendom*, 36.

（18）Dieckmann, *Judas*, 15.
（19）Daub, *Judas Ischariot oder das Böse im Verhältnis zum Guten.*
（20）Jack C.Verheyden in Schleiermacher, *The Life of Jesus*, 413, note. Daub の仕事は University of Chicago Library で調べることができた。
（21）Daub, *Judas*, 2-3.
（22）Daub, *Judas*, 8-10.
（23）Daub, *Judas*, 20-21.
（24）Daub, *Judas*, 22-51: "Judas und seine Vertheidiger".
（25）序文でGoetheの*Faust*が引用されている。Daub の最大の相手は哲学者と神学者だが、彼が人文主義者たちを議論に引き込もうとしていることは明らかだ。そして彼は、Judas が完全に悪を行うように運命づけられていると主張する人々と、Judas は自分の意志を遂行する機会を持っていたと主張する人々との間に横たわる溝に、橋を架ける方策を探っていたことも確かだった。Daub, *Judas*, 44-45 を参照のこと。Judas の物語においてGoethe が果たした役割については Dieckmann, *Judas*, 149-157 を参照のこと。
（26）S.Laeuchli, "Origen's Interpretation of Judas."
（27）Bartnik, "Judas I'Iscariote," 62.
（28）Wagner, *Judas Iskariot*, II.
（29）Sayers, *The Man Born to Be King*, 30.
（30）Dieckmann, *Judas*, 139-140.
（31）Dieckmann は Judas に対する同情が示されているもうひとつのケース（ただしこれひとつだけだが）を見つけ出した。
（32）（このミュージカルのせりふは、Tim Rice と Leeds Music［現在はMCA Music Ltd.］の許可を得て引用されている）。*Jesus Christ Superstar* については、Ellis Nassour and Richard Broderick, *Rock Opera: The Creation of Jesus Christ Superstar* を見よ。ここでは *Jesus Christ Superstar* のせりふが、新約聖書の持つ意味へと案内する忠実なガイドとして引用されているわけではなく、あくまでも聖書のテクストへ疑問を呈し、その答えを要求する脚本家のサンプルとして引用されている。
（33）たしかに人気漫画 "Peanuts" の Charlie Brown は永久に変わることのない「敗北者」の訴えをはっきりと表明している。初期のミュージカルに *For Heaven's Sake* があるが、このミュージカルでしばしば歌われる Jesusの唄がある。「彼は三三歳の失敗者だった」。それは Jesusの物語の重要な一面をとらえている。
（34）Lüthi が *Geschichte*, 109 の中で引用したもの。彼は *Evangelische Kirchenzeitung*［1883］, 370 から引用している。が、私はこれを入手することができなかった。
（35）Barry, "Suicide."
（36）しばしば引用されるCarl Daub の意見。先に挙げた Daub, *Judas*, 1:16, 20 から Klauck が *Judas*, 147 で引用したもの。Daub は Karl Barth によって "The Election" の中でも引用されている。University of Chicago にある Daub の著作のコピーは、もとはといえば、Hengstenberg の蔵書からコピーされたもの。したがって、Hengstenberg がJudas の運命について発した絶望味を帯びた鋭い言葉が、Daub の影響を受けたものと想像することはまんざら不可能ではない。これは、聖書学者がテクストそのものからではなく、むしろ、ひとりの組織神学者の感化により自分の意見を定めた例として興味深い。
（37）R. Brown は次のように述べている。「Jesus の死については、Peter には何も責任がない。……Judas はいかなる後悔もそれを償うことができないほど、極悪非道で憎むべき行為を行った」(*Death*, 641)「この罪に対して神が下した罰が Judas の自殺という形となり立証された」(*Death*, 836)

(38) John Crossan は Judas の裏切りを史実に基づくものとしている。そして「Judas は Jesus に従う仲間たちから離れて、神殿の祭司長たちと交渉を重ねているうちに捕らえられてしまったのかもしれない」と推理している(*Who Killed Jesus?*, 81)。同じような意見は M.Myllykoski, *Die letzten Tage Jesu*, 146 でも述べられている。

## 1 ユダの資料にはどんな特徴があるのか

(1) Vorster, "Gospel, Genre," *ABD*, 3:1077-1079. 引用は 1079 から。

(2) Dörrie, "Xanthippe," Pauly-Wissowa, *Realenzyklopädie*, 1335-1342.

(3) この話題については Talbert, "Biography, Ancient," *ABD*, 1:745-749 を参照のこと。Socrates がギリシア哲学の発展に及ぼした影響については Dihle, *Studien zur griechischen Biographie* によって追うことができる。ユダヤ人が抱いていた「理想の人物像」については Nickelsburg and Collins, eds., *Ideal Figures in Ancient Judaism* を参照のこと。さらに広い概観を求める向きには Momigliano, *The Development of Greek Biography*; Stuart, *Epochs of Greek and Roman Biography*; Cox, *Biography in Late Antiquity: A Quest for a Holy Man* などが参考になる。

(4) Talbert, "Biography, Ancient," *ABD*, 1:747-749. 引用は 749 から。

(5) Guardini, *The Lord*, 351.

(6) Mark 10:35-45; Matt 20:20-28. Luke とJohn ではこの出来事は扱われていない。が、両福音書はさらに一般的な言葉でこの問題を扱っている (Luke 22:24-27; John 13:4-5, 12-17)。

(7) Weiss, *Die Schriften des Neuen Testaments*, 1:102. Haugg, *Judas*, 10 を見よ。

(8) Blinzler, *Trial*, 60.

(9) Grant, *Jesus*, 156. ここで出てきた結論は非常に驚くべきものだ。われわれは Judea 地方の人々が現実の王国に対して、Galilee 地方の人々とくらべてさほど強い興味を抱いていなかったと当然のことのように思うべきなのだろうか。Judas が Galilee の出身ではないとわれわれが確実に知ったところで、Judas の人柄を知る手助けとなる Judea 出身者のプロフィールといったものはまったく存在していない。だいたい他の十人の使徒にしたところで、彼らが Galilee の出身者であるかどうかはわからない。われわれが知ることのできるのは、Galilee 地方の特色だけがやたらに誇張されて描かれていることだけだ。この点については、S. Freyne, *Galilee* の次のフレーズが参考になる。「Galilee 人の政治に対する態度はそれほど過激なものではない。それにしばしば指摘されているほど、彼らの特徴ははっきりとしたものではない」(392)

(10) Manchester はインタビューから起こした原稿を一八冊もの本にまとめた。この本の出版をめぐって引き起こされた論争については、Corry, *The Manchester Affair* を参照のこと。この問題についてはすっきりとした形の解決などとても望めない。それは Oliver Stone 監督の作ったドキュメンタリー映画 *JFK*

(1991) が引き起こした論争からも明らかだ。

（11）*New York Times* のためにこの事件を取材した Tom Wicker は次のように結論づけている。「Kennedy 暗殺の真相は今なお語られていないと思う。それは永遠に語られることがないかもしれない」。Stone の映画（*International Herald Tribune*, Dec. 17, 1991）を論評して Wicker は、それはだれの説を信じるかという問題だといった。Pheme Perkins は Peter に関する自分の研究を、Kennedy 殺人事件の捜査と比較している。そこでは、情報をつなぎ合わせて全容を明らかにしようとする作業が共通しているという（*Peter*, 23-24）。

（12）「はじめにあったのは教化的なもの、つまり宗教的に見て理解しやすいものだったろう。それは経験されたことに対する意見として解釈が施され、布告の形で発表された（*Predigt*）」（Dibelius, "Die alttestamentlichen Motive," 222）

（13）最初に一貫してこのやり方を採用したのは Volger, *Judas Iskarioth* だった。それに続いたのが Klauck, *Judas – Ein Jünger des Herrn* だ。Klauck は「三つに重なった伝承」をJohnから離反させたが、さらに彼は最終章で、Judas の死について語った各福音書の場面をそれぞれ別々に前面に押し出した。

（14）Haugg, *Juda*, 69-72.

（15）Haugg, *Juda*, 70.

（16）Haugg, *Juda*, 72.

（17）Haugg, *Juda*, 72.

（18）Haugg, *Juda*, 72.

（19）RV, the RSV, NRSV, JB, the *Gute Nachricht*.

（20）LXX（Septuagint）では「いかせる（去らせる）」という動詞から、「apopompaios」を使っている。

（21）Dieckmann, *Judas*, 245-251; Girard, *Violence and the Sacred*, 250-273; idem, *Das Ende der Gewalt*（Herder, 1978）, 180-230; Perera, *The Scapegoat Complex: Toward a Mythology of Shadow and Guilt*.

（22）Girard, *Violence and the Sacred* を見よ。私の知るかぎりでは彼が唯一、「供犠から見るという新しい読み方」（これは Louis Martin の記号論的な分析法だ）でJudasを取り扱っている。Girard, *Things Hidden*, 245-253, esp. 247 を見よ。Girard は私にくれた手紙（March 8, 1993）の中で、次のようなことを述べていた。Matthew の目から見ると、Jesusは Judas のしたことを「まったく取るに足りない」行為だと考えていたという。

（23）Schwager, *Must There Be Scapegoat?* 187, 190（following Pesch, 190-191）. 引用はすべてドイツ語の原本によった（Munich, 1978）。

（24）Hamerton-Kelly, *The Gospel and the Sacred*, 42-45.

（25）Plath, "Warum hat die urchristliche Gemeinde auf die Überlieferung der Judaserzählung Wert gelegt?" esp. 182-183. 彼女は二〇世紀に書かれたものから証言をひろい出すと同時に、Danteの書いたものなど、過去の古い物語を記している。

（26）Abraham a Sancta Clara（Hans-Ulrich Megerle, 1644-1709）, *Judas, der Erzschelm*. 詳細なタイトルについては巻末の参考文献を参照のこと。

（27）Kann, *A Study in Austrian Intellectual History*, 90.

（28）Kann, *A Study*, 92.

（29）Herbert Cysarz. Kann, *A Study*, 97 で引用されている。

（30）Kann, *A Study*, 114.

（31）Santa Clara, *Judas*, 4:411-433. これは彼が弔いの説教「Leichen-predigt」と呼んでいるもの。説教を構成していたのは、聖書に関連したものがいくらかと、中世に書かれた出典の定かでない物語 *Legenda Aurea* だった。Santa Clara の説教はたくさんの国の言葉に訳されている。彼の全仕事は一八三四年から一九五四年にかけて、二一巻本として刊行された。また、それを簡略にしたものは、六巻本として一九〇四年から一九〇七年にかけて出版された。Grete Mecenseffy, *RGG*$^3$ (1957), 1:71-72 を見よ。Santa Clara を批評したものとしては、K. Lüthi, *Geschichte*, 192-194 ; Dieckmann, *Judas*, 36 などがある。

（32）Springer, *The Gospel as Epic in Late Antiquity: The Paschale Carmen of Sedulius*, 1-2. 引用は1から。

（33）Sedulius の叙事詩は、それが聖歌にされてさらに人口に膾炙したために、人からいっそうねたまれることになる。が、こんなふうにして彼の叙事詩は「いかにも真正なキリスト教文学として見られ、今までの聖書の叙事詩よりいちだんと『オリジナリティーに富む』もの」と見なされるようになった (Springer, *The Gospel*, 7)。が、キリスト教の叙事詩作者たちは異端の作者たちに反対しては、自分たちこそ真実を語るものだとつねづね主張していた (Springer, *The Gospel*, 16)。

（34）Von Dobschütz, "Legend, Legendary," *The New Schaff-Herzog Religious Encyclopedia*, 441.

（35）Klopstock, *Ausgewählte Werke*.「Der Messias」というタイトルのついた叙事詩（263: II, 630-640）から引用。

（36）Komroff, "Judas, Man of Doubt," in *Jesus through the Centuries*, 427-433. 引用は427から。Borges, "Three Versions of Judas" によると、この Komroff の記述がスウェーデンの真摯な信仰の人 Nils Runeberg の重要な出発点となったという。Runeberg は de Quincey のあとを追って、Judas を従来とはまったく異なる方向から考え直すことを試みた。一九〇九年、彼は *Kristus och Judas* を刊行した。

（37）Komroff, "*Judas*," 428 からの引用。

（38）De Quincey. Komroff, "Judas," 431-433 で引用されたもの。

（39）Dieckmann, *Judas*, 140 からの引用。資料となったのは Ph. Wackernagel, *Kirchenlied* 2, 471, Nr. 625. 一六〇四年に刊行された聖歌集からとられた。Lapide（*Schuld an Jesu Tod* [1989], 122）は、この歌が Luther によって作られたとされる聖歌に酷似していると指摘した。

　それはわれわれの大いなる罪だ。
　われわれの肩に掛かる罪の重荷だ。
　God の御子である Jesus を
　十字架に釘打ちしたことは。
　そのことで、お前をとがめたりなどしない。
　憎しみのあまり、哀れな Judas を。
　むろんまた、ユダヤの民をとがめたりなどしない。
　罪のすべては、ことごとくわれわれにあるのだから。

（40）D.S.Williams, "Rub Poor Lil' Judas's Head," *Christian Century*, 963.

（41）Dieckmann, *Judas*, 227.

（42）Dieckmann, *Judas*, 257

（43）Dieckmann, *Judas*, 277

（44）Dieckmann, *Judas*, 359 n.19.

（45）批判的な方法で校訂が行われたスタンダードな本としては、Vogler, *Judas Iskarioth*; Klauck, *Judas*; Haugg, *Judas* などが挙げられる。が、このような方法で研究された本は一貫して少ない。新約聖書には四つの *Judas* 像が見られるという認識は Elaine

Pagels, *Origin* にも見られる。
（46）Brown, *The Death of the Messiah*.
（47）Brown, *Death*, 1401（傍点は引用者）。Brown は Matthew について論じながら、Matthew はJudas の「不正」を劇的に描き、それを John がいっそう大げさなものにしたと書いている(120-121)。
（48）Brown, *Death*, 261.「otiose」(余計な）には「仕事がない」「怠惰な」「不毛な」「役に立たない」などの意味がある。
（49）Brown, *The Epistles of John*, 367 n.14, 364, 468, 486, 686-687. Judas は Jesus が助けそこなったただひとりの人物として描かれていて、「彼は悪魔の手の者だった」（548）
（50）Brown, *Death*, 29-30; 372-397; 835-837; 931-932; 1419-1434.

## 2 「イスカリオテのユダ」という名の意味

（1）Feneberg, "Ein neues Judasbild," 5, 2, *Entschluss*, published by the Jesuit community in Germany. この章で Judas を扱っている。私はこれを H.-J. Klauck の好意によって読むことができた。
（2）Vogler, *Judas*, 9.
（3）Vogler, *Judas*, 17 と Brown, *Death*, 1410-1413.
（4）*IB*, 7（1951）: 582.
（5）Dieckmann, *Judas*, 256.
（6）Crossan, *The Historical Jusus*, 421. われわれははたして Jesus がキュニコス派（犬儒学派）でユダヤ人だと自信を持っていうことができるのだろうか。
（7）私自身のアプローチでいえば、John G. Gager, "The Gospels and Jesus: Some Doubts about Method" に賛成だ。が、結論に対する彼の懐疑主義には賛成しかねる。それに、彼が「福音書は長い創造的な伝説の最終的な産物である」（256）というとき、私は彼が何をいおうとしているのか理解できない。たとえば Homer と比較してみても、長い文学の歴史の中で四〇年はさほど「長い」年月とは思えないからだ。
（8）名前については Klauck, *Judas*, 40-44 と Vogler, *Judas*, 17-24 を見よ。
（9）Bauckham, *Jude and the Relatives of Jesus in the Early Church* を見よ。
（10）Hengel, *The Zealots*, 5 は今なお、このグループ（Zealot）の研究としてはもっともすぐれている。初版が刊行されたのは一九七〇年。場所はドイツ。
（11）Bonhoeffer in a sermon of March 17, 1937, "Predigt am Sonntag Judika über Judas," in *Gesammelte Schriften*, 406-413, ここは 412. Karl Barth の占める位置については本書の pp 346-367 を参照。
（12）Kirsch, *We Christians and Jews*, 50-60 の中で引用されたもの。
（13）*Kitchener-Waterloo Record*, July 8, 1994.
（14）G. Schwarz, *Jesus und Judas*, 6-12 と Brown, *Death*, 1410-1416.
（15）Schulthess, 1922; Cullmann, 1956: 15; 1970: 21-23; and 1962: "Der zwölfte Apostel." Maccoby の詳細な論文（*Judas*［1992］, 127-136）は「Judas Iscariot は "Judas the Zealot" を意味する」（132）と結論づけている。一九九一年に、"Who Was Judas Iscariot?," 13 で彼は、歴史上の Judas が Zealot であったこと、そして彼が Jesus の平和主義に失望したという主張は「まちがい」だったと認めて、あっさりとこの説を捨ててしまった。彼がふたつの文脈の両方に対して「まちがい」だったと考えたのかどうか、その点についてははっきりとしない。

(16) Torrey, "The Name" (1943) と Bertil Gärtner, *Iscariot.* しかし、この解釈は少なくとも Hengstenberg, *John*, 368 までさかのぼる。

(17) G. Schwarz, *Jesus und Judas*, 7 n.10.

(18) Morin, "Les deux derniers des Douze: Simon le Zélote et Judas Iskariôth," *RB* 80:332-358.

(19)「shachar」の読み方については A. Ehrman, "Judas Iscariot and Abba Saqqara," 572-574 と Y. Arbeitman, "The Suffix of Iscariot," 122-124 を参照。

(20) Krauss, *Das Leben Jesu*, 199-207.

(21) Billerbeck, *Kommentar* 1 (1922): 537. また Haugg, *Judas*, 76 と Dalman, *Jesus-Jeshua*, 1929: 28-29 を参照。

(22) Klausner, *Jesus*, 378.

(23) Dalman, *Sacred Sites and Ways*, 1935: 213.

(24) Torrey, "The Name 'Iscariot,'" 58.

(25) Torrey, "The Name," 60-61.

(26) Beyer, *Die aramaische Texte vom Toten Meer*, 57.

(27) G. Schwarz, *Jesus und Judas*, 6-12. これに対する批判については Brown, *Death*, 1413 を見よ。

(28) Joseph Fitzmyer は Hallelujah, Amen はどうなのかと疑問を呈しているが、この問いかけは正しい。わずかに二語ではあるけれど。

(29) 混乱は古代にまでさかのぼっている。2 Sam 10:6,8 では Tob の男となっていたのが、LXX では Istov になる。Tob は場所ではないので、ヘブライ語のもとの ish tov から「善良な男」という言葉が出てきたのではないだろうか。1 Chron 7:18 に出てくる Ishod についても同じことがいえる。LXX の Karioth（街々）はもともとヘブライ語では「……出身の男」という意味だった。が、南ユダヤに Karioth という名の村があるかどうか、まったく確かではない（Josh 15:25）。そのために、ともかく、LXX はそれを複数の街（poleis）と訳した。新約聖書がさらにそれを「カリオテ出身の」という意味に変えたために、さらに問題が複雑化してしまった。今のところこのパズルを解く答えはない。Brown がわれわれに思い出させてくれることは、その派生語が人物について、われわれに教えてくれるものは何もないということである（*Death*, 1416）。

(30) Beyer, *Die aramaische Texte*, 57 を見よ。Schwarz は Beyer の本に興味を持ったのだが、このページを引用することは避けている。Schwarz が引用している p 54 には、このテーマにふさわしいものは何ひとつ書かれていない。

(31) Torrey, "The Name," 58 と Vogler, Judas, 1985.

(32) Dalman, *Words*, 1902: 51-52.

(33) G. Schwarz, 11-12 は Cullmann の結論を受け入れているが、Iscariot の語源が *sicarii* だという Cullmann の説には同意していない。Maccoby, *Judas*, 127-140 は Judas が Galilee 人だと考え (130)、彼を Zealot だったと信じている (132)。もともと Maccoby は Judas はひとりしかいないし、「Judas が選ばれて伝説的な裏切り者という役割を演じたときに」歴史上の Judas の善良な特性が第二の Judas にシフトしたのだという (134)。Cullmann もまた、十二人の弟子のリストや古代の写本の異文を注意深く分析した結果、次のような結論を出している。「第二の Judas はけっして存在しなかった」("Der zwölfte Apostel," 220)。それは名前を二重にしたことから生じたものだろう

(222)。

（34）Plummer, "Judas Iscariot," *HDB*（1905）, 2:796-799; 796を見よ。

（35）Klauck, *Judas*, 40-44.

（36）Meye, *Jesus*.

（37）Schille, *Die urchristliche Kollegialmission*, 118.

（38）Luke 6:13; Mark 3:13-14; Matt 10:1-2.

（39）Schleiermacher, *Life*, 413-414.

（40）Schleiermacher, *Life*, 346.

（41）Schleiermacher, *Life*, 346.

（42）Matt 28:16; Luke 24:9, 33; Mark 16:14; Acts 1:26; cf. 1:13.

（43）Philipp Vielhauer と Günter Klein がこれに異議を唱えている。それに答えた Robert Meye, *Jesus*, 205-209も見よ。

（44）Vielhauer の論拠の要約は、彼のエッセー "Gottesreich und Menschensohn," 63に基づいている。Sanders, *Jesus and Judaism*, 99-101が Vielhauer の議論を取り扱っていて、Meye の反証の説得力を認めている。

（45）Vielhauer, "Gottesreich," 63.

（46）Vielhauer, "Gottesreich," 64.

（47）Schille, *Kollegialmission*.

（48）Epiphanius, *haer* 30/13. 2ff. と Hennecke-Schneemelcher, *Neutestamentliche Apokryphen*, 1961, 102.

（49）Schille, *Kollegialmission*, 35.

（50）Dorn, "Judas Iskariot" と H. Wagner, ed., *Judas Iskariot*, 39-89, ここでは 66-73.

（51）Klauck, *Judas*.

（52）Jorge Luis Borges, "Three Versions of Judas," *Labyrinths*, 97に引用された Nils Runeberg.

## 3　ユダが行ったこと

（1）Herr, "The Conception of History," 138, 142. Joseph Milikowsky, "*Seder Olam*," 1981（未発表原稿）からの引用。この使用を許可してくれたDavid Flusser に感謝している。

（2）Ed Blair, *IDB*, 2:1006-1007. 引用は 1007から。

（3）Charlesworth, *Jesus within Judaism*, 14. のちに彼は、Jesus が Judas の裏切りに遭ったことは、Peter の否定とともに「比較的信頼するに足りる」事実だと断言している（169）。が、はたして Jesus が裏切りに遭ったという事実をどのようにして知るのか、また、主人が弟子に行うようにと命じたケースで、「裏切り」という言葉がいったいどんな意味を持つのか、そのヒントをCharlesworth は与えてくれない。Borg, *Jesus: A New Vision*, 177. の「彼は自分の身内のひとりに裏切られた」も参照。

（4）Teichert, *Jeder ist Judas: Der unvermeidliche Verrat*.

（5）W. Montgomery's tanslation, *Quest* 1948: 394.

（6）Matt 26:14; Mark 14:10; Luke 22:4.

（7）Sanders, *Jesus and Judaism*, 309. cf. *Quest*, 396.

（8）Sanders, *Jesus and Judaism*, 206.

（9）Sanders, *Jesus and Judaism*, 304.

（10）Sanders, *Jesus and Judaism*, 305.

（11）Sanders, *Jesus and Judaism*, 230.

（12）Chilton, *The Temple of Jesus*, 151.

（13）Preisker, "Der Verrat des Judas," 154.

(14) Dibelius, "Judas und der Judaskuss," 277. 他の多くの学者たちは、この場所の特定化という Dibelius の説に従った。そして、彼が「paradidōmi」という言葉について付けた但し書きにまったく気づくことはなかった。Dibelius は「われわれが普通に『裏切る』と訳している言葉の本当の意味は『引き渡す』である」とはっきり述べている(273)。

(15) Harvey, *Jesus and the Constraints of History*, 22-29. ここは23.

(16) 引用部分は Harvey の原文(23)ではイタリック体になっている。

(17) Haugg, *Judas*, 111. Haugg はJudas に対する Jesus の説諭・訓戒の場面を Mark 14:43-45 とJohn 6:70; 12:7-8; 13::2-30 で見つけている。Mark の言及では Jesus はJudas に何ひとつ話をしていない。他の福音書にある平行句でも、Jesus は Judas を批判する言葉を発していない。ヨハネの言及に見られるのは Judas に対する Jesus の沈黙だが、これはヨハネが judas に対して抱いている憎悪を考えてみるとよりいっそう印象的だ。

(18) Barth, *Church Dogmatics* II, 459.

(19) Halas, *Judas Iscariot*, 190-191. Halas の仕事は、一九九二年に Maccoby の本が出るまで、批評眼に富んだ、しかも英語で読むことのできる唯一の Judas の研究書だった。

(20) Halas, *Judas*, 198. Augustine については、*City of God* 1.17 と *Sermon* 352.3.8 (*PL* 39: 1559-1563)を見よ。

(21)「paradidōmi」という言葉を学問的に言及するに際し、「裏切る」をこの言葉の意味のひとつと見なさなかった最初の学者は、おそらく F. Büchsel だろう。彼は paradidōmi をむしろ「引き渡す」という意味にとるのが好ましいと述べた(*KTWBNT*, 2 [1935]: 171-174)。が、にもかかわらず彼は、1 Cor 11:23 が「疑いもなく」Judas に言及したものだと決めつけている。私が書いた記事 "Judas Iscariot," *ABD*, 3 (1992): 1091-1096 は、Judas の行為に関連して「裏切り者」という言葉を使うことを拒否している。

(22) Walter Miller's translation, LCL, 1961 を見よ。

(23) W.H.S. Jones, LCL, 1959.

(24) W. Theiler, *Posidonius*, 1982: 181, 182 を見よ。Bauer が挿入した言明は以下の通り。「たしかに Paul が『引き渡し』や『逮捕』などの言葉を使うときに(Posidonius, 87 frgm. 36, 50 Jac ではあきらかに paradotheis が使われている)、Paul が Judas による裏切りを考えているかどうかという点については定かではない」(614)。この意見にはちょっとまごつかされる。何か不明瞭なところのある Paul とは対照的に、Posidonius では不明な点がなく、それゆえに、それは「明瞭に」「裏切る」という意味を表していると Bauer は考えているのだろうか。もしそうだとすると、これは紛らわしい。Posidonius のテクストをチェックするものはだれでも、これを認めなくてはならないからだ。

(25) Edelstein and Kidd, *Posidonius: The Fragments*, 223, line 79 citing (F 36 Jac) Athenaeus 5:211D-215B からの引用。「prodosia」(裏切り)との対照については p.225, line 134 を見よ。

(26) J.H. Moulton and G. Milligan, *The Vocabulary of the New Testament Illustrated from the Papyri* ... (London: Hodder & Stoughton, 1914-1929); Friedrich Preisigke, *Wörterbuch der griechischen Papyrusurkunden* (Berlin, 1927); Hans-Albert Rupprecht and Andrea Jördens, *Wörterbuch der griechischen Ppyrusurkunden* (Wiesbaden: Harrassowitz, 1991). ここでは、この語が「裏切る」という意味で使われている例はひとつもない。R.H.R. Horsley,

*New Documents*, 4:165 も参照のこと。

（27）「paradidōmi」*KTWBNT*, 2:172.

（28）キリスト教徒による改竄と思われるものが、ひとつだけある（*T.Benj* 3:8）。ギリシア語の paradidōmi が使われている例で、Howard Kee がこれをあやまって「裏切った」と訳しているが、これはあきらかに「引き渡した」という意味である。

（29）Popkes, *Christus*, 27-36.

（30）Wolff, *Jesaja 53 im Urchristentum*, 69.

（31）G. Schwarz, *Jesus und Judas*, 88.

（32）Höistad, *Cynic Hero and Cynic King* と D. Aune, "Heracles and Christ, Heracles Imagery in the Christology of Early Christianity," in *Greeks, Romans, and Christians*, ed. David L. Balch et al.（Minneapolis: Fortress, 1990）, 3-19.

（33）*JW* 3.381; 3.354; 2.360.

（34）*Theological Lexicon*, 3:13-23, ここは 21.

（35）Spicq が引用しているテクストのどれを見ても、ひとつとして彼のいうことを裏付けているものはない。が、解説を加えるべき価値を持つものもある。まず第一に *Ant* 5, 131. ここでは Judg 1:25 に基づいて、古典的な裏切りのケースが語られている。LXX にはここで裏切りを意味する言葉は使われていない。Ephraim によって Bethel の町が包囲されていたとき、住民のひとりが食糧を調達するために町を離れた。そして包囲軍に捕らわれてしまった。「包囲軍は住民に、もし彼が町民たちを裏切れば（原文のママ）（paradidōmi）、彼の命は助けると約束した。……住民はこの言葉を信じて、町を包囲軍の手に引き渡した（engeirein）。そして彼は裏切り（prodūs）によって、みずからの命を救った……」。翻訳者たち（Thacheray and Marcus）はここで使われているふたつの言葉（「引き渡す」と「裏切る」）をまったく区別していない。が、Josephus ははっきりと使い分けている。もうひとつの場合（*Ant* 6, 344-345）では、Saul の勇敢さを論じていて、Josephus はこのふたつの言葉を使っている。「Saul は……心を決めた。……敵に下って、自分の民を裏切る（prodidōmi）ことはよそうと。それよりもむしろ、自分や自分の家の者たち、それに子供たちをこの危険の中に進んで引き渡し（paradidōmi）、主君のために戦う方がよほど潔いと思った」。三番目の例は Spicq 自身が誤訳をしている例。*BJ* 4:523（Spicq, 22 n.46）. James が目論んでいた「裏切り」（prodosia）について語ることによって、Josephus はその部分を紹介している。Josephus は詳細に語っているが、そこでは「paradidōmi」（引き渡す）を使っていて、「裏切る」を使っていない（523, 525）。が、その事実は Spicq の訳には反映されていない。これが意味するところは、Josephus がふたつの言葉に対して非常に意識的だったということだろう。Spicq は Josephus を引用して次のような結論を出している。「Jesus が引き渡されたということは、すなわち、彼が裏切られたことを意味している」。読者は要注意！

（36）Bauer, *Lexicon*, trans. Arndt and Gingrich, 4th ed., p.620. 6th ed., p.614 でもまったく同じ紛らわしい表現が出てくる。「とくに、Jesus が Judas に裏切られる場面」。さらにこれに続けて次のように書かれている。「Paul がこの言葉（paradidōmi）を『引き渡す』として使っているとき、……彼は Judas の裏切りについて考えていたのかどうか定かではない」。もちろん、Paul は考えてなんかいなかった。ここで Bauer ははっきりと、Paul が考えていないことは確かであるというべきではないのだろうか。

（37）KJVとRSVは「引き渡す」、*Gute Nachricht*は「私が彼を彼らにこっそりと手渡すとき」としている。Mark 14:10, 11については、すべて「裏切る」と訳している。GNだけは、はじめに「こっそりと手渡すと」していながら、v.11では「裏切る」としている。Luke 22:4, 6についてはどうだろう。最初、「権力者たちの中にJesusを置く」という表現だったのが、次には「彼を裏切る」に変わっている。ギリシア語で使われている動詞はまったく同じものなのに。John 19:11については、「私をあなたがたに手渡した男」という表現が使われている（NEB）。

（38）Gärtnerは次のように述べている。「初期のキリスト教の理解に従えば、Judasとユダヤ人は、神の計画が果たされるために使われた道具と見なされていた。神の計画とはIsaiah 53の僕の歌の中に出てきたものだ」（*Iscariot*, 25）。紀元七〇年まではユダヤ人たちも、おそらくこの中には含まれていなかったかもしれない。

（39）Klauck, *Judas*, 45. またKlaus Dornの素直な告白にも注意を傾ける必要がある。それは「裏切る」ということは、「事実そのものから」十分に弁護されうるものだという。が、それ以外にはまったく根拠となるものがない（"Judas," 63-66）。もしこれをよしとすれば、われわれはテクストがそういっているので、この言葉を「裏切る」と訳すという意味になってしまう。これはどうみても古典的な循環論法だ。

（40）Crossan, *Who Killed Jesus?* 81. ここでCrossanが述べているのは、あくまでも推測である。Crossanには何としても、神殿の出来事とJudasの裏切り、それにJesusの逮捕の間のつながりを見つける必要があった。Myllykoskiもまた、このようなJudasの逮捕を推量している（*Die letzten Tage* Jesu, 146）。

（41）Pesch, *Das Markusevangelium* II, 99. G. Schwarz, *Jesus und Judas*, 96-97を見よ。

（42）R.H. Lightfoot, *St. John's Gospel*, 306.

（43）Jones, "The Concept of Holy War," in Clements, *The World of Ancient Israel*, 299-321, esp. 311-312.

（44）Matt 17:21; Mark 9:31; Luke 9:44.

（45）Matt 26:45 Mark 14:41; Luke 24:7.

（46）Lohmeyer-Schmauch, *Matthäus*, 365.

（47）Popkes, *Christus Traditus*. Feldmeier, *Die Krisis*, 220-229の分析と批判を見よ。

（48）Mark 15:1, 10; Matt 27:2, 18; Luke 24:20, John 18:30, 35.

（49）Matt 27:26; Mark 15:15; Luke 23:25. John 19:16.

（50）この問題はW. Swartleyの主張の中でうまく説明されている。「Markの福音書はJesusの死を裏切りによるものとしている。まずはじめはJudas（十二使徒のひとり）による裏切り。Jesusをユダヤ人の指導者たちに渡した（14:10, 11, 18, 21, 41, 42, 44）。次にユダヤ人による裏切り。Jesusは彼らによってローマ人の手に渡された（15:1, 10）。そして三番目。総督Pilate（ローマ人）による裏切り。彼によってJesusは死へと引き渡された（15: 15）。同じギリシア語（「引き渡す」あるいは「裏切る」という意味のparadidōmi）が全部で一〇例使われている」（*Mark*, 183）

（51）G. Schwarz, *Jesus*, 24.

（52）Westcott, *The Gospel according to St. John*, 192.

（53）Popkes, *Christus*, 90-93. この件に関しては他の学者によってもたびたび指摘されている。もっとも早いものとして、Schläger, "Ungeschichtlichkeit"（1914）: 53-55を挙げることができる。さらに N. Perrin, "The Use of (para)didonai in Connection with the Passion of Jesus in the New Testament," 204-212 も見よ。Perrin はこの言葉の使用法を三つのカテゴリーに分けている。受難物語のための技術用語。旧約聖書の章節への言及による弁護的な使用。そして弁護的なものより、むしろ十字架の救済論を発展させるための使用。Perrin は Judas にはまったく興味を示していない。

(54) Popkes, *Christus*, 218.

(55) OED はすでに一三〇〇年の時点で、見出し語「裏切る」を Judas に結びつけている。この結合には Wycliffe にその責任があったようだ。一方で、Tindale がこれをスタンダードなものにした。D. Moody Smith は次のような事実を述べていて、これが私の注意を引きつけた。古英語では「betray」という言葉に「裏切る」という意味はなかったという。それは単に「引き渡す」という意味を表したにすぎないというのだ。「betray」の語源はラテン語の「tradere」で、おそらくこの語から英語の「tray」が派生したのかもしれない。

(56) Lampe は *A Patristic Greek Lexicon*, 1013 で、この言葉の意味として最後に「裏切り」を挙げている。が、彼が引用した例の中にすら、あきらかに裏切りを意味するものはない。

(57) Montefiore and Loewe, *Anthology*. 彼らにはまったく未来の生活に占めるべき場所がない (xlviii, 601)。それに神が彼らを憎んでいるために、人々が彼らを憎むことも許される (469)。あの名高い調停人の Elijah でさえ、彼らと仲間になることは難しいという (259)。

## 4 密告者としてのユダ

(1) Daube, *Collaboration with Tyranny in Rabbinic Law*, 8.

(2) Derrett, "The Iscariot," 15.

(3) Tacitus, *The Annals of Imperial Rome*, trans. Michael Grant, 203, 205.

(4) Tacitus, *The Annals of Imperial Rome*, 4.30, trans. C.H. Moore.

(5) Büchsel は「ヘブライ語の相当語は『masar』(密告する) である」(*KTWBNT*, 2, 172: 7) と結論づけている。

(6) Derrett, "The Iscariot," 2-23. Brown-Driver-Briggs はヘブライ語聖書の中で「masar」が出てくるところはわずかに三つだという。Num 31:16; Num 5:6; 2 Chro 36:14. この他に可能性の高いものとして Num 31:5 を挙げている。これらの内のどれかひとつとして、のちにそれが使われたような意味に、われわれが今ヘブライ語聖書中でこの言葉を扱っているかどうか定かではない。

(7) Levy, *Neuhebräisches und Chaldäisches Wörterbuch über Talmud und Midrasch*, 176-179; Ginzberg, Legends, 4:212-214 を見よ。これとは対照的に、Jastrow, *A Dictionary of the Targumim, the Talmud*, 810-811 には、ほんの数語しか見出し語がない。こうした用語法や習わしを徹底的に研究する必要は大いにあるだろう。すでに D. Flusser, "Some of the Precepts of the Torah" などがその先駆けとなっている。

(8) Derrett, "The Iscariot," 9.

(9) Daube, *Collaboration*,8. 冒頭の二章がこの問題の要約にあてられている。また、*JE*, 3 (1971): cols. 1364-1373 と *EnJ*, 9 (1905): 42-44 で、さまざまな学者が書いている「密告者」に関する記事は非常に役に立つ。

（10） Daube, *Collaboration*, 19, 25.

（11） Daube, *Collaboration*, 25-26. David Flusser は親切にもこの段落を読んで、それに対してコメントを付けている。「『masar』はけっして裏切りを意味していない。つねにそれは『引き渡す』（ausliefern）という意味で使われている。もし Jesus が Judas に命じてそれをやらせたということになれば、その行為にとがめ立てすべき筋合いはない。が、当然、もし敵（つまり外国の権力者だ）に引き渡したとなれば、それはまったく許すことのできない罪となる」（personal letter, July 25, 1993）

（12） Derrett, "The Iscariot," 4.

（13） テクストは、Baumgarten, "Hanging and Treason in Qumran and Roman Law," *Eretz-Israel*, 7-16 からの引用。ここは 11 から。

（14） Derrett, "The Iscariot," 5.

（15） この言葉は Josephus によって、動詞として六八回以上、さまざまな名詞として二三回使われている。Augustine の時代には、密告者たちが巷にあふれていたという（Derrett, "The Iscariot," 62）。

（16） 同じ言葉は Acts 23:30 で Paul の護送の際に使われている。証拠を望む人は Bauer, *Lexicon*, 6th ed. を見よ。また、Liddell and Scott も。

（17） このフレーズの読み方は難しい。それは写本の異文からも明らかだ。

（18） Cohn, *The Trial and Death of Jesus*, 36-37.

（19） Cohn, *The Trial*, 79, 83. Cohn は「裏切り」という要素を導入する。そしてこの導入においてのみ、かろうじて彼は正しかった。

（20） Derrett, "The Iscariot," 8; idem, "Miscellanea: A Pauline Pun and Judas' Punishment," 132-133; and idem, "Haggadah and the Account of the Passion," *DRev* 29（1979）: 308-315, esp. 313. Joseph の兄 Reuben（Jacob の長男）もまた密告者として拒否されている（Ginzberg, *Legends*, 1:415）。

（21） Schwier, *Tempel und Tempelzerstörung*, 156-170 に描かれている Zealot の Jerusalem をめぐる戦いの章を参照のこと。そこでは Zealot が抱いた神の戦争への期待感について書かれている。これと同じような希望や夢がはたして Jesus の弟子たちの（すべてとはいわないまでも）多くや Jesus 自身の胸中に生きていなかったといえるのだろうか、私にはその理由がどうしてもわからない。

（22） Windisch がいっている通り「Messiah……の死が Jesus の欺瞞の動かぬ証拠であり、彼の大義の消滅である」（*Der messianische Krieg*, 33）

（23） Schleiermacher, *Life*, 388.

（24） Brown, *Death*, 119-120.

（25） G.Schwarz, *Jesus*, 26. Lindsey の *A Hebrew Translation of the Gospel of Mark* では、「paradidōmi」が Judas の行為と関連しているときにはつねに、ヘブライ語の「masar」（密告する）が使われている。が、NEB は悪い翻訳の例を提供している。それはまず Matt. 26:15「あの男を裏切ってあなたたちに渡せば、いくらくれますか」。今度は良い翻訳の例。Matt 27:4「わたしは罪のない人を死に追いやってしまいました」。そしてもうひとつ良い例。27:18「人々が Jesus を彼（Pilate）の前に引き立ててきたのは、ねたみのためだとわかっていたからである」。ここに挙げたいずれの場合にも、同じ動詞（paradidōmi）が使われている。

(26) 少なくとも、いくつかの写本にはこの祈りがある。Judasがこの祈りの中に含まれていないという想定は退けられなければならない。というのも、Judasは他の弟子たちと同じように、自分がしていることをまったく理解していなかったからだ。これについてはとりわけ、さきに挙げたHalasの説（3章（19））と対比させてみよ。Jesusの祈りのテクストは本書のpp 239-245で検討する。

(27) この点については、Kugel, *In Potiphar's House*, 214-246がすぐれた論を展開している。この本を教えてくれたKrister Stendahlに私は感謝をしている。

(28) Morison, *Who Moved the Stone?* 引用は37から。このいわば門外漢によって書かれ、広い人気を勝ち得た本は読む者に深い印象を与えた。というのも、この本は緻密な論理で推論されている上に、かなり説得力があるからだ。ドイツ語に翻訳されたことにより（1961）、それはまたドイツの学者たちにも衝撃を与えた。Schwarzを見よ。

(29) Schlatter, *Matthäus*, 738.

(30) Schlatter, *Matthäus*, 737.

(31) *Globe and Mail*, Dec. 7, 1992.

(32) *New York Times*, July 19, 1992, "Week in Review," 2を見よ。

(33) *Globe and Mail*, Sept. 8, 1992. A22.

(34) *New York Times*, June 13, 1993, "Week in Review," 6.

(35) James Lardner, "The Whistle-blower," *New Yorker*, July 7, 1993: 52-70とJuly 12, 1993: 39-59.

(36) Larder, *New Yorker*, July 12, 1993: 56.

(37) この物語はJ.H. Jones, *Bad Blood: The Tuskegee Syphilis Experiment*で読むことができる。Myron and Penina Glazerは六四人の告発者について研究した（*The Whistleblowers*, 1989）。

(38) 以下のものを見よ。*Globe and Mail*（Toronto）, "Prisoner of Conscience," by Mordecai Briemberg, Sept. 30, 1988: A7. それにthe story of the film made on Vanunu's act in *Jerusalem Post*, Jan. 3, 1990, 2. そして *Globe and Mail*, Jan. 3, 1990. また Cohen, *Nuclear Ambiguity: The Vanunu Affair* も。

(39) *London Review of Books*, Oct. 22, 1992: 11.

(40) Webster'sには四つの意味が載っている。⑴惑わす（とくに誘惑する）⑵裏切りにより敵に引き渡す⑶しくじる。見捨てる（とくにまさかのときに）⑷思わず知らず、あるいは約束に反して暴露する。

(41) J. Parker, *The Inner Life of Christ*, 3:351-352. 引用は352.

(42) Dieckmann, *Judas*, 322を見よ。この見方に対するDieckmannのコメントに注目。

(43) Vogler, *Judas*, 35.

(44) Klauck, *Judas*, 54.

(45) Klauck, *Judas*, 55.

## 5 マルコの目から見たユダ

(1) Enslin, "How the Story Grew: Judas in Fact and Fiction," 123-141. ここは138-139.

(2) Mark Gospelの総括的な議論については、Paul J. Achtemeier's article, "Mark, Gospel of," in *ABD*, 4（1992）: 541-557. このあとの注で挙げる専門的な研究の他に、本章を書く上で参考になったものを列挙すると以下の通り。Erich Auerbach,

*Mimesis: A Portrait of Reality in Western Literature*; Frank Kermode, *The Genesis of Secrecy*; Helen Gardner, *The Business of Criticism*, 101-126.

（3） Vincent Taylor, *Jesus and His Sacrifice*, 113.

（4） 以下の学者たちが書いた本の Judas を論じた部分を参照のこと。Hans-Josef Klauck（1987）:33-69; W.Vogler（1985, 1st ed. 1983）, 39-56; G. Schwarz（1988）: 35-200. とりわけ役に立ったのが Schenke, *Studien zur Passionsgeschichte des Markus*, 199-280 だ。Schenke の Mark における受難物語の様式史的な分析が非常に参考になった。

（5） Mark 2:20; 3:6; 11:18; 12:12; 14:1-2.

（6） Mark 9:9, 12, 31; 10:32-34; 14:41-42.

（7） Weeden, *Mark: Traditions in Conflict*, 34 and 50.

（8） C. C. Black は *The Disciples according to Mark*, 154 の中で、Weeden の占める位置について、その概要と鋭い批判を述べている。

（9） Weeden, *Mark*, 50.

（10） Theoclore Weeden, *Mark* の要約はこの本の34と50 に書かれている。Weeden はG. Klein の文を「Peter の人身攻撃」という言葉を使って引用し、人身攻撃は「初期教会の内紛」によるものとした（Klein, *Apostel*, 312）。Klein は「Peter に反対して処分されたグループの中にあったすさまじい怨恨（ルサンチマン）」について述べている（324）。Weeden 自身は次のようにいっている。「私はMark が Jesus の弟子たちに対する根深い反目をつねに持ち続けていたのではないかと推測している。Mark は弟子たちの信用を傷つけることにまったく余念がない。彼は弟子たちを鈍感で頑固、しかも手に負えない男たちとして描いた（51）。弟子たちは最初から、イエスの救世主としての使命を理解していなかったのみならず、Jesus のやり方や地位にまで反対し、しまいにはまったくそれを拒絶してしまう」

（11） Schenke, *Studien*, 279.

（12） Quast, *Peter and the Beloved Disciple*, 61-62 と、以下の論文に対するQuast の論考を参照のこと。G. F. Snyder, "John 13:16 and the Anti-Petrinism of the Johannine Tradition"; A. H. Maynard, "The Role of Peter."

（13） 学者の中には、Judas がはじめから十二人のひとりであったことに疑問を投げかける者もいる。Gunther, *The Footprints of Jesus' Twelve in Early Christian Traditions*" では、次のような提案がされている。「もっともありそうなことは、Luke が十二という数を取り去ってしまったことだ。それは、Judas が神の審判に預かるという言及を何としても避けたいと思っていたからだ。そうなれば、あきらかにJudas は十二人の一員ではない。そしてそれは十二人を、Mark 以前の十二人とは違った復活祭後のグループにさせることになる」（45 n.101）。Crossan の意見はこうだ。「Judas の裏切りは歴史的な事実だ。そして、Judas はJesusの追随者ではあったが、十二使徒のひとりではなかった。この十二使徒は Jesus の死後に至るまで、まったく存在しないものだった」（*Who Killed Jesus?* 81）

（14） Gunther, *The Footprints*, 50 n. 134.

（15）「群衆」（okhlos）。この言葉を Mark は三八回、Matthew は四九回、Luke は四一回使っている。共観福音書はそろって「群衆」をこの場所で使っているが、Matthew だけは「大きな」という修飾語を付けていた。

（16） 読者の便宜を図るために、検討を加えるテクストを完全な形で引用した。Mark から最初に引用した章句では、われわれはもっとも古い伝承に立ち向かうことになる。おそらくこれは校訂の作業から隔離されてきたものにちがいない。これについては、Vogler の詳細な議論を参照のこと（39-56）。Hyam Maccoby（34-49）はMatthew と Mark を同時に検討している。そして彼はMark の Judas はたったひとりだったと主張しているが、歴史上の Judas にはまったく興味を示していない。そのため、Judas 伝承の形成においてMark が果たした役割がまったく見えなくなってしまっている。Mark の受難物語についてもっともすぐれた論を展開したのは Raymond Brown, *Death*, 46-57, 77-85 である。参考文献も広範囲にわたっている。

（17）Mark だけがここでやや無味乾燥な動詞「paraginomai」（近づく）を使っている。Mark の福音書ではここだけにしか出てこない言葉だ。が、Mattew や Luke や John ではかなり頻繁に現れる。Bauer, *Lexicon* の第四版（1957）を翻訳した Arndt と Gingrich はこの言葉の使用法を見過ごしている。

（18）Schenke, *Studien*, 209.

（19）Schenke はここで使われた「paradidōmi」には神学的な意味はないといっている。それはおそらく、Mark 14:21でより早い時期に使われた「paradidōmi」によって連想され使われたものかもしれないという。Schenke はまた、この「paradidōmi」の使用法は Mark に出てくる他の「paradidōmi」と違うと書いている。

（20）W. Klassen, "A Child of Peace," を見よ。その直接のルーツが詩編にあるという考えはShenke によって否定されている（*Studien*, 211）。

（21）Bultmann は三つの局面を示唆している。⑴旧約聖書の影響がまったくない Luke の形式（Luke 22:21）、⑵潜在的な旧約聖書の影響がうかがえるMark の形式、⑶はっきりと旧約聖書の引用をともなう John の形式（John 13:18）（*Geschichte*, 284）。Suhl が指摘しているように Bultmann の議論には矛盾が見られる。もし Luke がオリジナルなものだというのなら、当然そこには旧約聖書への言及があってしかるべきではないのだろうか。Luke にはまったくそれがない。Alfred Suhl, *Die Funktion der alttestamentlichen Zitate*, 51.

（22）Suhl, *Funktion*, 51.

（23）Suhl, *Funktion*, 167.

（24）Daube はエッセー "Black Hole" の中で、この文に対する平行句を持ち出している。

（25）Hillyer, in *NIDNTT*, 1051-1054. 引用は 1052 から。E. Gould は「これは呪詛や中傷ではなく、……Godの審判の荘重な告知」だという（*St. Mark*, ICC, 1912: 263）。

（26）Hillyer, in *NIDNTT*, 1053.

（27）Balz, in *EWNT*, 2:1320-1322. Collins, *ABD*, 6:946-947 は、この言葉が意味しているのは「痛み、不安、あるいは悲しみ」だという。

（28）Waldemar Janzen, *Mourning Cry and Woe Oracle*; Delbert Hillers, "*Hoy* and *Hoy*-Oracles: A Neglected Syntactic Aspect." 新約聖書学者たちは、新約聖書に三〇回以上出てくるこの言葉を分析し、その意味を突きとめようとはけっしてしなかったようだ。*IDB* にはこの言葉についての記事がないし、Kittel's *TWNT* の索引にもこの言葉は出ていない。

（29）Janzen, *Mourning Cry*, 39.

（30）Janzen, *Mourning Cry*, 87.

(31) Hillers, "*Hoy*," 185で引用されている。

(32) Vincent Taylor, *Jesus and His Sacrifice*, 112: 「The 'Woe' (Mk. xiv.21) は呪いの言葉ではなく (cf. Mk. xiii. 17)、深い悲しみと訓戒の言葉だ」

(33) R. Schnackenburg, *Markus*, 2:240. Limbeck, "Judasbild," 97 を見よ。

(34) *EthEn* 中の 92; 91:1-10; 18f., 94-105 に五回出てくる。L. Ruppert, *Gerechte*, 139 は、正義の人々の苦悩や殉教を予期する嘆きの神託のようなものがひとつの塊としてあるのではないかと想定している。Mark 14:21 については R. Pesch, *Das Markusevangelium* (Herder, 1980) を見よ。

(35) Pesch はここで Job3:3ff. と Sir. 23:14 を引用して、反対の主張をしている。が、Billerbeck, *Kommentar*, 1 (1922): 989ff を見よ。

(36) ここでは Pesch の意見と違う。

(37) Pesch, *Markus*, 353.

(38) Lev 17:4, 9; 20:3, 4, 5 (LXX).

(39) そういっている Schürmann, *Das Lukasevangelium*, 1:338-341 は正しい。Swete は次にように書いている。「『不幸だ』(woe) は悪意に満ちた恨みがましい言葉ではない。呪いを含んだ言葉でもない。それは愛をもってしてもなお防ぐことのできない悲嘆を表している」(*St. Mark*, 314)

(40) Gerhardsson, "Jesus."「Judas による『引き渡し』(これは通常『裏切り』とされているが、これは正しい) はさらに、Jesus の弟子たちによって完成される。弟子たちは Jesus を見殺しにして、彼のもとから退き、彼を見捨てて逃げ出してしまった」(271)。ここでひとつだけ Gerhardsson に疑問を投げかけたい。それは、Judas の行為が「欺瞞と敵意」に基づいたものだとなぜそれほどまでに確信を持っていえるのだろう。また、彼の行為がまぎれもない裏切りだとなぜ断定できるのだろう。とりわけ、Gerhardsson の「paradidōmi」に対する慎重な取り扱いからしても、さらには、ヘブライ語聖書の中で見つけた「paradidōmi」の前身からしても、そのような結論に導かれるはずがないのだが。

(41) Delbert Hillers, それにとりわけ、Waldemar Janzen によって行われた文学上の型の徹底的な研究 (これについてはすでに引用した) を参照のこと。R. E. Clements, "The Form and Character of Prophetic Woe Oracles," 17-29 を見よ。*ABD* 6: 1992: 946-947 の "Woe in the NT" では、残念ながら R. F. Collins はこの箇所の woe をまったく取り上げていない。

(42) Schenke はそれを「破門の呪い」としている (*Studien*, 264)。

(43) Klauck, *Judas*, 49 で引用されているのは、J. Gnilka, *Das Evangelium des Markus* 2 (1979): 229.

(44) Tolbert, *Sowing the Gospel: Mark's World in Literary-Historical Perspective*, 274-275. Tolbert は女性を肥沃な土壌とし、Judas を岩だらけの土地と見ている。

(45) Mark はゲッセマネの園の場面で、この言葉を使っていない。彼はさらに強い動詞 ekthambeomai (戦慄させる) や ademeneō (狼狽させる) を好んで使っている。ekthambeomai は Mark にだけ現れる動詞 (9: 15; 14:34; 16:5,6)。そのあとには三四節で、「ほとんど人を殺さんばかりの悲しみ」が続いている (Swete, *St. Mark*, 322)。Hebrews 5:7 (「激しい叫び声をあげ、涙を流しながら」) も同じようにイメージを喚起させる叙述だ。

（46）Schillebeeck, *Jesus*, 322.
（47）Klaus Müller, "Apekhei（Mk 14 41）– absurda lectio?" 99-100.
（48）G. H. Boobyer, "Apekhei in Mark XIV. 41, 47."
（49）Suhl, "Gefangennahme," 298. Suhl が引用しているのは Feldmeier, *Krisis*, 212-215.
（50）Mark 8:31; 9:31; 10:32-34.
（51）Mark 9:31; Matt 17:22; Luke 9:44.
（52）Mark 14:41; Matt 26:45; Luke 24:7.
（53）*JB* では paradidōmi が正確に訳されていることに注目。
（54）「聖書の言葉が実現する」という決まり文句は、やや形を変えて Matthew に一二回出てくる。その内の四回は受難物語の中。Mark では二回で、受難物語にだけ出てくる。Luke には二回出てくるが、受難物語には一度も出てこない（4: 21; 24:44）。John には六回出てくる。その内三回が受難物語に出ている。
（55）「先生」（didaskalos）の統計については、Viviano, *Study as Worship: Aboth and the New Testament*, 161 が次のように述べている。この言葉が出てくる回数は以下の通り。Matthew, 12; Mark, 12; Luke, 17, John, 8; そして Acts, 1. 呼びかけの言葉として出てくるのは、Matthew, 6; Mark, 10; Luke, 12, John, 3. この言葉が直接 Jesus を指しているケースは、Matthew, 10; Mark, 12; Luke, 14, John, 7.
（56）Hayim Lapin, *ABD*, 5（1992）: 601.
（57）*ABD*, 4:637. Lapin はまた、Matthew でこの言葉が議論の際に使われていたこと、そして、この福音書（Matthew）中で、このように Jesus に話しかけているのも Judas だけだと指摘している（ibid.）。
（58）6章末の補遺を見よ。キスを「裏切り」のしるしとして見たり、悪魔に駆られてした行為として見なければならない理由はどこにもない。テクストのどこを見てもそれをほのめかす箇所はない。M. Dibelius, "Judas und der Judaskuss" が次のように述べているのは正しい。つまり、Judas のキスは「とくに悪意を持った愛のキスではなく、先生と生徒の間で見られる、ごくふつうの挨拶だった」。Dibelius はこれを K. M. Hofmann の小論 *Philema Hagion*（Gütersloh, 1938）に依っているが、彼はキスの頻度を誇張している上に、キスが頻にされていたと述べている。この点についてはまったく根拠がない。
（59）Viviano, *Study as Worship*, 143-152. Qumran で確認されている、律法の学習場所や食事における親睦、さらにはたがいが抱き合う所作など、私はこれらが Jesus と彼の弟子たちが経験したことにきわめて近いと考えている。
（60）Farrer, *A Study in Mark*, 195-196.
（61）私が最後に掲げた四つの事項は、Vogler が Mark 論の最後で要約したものをさらにまとめたもの。Vogler, *Judas*, 55-56 を見よ。
（62）Klauck, *Judas*, 63.
（63）Kee, *Community of the New Age*, 1988.
（64）Vogler, *Judas*, 55-56. cf. Klauck の結論。
（65）Iscariot は Mark に二回出てくる。いずれもヘブライ語をギリシア語ふうにした Iscariōth という形で（3: 19; 14: 10）。そしてこれは立証が不十分で正式なものと認められていないが、14: 63 に Iudas ho Iskariōtēs という形で出てくる。
（66）Tolbert, *Sowing the Gospel*, 275.

## 6 マタイが描いたユダ

(1) Maccoby, *Judas*, 40.
(2) Senior, *Passion Narrative*, 1.
(3) Brown, *Death*, 60-61.
(4) Matt 10:1; 11:1; 20:17; 24:20.
(5) Matt 10:5; 26:14; 26:47.
(6) Donald Senior, *Passion Narrative*, 14-17. このテーマについて彼が補遺で指摘している通り。Senior 以降、多くの学者によって同じ指摘がなされている。
(7) Senior, *Passion Narrative*, 15.
(8) Matt 14:31; 16:8; 17:20; 21:20; 28:17.
(9) Senior, *Passion Narrative*, 21.
(10) Brown, *Death*, 61.
(11) Vogler *Judas*, 71.
(12) NRSV と NEB の訳「あの男を裏切ってあなたたちに渡せば」は、純粋に文法的な見地からしてもまったく不可能である。もちろん、一五世紀に使われた「引き渡す」という意味を持つ「裏切る」という語の場合は別にしての話だが。幸いなことにNIVとNJB の訳文は正しい。
(13) Benoit, "The Death of Judas," 197 は、Matt 26:15 の estēsan が文章上の借用語であることから判断して、「彼らは重さを量った」と理解されるべきではないかという。つまり、単に「約束をした」というより、むしろ「声を上げて数える」「お金を支払う」という意味ではないかと指摘している。さらに 27:3 でわれわれは、Judas が実際にお金を手にしているのを目にしている。
(14) Senior, *Passion Narrative*, 41-50 は、この箇所についてすぐれた論を展開している。Judas の裏切りについてMatthew が提示したものは、本質的にMark が示したものと変わらないと Senior は指摘している (41)。引用句に対する卓越した論はまた、Nepper-Christensen, *Das Matthäusevangelium*, 154-162 でも見られる。さらにこの章句については Klauck, 33-69; Vogler, 57-74; Maccoby, 34-49 の他に、Lohmeyer-Schmauch, *Das Evangelium des Matthäus*, そして Matthew に施された Bruner の注釈などが非常に役に立つ。Alan Segal のエッセー "Matthew's Jewish Voice" が教えてくれたことは、福音書の背景を Antioch に置くことより、むしろ Galilee に置いて見ることだった。
(15) Lohmeyer-Schmauch, *Das Evangelium des Matthäus* は次のように結論づけている。「ふたつの章句 (Matt 26:14-16 と 27:3-10) は銀貨三〇枚というモティーフによってつながっている。物語の本当の内容は、その銀貨を巡って起こった出来事である」(375)。また Gärtner, *Iscariot*, 15-21 も見よ。
(16) Billerbeck, *Kommentar*, 1:987.
(17) Lapide, *Wer war Schuld an Jesu Tod?* 23-24.
(18) Chrysostom, *Homilies on Matthew* と、しばしば引用される彼の Maundy Thursday sermon.
(19) Nepper-Christensen, *Das Matthäusevangelium*, 158-159. 彼が使っている言葉は Bibelstil で、意味は初期のキリスト教作者たちがヘブライ語聖書から物語を吹き込まれているそのスタイルのこと。このスタイルの研究のおかげでわれわれは、やみくもに正確な平行句ばかりを見つけることに汲々としなくてもすむようになった。
(20) Brown, *Death*, 61. Brown は共観福音書の受難物語に関する

材料が、旧約聖書のほのめかしによって創作されたものではないと確信を持っているが、Matthew に特有の材料は創作された可能性があるという。

（21）Irmscher, "Su legeis (Mark 15:2; Matt 27:11; Luke 23:3)," 151-158 は、「それはあなたが言っていることです」という言葉の解釈の歴史について述べている。とりわけギリシア教父（ギリシア語で著述した初期キリスト教父たち）や rabbi の書いたものを資料として。ギリシア教父の書いたものに対して Irmscher は、「故意の曖昧さ」を指摘している（157）。また彼は、それが Jesus 自身の「あなたの yes を yes たらしめ、あなたの no を no たらしめよ」という教えから逸脱したものだという。Irmscher 自身の結論は、ヘブライ語のオリジナルにしても、ギリシア語にしても、ともに肯定を含んでいる。「しかしながら、この肯定はけっして無制限ではないし、無条件でもない。むしろ対話の相手はその言葉を、それが持つ背景と含意を考慮に入れながら解釈することが許される」（158）

（22）Rehkopf, "Matt 26: 50" は、追加部分が Matthew の省察ではなく、文字で書かれた伝説と共存した口承伝説から出たものだろうという。そしてそれが裏切り者を指し示すことをいちだんと強調しているというのだ。

（23）Lohmeyer-Schmauch, *Das Evangelium des Matthäus,* 355.

（24）Auerbach, *Mimesis,* 40-41.

（25）一八九二年から一九一〇年にかけて、Chwolson により三段階に分けて主要な論文が発表された。*Das letzte Passamahl Christi und der Tag seines Todes; Beiträge zur Entwicklungsgeschichte des Judentums; Über die Frage ob Jesus gelebt hat.* David Catchpole, "The Answer of Jesus to Caiaphas," 213-226 の要約を見よ。

（26）*The Oxford Study Bible*（NRSV）では、おおざっぱに単純化して、それは「パレスティナでは同意を示す普通のいい方だ」といっている（40 NT）。

（27）Lohmeyer-Schmauch, *Das Evangelium des Matthäus,* 355; M. Smith, *Tannaitic Parallels to the Gospels,* 27-30 は「そのようにあなたがいっている」という解釈に賛成の議論をしている。そして、それを故意に曖昧な表現をしたものと受けとめた。

（28）Catchpole はこの言葉を否定的にとらえた Chwolson の論を五つにまとめている。⑴ Matt 26:25. ⑵ John 18: 37. ⑶ 彼が知っていたただひとつの rabbi の平行句はたしかに肯定ではなかった。⑷ Luke 23: 4-5. ⑸ rabbi の資料から得た新しい証拠は彼を次のような結論に導いた。この章句は曖昧なところなどない完全な否定を表している。実際それは怒りを帯びた否定かもしれない。「こんなことを私に押しつけるとは、何て図々しいのだ」（"The Answer," 214-216）

（29）Catchpole, "The Answer," 215.

（30）Catchpole, "The Answer," 216.

（31）Blass-Debrunner-Funk, *Greek Grammar*（1961）: 221. Schlatter は結論づけて次のようにいう。「Jesus は彼自身、Judas の罪を暴くような言葉はいわなかった。が、Judas がそれを話すと、Jesus はそれを肯定する」。Schlatter は rabbi の資料からすぐれた例をいくつか取り出してみせる。その中には、悪い知らせや非難の答えが遠回しにぼんやりと伝えられた例がある。

（32）Catchpole, "The Answer," 217.

（33）Catchpole, "The Answer," 217, 226.

（34）Rieu, *The Four Gospels.*

（35）Schlatter, *Matthäus,* 590 は Josephus の書いたものの中から

この言葉の例をたくさん持ち出している。それは強い友達の関係を強調したものだ。Künzel, *Studien zum Gemeindeverständnis des Matthäusevangeliums* は、Matthew の共同体生活の基本的な規則としてあった「際限のない寛大さ」（18: 21 ff.）を指摘している。

（36）Lohmeyer-Schmauch, *Das Evangelium des Matthäus*, 364.

（37）Moffatt: "My man, do your errand."

（38）Rehkopf, "Matt 26:50," 109-115. ここでは115. またStählin, "Phileo" 140 を参照。

（39）Lohmeyer-Schmauch, *Das Evangelium des Matthäus*, 364.

（40）Wilson, *The Execution of Jesus*, 64 によると、Matthew は「Jesus が実際には Judas を励まして、裏切りを実行させたことを示している」という。奇妙なことに、Wilson は John でまた同じことが起きているといいながら、なお彼は「卑しむべき裏切りの性格」（104）に言及している。さらにこれはまた、われわれをまごつかせることなのだが、「そのあとに続くこと（Jesus の処刑）にとって、さしたる重要性を持たないように思える」（104）Judas の行為に対して、Wilson はなお次のような結論を出すことができた。「教会が（Judas）を苦々しい思いを抱きながら思い出していたのは何ら不思議なことではない」（106）

（41）Matt 26:75ff.; Mark 14:72ff.; Luke 22:62.

（42）Gerhardsson, "Jesus, ausgeliefert und verlassen," 262-291.

（43）Maguire, "The Last Supper," 644.

（44）Christian, *Jesus und seine geringsten Brüder*, 35 とFriedrich, *Gott im Bruder?* 31-46 を参照。Friedrich がこの章句の真偽を図りながら、言葉と行為がはたして Jesus の中で調和しているのかどうかを問いかけている。彼はこのふたつが調和し、それゆえにこの言葉は真正なものにちがいないと結論づけた。Jesus は身分の卑しい人々と付き合い、彼らを最後の審判の中心に置いていた。人を親切にもてなすこと、つまり隣人や敵に対する愛の要素は、Jesus の Judas に対する関係を理解する上でまったく適切なものだった。

（45）Frank Beare はたくさんの注釈者たちについて語っている。彼らのほとんどが何の苦もなく、Jesus の仲間によって聖書が使われている、その使われ方について見直しをしている。Judas の物語の欠点を補うには価値のないものとして拒否したあとで、Beare は次のようにいう。「Matthew が旧約聖書を証拠のテクストとして取り扱うやり方は、たしかにこの上がないほど突飛でむちゃだった。……彼がそれを台なしにしてしまったことはだれしも認めるところだろう」（*Commentary*, 526-527）

（46）Kugel, *In Potiphar's House*, 214-243 は、このテーマについて豊富なテクストを提供してくれる。また、Förkman, *The Limits of the Religious Community* を見よ。これは Qumran, Rabbis, Primitive Christianity などの宗教集団からの追放・放逐について研究したもの。

（47）John Suggit, "Poetry's Next-Door Neighbour," 12-14 によって出された所見に従えば、論理的に考えて当然出てくる意見。

（48）Bishop, "With Jesus on the Road from Galilee to Calvary," *CBQ* 11（1949）: 440. まったく異なったアプローチから論じたものとして、Klassen, "The Sacred Kiss in the New Testament" がある。

（49）この難解なテクストについては、Lattke, "Salz der Freundschaft in Mk 9:50c" を見よ。

（50）Lattke, "Salz," 56.

(51) Lattke, "Salz," 58.
(52) 新約聖書中にこの言葉は六回出てくるが、その内の五回はJohnが使っている。Goppelt, *KTWBNT*, 8:36-237を見よ。新約聖書に出る他の一回は、Matt 24:38 の人々が「食べたり飲んだり」する場面。
(53) Pedersen, *Der Eid bei den Semiten*, 24-25.
(54) Moo, *The OT in the Gospel Passion Narratives*. Moo は235-240で Ps 42:9 を取り上げている。
(55) Moo, *The OT*, 238.
(56) Billerbeck, *Kommentar*, 2:588 と Gärtner, *Iscariot*, 9-12 を見よ。
(57) Giotto は別の絵で、Judas が十二人の使徒といっしょに座り、異教徒たちを裁いているところを描いている。が、Czarnecki, "The Significance of Judas" は、この絵について私に十分な納得を与えてくれない。この絵の前景では Judas が十字架に掛けられている。たしかに白い色で描かれていたようだ。
(58) Puchner, *Studien*, 76-79. 教会画では Jesus が逮捕された場面が非常に人気が高い。そこでは Judas がハンサムで少し思慮の足りない若者として描かれている。「裏切りと葛藤の心理学はおしなべてそのすべてが、救世の計画の実現へと服従させられてしまっている」(Puchner, 77)

## 7 ルカの文書に登場するイスカリオテのユダ

(1) Strauss, *The Life of Jesus*, 605.
(2) とりわけ参考になるのは以下のもの。Fitzmyer が書いた立派なルカ注釈(*ABC*)、Johnson, "Luke-Aacts, Book of," *ABD*, 4:403-420; Karris, "Missionary Communities: A New Paradigm for the Study of Luke-acts"; idem, "Luke 23:47 and the Lukan view of Jusus' Death" ; Conzelmann, *The Theology of St. Luke* ; idem, "Historie und Theologie in den synoptischen Passionsberichten," in *Zur Bedeutung des Todes Jesu*, 35-54; F. Rehkopf, *Die lukanische Sonderquelle*.
(3) 右に挙げた研究書に加えて、Judasに関する次の小論が役に立つ。Klauck, 33-69; Vogler, 75-92; Maccoby, 50-60. 受難物語について有益と思われるのは、Brown, *Death*, 64-75, 86-93, 102-104 and bib.157-162; 1060-173; H. Klein, "Die lukanisch-johanneische Passionstradition," 155-186; Limbeck, ed., *Redaktion*, 366-403: Rese, *Alttestamentliche Motive in der Christologie des Lukas* (StNT 1); Roloff, "Anfänge der soteriologischen Deutung des Todes Jesu (Mk 10:45 und Lk 22:27)," 38-64; Taylor, *The Passion Narrative of St. Luke* (SNTSMS, 19).
(4) 3章も見よ。
(5) Schütz, *Der leidende Christus*, 34 n.112.
(6) Lightfoot, *History and Interpretation*, 164-171.
(7) Lightfoot, *History*, 172.
(8)「Luke と John の双方で、……Jesus はユダヤ人の敵対者を Satan だと決めつけている」(*Origin*, 88) と Pagels はいうが、私はこれに同意できない。むしろ、Pagels の本を書評した Leslie Houlden の意見に同調したい。Fourth Gospel において真実なことが、かならずしも他の福音書の真実ではない。「Luke では、ユダヤ人を非難する語調が Pagels がいうほどはっきりとしたものではない」(*New York Times Book Review*, June 18, 1995: 10)
(9) Fitzmyer, *Luke*, 1367.
(10) これと関連したテーマについて述べる際に、1401 で W.

Popkesを引用していることはしているのだが。
（11） Fitzmyer, *Luke*, 253, 620, 1374, 1409.
（12） Fitzmyer, *Luke*, 1375.
（13） 私がもらった手紙（October 5, 1992）の中で Fitzmyer は、われわれが接近できるのは福音書伝説の第三ステージだけだと述べている。それは、「第一ステージで起こった出来事を、福音書記者たちが記録した、いわばその方法なのである」。われわれには歴史上の Jesus を少しずつでもよい、ともかく分析していくことが必要だと Fitzmyer はいっていた。
（14） Wesley はさらに続けて次のようにいっている。「それにしてもなぜわれわれの主は、彼（Judas）を弟子たちの間に送り込まれたのだろう。それは疑いもなくわれわれに教えを垂れるためだったのではないか。つまり、『主は自分の望む者をお遣わしになる』（Exod 4:13）の動かし得ぬ決定的な証拠を示したのだ。主は、みずからそれを受け取ろうとしない者にさえも、救いの手を差し伸べることができるという証拠を」（Wesley, *The Works of John Wesley, Sermons* 3:473）
（15） J. Ford, *My Enemy Is My Guest: Jesus and Violence in Luke*, 108-117.
（16） Klein, "Passionstradition," 155-186; Linnemann, *Studien zur Passionsgeschichte*; Rehkopf, Die lukanische Sonderquelle.
（17） Schürer, *The History of the Jewish People*, rev. ed. 1979-87, 2:277-279.
（18） Johnson, "Luke-Acts, Book of, " *ABD*, 4:414.
（19） Matt 3:6; Mark 1:5; Acts 19:18; James 5:16.
（20） Rom 14:11; 15:9; Phil 2:11.
（21） Evans, Luke, 776. またBauer, *Lexicon*, 276 も。
（22） Schütz, *Der leidende Christus*, 88-89.
（23） Schütz, *Der leidende Christus*, 88.
（24）「adikia」（不正）という言葉は、Luke-Acts に六回出てくる。が、共観福音書には一度も出てこず、John にはたった一回（7:18）出てくるだけだ。2 Peter 2:13-15では、この言葉は「misthos」（もうけ）と関連して現れる。Karris, "Luke 23:47" は、Luke-Acts, 70-73 に見られるモティーフとしての「正義」について、すばらしい論を展開している。
（25） Luke において悪魔がどんなふうに登場してくるのか、その登場の仕方について論じたものとしては Garrett, *The Demise of the Devil: Magic and the Demonic in Luke's Writings* がある。残念なことに彼女はJudas については論じていない。Elaine Pagels は "The Social History of Satan, Part 2; Satan in the New Testament Gospels" の中で、Satan を（とりわけFourth Gospel において）人間という道具を通して働くものと見ている。Judas はその道具のひとつであり、Luke は Judas を「彼の罪から」放免することはしていない（37）。また、Pagels, *The Origin of Satan* を見よ。「Jesus は Satan の役割も、God の予定していた計画も、Judas を無罪にしないと宣言している。『人の子は、定められたとおり去って行く。だが、人を裏切るその者は不幸だ』（22: 22; cf. Mark 14: 21）」（93）。「不幸だ」という嘆きは、たしかに罪を非難する言葉として取り扱われることはできないだろう。
（26） Derrett, "The Iscariot," 15.
（27） ここで人は、Judas の名前（Yehuda = 賞賛）の意味へのほのめかしを見たい誘惑に駆られるだろう。もっとも早い時期の Aramaic/Hebrew を話す教会では、Judas が Jesus を引き渡す行為をする最中に、まさしく God を賞賛していたという事実ははたして知られていたのだろうか。「彼ら（福音書記者たち）がはっきりとつかんでいたのは、Judas の名前が「罪の告白」を表していたことだろう」（Derrett, "The Iscariot," 15）。Lapide もまた Judas の名前とその宗教上の重要性に対して強い執着を示していた（*Schuld*, 15-16）。Michael Lattke は、Judas の名前が持つ賞賛と感謝の側面はまったく明らかだが、それらの側面はしばしば homologeō（同意する・告白する）と同意語だという。

（28）NEB. Louw and Nida, *Greek-English Lexicon*, 1:420 を見よ。KJV は「約束した」、NIV は「承諾した」、*Gute Nachricht* は「了承した」、*JB*は「受け入れた」、Rieu は「そうして彼は仕事を引き受けた」とそれぞれ訳している。Brown, *Death*, 1403 は、この言葉をどのように処理したらよいのか当惑して、結局は Judas が祭司長たちに、自分が Jesus に従っていて彼と共犯関係にあったことを告白した可能性を認めた。Michel（*KTWBNT*, 5:213-237）の結論は、この言葉がさまざまな意味の色合いを持っているために、仕方なく「約束する」という意味を受け入れざるを得なかったというもの。

（29）Preisigke, *Wörterbuch der griechischen Papyrusurkunden*, "to report to the authrities," 520. また Liddell and Scott の表記にも注意。とりわけ法律上の慣用表現では、この言葉は「承認する、認める」、つまり罪を報告するという意味を持つ。

（30）Marshall, *Commentary on Luke* はこの使用法が「他に比較するもののない」ものと認めているが、さらにそのあとで、「Lysias 12:8f にあったすばらしい例」を引用している。Lysias の中の言葉は homologeō だが、ここにこれを適用させるわけにはいかない。

（31）Brown, *Death*, 1400-1401.

（32）Rehkopf, *Sonderquelle*, 7-30 にあるこの引用部分と Mark 14 : 18b-21との詳細な比較を見よ。

（33）Rehkopf, *Sonderquelle*, 13.

（34）Rehkopf, *Sonderquelle*, 27.

（35）Luke の対話部分については（とりわけ Mark と Matthew と比較して）Schlatter, *Die beiden Schwerter*, 15-16 を見よ。

（36）Schlatter, *Die beiden Schwerter*, 16.

（37）Weiss, *Die drei älteren Evangelien*, 44, cited by Rehkopf, *Sonderquelle*, 28 n.2.「伝承の成長ということでいうと、この場合のようにわれわれはいつもそれを正確に研究できるとはかぎらない」

（38）（17）を見よ。ここでは Luke だけが「守衛長」（stratēgoi）という言葉を使っている。そしてさらに Luke は「神殿の」（hierū）を付け加えている。

（39）Klostermann, *Markus*, 1st ed,. 128 は、Judas のキスが裏切り者の性格を、「はるか下方まで落ちてしまった男」として色付けするのに役立っているという。が、これに同意をしなければならない理由は何ひとつない。

（40）V. Taylor, *Behind the Third Gospel*, 47. Rehkopf, *Sonderquelle*, 51, ftnote 2 で引用されたもの。

（41）Grundmann, *Lukas*, ad loc., *THKNT*（Berlin, 1974）.

（42）V. Taylor, *Behind the Third Gospel*, 47.

（43）この出来事については本書の pp 248-256 を見よ。

（44）Daube, "'For they know not what they do,'" 58-70.

（45）Daube, "'For they know not,'" 68.

（46）たとえば Acts 3:17; 13:26-28; 17:23; 1 Tim 1:13-15.

（47）Daube, "'For they know not,'" 67.

(48) Flusser, "'Sie wissen nicht, was sie tun': Geschichte eines Herrnwortes," 393-410.
(49) Flusser, 393. *Das Buch der Judenverfolgungen in Deutschland und Frankreich*(Jerusalem, 1945). Hebrew から引用。
(50) Flusser, "'Sie wissen nicht,'" 394.
(51) Flusser, "'Sie wissen nicht,'" 397.
(52) Flusser, "'Sie wissen nicht,'" 404.
(53) Flusser, "'Sie wissen nicht,'" 405.
(54) Judas の死に関連する Acts のテクストについては、Judas の死を扱った章で取り上げる。
(55) Kallas, *Jesus*, 179.
(56) S. Schechter, *Aspects of Rabbinic Theology*, 252.
(57) Sydney Temple, "The Two Traditions of the Last Supper," 77-85, esp. 78-79.
(58) Schneider, *Die Passion Jesu*, 44.
(59) apokalyptō（おおいを取る、啓示を垂れる）と耳。1 Kings 20:2, 13; 22:8, 17; 2 Kings 22:45.
(60) ヘブライ人は「耳を澄ますことによって世界を経験する」が、ギリシア人は目で見ることにより世界を知る」という観察がある。が、それがこの統計によって支持されることはなさそうだ。Boman, "Hebraic and Greek Thought-Forms in the New Testament," in W. Klassen and G. F. Snyder, eds., *Current Issues in NT Interpretation*, 1 を見よ。
(61) Viviano, "The High Priest's Servant's Ear: Mark 14:47" はこの事件の重要性を探求。出来事を大祭司の手下の職権を解くものとしてとらえた。Daube はさらに、耳を切り落とした行為が大祭司自身の職権を解除するものでもあると指摘した。大祭司の職権は手下の職権につながっているという。Viviano の論は、祭司の任職や免職のときに、右耳の果たす役割について提示した資料によってさらに強化されている。
(62) "Ūs dexion apotemnein," *ZNW* 33 (1934): 198. Horst, in *KTWBNT*, 5:543-58, esp. 558 を見よ。
(63) Krieger, "Der Knecht des Hohenpriesters."
(64) Suhl, "Die Funktion des Schwertstreichs."
(65) Suhl はここで、とりわけ R. Feldmeier, *Die Krisis des Gottessohnes* に基づいて論を組み立てている。
(66) Suhl, "Gefangennahme," 309. Feldmeier, 10 を引用。
(67) Suhl, "Gefangennahme," 310-311. Feldmeier を引用。
(68) Suhl, "Gefangennahme," 308, 310, 312.
(69) Suhl, "Gefangennahme," 313.

## 8 第四福音書（ヨハネ）

(1) Guardini, *The Lord*, 349-351. この章を書くに当たっては、以下のものを参照にした。Vogler, 93-118; Klauck, 70-91; Maccoby, 61-78: Gärtner, 25-29; Dorn, 60-63. それに Brownson, "Neutralising the Intimate Enemy: The Portrayal of Judas in the Fourth Gospel," SBL Papers 1992. Fourth Gospel については Elaine Pagels, *The Origin of Satan*, chapter 4, 89-111 で扱われている。
(2) Brown, *The Gospel according to John*, 1:453.
(3) Brown, *Death of the Messiah*, 119-121.
(4) D.M. Smith, "Johannine Christianity," 222-248. われわれのテーマについては、Dauer, *Die Passionsgeschichte im Johannesevan-*

*gelium* の結論が広く受け入れられている。それは John の描いた受難物語が共観福音書から何らかの影響を受けているものの、それにもかかわらず、まったく独立したものだという意見。

（5）実際、Barth が選択するときにはつねに第四福音書を優先している。Barth は Schleiermacher をたいへん評価しているのだが、残念なことに基本的なルールを Schleiermacher から学んでいない。それはおのおのの福音書は、あくまでも各記者が書いた記録をもとに解釈されるべきものだというルール。

（6）Barrett, *The Gospel according to John*, 308, 413.

（7）Richter, "Gefangennahme," 77を見よ。引用は Origen, *Contra Celsus* II, 9 から。

（8）Fourth Gospel で使われている材料はそのほとんどが、他の福音書と直接の関わりを持っていない。したがって、われわれはことさらに John の材料を強調すべきではないだろう。

（9）Brown は「paradidonai」が「かならずしも裏切りや背信の意味を持つものではない」と述べている（John, 1: 297）。

（10）傍線は Mark のテクストに Matthew が付け加えた部分。

（11）Hengstenberg, *Commentary*, ad loc., 366.

（12）Menninger は次のような意見を述べている。「悪魔はさまざまな姿に身をやつす。そしてさまざまな名前で呼ばれている。その中でももっともふさわしいものは、昔ながらの『Devil』という悪魔が擬人化されたものだろう」（*The Vital Balance*, 378）。また、Peck, *People of the Lie* では、1章と5章で悪魔の憑依とエクソシズム（悪魔払い）について論じられている。Carl. G.Jung は Spielrein との恋愛体験を通じて、「悪魔がどのようして、またどこで人に足かけをして、動けなくしてしまうのか」についてすでに学んでいた（Bettelheim, *Freud's Vienna*, 61）。

（13）John はユダヤ人に対して批判的ではなかったと信じる人たちもいる。彼らは John が批判的だったのは、シナゴーグからキリスト教徒たちを締め出したユダヤ人に対してだけだったという。そこで Reim は次のように述べている。「福音書記者が『ユダヤ人』に対して否定的な意見を述べるときでも、彼はけっして、ユダヤ人全体について言及しているわけではない。彼は一部のグループに対して否定的なのである。このグループは破門命令をちらつかせて、キリスト教徒たちを Cain や悪魔の殺人意図と結びつけ、その結果として彼らをCain や悪魔の子供たちにしてしまう、そんなグループだ」（Reim, "John 8: 44," 624 n.7）。また、P.S. Kaufman, *The Beloved Dicipleも*見よ。

（14）「サタンが God の審判を実行するというのは、ユダヤ人の信仰に合致している」（Büchsel, *KTWBNT*, 2:172）

（15）A.E. Harvey, *Jesus on Trial*, 36-39 がこの点について明快に述べている。

（16）Haenchen, *John*（1984）: 307.

（17）Schnackenburg, *The Gospel according to John*.

（18）Haenchen, "Historie und Geschichte," 55-79. 引用は Haenchen の *John*, 1:308 から。

（19）とりわけ Forsyth, *The Old Enemy: Satan and the Combat Myth*, 16, 315-317を見よ。また、Russell, *The Devil* も見よ。このテーマについて扱っているもので、今もっともすぐれているのは Elaine Pagels, *The Origin of Satan* である。John については 89-111.

（20）Sanders は Judas を「悪くなった男性的なMartha」（41）として描いている。Sanders は Judas を Simon の家族の一員として考えた。John 12:5 で Judas が見せた介入は、「物わかりの悪い年長の兄が漏らした典型的な言葉」だという（ibid）。Sanders はここでは John が、他の福音書にまったく依存していないと考えている。

(21) Renan, *Life of Jesus* は「John の福音書で注意すべきは、Judas に向けられた特別な憎悪である」と書いている。続けて Renan は、「Judas の上にうずたかく積まれた呪いの言葉は少々不公正といわざるを得ない。彼の行為の中では邪悪なよこしまさより、むしろ臆病さの方がまさっているのではないだろうか」(241) と述べている。

(22) ここにはまた例外がある。Hengstenberg はJesus が Judas についてすべてを知っていたという。が、Fourth Gospel では、はじめの内、Judas の秘事は露見していない。その間 Judas には当然、Jesus の救済に預かる機会はあったわけだし、Jesus にしても「ふところのヘビ」を、まったくそれと知らずにかくまうことなどできなかったろう。

(23) Caird, *Principalities and Powers: A Study in Pauline Theology* の全体を概観した章 "The Great Accuser" を見よ。また、von Rad と Foerster が *KTWBNT*, 2:69-80 に書いた優れた記事も見よ。Satan の歴史について貢献した彼らの仕事は、残念ながら Elaine Pagels, *The Origin of Satan* では扱われていない。

(24) Borg, *Conflict, Holiness and Politics in the Teachings of Jesus*, 177-178. Jesus と神殿について書かれた部分 (163-199) は、このテーマについて非常に洞察に富む議論を展開している。

(25) E.P. Sanders, Charlesworth, Borg, McKelvey, Gärtner, Schwier などの学者がそろって、神殿に焦点を合わせているのはいかにも意味ありげだ。David Flusser はまたユダヤ教においても、神殿の存在しないヴィジョンのあったことを示している。David Flusser は Isaiah 60 と psalm について述べた midrash (ミドラシュ。古代ユダヤの聖書注解書) を引用しながら、この双方が同じ概念から出たものであることを示した。それは、Messiah はランプであり (Ps 132: 17 と Exod 25:3-5)、したがっていかなる神殿も必要ないというもの ("No Temple in the City," in *Judaism and the Origins of Christianity*, 454-465)。

(26) Mark は数人の者が立ち上がって、イエスに不利な偽証をしたと報告している。「この男が、『私は人間の手で造ったこの神殿をうち倒し、三日あれば、手で造らない別の神殿を建ててみせる』というのを、わたしたちは聞きました」(Mark 14:57-58, Matt 26:61; cf. John 2:19)

(27)「届け出る」という意味で、ここでは「mēnyō」という専門用語が使われている (John 11:57; cf. Acts 23:30; 1 Cor 10:28)。

(28) Brown, *John*, 1:453.

(29) Ibid.

(30) Brown, *John*, 1:453; 2:578.

(31) Bultmann, *Johannesevangelium*, 317-318.

(32) この一節は福音書記者によって組み立てられたものだと Bultmann はいう (*Johannesevangelium*, 318. n.1)。そして多くの学者たちが彼に同調している。

(33) Storch, "'Was soll diese Verschwendung?' Bemerkungen zur Auslegungsgeschichte von Mk 14:4f.," 250-251.

(34) Brown, *John*, 1:20.

(35) Schneiders, "The Footwashing." また Derrett, "The Footwashing in John 13 and the Alienation of Judas Iscariot" を見よ。

(36) Hein, "Judas Iscariot: Key to the Last Supper Narratives?"

(37) Deut. 11:18 と Luke 2:19、それにHein が脚注で挙げている多くの説明を参照のこと (228)。

また Reim, *Studien zum alttestamentlichen Hintergrund des Johannesevangeliums*, 39-42 をも見よ。この中で Ps 40:10 への引喩（ほのめかし）に対して、Reim は慎重な扱いをしている。

（39）V.H. Kooy, "Heel, Lifted," *IDB*, 2（1962）: 577 と Bishop, *ET* 70: 331-333.

（40）Kooy, "Hospitality," *IDB*, 2:654.

（41）Perkins, NJBC, 974.

（42）Schneiders, "The Footwashing," 87.

（43）Derrett, "The Footwashing."

（44）Derrett, "The Footwashing," 9.

（45）Derrett, "The Footwashing," 17-18.

（46）全体的に見てこの箇所はちょっと意味がわかりにくい。何を述べようとしているのか、それがユダの行為にどのように関連をするのか不明瞭だ。イエスが教え諭した奉仕のモデルを説明するという点では Schneiders の仕事の方が役に立つかもしれない。

（47）Richter, *Die Fusswaschung im Johannesevangelium: Geschichte ihrer Deutung* は解釈の歴史の堂々たる研究書。また彼のエッセーも参照のこと。これは最初、*MThZ* 16（1962）: 13-26, "Die Fusswaschung, John 13:1-20" として発表され、のちに *Studien zum Johannesevangelium*, 42-57 に収録された。テクスト自体の構成について徹底的に研究したものとしては、M.-E. Boismard, "Le lavement des pieds（Jn 13:1-17)," *RB* 71（1964）: 5-24 を挙げることができる。

（48）Richter, *Fusswaschung*, 316:-317.

（49）Richter はあきらかに Boismard のやり方では不十分だと考えていた。

（50）このテーマについて、Qumran を含めヘブライ語聖書の詳細な研究を行っているのが Paschen, *Rein und Unrein* だ。とりわけわれわれにとって興味があるのは、共同体の構成のされ方に見られる差異である（106-109）。

（51）残念なことに Paschen は John 13 についてはまったく触れていない。

（52）Brownson, "Neutralising," 49-60 を見よ。ここで述べられているのは 52 からの借用。

（53）Matt 23:15「地獄の子」、Acts 13:10「悪魔の子」、2 Thess 2:3「滅びの子」、Eph 2:3「神の怒りを受けるべき者」、2 Peter 2:14「呪いの子」、1 John 3:8, 10「悪魔の子」、*Apocalypse of Peter* 1:2「滅びの子」。cf. John 8:44「あなたたちは、悪魔である父から出た者」。このような言及はすべて Brownson, "Neutralising," 52 n.7 による。

（54）Klauck, *Judas*, 87, n.216 と Reim, *Studien*, 45-46.

（55）Reim, *Studien*, 45-47.

（56）Billings, "Judas Iscariot"; Sproston, "Satan in the Fourth Gospel," 309. また、この福音書の中で Judas がどのように悪魔化されていったのか、その過程について、そしてヨハネ神学の限界については Klauck, *Judas*, 70-92, esp. 75-76 を見よ。とりわけ神学の限界については 76 で痛々しいほど明瞭に書かれている。

（57）ギリシア語の「speiran」が意味するのはローマ軍の六〇〇人から構成された分遣隊。

（58）Perkins は、「『Judas を除く』すべての者が助けられた。Jesus が Judas に出ていくよう命じたために、Judas は弟子たちの輪から外れてしまったからだ」といっている。

(59) たしかにオリジナルのテクストを見ると、三人称不完了過去が使われていて、そういう印象が感じられる。同じようなケースは Matt 28:7 でも起きている。Mark と Luke の平行句から判断すると、現在の読み方はもともとが筆写した者の間違いに起因するようだ。いつか早い時期に、写字生が「eipen」（彼はいった）と書くべきところを、「eipon」（私はいった）と書き写してしまった。C.C. Torrey, *The Four Gospels*, 327-328.

(60) Torrey, "Iscariot," 57-58.

(61) Dauer はこれを要約して、「ここに記載されたかぎりでは、裏切り者はほんのわずかの役割も果たしていない。彼は単にひとりの通行人にすぎない」と述べている（*Passionsgeschichte*, 29）。

(62) Kermode, *Genesis*, 92-93.

(63)「神話（物語）は真理そっくりに作られたにせものの言葉だ」というのは Plato が作った（?）ことわざ（*Politeia* 377A）。これとはちょっと違っているが似たような言葉は、Plutarch, *De gloriae Athenae* 4, 348D や Theon, *Progymn* 3 にもある。Plato は、とりわけ政治家がこの神話の有用性を発見したといっているが、実際、それに気づいたのは道徳の教師たちだった。

(64) Brown, *John*, 297.

(65) Brown, *John*, 807. cf. 552 and 299.

(66) Brown, *John*; cf. 573 and 807.

(67) Brown, *John*, 578.

(68) Klauck, *Judas*, 75-76.

(69) Klauck, *Judas*, 91.

(70) Klauck, *Judas*, 91. n. 231. Klauck の鋭い批判は、S. Wieser, *Der Kreuzweg des Verräters*, 1922 に向けられている。

(71) Dodd, *The Apostolic Preaching*, 75. このことはD. Moody Smith, "Johannine Christianity...Theology," 169 によっても主張されている。

(72) Reban, *Inquest on Jesus Christ*, 22-28, esp. "Jesus Christ and the Law." それに、Reban が Stauffer, *Jeruslem und Rom im Zeitalter Jesu Chrisi* からまとめた、異端説に対するユダヤの律法についての要約などを参照のこと。

## 9 ユダの死

(1) Malcolm, "Annals of Biography: The Silent Woman," *New Yorker*, Aug. 23 and 30 1993: 104.

(2) このテーマについては Klauck, 92-123; Vogler, 65-71, 85-89; Benoit, "The Death of Judas" などを見よ。

(3) Malcolm, "The Silent Woman," 84-159 ではこの問題がみごとに論じられている。怒りを解くこともできず、それを表に出して人に当たることもできないとき、あるいは、何とか理解したいという熱意も失せ、ただひたすらわが身をとがめることしかなくなる、そんなときに、死んでいった者が残したものは、ともかく欠陥だらけのものに見えてくる。それは Hammer, *By Her Own Hand: Memoirs of a Suicide's Daughter* に書かれている通りである。Le Anne Schreiber は「*By Her Own Hand* の主題は再生・復活ではなく罵りと永遠の断罪である」（*New York Times Book Review*, July 7, 1991:8）と述べている。多くの癒しをもたらしてくれるのは、Sue Chance による接近の仕方だろう。彼は精神科医で息子がやはり自殺をしている（*Stronger than Death*）。Plath に一章を割いて、この主題全般について論じているものとしては A. Alvarez, *The Savage God* がある。われわれの研究にとってとりわけ興味を引かれるのは Peter Boyer's "Life after Vince" ［Foster］（New Yorker, Sept. 11, 1955: 54-67）である。
（4）Wilcox, "The Judas-Tradition in Acts i. 15-26," 438-452.
（5）Harvey, *Jusus and the Constraints of History*, 25.
（6）Derrett, "The Iscariot," 4.
（7）Van Unnik, "The Death of Judas in Saint Matthew's Gospel," 44-57；Schwarz, "Die Doppelbedeutung des Judastodes," 227-233.（私はSchwarzの本をWhelan, "Suicide," 522 n.92 によって知った）
（8）Van Unnik, "The Death," 55-57.
（9）Jeremias, *Jerusalem zur Zeit Jesu*, 2:55-57. 補遺には "Die Geschichtlichkeit von Mth. 27.7." というタイトルがついている。
（10）この点については Benoit の注意深い解説に注目。他の多くの学者が彼のあとを追っている。
（11）もともとは Zech 13:7-9 が 11:4-17 のあとにすぐに続いていたのではないかと考えている釈義学者は多い。
（12）Benoit, "The Death," 193.
（13）Klauck, *Judas*, 93; Dorn, "Judas," 52-54.
（14）Klauck, *Judas*, 93. 銀貨への言及は Matt 27:3, 5, 6, 7, 9, 10.
（15）Lohmeyer-Schmauch, *Matthäus*, 379-380.
（16）この点については Daube の仕事がもっとも役に立つ。たとえば "The Linguistics of Suicide," "Death as Release in the Bible" など。が、中でもとりわけ役に立つエッセーは "Black Hole."
（17）Van Hooff, *From Autothanasia to Suicide*, 198-250.
（18）Camus, *The Myth of Sisyphus* の冒頭。
（19）Whelan, "Suicide in the Ancient World," 515.
（20）Whelan, "Suicide," 519. 引用はSuetonius, *Otho* 10.
（21）Whelan, "Suicide," 521. Judasのケースは多くの女性の自殺と何か他のものを共有している。それは自分たちのしたことが不行跡ではなかったという意識だろう。
（22）Van Hooff, *Autothanasia*, 181.
（23）*JW* 3.8.5.
（24）Van Unnik, "The Death," 49. この読み方は Codex Sinaiticus でのみ見られるもので、Codex Vaticanus や Codex Alexandrinus ではまったく違っている。
（25）Van Hooff, *Autothanasia*,183-84. 引用は *Clementina Homilia* 12,13/14（PG 2, 312 b and c）から。Van Hooff は小説の名前を挙げていない。
（26）Wrede, "Judas Iscarioth in der urchristlichen Überlieferung," *Vorträge und Studien*, 141.
（27）Van Unnik, "The Death." ここで引用しているのは Lagrange, Schlatter, Floyd Filson, G.A. Buttrick など。45-46.
（28）Seeley, *The Noble Death...and Paul's Concept of Salvation*, 87-99. また Droge's article "Suicide," *ABD*, 6:225-231も見よ。Droge によれば、自殺は Augustine 以来罪と見られるようになったという。そしてそれを最初にいい出したのは J. Bels で、一九七五年のことだったとしている。
（29）Droge and Tabor, *A Noble Death: Suicide and Martyrdom among Christians and Jews in Antiquity*.
（30）Droge and Tabor, *A Noble Death*, 113, 125, 167, 173.
（31）Michael Coren, "An Unorthodox Conference," *Globe and Mail*, Sept. 12, 1994: C5.
（32）ギリシア語の動詞は「parabainō」。意味は「道に迷う」。LXXでは、神の意志から Israel が逸脱する描写に使われている。

が、これはまた裏切りの古典的な表現としても使われる比較的ゆるやかな言葉。

(33) Lüthi, "Das Problem des Judas Iskariot – neu untersucht," 100. Lüthi はまた Judas について *TRE*, 2:296-305 にも記事を書いている。

(34) Bruner, *Matthew*, 1021. Y. Yadin, *The Temple Scroll* (New York: Random House, 1985) は神殿文書の厳格さと血の畑を結びつけている。134ff. を見よ。私にこれを教えてくれたのは Peter Richardson である。

(35) Benoit, "The Death," 196.

(36) Benoit, "The Death," 189. また Dorn, "Judas," 73-84 も見よ。ふたつの記事の差異と類似点が簡潔に述べられていて役に立つ。

(37) Benoit, "The Death," 189.

(38) Senior, "A Case Study," 23-36, and idem, "The Fate of the Betrayer," 3-10. この点については 373 を見よ。

(39) Benoit, "The Death," 190.

(40) Bruner, *Matthew*.

(41) Whelan, "Suicide," 2-3.

(42) Benoit, "The Death," 195.

(43) Benoit, "The Death," 192.

(44) Benoit, "The Death," 197. また Haugg, *Judas*, 181 を見よ。

(45) Horbury, "Extirpation and Excommunication," esp. 30-32.

(46) Parker, *The Inner Life of Christ*, 3:335-352.

(47) Parker, *The Inner Life*, 3:337.

(48) Parker, *The Inner Life*, 3:347.

(49) Parker, *The Inner Life*, 3:347.

(50) Parker, *The Inner Life*, 3:348.

(51) Parker, *The Inner Life*, 3:349.

(52) Bruner, *Matthew*, 1021. Bruner は残念なことに「歴史的・牧歌的な知恵」へと後退していた。そして、「Judas の自殺に肩を持ちすぎる発言に含まれている危険」(1021) に対して警告を発している。が、たしかに、自殺を思いとどまらせる方法なら他にいくらでも見つけられるのだから。

(53) Dieckmann, *Judas*, 139-140 はのちの歴史家たちを非難している。それは彼らがあたかもこれを都合の悪いもののように隠そうとしたからだ。

(54) *In Mtt.* 27, Migne, *PG*, 123, p.460 (Enslin's translation, 130).

(55) Beare は「すべての物語はあきらかに作り物だ」と結論づけている (*St. Matthew*, 525). Klauck, *Judas*, 101 を見よ。

(56) Klauck, *Judas*, 121-123.

(57) Brown, *The Death*, 61.

(58) Ben Viviano が *Listening: Journal of Religion and Culture* を貸してくれた。Viviano の本はこのテーマについて書くのに役に立ち、非常にありがたかった。Robert L. Barry のエッセーは、聖書に出てくる自殺のテーマに触れて、Zimri (Israel の王。主君を殺して王位につくが、七日天下で終わる。最後は王宮にみずから火を放って死ぬ)、Ahithophel, Judas を同じカテゴリーに入れている。「自殺した者たちはすべて、神に対する罪と不服従があまりに重くてひどいために、絶望的なまでに神から疎遠にされてしまった」(68)。続けて Barry は John 6:71 と 13:27 を引用しながら、次のような結論を出している。「キリスト教の伝統が保持しているのは、王国から締め出されているただひとりの人物がユダだということである。それはユダがみずからの自殺をまったく後悔していないことからきている」

## 10　神学者が見たイスカリオテのユダ

（1）Barth, *Church Dogmatics*, II, 501-502. Barthのユダ論を使ってバルト解釈学を論じた二次的な研究としては、McGlasson, *Jesus and Judas: Biblical Exegesis in Barth*, 135-147や D. Ford, *Barth and God's Story*, 84-93 などがある。

（2）Wagner, "judas."

（3）Gollwitzer, "Gute Botschaft für Judas Ischarioth" in idem, *Krummes Holzaufrechter Gang: Zur Frage nach dem Sinn des Lebens*, 271-296.

（4）Dieckmann, *Judas als Sündenbock.*

（5）本書の構想を練っていた最後の段階で、私は Katherine Sonderegger, *That Jusus Christ Was Born a Jew: Karl Barth's "Doctrine of Israel"* という本にいき当たった。この本はここでこのテーマを取り上げることの価値を明らかにしてくれた。

（6）Dieckmann, *Judas als Sündenbock.*

（7）Lüthi, *Geschichte*, idem, "Das Problem des Judas Iskariot," 296-304. Ray Anderson が *The Gospel according to Judas* で行った試みは、Judasを告発する段階を通り越して、彼の裏切り行為に無罪を申し渡すことだった。これは Judas に向けられた非難の流れに対する対抗措置としてすぐれた賞賛に値する業績だった。Anderson は Jesus と Judas に想像力に富んだ対話をさせて、Judas に向けられた許しの教義をいきいきとした筆致で描いている。これは聖書神学や組織神学というより、むしろ牧会神学の領域に属する仕事だ。

（8）Wagner, "Judas," 11-12. 引用は *Bibliotheck der Kirchenväter*, vol.6（Syrian Poets）（Kempten and Munich, 1912）に収録された Cyril of Syria の説教から。Christ の受難についてはじめて話したもの。ドイツ語からの翻訳は私のもの。

（9）Wagner, "Judas," 17.

（10）Gollwitzer, *Krummes Holz-aufrechter Gang*, 271-296. 引用は 272 から。

（11）Gollwitzer, *Krummes Holz-aufrechter Gang*, 276.

（12）引用は *Krummes Holz-aufrechter Gang: Zur Frage nach dem Sinn des Lebens*, 279-280 から。私の翻訳は Chr. Kaiser Verlag, Munich. の許可を得た。Copyright © Chr. Kaiser Verlag, München.

（13）Dieckmann, *Judas*, 227-228.

（14）Dieckmann, *Judas*, 228.

（15）Ford, *Barth*, 85.

（16）Barth, *Church Dogmatics*, II, 458-506.

（17）Barth, *Church Dogmatics*, II, 460.

（18）Barth, *Church Dogmatics*, II, 461. Judas を悪魔以外のものとして扱うことは可能なのかという疑問については、Benoit が "The Death of Judas," 194 の中で、「裏切り者――他のだれにもまさる罪人」として言及している。

（19）McGlasson, *Jusus and Judas*, 136.

（20）Barth の「paradidōmi」を処理したやり方をユニークだとほめた McGlasson の見方は正しい。それにこの言葉の処理法が Barth の Judas 像を広げ深めるのに役立ったとする McGlasson の意見も正しい。

（21）McGlasson, *Jusus and Judas*, 143. Barth に向けられた賞賛はことごとく正当なものだろう。が、McGlasson は Popkes がした

その後の仕事に敬意を表していたのかもしれない。
(22) Matt 4:12; 5:25, 18:34, Mark 1:14.
(23) McGlasson, *Jesus and Judas*, 116.
(24) *Karl Barth Letters* (1961/68), 261-263. これを最初に私に教えてくれたのは Lloyd Gaston である。
(25) Lapide, *Schuld*, 9.
(26) Lapide, *Schuld*, 15.
(27) Lapide, *Schuld*, 15.
(28) この見方からするとたしかに、ローマカトリック教会の宣教学者 Walbert Bühlmann は自分の本 (*God's Chosen Peoples*) に適切なタイトルをつけている。Hartman については、*A Living Covenant : The Innovative Spirit in Traditional Judaism* を参照のこと。また、歴史家の Akenson は「神の選び」という狭量な見解がもたらす影響と、それが「国」に対して使われたときの影響について分析した。(*God's Peoples : Covenant and Land in South Africa, Israel and Ulster*).
(29) Scharlemann, "Why Christianity Needs Other Religions," in *Christianity and the Wider Ecumenism*, ed. Peter Phan (1990): 35-46.
(30) Scharlemann, "Why Christianity," 37.

## 11 ユダヤ人学者のユダ観

(1) Maccoby, *Myth*, 17-18.
(2) Klausner, *Jesus of Nazareth: His Life, Times, and Teaching*, trans. H. Danby (1929).
(3) Judas については Flusser, *Jesus*, 114 を見よ。この本の書評は以下の通り。Zeitlin, *JQR* 60 (1969/70): 187-196; Oesterreicher, *Brothers in Hope. The Brige* 5 (1970): 320-333; R. Rendtorff, "NT und die Juden; Flusser and Wilckens," *EvTh* 36 (1976): 191-200; Benoit, *RB* 77 (1970): 445-448. さらに Robert Lindsey が書評誌で取り上げている。
(4) Vermes, *Jesus the Jew* を見よ。もちろん、彼が改訂を行った Schürer の本も。Vermes がおもに貢献したのは死海文書に関わる問題や Christ 論のような問題である。
(5) Lindeskog, *Die Jesusfrage* : 277, 288. 受難物語に対する彼らの特殊な関心は十分に理解ができる。受難物語はユダヤ人たちにとっても、大いなる受難の物語なのだから。
(6) M. Joseph は *JL* 3 (1929): 237-244 の Judas の項目で次のように書いている。Jesus が実際に生存したのかどうか、それを決定することの困難さは「ほとんど克服されたとはいいがたい」。そこには福音書を除けば、まったく歴史的な証拠というものがないのである。が、Joseph は同時に、福音書の注意深いテキストクリティークと、出発点さえあやまらなければ、Jesus の外観をある程度描くことは可能だろうとほのめかしている。Judas についはまったく興味を示していない。David Flusser の接近の仕方はまったく違っている。彼は *EnJ* 10 (1971) で、Jesus の生涯とその意味について堂々とした要約を記している。Judas もまた歴史上の人物として扱われているが、それはほんのついでに書かれたという感じである。
(7) Günter Schlichting, *Ein jüdisches Leben Jesus. Toledoth Jeshua* が書かれた年代についてはさまざまな意見が出ている。一世紀 (Voltaire)、二/三世紀 (Gabrieli)、四/五世紀 (Schonfeld)、五/六世紀 (Krauss)、六/七世紀 (Oppenheim, Goldstein)、一

○世紀（Klausner）など。William Horbury は Ernst Bammel の指導の下に *Toledoth Jeshua* について学位論文を書いている（"Critical Examination of the Toledot Yeshu"）（Cambridge, 1970）。が、これはあきらかに一度も刊行されていない。Horbury はこの論文で、*Toledoth Jeshua* の書かれた年代はおそらくもっと早い時期だろう、一世紀のはじめまでさかのぼるかもしれないといっている。また、Schlichting（15-121）は二世紀の初期に設定している。

（8）Klausner, *Jesus*, 32. Goldin の訳では次のようになる。「よこしまな男 Balaam の息子たちは Gehenna の罪を授かり、破滅の穴へと落ちていく。それは聖書に書かれている通りだ。『神よ、あなた御自身で／滅びの穴に追い落としください／欺く者、流血の罪を犯す者を。／彼らが人生の半ばにも達しませんように』」（Ps 55:23）（Judah Goldin, *The Fathers*, 247）

（9）Klausner, *Jesus*, 446.

（10）Klausner, *Jesus*, 324.

（11）Klausner, *Jesus*, 325.

（12）Klausner, *Jesus*, 325. Père M. J. Lagrange, *The Gospel of Jesus Christ* はユダヤ人がユダを扱ったときに、次のようなことが起きていると書いた。Judas は「反キリスト教の聖書批評家たちのお気に入りとなっている、とりわけユダヤ人学者たちの」。Lagrange は、Judas はすぐに熱くなる Galilee 人と違って、冷ややかな性格をしていたという Klausner の意見に同調している。Judas は他の弟子たちにくらべて洞察力が鋭かったために、Jesus が危険な仕事に手を出す一介の詐欺師であることを徐々に見破っていった。「そのような者は見つけ次第、即刻、当局へ訴え出なくてはいけないと律法は命じていた。Judas はみずからの義務を果たしただけだった。彼のような正直者が、この国の律法に書かれている通りの報酬を受けるのは、しごく当たり前のことではなかったのだろうか」（190）

（13）Klausner, *Jesus*, 327.

（14）Klausner, *Jesus*, 327.

（15）Lapide, "An Judas Iscariot," 18-28.

（16）Lapide, *Wer war schuld an Jesu Tod?* 11-42, 114-118.

（17）Lapide, "An Judas," 18.

（18）Lapide, *Judas, wer bist du?* 25-26; and idem, *Schuld*, 19-20.

（19）Lapide, *Schuld*, 23-25.

（20）Lapide, *Schuld*, 25.

（21）Maccoby, *The Sacred Executioner*, 7-10; and idem, "Who Was Judas Iscariot?" 8-13. Maccoby のもっとも精細で委曲を尽した本は *Judas Iscariot and the Myth of Jewish Evil* だが、ここでもユダが論じられている。

（22）Maccoby, "Who Was Judas?" 8.

（23）Maccoby, *Judas Iscariot*, 17.

（24）Maccoby, *Judas*, 137.

（25）Maccoby, *Judas*, 146.

（26）Maccoby, *Judas*, 153. 彼は Richard Bauckham, *Jude and the Relatives of Jesus in the Early Church* に賛同している。

（27）Irving M. Zeitlin, *Jesus and the Judaism of His Time*（Cambridge: Polity Press, 1988）.

（28）Zeitlin, *Jesus*, 29.

（29）Zeitlin, *Jesus*, 142-143.

（30）Zeitlin, *Jesus*, 160-161.

（31）Zeitlin, *Jesus*, 161.

（32）Borg, *Jesus: Conflict, Holiness and Politics*, 199.

（33）Kirsch, *We Christians and Jews*, 60.

（34）Vogler, *Judas*, 37; cf. Klauck, *Judas*, 48-76.

## エピローグ　ユダはこんな人物だった

（1）Mack, *The Lost Gospel*, 131-147.

（2）聖書に出てくる中傷に関するテーマは、もはや聖書辞典では扱われていないようだ。この件については A.E. Garvie が *HDB* 4（1902）: 552-553 にすばらしい記事を書いている。

## ユダの自殺ノート

（1）1 Sam 31:5.

# 訳者あとがき

レオナルド・ダ・ヴィンチが『最後の晩餐』で描いたのは、過越祭の食事の場面だった。中央にイエスが座り、その左右に十二使徒が六人ずつ配され、三人ひと組みとなって四つのかたまりで並んでいる。向かって左から四人目、ふたつ目のブロックのいちばん手前にイスカリオテのユダがいる。壁面の損傷がひどいため、顔の表情がはっきりとしないが、ユダの髪の毛は黒く、あごひげも黒い。視線もイエスに注がれているかどうか定かではない。が、ユダは身を引いてあきらかにイエスの方を見ている。十二使徒の面々も、それぞれが驚きの表情を見せ、イエスを眺めやったり、たがいの顔を見つめ合っている。ダ・ヴィンチが描いたのは、イエスによって「あなたがたのうちの一人がわたしを裏切ろうとしている」（マタイ二六・二一／ヨハネ一三・二一）と宣言された直後の情景といわれている。それを聞いた弟子たちは「だれについて言っておられるのか察しかねて、顔を見合わせた」（ヨハネ一三・二二）。また、ユダのうしろにはペトロがいて、となりの聖ヨハネとおぼしき人物に向かって、「だれについて言っておられるのか」（ヨハネ一三・二四）イエスに直接たずねてくれと合図を送っている。

ユダが右手にしっかりと握っているのは金袋だ。その中には、食事の前に神殿に駆け込み、祭司長たちにイエスを引き渡す約束をして、その報酬にと渡された銀貨三〇枚が入っているのだろうか。それともそれは、ユダがイエスの集団の会計係をしていたことをほのめかす表象なのだろうか。ともかく、ユダの顔だけが他の使徒たちと違ってほの暗い影に包まれている。

愛弟子のヨハネにたずねられた「イエスは、『わたしがパン切れを浸して与えるのがその人だ』と答えて、浸したパン切れをユダに与えた。「ユダはパン切れを受け取ると、すぐに出て行った。夜であった」（ヨハネ一三・二六―三〇）。ユダに先導された群衆が、松明や灯火を手に手に、イエスと弟子たちが休んでいたゲッセマネの園へやってきて、イエスを逮捕するのはその直後のことである。

さて、主人のイエスをわずか三〇枚の銀貨と引き替えに、ユダヤ当局へ売り渡したとされるユダだが、そこには未解決の謎がいくつも横たわっている。

・なぜ、イエスは裏切り者を自分の弟子のひとりに選んだのだろう。それも、よりによって十二使徒という腹心中の腹心に。
・また、イエスにはなぜ、ユダが弟子になった時点で彼を改心させることができなかったのだろう。
・ユダに悪魔が取り憑いたというのなら、なぜ、イエスはそれを追い払うことができなかったのか。悪魔払い（エクソシズム）はイエスのお家芸ではなかったのか。
・だいたい、何のためにユダはあんな行為に走ったのだろう。その動機はいったい何だったのだろう。
・会計係をしていたユダが、たかだか銀貨三〇枚というわずかなお金のために、本当にイエスを裏切ったというのだろうか。

などなど謎は尽きない。クラッセンはこのような一連の疑惑を解き明かすべく、果敢に捜査へと乗り出していく。コンピュータを駆使しながら行う捜査だが、利用したのはコンピュータだけではない。過去の資料をことごとく渉猟しつくし、必要なものは洗いざらい引用して、ユダの謎へと迫っていく。

ユダの名前が新約聖書に登場するのは、はたしていつの頃からなのだろう。いちばん早い時期（紀元四〇年から六〇年の間）に書かれたとされる「使徒書簡」（この内いくつかはパウロが書いたとされている）には、ユダの名はいっさい出てこない。出てくるのはそのあとにまとめられた福音書（「マルコ」「マタイ」「ルカ」の共観福音書に「ヨハネ」を含めた四つの福音書）と使徒言行録である。紀元七〇年頃に書かれたとされるマルコ福音書では、ユダについて記された言葉は全部で一六九語。が、四つの福音書中、もっとも遅い時期（一世紀末）に書かれたといわれるヨハネ福音書になると、ユダの描写に使われた言葉は一挙に四八九語にふえている。あとに書かれた福音書ほど、そこで描かれたユダの性格は目立って陰険で、邪悪なものへと変わっていく。

聖書学者たちは、この変化の謎を解く鍵が、四つの福音書の書かれた時期にあると考えた。それはちょうどキリスト教の初期教会がユダヤ教から離れはじめた時期に該当しているからだ。メシア（救世主）としてのイエスの物語を作るため、初期教会には何としてもユダを裏切り者に仕立て上げる必要があった。そしてキリスト教が形をなしていくにつれて、その必要性はますます高まっていった。キリスト教はのちに、ユダヤ教とはっきり袂を分かつことになるのだが、学者たちはこの時期に、すでに反ユダヤ主義（アンチ・セミティズム）の萌芽が見られたという。イエスはユダの裏切りによって捕らえられたのだが、イエスをゴルゴダの丘へ送り込んだのは、他ならぬユダヤ人だったと初期教会は決めつけた。ユダの悪党としての色彩がいちだんと強まるのと、反ユダヤ主義の広がりとがここではあきらかに呼応している。

次々と状況証拠をつきつけて、クラッセンが最後に持ち出してきた切り札は、「裏切る」という言葉（ギリシア語の「パラディドーミ」）の調査報告だった。このキーワードの意味を彼は徹底的に洗い出した。それでは、この洗い出しによってクラッセンはどのような決め手を提示したのだろう。が、それを今ここで申し上げるわけにはいかない。どうぞこの先は本文をお読みください。

論理的な推理と粘り強い裏付け捜査によって、クラッセンが探し当てたユダの正体ははたしてどんなものだったのか。それは画家や小説家たちが思い描いたユダ像とはまったく異なっていた。彼らの描いたユダはあくまでも、重い荷を背負わされたスケープゴート（贖罪のヤギ）としてのユダにしかすぎないからだ。人々は「自分たちの怒りや不安のすべてを彼（ユダ）にゆだねた」。気が遠くなるほど長い間、ユダはわれ知らず、人々のルサンチマン（怨恨・憎悪）を受けとめる容器の役目をさせられていたのかもしれない。

冤罪を免れたユダとはいったいどんな人物だったのだろう。クラッセンによれば、ユダは他の十一人の使徒たちと同じように、ひたすらイエスを敬愛して彼に付き従った共同体の一員だったという。それが、イエスの指名を受けて大役を果たしたことにより、予想だにしなかった運命に振り回されることになる。この間の事情をクラッセンは、本書の最後で「ユダの自殺ノート」としてまとめている。いわばこれが、クラッセンの提出した捜査の最終報告書とでもいうべきものなのだろう。

＊

先頃、話題となった初期キリスト教の幻の外典「ユダの福音書」は、グノーシス派によって二世紀に書かれたといわれている（今回修復されたのはその写本）。彼らのいうグノーシス（秘密の知識）とは、魂を物質的な肉体から解放し、人間が本来持っていた神とのつながりを復活させるものだった。したがって、イエスの魂を肉体から解放したユダの行為は、まさしくグノーシスを実践したものとして彼らの賞賛を浴びた。クラッセンも本書の中で「ユダの福音書」が書かれて以来、ユダを擁護する声はひきも切らず、さまざまな形で現在まで連綿と続いていると記していた。

＊

本書はWilliam Klassen, *Judas―Betrayer or Friend of Jesus?* (Fortress Press, 1996) の全訳である。

著者のウィリアム・クラッセンは新約聖書学者。カナダのマニトバ州に生まれ、プリンストン・セミナリーで博士号（初期キリスト教文学）を取得したのち、カナダのトロント大学、マニトバ大学、アメリカ、インディアナ州のメノナイト・ビブリカル・セミナーなどで教鞭をとる。一九九〇―九四年、カナダのウォータールー大学教授、一九九四―二〇〇〇年、エルサレムのエコール・ビブリック客員研究教授。一九九九年から二〇〇〇年にかけて、ケンブリッジ大学で客員研究員としてユダの講義をした。そして、それをもとに『*The Contribution of Jewish Scholars to the Quest for the Historical Jesus*』を書いた。

大学で初期キリスト教を教えていたとき、授業の一環としてクラッセンは、ユダのいでたちで学生たちの前に現れ、学生たちから投げかけられる質問に答えていた。が、ユダを演じる自分へ向けられた学生たちの眼差しが、あまりにも激しい憎悪に満ちていたことに驚き、それが本書を書き上げるきっかけになったという。

本書で使用した聖書は『聖書　新共同訳』（日本聖書協会）。編集の作業はいつもながら編集部の水木康文さんの手をわずらわせた。ここに記して感謝の意を捧げたい。

訳者

二〇〇七年一月

シーレ，G.　72, 76-77
シェンケ，L.　159
シカリウス派　63, 65, 67
自殺　12, 20, 23, 55, 125, 303, 306, 313-316, 318-319, 324-326, 331-332, 371, 377, 382, 388, 393-399
七十人訳聖書（セプトゥアギンタ）　68, 92, 100-101, 111, 126, 160, 174, 215, 232, 249, 268, 284, 292
シニア，D.　324
シモンの子ユダ（イスカリオテの）　10, 60, 95, 214, 263-264, 282-283
シャールマン，R. P.　366-367
シュヴァーガー，R.　41
シュヴァイツァー，A.　88
シュヴァルツ，G.　67, 70-71, 114, 137
「十二族長の遺訓」　65, 244
シュトルヒ，R.　279
シュナイダーズ，S.　286
シュナッケンブルク，R.　165
受難物語　9, 14, 50, 53, 95, 137, 154, 187-189, 215, 221, 223, 245, 249, 251, 324, 372
シュライエルマッハ，F.　16, 37, 73-74, 136
シュラッター，A.　69, 234
食事　11, 76, 90, 133, 160-161, 163-164, 167, 170, 172, 194, 212-216, 235-236, 276, 282-285, 289-290, 394-395
ジョンソン，L.　228
ジョンソン，L. B.（大統領）　339
シラー，F.　43
ジラール，ルネ　40-41
『神学大全』　79
『神学綱要』　79
神殿から商人を追い出した行為　88-90, 249, 311
「神殿の巻物」　130
神話　29, 218, 296, 313, 376, 378-379
ズール，A.　173, 250-252, 255
ストラウス，D. F.　220
スピック，C.　104-105
スプロストン，W.　293
セイヤーズ，D.　20
セドゥリウス　45-46
ゼベダイの息子たち　33, 76, 171, 380
族長ユダ　63-65, 397
ソクラテス　27-28, 61, 87, 239-240

## た行

ダーク，D.　143-144
大祭司　12, 88, 118, 132, 140, 200, 228, 237, 241, 245, 248-251, 268-269, 271, 273-275, 294, 394, 398-399, 401
ダウブ，C.　16-18, 23, 360
タキトゥス　125
ダビデ　100, 129, 196, 216, 249, 266, 268, 320, 324, 347, 365
タルバート，C. H.　30
チェスタトン，G. K.　319
チャールズワース，J.　87
中傷　20, 31, 38-39, 46, 182, 224, 262, 265, 278, 302, 325, 332, 390, 394
チルトン，B.　90
ディークマン，B.　8, 49-50, 61, 335-336, 344-346
テイバー，J. M.　318
ディベリウス，M.　36, 91
ティンダル，W.　40
テオフュラクトス　330
デニス，A. M　101
デレット，J. D. M.　64, 124, 129-130, 133, 286-287, 306
伝記　26-30, 303-304

ド・クインシー，T.　47-48, 327
ドーブ，D.　124, 129, 240-242, 315, 371
トーリー，C. C.　69, 179, 295
「トセフタ」　129
ドッド，C. H.　299
「トビト記」　315
ドルン，K　77
『トレドス・イェシュア』　373
ドロージ，A.　315, 318

## な行

熱心党（ゼロテ党）　63-65, 67, 71-72, 76, 135, 143, 376, 379-380
ネッパー・クリステンゼン　193

## は行

ハーヴェー，A. E.　92, 306
パーカー，J.　146, 327-328
ハートマン，D.　366
バイヤー，K.　70
バウアー，W.　99, 106, 297
ハウグ，D.　38-39
パウサニアス　98
バウムガルテン，J.　130
パウロ　66, 72, 74, 77, 107-108, 162-163, 165, 177, 186, 228, 243-244, 275, 307, 348, 356-357, 360-361, 364
バックスタン，P.　144
バットリック，G.　61
「ババ・カンマ」　127-128
パピアス　325
ハマートン・ケリー，R.　41
ハラス，R.　96
パラディドーミ　51-52, 68, 91-92, 97-101, 103-108, 110, 113-118, 126, 154, 158, 188, 193-194, 224-225, 231, 296, 344, 354, 362, 377, 387→プロディドーミも見よ
バリー，R. L.　23
バルト，カール　38, 65, 79, 96, 138, 147, 260, 298, 334-336, 346-366
バレット，C. K.　261
ビショップ，E.　212
悲嘆の言葉「不幸だ」　162-165, 167, 169, 182, 223
ピネアス　134
ヒューズ，K.　14
ビュクセル，F.　100
ヒラーズ，D.　164
ビラーベック，P.　68
ピラト（ピラトゥス・ポンティウス）　12, 52, 54, 88, 92, 110, 113, 118, 135, 140, 174, 198, 205-206, 217, 222, 245, 253, 305-306, 308, 360, 377-378, 394-396, 398, 401
『ピルケアボス』　373
ファーラー，A.　178-179
ファラオ　103, 357
ファン・ウニック，W.　307
ファン・フーフ，A. J. L.　313, 315
フィールハウアー，P.　75-76, 157
フィッツマイヤー，J.　224-225
ブーツァー，M.　37
ブービヤー，G.　173
フェーネベルク，W.　58
フェルトマイアー，R.　173
フェレール，V.　20, 329-330
フォアスター，W.　26
フォーグラー，W.　147-148, 319
フォード，J.　227, 236
福音書の歴史的信頼性　62
『福音の歌』（カルメン・パスカーレ）　45-46

フット，P.　145
プライスカー，H.　90
ブラウン，R.　50-55, 136-137, 187, 259-260, 278, 296-297, 331
プラス，M.　41
プラス，S.　303
プラトン　28, 319
プラマー，A.　71
ブリンツラー，J.　34
プルタルコス　30
フルッサー，D.　4, 242-245, 371-372
ブルトマン，R.　161, 279-280, 293
ブレア，E.　86
プロディドーミ　101, 103, 105, 116→裏切り／裏切り者、パラディドーミも見よ
プロドテース　101, 103-104, 115-116, 130, 221-222→裏切り／裏切り者、パラディドーミも見よ
ヘアー，M.　84
平和の子　160, 292
平和の象徴としての塩　160, 213-214
ヘイン，K.　283
ペッシュ，R.　109, 166-167
ペトロ　9, 17, 31, 38-39, 59, 66, 77, 88, 91-92, 94, 139, 147, 156, 168, 171, 176-178, 183, 205, 211, 224-225, 229-231, 235, 249, 256, 263, 265-267, 271-274, 282, 286, 288, 290, 294, 316, 320-321, 328-329, 347, 349, 352, 357, 361, 366-367, 376, 380, 396-397
ベニヤミン　103, 304
ベノア，P.　312, 323-324, 326
ヘロデ・アグリッパ（ヘロデ大王）　325
ヘロディアス　27
ヘングステンベルク，E. W.　23, 265
ヘンゲル，M.　376
ボーグ，M.　275
ポセイドニオス　99
ポプケス，W.　51, 53, 101, 113, 117, 224
ボンヘッファー，D.　65

## ま行

「マカバイ記二」　130-131
マグラッソン，P.　354, 362
マグワイア，U.　206
マコービー，H.　72, 186, 319, 370, 378-379
マタイ　9, 12, 31, 36-37, 54-55, 59-60, 63, 69, 72, 77, 94-95, 106, 109-110, 112, 114, 116-117, 124, 129, 136, 139, 161-164, 167, 171, 174, 176-177, 179, 182-183, 185-218, 228-229, 231, 233, 235, 238, 248, 250, 252-255, 265, 275, 278, 280, 292-293, 305-315, 317, 319, 321-327, 329, 331-332, 349, 363, 375, 388
マティア　78, 305
マルクヴァルト，F. W.　364
マルコ　9-10, 31, 36-38, 41, 59-60, 62-63, 68, 72, 75-76, 94-95, 106, 109-110, 114, 215-216, 222-223, 226, 228, 231, 233-235, 238, 248-254, 260, 262, 265-266, 274-276, 280-281, 289, 294, 304, 324, 349, 383, 394
マンチェスター，W.　35
ミカル　100
密告者　80, 121, 123-150, 161, 165, 170-171, 233, 235, 246-247, 274, 276, 289, 382
ミトリダテス　99
ミュラー，K.　172

メイ，R.　72
「メナホット」　127
メフィボシェト　100
メランヒトン，P.　79
モラン，J. A.　68
モリスン，F.　140-141

## や行

ヤコブ　13, 33, 63, 76, 100, 103, 120, 126, 131, 139, 304, 365, 380
ヤコブ・デ・ウォラギネ　46
ヤンツェン，W.　163
ユダ（イスカリオテの）
悪魔の感化　10-12, 18, 73, 77, 201, 223, 236, 261,263-264, 267-268, 278, 281, 283, 287, 365, 381, 397→サタンも見よ
イエスの死に対する責任　54, 206, 308, 310, 376
イエスのフレーム（額縁）としての――　14
裏切りではない引き渡し　105-106, 117, 174, 357, 376, 387, 396
裏切り者としての――　12-15, 49, 51, 75, 86, 104, 107, 115, 120-121, 132, 137, 154, 174, 186, 221, 227, 236, 245, 270, 280, 293, 376, 383, 390
会計係としての――　13, 19, 80, 85, 261, 277, 330, 397
銀貨（30枚の）　11-12, 15-16, 51, 137, 190-191, 260, 305, 311-313, 363, 377
周辺の人物としての――　8, 36, 59
スケープゴートとしての――　13, 39-41, 180, 296, 336, 344-346, 365
動機　12, 47, 80, 94, 133, 138, 147-148, 170, 178-179, 192-193, 201, 234, 261, 270, 380, 386
友として呼びかけられた――　95, 200, 202-203, 397
貪欲　15, 38-39, 53, 148, 178, 192, 337-338, 387
――に対するイエスの態度　92-97, 248
――の永遠の断罪　23, 163, 166, 353
――のキス　11, 17, 66, 159, 176-177, 183, 201, 203, 210, 213, 216, 226, 236-237, 251, 295, 360
――の行為　12, 15, 17-19, 23, 36, 41, 48, 51-55, 67-68, 74, 81, 83-121, 124, 126, 132, 137-139, 141, 146-148, 156-157, 170, 178, 180, 182, 192, 201, 205, 210, 216, 225, 229, 231-232, 235, 260, 260, 268, 272-273, 278, 297, 311, 314, 317-18, 321, 334, 336-340, 343-345, 348, 351-359, 361-362, 367, 376, 382-383, 386-388, 391, 399
――の故郷　68, 297
――の名前　15-16, 41, 57-81, 85, 107, 158-159, 179, 188, 202, 278, 291, 365, 370, 378, 383, 386, 397
――の毛髪　14, 44
――の離脱　13, 90, 182
ヨハネ黙示録と――　15, 226-267, 276, 291
ユダ（ヤコブの第四子）　103, 174
『ユダヤ古代誌』　103, 222, 325
『ユダヤ戦記』　103-104, 290
許し　4, 20, 89, 96-97, 112, 117, 124, 138, 180, 183, 208, 225, 239, 244, 263, 329-330, 340, 343, 352-353
ヨアブ　129
ヨセフ　13, 64, 101, 103, 132-134, 138, 172, 304, 345

ヨセフス　27, 29, 63, 67, 91, 103-105, 120, 138, 221-222, 232, 289, 315, 325, 387
ヨセフの兄弟たち　13, 103, 132-133, 172
ヨデファト　103, 315
ヨハネ　10-11, 15, 21, 23, 27, 31, 33, 36-39, 50-51, 53-54, 60, 63, 72, 76-77, 80, 85, 94-95, 110, 113-114, 131, 139, 141, 152, 156, 163, 171, 176-180, 182, 189, 192-193, 196-197, 209, 211, 213-217, 222-224, 226, 228, 230, 234, 249-250, 256, 257-299, 304, 344, 347, 349, 351, 355, 380, 387-389, 394
「ヨブ記」　247, 267-268, 271

## ら行

ライトフット，R. H.　110, 222-224, 226
ラジス　131
ラトケ，M.　213
ラバン　100
ラビ　69, 119, 141, 146, 176, 196-197, 201, 241-242, 244, 251, 375
ラピデ，P. E.　191, 364-365, 376-377
リヒター，G.　287
リュティ，K.　321, 336
リンデスコーク，G.　372
ルーベンシュタイン，R.　381
ルカ　9, 12, 31, 36-37, 59-60, 63, 72, 89, 94, 96, 101, 106, 109, 111, 114-116, 119-121, 131, 138-139, 152, 160-164, 166-168, 174-175, 177-180, 188-189, 192, 198-199, 201-203, 205, 207, 210-211, 213, 217, 219-256, 264, 266-267, 273, 275, 292, 295, 304, 314, 317, 319, 321, 323, 325-327, 330, 349, 353, 355, 372, 378, 388
ルキアノス　30
ルター，M.　37, 65
ルフス，ムソニウス　27
レヴィ，J.　126-127
レーコプフ，F.　203, 233-234
ローマイヤー・シュマウホ　112, 195, 197
ロストフツェフ，M.　250

「1QH」　291

# 参考文献

Abraham a Sancta (or Santa) Clara (Hans-Ulrich Megerle, 1644–1709). *JUDAS. Ertz-Schelm, Für ehrliche Leuth, oder: Eigentlicher Entwurff, und Lebens-Beschreibung desz Isc(h)ariotischen Böszwicht, Worinnen underschiedliche Discurs, sittliche Lehrs-Puncten, Gedicht, und Geschicht, auch sehr reicher Vorrath Biblischer Concepten*. The title goes on to form something of a preface with the words: *Welche nie allein einen Prediger auff der Cantzel sehr dienlich fallen, der jetzigen verkehrten Welt die Wahrheit under die Nasen zu reiben: sondern es kan sich auch dessen ein Privat und einsamber Leser zur erspriesslicher Zeit Vertreibung, und gewunschten Seelen Hayl gebrauchen,* zusammen getragen Durch Pr. Abraham a Santa Clara, Augustiner-Barfüsser, Kayserlicher Predigten, etc. (Saltzburg: Melchior Haan): 1 (1686): 410 pp.; 2 (1689): 636 pp.; 3 (1692): 556 pp.; 4 (1695): 433 pp. (New edition [not consulted]: *Sämmtliche Werke,* 7 vols., Passau, 1835/36).

Akenson, D. H. *God's Peoples: Covenant and Land in South Africa, Israel and Ulster.* Montreal: McGill-Queens University Press, 1991.

Alvarez, A. *The Savage God: A Study in Suicide*. New York: Norton, 1990.

Anderson, R. S. *The Gospel according to Judas*. Colorado Springs: Helmers & Howard, 1991.

Arbeitman, Y. "The Suffix of Iscariot." *JBL* 99 (1980): 122–124.

Auerbach, E. *Mimesis: The Portrait of Reality in Western Literature*. Garden City, N.Y.: Doubleday, 1957.

Balch, David, et al., eds. *Greeks, Romans, and Christians,* Minneapolis: Fortress Press, 1990.

Barry, R. L. "Suicide in the Bible." *Listening: Journal of Religion and Culture* 26 (1991): 1–6.

Barth, K. "The Election of the Individual: The Determination of the Rejected." In *Church Dogmatics,* II/2: 498–563. Edinburgh: T. & T. Clark, 1957.

Bartnik, C. "Judas l'Iscariote, histoire et théologie." *Collectanea Theologica* 58 (1988): 57–69.

Bauckham, R. *Jude and the Relatives of Jesus in the Early Church*. Edinburgh: T. & T. Clark, 1990.

Baum, P. F. "Judas's Red Hair." *JEGP* 21 (1922): 520–529.

———. "Judas's Sunday Rest." *MLR* 18 (1923): 168–182.

———. "The Mediaeval Legend of Judas Iscariot." *PMLA* 31 (1916): 481–632.

Baumbach, G. "Judas-Jünger und Verräter Jesu." *Zeichen der Zeit* 17 (1963): 91–98.

Baumgarten, J. "Hanging and Treason in Qumran and Roman Law." *Eretz-Israel* 16 (1982): 7–16.
Baxadall, M. *Giotto and the Orators: Humanist Observers of Painting in Italy and the Discovery of Pictorial Composition.* Oxford: Clarendon Press, 1971.
Beare, F. W. *The Gospel according to St. Matthew.* San Francisco: Harper, 1981.
Becker, I. C. "Satan und Judas: Der lukanische Bericht." *Entschluss* 44 (1989): 20–22.
Belcher, F. W. "A Comment on Mark 14:45." *ET* 64 (1952/53): 240.
Benoit, P. "The Death of Judas." In *Jesus and the Gospel,* 1:189–207. London: Dartman, 1973.
Benz, E. *Die Monologie des Judas Ischarioth.* Munich, 1951.
Bettelheim, B. *Freud's Vienna and Other Essays.* New York: Vintage, 1991.
Betz, O. "The Dichotomized Servant and the End of Judas Iscariot. (Light on the Dark Passages: Matt 25,51 and parallel; Acts 1,18)." *RevQ* 5 (1964): 43–58.
Beyer, K. *Die aramaische Texte vom Toten Meer. . . .* Göttingen: Vandenhoeck & Ruprecht, 1984.
Beyschlag, K. "Franz von Assisi und Judas Iskariot." *ThLZ* 85 (1960): 849–852.
Billerbeck, Paul, and Herman Strack. *Kommentar zum Neuen Testament aus Talmud und Midrasch.* Munich: C. H. Beck, 6 vols. 1926–61.
Billings, J. S. "Judas Iscariot in the Fourth Gospel." *ET* 51 (1939/40): 156–158.
Bishop, Eric F. "'He that eateth bread with me. . . .'" *ET* 70 (1959/60): 331–333.
———. "With Jesus on the Road from Galilee to Calvary. . . ." *CBQ* 11 (1949): 440.
Bjerg, S. "Judas als Stellvertreter des Satans." *EvTh* 52 (1992): 42–55.
Black, C. C. *The Disciples according to Mark: Markan Redaction in Current Debate.* JSNTSup 27. Sheffield: Academic Press, 1989.
Blass, F., and A. Debrunner. *A Greek Grammar of the New Testament.* Translated and edited by Robert W. Funk. Cambridge at the University Press, 1961.
Blinzler, J. "Judas Iskarioth." *LThK* 2 (1960), 5:1152–1154.
———. *The Trial of Jesus.* Translated by Isabel and Florence McHugh. Westminster, Md.: Newman, 1959.
Blöcker, G. "Der notwendige Mensch: Die literarischen Deutungen der Judasfigur." *Neue Deutsche Hefte* 1 (1954/55): 64–69.
Boman, T. "Hebraic and Greek Thought-Forms in the New Testament." In *Current Issues in NT Interpretation,* edited by W. Klassen and G. F. Snyder, 1–19. New York: Harper, 1962.
Bonhoeffer, D. "Predigt am Sonntag Judika über Judas." In *Gesammelte Schriften,* edited by E. Bethge, 4:406–413. Munich: Chr. Kaiser, 1961.
Boobyer, G. H. "'ΑΠΈΧΕΙ in Mark xiv.41." *NTS* 2 (1955/56): 44–48.
Borg, M. *Conflict, Holiness and Politics in the Teachings of Jesus.* STBibEChrist 5. Lewiston, N.Y.: Edwin Mellen Press, 1984.
Borges, Jorge Luis. *Jesus: A New Vision.* San Francisco: Harper, 1987.
———. *Labyrinths.* New York: New Directions, 1964.
Brelich, M. *The Work of Betrayal.* Translated by R. Rosenthal. Marlboro, Vt.: Marlboro Press, 1988; Italian ed., 1975.
Broderick, R. *Rock Opera: The Creation of Jesus Christ Superstar.* New York: Hawthorn Books, 1973.
Bronikowski, R. J. "Judas Iscariot: The Apostle Who Couldn't Love." *Cross and Crown* 27 (1975): 269–279.

Brown, R. *The Gospel according to John.* 2 vols. Garden City, N.Y.: Doubleday, 1966, 1970.
———. *The Death of the Messiah.* 2 vols. Garden City, N.Y.: Doubleday, 1994.
———. *The Epistles of John.* AB. Garden City, N.Y.: Doubleday, 1982.
———. *The Community of the Beloved Disciple.* New York: Paulist, 1979.
Brownson, J. "Neutralising the Intimate Enemy: The Portrayal of Judas in the Fourth Gospel." *SBL Seminar Papers* 1992: 49–60.
Bruner, F. D. *Matthew: A Commentary.* Dallas, Tex.: Word, 1990.
Büchele, A. *Der Tod Jesu im Lukasevangelium.* FTS 26. Frankfurt, 1978.
Buchheit, G. *Judas Iskarioth: Legende, Geschichte, Deutung.* Gütersloh: Rufer Verlag, 1954.
Büchner, A. *Judas Ischarioth in der deutschen Dichtung: Ein Versuch.* Freiburg, 1920.
———. "Das Judasproblem." *Zeitschrift für den deutschen Unterricht* 27 (1913): 693–698.
Büchsel, F. "παραδίδωμι." *KTWBNT,* 2 (1935): 171–174. Stuttgart: Kohlhammer.
Bühlmann, W. *God's Chosen Peoples.* Translated by R. R. Barr. Maryknoll, N.Y.: Orbis, 1982.
Bulgakov, S. "Judas Ischarioth, der Verräter-Apostel." *Orient und Occident,* Heft 11, 8–24. Leipzig, 1932.
Bultmann, R. *Johannesevangelium.* Göttingen: Vandenhoeck & Ruprecht, 1959.
Büttner, M. *Judas Ischarioth: Ein psychologisches Problem.* Minden, 1902.
Caird, G. *Principalities and Powers: A Study in Pauline Theology.* Oxford: Clarendon Press, 1956.
Carey, S. P. *Jesus and Judas.* London, 1931.
Catchpole, D. "The Answer of Jesus to Caiaphas (Matt 26:64)." *NTS* 17 (1970/71): 213–226.
Cebulj, C. "Die Nachtseite Gottes: Zum Judasbild im Johannesevangelium." *Entschluss* 44 (1989): 16.
Chance, S. *Stronger than Death.* New York: Norton, 1992.
Charlesworth, J. *Jesus within Judaism.* New York: Doubleday, 1988.
Cheyne, T. K. "Judas Iscariot." *EB* 2:2623–2628.
Chilton, Bruce. *The Temple of Jesus.* University Park: Pennsylvania State University Press, 1992.
Christian, P. *Jesus und seine geringsten Brüder: Matt 25:31-46 redaktionsgeschichtlich untersucht.* Leipzig: St. Benno Verlag, 1975.
Chwolson, D. *Beiträge zur Entwicklungsgeschichte des Judentums.* Leipzig, 1910.
———. *Das letzte Passamahl Christi und der Tag seines Todes.* 1892.
———. *Über die Frage ob Jesus gelebt hat.* Leipzig, 1910.
Clements, R. E. "The Form and Character of Prophetic Woe Oracles." *Semitics* 8 (1982): 17–29.
Clemons, J. T. *What Does the Bible Say about Suicide?* Minneapolis: Fortress, 1990.
Cohen, Y. *Nuclear Ambiguity: The Vanunu Affair.* London: Sinclair-Stevenson, 1992.
Cohn, H. *The Trial and Death of Jesus.* New York: Harper, 1967.
Collins, R. F. "Woe in the NT." *ABD,* 6 (1992): 946–947.
Conzelmann, H. *The Theology of St. Luke.* Translated by G. Buswell. New York: Harper, 1961.
Conzelmann, H. "Historie und Theologie in den synoptischen Passionsberichten." In *Zur Bedeutung des Todes Jesu: Exegetische Beiträge,* H. Conzelmann, ed. Gütersloh: Mohn, 1968.

———. *The Theology of St. Luke.* Translated by G. Buswell. New York: Harper, 1961.
Corry, J. *The Manchester Affair.* New York: Putnam, 1967.
Cox, P. *Biography in Late Antiquity: A Quest for a Holy Man.* Berkeley and Los Angeles: University of California Press, 1983.
Crossan, John Dominic. *The Historical Jesus.* San Francisco: Harper, 1991.
———. *Who Killed Jesus? Exposing the Roots of Anti-Semitism in the Gospel Story of the Death of Jesus.* San Francisco: HarperCollins, 1995.
Cullmann, O. "Der zwölfte Apostel." In *Vorträge und Aufsätze 1925–1962,* edited by K. Fröhlich, 214–222. Tübingen: Mohr-Zürich Zwingli, 1966 = "Le douzième apôtre." *RHPR* 42 (1962): 133–40.
———. *Jesus and the Revolutionaries.* New York: Scribner's, 1970.
———. *The State in the New Testament.* New York: Scribner's, 1956.
Czarnecki, J. "The Significance of Judas in Giotto's Arena Chapel Frescoes." In *The Early Renaissance,* edited by A. Bernardo, 35–47. 1978.
Dalman, Gustaf. *Jesus-Jeshua.* Translated by Paul Levertoff. London: SPCK, 1929.
———. *Sacred Sites and Ways.* Translated by Paul Levertoff. London: SPCK, 1935.
———. *The Words of Jesus.* Translated by D. M. Kay. Edinburgh: T. and T. Clark, 1902.
Daub, C. *Judas Ischariot oder das Böse in Verhältnis zum Guten.* Vol. 1-II/1.2. Heidelberg: Mohr und Winter, 1816–1818.
Daube, D. *Appeasement or Resistance? And Other Essays. . . .* Berkeley and Los Angeles: University of California Press, 1987.
———. "Black Hole." *Rechtshistorisches Journal* 2. Frankfurt: Löwenklau Gesellschaft, 1983.
———. *Civil Disobedience in Antiquity.* Edinburgh: University Press, 1972.
———. *Collaboration with Tyranny in Rabbinic Law.* London: Oxford University Press, 1965.
———. "Death as Release in the Bible." *NT* 5 (1962): 82–104.
———. "'For They Know Not What They Do: Luke 23:34.'" *Studia Patristica* 4, pt. 2, edited by F. L. Cross, 58–70. Berlin, 1961.
———. *Sin, Ignorance and Forgiveness in the Bible.* London: Liberal Jewish Synagogue, 1960.
———. "The Linguistics of Suicide." *Philosophy and Public Affairs* 2 (1972): 387–437.
Dauer, A. *Die Passionsgeschichte im Johannesevangelium: Eine Traditionsgeschichtliche und theologische Untersuchung zu Johannes 18:1—19:30.* SANT 30. Munich: Kösel, 1972.
Derrett, J. D. M. "The Footwashing in John 13 and the Alienation of Judas Iscariot." *Revue Internationale des Droits de L'Antiquité.* 3rd series, 24 (1977): 3–19.
———. "Haggadah and the Account of the Passion," *DRev* 29 (1979): 308–315.
———. "The Iscariot, M^e^sira, and the Redemption." *JSNT* 8 (1980): 2–23.
———. "Miscellanea: A Pauline Pun and Judas's Punishment." *ZNW* 72 (1981): 131–133.
Desautels, L. "La mort de Judas." *Science et Esprit* 38 (1986): 221–239.
Dewey, K. E. "Peter's Curse and Cursed Peter (Mark 14:53-54, 66-72)." In *The Passion in Mark: Studies on Mark 14–16,* edited by Werner H. Kelber, 96–114. Philadelphia: Fortress, 1976.
Dibelius, M. "Die alttestamentlichen Motive in der Leidensgeschichte des Petrus-

und des Johannesevangeliums" (1918). In *Botschaft und Geschichte*. Tübingen: J. C. B. Mohr, 1953.
———. "Judas und der Judaskuss." *Botschaft und Geschichte. Gesammelte Aufsätze I: Zur Evangelienforschung*, 272–277. Tübingen: J. C. B. Mohr, 1953.
Dieckmann, B. *Judas als Sündenbock: Eine Verhängnisvolle Geschichte von Angst und Vergeltung*. Munich: Kösel, 1991.
Dihle, A. "The Gospels and Greek Biography." In *The Gospel and the Gospels*, edited by P. Stuhlmacher, 361–386. Grand Rapids: Eerdmans, 1991.
———. "The Gospels and Greek Biography." In *The Gospel and the Gospels*, edited by P. Stuhlmacher, 361–386. Grand Rapids: Eerdmans, 1991.
———. *Studien zur griechischen Biographie*. Göttingen: Vandenhoeck & Ruprecht, 1970.
Dodd, C. H. *The Apostolic Preaching and Its Developments*. New York: Harper, 1936.
Dorn, K. "Judas Iskariot, einer der Zwölf: Der Judas der Evangelien unter der Perspektive der Rede von den zwölf Zeugen der Auferstehung in 1 Kor 15, 3b-5." In *Judas Iskariot: Menschliches oder heilsgeschichtliches Drama?* edited by H. Wagner, 39–89. Frankfurt: Knecht, 1985.
Dörrie, H. "Xanthippe." Pauly-Wissowa, *Realenzyklopädie*. 2 Reihe, 18 (1967): 1335–1342.
Droge, A. J. "Suicide." *ABD*, 6 (1992): 225–231.
Droge, A. J., and J. D. Tabor. *A Noble Death: Suicide and Martyrdom among Christians and Jews in Antiquity*. San Francisco: Harper, 1992.
Dupont, J. "La destinée de Judas prophétisée par David (Act 1, 16-20)." *CBQ* 23 (1961): 41–51; also idem, "Etudes sur les Actes des Apôtres," 309–320. LeDiv 45. Paris, 1967.
Edelstein, L., and I. G. Kidd. *Posidonius: The Fragments*. Cambridge: Cambridge University Press, 1972.
Ehrman, A. "Judas Iscariot and Abba Saqqara." *JBL* 97 (1978): 572–573.
Eltester, W. "'Freund, wozu du gekommen bist' (Matt XXVI.50)." *Neotestamentica et Patristica* (FS O. Cullmann) (NT,Sup 6), 70–91. Leiden, Brill 1962.
Enslin, M. S. "How the Story Grew: Judas in Fact and Fiction." In *Festschrift in Honor of F. W. Gingrich*, edited by E. H. Barth and R. Cocroft. Leiden: Brill, 1972.
Evans, C. F. *St. Luke*. TPI Commentary. London: SCM, 1990.
Fangmeier, J., and H. Stoevesandt, eds. *Karl Barth Letters (1961–68)*. Translated by G. Bromiley. Grand Rapids: Eerdmans, 1981.
Farrer, A. *A Study in Mark*. Westminster, Md.: Dacre, 1951.
Fascher, E. "Judas Iskarioth." $RGG^3$, 3:965–966.
Feldmeier, R. *Die Krisis des Gottessohnes: Die Gethsemaneerzählung als Schlüssel der Markuspassion*. WUNT 2/21. Tübingen: J. C. B. Mohr, 1987.
Feneberg, S.J., P. W. "Im Zweifel für den Angeklagten: Ein neues Judasbild." *Entschluss* 44 (1989): 5.
———. "Von uns verdammt und ausgestossen." *Entschluss* 44 (1989): 2.
Fensham, F. C. "Judas's Hand in the Bowl and Qumran." *RevQ* 5 (1965): 259–261.
Fiorenza, E. S. *The Book of Revelation: Justice and Judgment*. Philadelphia: Fortress, 1985.
Fitzmyer, J. *The Gospel according to Luke*. AB. Garden City, N.Y.: Doubleday, vol. 1, 1981; vol. 2, 1985.

Flusser, D. *Jesus.* Translated by R. Walls. New York: Herder, 1969.
———. "No Temple in the City." In *Judaism and the Origins of Christianity,* 454–465. Jerusalem: Magnes, 1988.
———. "'Sie wissen nicht, was sie tun': Geschichte eines Herrnwortes." In *Kontinuität und Einheit* für Franz Mussner, edited by Paul-Gerhard Müller and Werner Stenger, 393–410. Freiburg: Herder, 1981.
———. "Some of the Precepts of the Torah from Qumran (4QMMT) and the Benediction against the Heretics." *Tarbiz* 6 (1992): 333–374, esp. 340–344 (in Hebrew).
Ford, D. *Barth and God's Story.* Studien zur interkulturellen Geschichte des Christentums, 27. Frankfurt: Lang, 1981.
Ford, J. *My Enemy Is My Guest: Jesus and Violence in Luke.* Maryknoll, N.Y.: Orbis, 1984.
Förkman, G. *The Limits of the Religious Community.* Lund: Gleerup, 1972.
Forsyth, N. *The Old Enemy: Satan and the Combat Myth.* Princeton, N.J.: Princeton University Press, 1987.
Frenzel, E. *Stoffe der Weltliteratur,* 368–371. Stuttgart: Alfred Kröner, 1976.
Freyne, Sean. *Galilee from Alexander the Great to Hadrian.* Notre Dame, Ind.: University of Notre Dame Press, 1980.
Friedrich, J. *Gott im Bruder? Eine methodischkritische Untersuchung von Redaktion, Überlieferung und Traditionen in Matt. 25:31-46.* Stuttgart: Calwer, 1977.
Gager, J. G. "The Gospels and Jesus: Some Doubts about Method." *JR* 54 (1954): 244–272.
Gardner, H. *The Business of Criticism.* London: Oxford University Press, 1959.
Garrett, S. *The Demise of the Devil: Magic and the Demonic in Luke's Writings.* Philadelphia: Fortress, 1989.
Gärtner, B. *Iscariot.* English translation by V. I. Gruhn (FB.B 29); introduction by J. Reumann, v–xvii. Philadelphia: Fortress, 1971.
———. "Judas Iskarioth." *SEÅ* 21 (1956): 50–81.
Gerhardsson, B. "Jesus, ausgeliefert und verlassen—nach dem Passionsbericht des Matthäusevangeliums." In *Redaktion und Theologie des Passionsberichtes nach den Synoptikern,* edited by M. Limbeck, 262–291. Darmstadt: Wissenschaftliche Buchgesellschaft, 1981.
Gillooly, E. *New York Times Book Review,* August 27, 1989.
Ginzberg, L. *The Legends of the Jews.* 7 vols. Philadelphia: Jewish Publication Society, 1966.
Girard, R. *Must There Be Scapegoats?* Translated by M. L. Assad. San Francisco: Harper, 1987.
———. *Things Hidden since the Foundation of the World.* London: Athlone, 1978.
———. *Violence and the Sacred.* Baltimore: Johns Hopkins University Press, 1977.
Glasson, T. E. "Davidic Links with the Betrayal of Jesus." *ET* 85 (1973/74): 118f.
Glazer, M. and P. Glazer. *The Whistleblowers.* New York: Basic Books, 1989.
Gloeckner, R. *Die Verkündigung des Heils beim Evangelisten Lukas.* Mainz, n.d.
Goetz, O. "Hie hencktt Judas." In *Form und Inhalt* (FS O. Schmitt), 105–37. Stuttgart, 1950.
Goldin, J. *The Fathers according to Rabbi Nathan.* New Haven: Yale University Press, 1955.
Goldschmidt, H. L. "Das Judasbild im Neuen Testament aus jüdischer Sicht." In

*Heilvoller Verrat? Judas im Neuen Testament*, edited by H. L. Goldschmidt and M. Limbeck. Stuttgart: 1976.
———. "Judas Iscariot, 2. Eine jüdische Stellungnahme." *TRE*, 17:305–307.
Gollwitzer, H. "Gute Botschaft für Judas Ischarioth." *Krummes Holz-aufrechter Gang: Zur Frage nach dem Sinn des Lebens*, 2nd ed. Munich: Chr. Kaiser, 1970:271—296.
Gordon, A. B. "The Fate of Judas according to Acts 1:18." *EvQ* 43 (1971): 97–100.
Grant, Michael. *Jesus. An Historian's Review of the Gospels*. New York: Charles Scribner's Sons, 1977.
Grayston, Kenneth. *Dying We Live: A New Inquiry into the Death of Christ in the New Testament*, 395–399. New York: Oxford University Press, 1990.
Guardini, R. *The Lord*. Chicago: Regnery, 1954.
Gunther, H. *The Footprints of Jesus' Twelve in Early Christian Traditions*. New York: Peter Lang, 1985.
Guttmann, J. Art. "Judas." *EJ* 9:526–528.
Haenchen, E. "Historie und Geschichte in den johanneischen Passionsberichten." In *Zur Bedeutung des Todes Jesu*, ed. F. Viering, 55–78. Gütersloh: 1967.
———. *John*. Translated by R. Funk. 2 vols. Philadelphia: Fortress, 1984.
Halas, R. B. *Judas Iscariot: A Scriptural and Theological Study of His Person, His Deeds and His Eternal Lot*. SST 96. Washington, D.C.: Catholic University Press, 1946.
Hamerton-Kelly, R. G. *The Gospel and the Sacred: Poetics of Violence in Mark*. Minneapolis: Fortress, 1994.
Hammer, S. *By Her Own Hand: Memoirs of a Suicide's Daughter*. New York: Soho, 1991.
Hand, W. D. "A Dictionary of Words and Idioms Associated with Judas Iscariot. A Compilation Based Mainly on Material Found in the Germanic Languages" (*Modern Philology* 24/3), 289–356. Berkeley and Los Angeles: University of California Press, 1942.
Harper, L. A. "Judas Our Brother." *SLJT* 29 (1986): 96–106.
Harris, J. R. "Did Judas Really Commit Suicide?" *AJT* 4 (1900): 490–513.
———. "St. Luke's Version of the Death of Judas." *AJT* 18 (1914): 127–31.
———. "The Suggested Primacy of Judas Iscariot." *Exp* 8/14 (1917): 1–16.
Hart, J. W. T. *Judas Ischarioth: Eine Selbstbiographie*. Deutsch von H. Ballhorn. Leipzig, 1893.
Hartman, David. *A Living Covenant: The Innovative Spirit in Traditional Judaism*. New York: Free Press, 1985.
Harvey, A. E. *Jesus and the Constraints of History*. Philadelphia: Westminster, 1982.
———. *Jesus on Trial: A Study in the Fourth Gospel*. Atlanta: John Knox, 1977.
Haugg, D. *Judas Iskarioth in den neutestamentlichen Berichten*. Freiburg, 1930.
Hein, K. "Judas Iscariot: Key to the Last-Supper Narratives?" *NTS* 17 (1970/71): 227–232.
Heller, B. "Über Judas Ischariotes in der jüdischen Legende." *MGWJ* 76 (1932): 33–42.
———. "Über das Alter der jüdischen Judas-Sage und des Toldot Jeschu." *MGWJ* 77 (1933): 198–210.
Hengel, M. *The Zealots*. Translated by David Smith. Edinburgh: T. & T. Clark, 1989.
Hengstenberg, E. W. *Commentary on the Gospel of St. John*. Edinburgh: T. & T. Clark, 1865.

Herber, J. "La mort de Judas." *RHR* 129 (1945): 47–56.
Herford, R. Travers. *Pirke Aboth: The Ethics of the Talmud: Sayings of the Fathers.* New York: Schocken Books, 1971.
Herr, M. D. "The Conception of History among the Sages" (in Hebrew). *Proceedings of the Sixth World Congress of Jewish Studies,* vol. 3. Jerusalem, 1977.
Heyraud, J. "Judas et la nouvelle Alliance dans la cène selon Saint Jean." *BVC* 44 (1962): 39–48.
Hill, G. F. *The Medallic Portraits of Christ. The False Shekels. The Thirty Pieces of Silver.* London: Oxford University Press, 1920.
———. "The Thirty Pieces of Silver." *Archaeologia* 59 (1905): 235–254.
Hillers, D. "*Hoy* and *Hoy*—Oracles: A Neglected Syntactic Aspect." In *The Word of the Lord Shall Go Forth* (FS D. N. Freedman), edited by C. L. Meyers and M. O'Connor, 185–188. Winona Lake, Ind.: Eisenbrauns, 1983.
Hillyer, N. "Woe" in the *NIDNTT.* Grand Rapids: Zondervan, 1971 (German): 1978 (English), 3.
Hodges, A. G. *Jesus: An Interview across Time: A Psychiatrist Looks at His Humanity.* New York: Bantam, 1988.
Hofbauer, J. "Judas, der Verräter." *ThPQ* 110 (1962): 36–42.
Höistad, R. *Cynic Hero and Cynic King.* Uppsala: Carl Bloms, 1948.
Horbury, W. "Extirpation and Excommunication." *Vetus Testamentum* 35 (1985): 13–38.
Horsley, G. H. R. *New Documents Illustrating Early Christianity* A Review of the Greek Inscriptions and Papyri published in 1979. Macquarie University: Ancient History Documentation Research Centre, 1987.
van der Horst, P. W. "A Note on the Judas Curse in Early Christian Inscriptions." In P. W. van der Horst, *Hellenism-Judaism-Christianity,* 146–150. Kampen, Holland: Kok Pharos, 1994.
Hughes, K. T. "Framing Judas." *Semeia* 54 (1991): 223–38.
Imbach, J. "'Judas hat tausend Gesichter': Zum Judasbild in der Gegenwartsliteratur." In *Judas Iskariot : Menschliches oder heilsgeschichtliches Drama?* edited by H. Wagner, 91–142. Frankfurt, Joseph Knecht, 1985.
Ingholt, H. "The Surname of Judas Iscariot." In *Studia orientalia Joanni Pedersen dicata,* 152–162. Copenhagen, 1953.
Irmscher, J. "Σὺ λέγεις (Mk. 15,2—Mt. 27,11—Lk 23,3)." *Studii Clasice.* Romania, 2 (1960): 151–158.
Janzen, W. *Mourning Cry and Woe Oracle.* Berlin: de Gruyter, 1972.
Jastrow, M. *A Dictionary of the Targumim, the Talmud.* 2 vols. New York: Pardes, 1950.
Jeffrey, D. L., ed. *A Dictionary of Biblical Tradition in English Literature.* Grand Rapids: Eerdmans, 1992.
Jens, W. *Der Fall Iudas.* 2nd ed. Stuttgart and Berlin, 1975.
Jeremias, J. *Jerusalem zur Zeit Jesu.* Göttingen: Vandenhoeck & Ruprecht, 1958.
Johnson, L. T. "Luke-Acts, Book of." *ABD,* 4 (1992): 403–420.
Jones, G. H. "The Concept of Holy War." In *The World of Ancient Israel,* edited by R. E. Clements, 291–321. Cambridge, 1989.
Jones, J. H. *Bad Blood: The Tuskegee Syphilis Experiment.* New York: Free Press, 1981.
Jursch, H. "Das Bild des Judas Ischarioth im Wandel der Zeiten." In *Akten des VII.*

*Internationalen Kongresses für Christliche Archäologie,* 565–573. Trier, 1965 (SAC 27); Rome, 1969.
———. "Judas Ischarioth in der Kunst." In *WZ der Friedrich Schiller Universität,* 101–105. Jena, 1952.
———. "Die Rolle des Judas Ischarioth in der Bildtradition der Fusswaschung Jesu." In *Inter Confessiones: Beiträge zur Förderung des interkonfessionellen und interreligiösen Gesprächs,* 25–33. Friedrich Heiler zum Gedächtnis. Edited by A. M. Heiler. Marburg: N. G. Elwert, 1972.
———. "Traditionsort und Aussagekraft moderner Judasbilder." In *Wort und Welt, Festgabe E. Hertzsch,* edited by M. Weise et al., 151–164. Berlin: Evangelischer Verlagsanstalt, 1968.
Kallas, J. *Jesus and the Power of Satan.* Philadelphia: Westminster, 1968.
Kampling, R. *Das Blut Christi und die Juden. Mt 27, 25 bei den lateinischensprachigen christlichen Autoren bis zu Leo dem Grossen.* (NTAbh N.S. 16) Münster: Aschendorff, 1984.
Kann, R. A. *A Study in Austrian Intellectual History: From Late Baroque to Romanticism.* New York: Praeger, n.d. (ca. 1965).
Karris, R. "Luke 23:47 and the Lukan view of Jesus' Death." *JBL* 105 (1986): 65–74.
———. "Missionary Communities: A New Paradigm for the Study of Luke-Acts." *CBQ* 41 (1979): 80–97.
Kaufman, P. S. *The Beloved Disciple: Witness against Anti-Semitism.* Collegeville, Minn.: Liturgical Press, 1991.
Kee, H. *Community of the New Age.* Macon, Ga.: Mercer University Press, 1988.
Kemner, H. *Judas Ischariot: Zwischen Nachfolge und Verrat.* Stuttgart: Neuhausen, 1988.
Kent, J. H. *Corinth,* vol. 8, pt. 3. Princeton, N.J.: American School of Classical Studies, 1966.
Kermode, F. *The Genesis of Secrecy: On Interpretation of Narrative.* Cambridge, Mass.: Harvard University Press, 1979.
Kirsch, P. *We Christians and Jews.* Philadelphia: Fortress, 1975.
Klassen, W. "'A Child of Peace' (Luke 10:6) in First Century Context." *NTS* 27 (1981): 488–506.
———. "Judas Iscariot." *ABD,* 3 (1992): 1091–1096.
———. "Kiss (NT)." *ABD,* 4 (1992): 89–92. Also "The Sacred Kiss in the New Testament: An Example of Social Boundary Lines." *NTS* 39 (1993): 122–135.
Klauck, H.-J. "Judas der 'Verräter'? Eine exegetische und wirkungsgeschichtliche Studie." *ANRW* II.26.1 (1992): 717–740.
———. *Judas, Ein Jünger des Herrn.* Freiburg: Herder, 1987.
Klausner, J. *Jesus von Nazareth.* Hebrew (Jerusalem, 1907); German (Berlin: Jüdischer Verlag, 1934); English, *Jesus of Nazareth: His Life, Times, and Teaching.* Translated by H. Danby. London: George Allen & Unwin, 1929.
Klein, G. *Die zwölf Apostel.* FRLANT 77. Göttingen: Vandenhoeck & Ruprecht, 1961.
Klein, H. "Die lukanisch-johanneische Passionstradition." *ZNW* 67 (1976): 155–86.
Klopstock, F. G. *Ausgewählte Werke.* Edited by K. A. Schleiden. Munich: Carl Hansen, 1962.

Knox, A. B. "The Death of Judas." *JThS* 25 (1924): 289–295.
Koester, H. *Ancient Christian Gospels: Their History and Development*. Philadelphia: Trinity, 1990.
———. "Written Gospels or Oral Tradition?" *JBL* 113 (1994): 293–297.
Komroff, M. *Jesus through the Centuries*. New York: William Sloane Associates, 1953.
Kooy, V. H. "Hospitality." *IDB* 2 (1962): 654. "Heel, Lifted," *IDB* 2 (1962): 577.
Kornetter, J. "Das Judasproblem in der neuesten Literatur." *Das Neue Reich* 8 (Innsbruck, 1926): 553f.
Krauss, S. *Das Leben Jesu nach jüdischen Quellen*. Berlin, 1902.
Krieger, N. "Der Knecht des Hohenpriesters." *NT* 2 (1957): 73–74.
Kugel, J. L. *In Potiphar's House: The Interpretive Life of Biblical Texts*. San Francisco: Harper, 1990.
Künzel, G. *Studien zum Gemeindeverständnis des Matthäusevangeliums*. Stuttgart: Calwer, 1978.
Laeuchli, S. "Origen's Interpretation of Judas Iscariot." *ChH* 22 (1953): 259–268.
Lagrange, Père M. J. *The Gospel of Jesus Christ*. Parts 1 and 2. Theological Publications in India. St. Peter's Seminary, Bangalore, India, 1938.
Lake, K. "The Death of Judas." In *The Beginnings of Christianity*, 5:22–30. London, 1933.
Lampe, G. W. H., ed. *A Patristic Greek Lexicon*. London: Oxford University Press, 1961.
Lapide, P. E. "An Judas Iskariot: Ein Brief." In *Judas, wer bist du?* edited by Raul Niemann Gütersloh: Gütersloher Verlagshaus Gerd Mohn, 1991.
———. "Verräter oder verraten? Judas in evangelischer und jüdischer Sicht." *LM* 16 (1977): 75–79.
———. *Wer war Schuld an Jesu Tod?* Gütersloh: Mohn, 1987: 2nd ed., 1989.
Lapin, Hayim. "Rabbi," *ABD* 5 (1992): 600–602.
Lardner, James. "The Whistle-blower" *New Yorker*, July 7, 1993: 52–70, and July 12, 1993: 39–59.
Laros, M. "Judas Iskariot." *Hochl* 8/1 (1910/11): 657–667.
Lattke, M. "Salz der Freundschaft in Mk 9:50c." *ZNW* 75 (1984): 44–59.
Leclerq, H. Art. "Judas Iscariote." *DACL* VIII/1: 255–279.
Lehmann, P. "Judas Ischarioth in der lateinischen Legenden-überlieferung des Mittelalters." *StMed* NS 2 (1929): 289–346.
Levine, Amy-Jill. *Social and Ethnic Dimensions of Matthean Salvation History*. Lewiston, N.Y.: Edwin Mellen Press, 1988.
Levy, J. *Neuhebräisches und Chaldäisches Wörterbuch über Talmud und Midrasch*. 3 vols. Leipzig: Brockhaus, 1883.
Lightfoot, R. H. *History and Interpretation in the Gospels*. London: Hodder and Stoughton, 1935.
———. *St. John's Gospel*. Edited by C. F. Evans. Oxford: Clarendon, 1956.
Limbeck, M. "Das Judasbild im Neuen Testament aus christlicher Sicht." In *Heilvoller Verrat? Judas im Neuen Testament*, edited by H. L. Goldschmidt and M. Limbeck, 37–101. Stuttgart: Katholisches Bibelwerk, 1976.
Limbeck, M. ed. Art. "παραδίδωμι." *EWNT* 2:491–493.
———. *Redaktion und Theologie des Passionsberichtes nach den Synoptikern*. Wege der Forschung 481; Darmstadt: Wissenschaftliche Buchgesellschaft, 1981.

Lindeskog, G. *Die Jesusfrage im neutestamentlichen Judentum: Ein Beitrag zur Leben-Jesu-Forschung*. Uppsala: Lundequistska, 1938.
Lindsey, R. *A Hebrew Translation of the Gospel of Mark*. Jerusalem: Dugith, 1969.
———. *A Review of David Flusser's Jesus*. Jerusalem: Dugith, Baptist House, 1973.
Linnemann, E. *Studien zur Passionsgeschichte*. FRLANT 102. Göttingen, 1970.
Lohmeyer, E., and W. Schmauch. *Das Evangelium des Matthäus*. Göttingen: Vandenhoeck & Ruprecht, 1958.
Louw, J. P., and E. A. Nida. *Greek-English Lexicon of the New Testament Based on Semantic Domains*. New York: United Bible Societies, 1989.
Lüthi, K. "Judas Iscariot." *TRE,* 17:296–304.
———. *Judas Iskarioth in der Geschichte der Auslegung von der Reformation bis zur Gegenwart*. Zurich, Zwingli Verlag 1955.
———. "Das Problem des Judas Iskariot—neu untersucht." *EvTh* 16 (1956): 98–114.
Maccoby, H. *Judas Iscariot and the Myth of Jewish Evil*. New York: Free Press, 1991; Oxford: Maxwell-MacMillan, 1992.
———. *The Sacred Executioner.* London: Thames & Hudson, 1982.
———. "Who Was Judas Iscariot?" *Jewish Quarterly* (Summer 1991): 8–13.
Mack, B. *The Lost Gospel: The Book of Q and Christian Origins*. San Francisco: Harper, 1993.
Maguire, U. "The Last Supper: A Study in Group Dynamics." *New Blackfriars* (September 1968): 640–645.
Malbon, E. S., and A. Berlin, eds. *Characterization in Biblical Literature*. Semeia 63. Atlanta: Society of Biblical Literature, 1993.
Malcolm, Janet. "Annals of Biography: The Silent Woman" *New Yorker,* August 23 and 30, 1993: 84–159.
Manchester, W. *The Death of a President*. New York: Harper, 1967.
Manning, R. J. S. "Kierkegaard and Post-Modernity: Judas as Kierkegaard's Only Disciple." *Philosophy Today* 37 (1993): 133–152.
Manns, F. "Un midrash chrétienne: Le roit de la mort de Judas (Matt 27:3-10 et Acts 1:16-20)." *Revue des Sciences Religieuses* 54 (1980): 197–203.
Marin, L. "Semiotik des Verräters." In *Semiotik der Passionsgeschichte. Die Zeichensprache der Ortsangaben und Personennamen,* 82–168, 177–187. *Semiotique de la Passion: Topiques et figures*. Translated by S. Virgils. Paris, 1971. BEvTh 70. Munich, 1976.
Maynard, A. H. "The Role of Peter in the Fourth Gospel." *NTS* 30 (1984): 531–548.
McClain, R. O. "Judas Iscariot." Diss. S. Baptist Seminary, 1951.
McLean, Bradley. "A Christian Epitaph: The Curse of Judas Iscariot," OCP 58 (1992): 241–244.
McGlasson, Paul. *Jesus and Judas: Biblical Exegesis in Barth*. Atlanta: Scholars Press, 1991.
Medisch, R. "Der historische Judas—und was aus ihm gemacht wurde." *Theologie der Gegenwart* 31 (1988): 50–54.
Meinertz, M. "Zur Frage nach der Anwesenheit des Verräters Judas bei der Einsetzung der Eucharistie." *BZ* 10 (1912): 372–390.
Mellinkoff, R. "Judas's Red Hair and the Jews." *Journal of Jewish Art* 9 (1982): 31–46.

Menninger, K. *The Vital Balance*. New York: Viking, 1963.
Meye, Robert. *Jesus and the Twelve*. Grand Rapids: Eerdmans, 1968.
Milikowsky, Joseph. "Seder Olam." Jerusalem, 1981. Unpublished.
Momigliano, A. *The Development of Greek Biography*. Cambridge, Mass.: Harvard University Press, 1971.
Montefiore, C. G., and H. Loewe. *A Rabbinic Anthology*. New York: Meridian, 1960.
Moo, D. J. *The OT in the Gospel Passion Narratives*. Sheffield: Almond Press, 1983.
Morel, R. *Das Judasevangelium*. Heidelberg: Kemper, 1949.
Morin, J. A. "Les deux derniers des Douze: Simon le Zélote et Judas Iskariôth." *RB* 80 (1973): 332–358.
Morison, F. *Who Moved the Stone?* London: Faber, 1930.
Moulton, J. H., and G. Milligan. *The Vocabulary of the New Testament Illustrated from the Papyri. . . .* London: Hodder & Stoughton, 1914–1929.
Müller, K. "ΑΠΕΧΕΙ (Mk 14, 41)—absurda lectio?" *ZNW* 77 (1986): 83–100.
Munro, J. I. "The Death of Judas (Matt xxvii.3-8; Acts i.18-19)." *ET* 24 (1912/13): 235–236.
Myllykoski, M. *Die letzten Tage Jesu: Markus, Johannes, Ihre Traditionen und die historische Frage*. 2 vols. Helsinki: Suomalainen Tiedeakatemia, 1994.
Nepper-Christensen, P. *Das Matthäusevangelium: Ein judenchristliches Evangelium?* Aarhus: Universitetsforlaget, 1958.
Nestle, E. "The Name of Judas Iscariot in the Fourth Gospel." *ET* 9 (1897/98): 140, 240.
Nickelsburg, G. W. E., and J. J. Collins, eds. *Ideal Figures in Ancient Judaism: Profiles and Paradigms*. Atlanta: Scholars Press, 1980.
Niemann, R., ed. *Judas, wer bist du?* Gütersloh: Gütersloher Verlagshaus Gerd Mohn, 1991.
Nigg, W. "Judas Iscarioth." In *Grosse Unheilige*, 58–83. Olten Freiburg, 1981.
Oesterreicher, John M., ed. *Brothers in Hope. The Bridge: A Yearbook of Judaeo-Christian Studies*. 5 (1970): 320–333. New York: Pantheon Books.
Pagels, E. *The Origin of Satan*. New York: Random House, 1995.
———. "The Social History of Satan, Part 2: Satan in the New Testament Gospels." *JAAR* 62 (1994): 17–58.
———. "The Social History of Satan, the 'Intimate Enemy': A Preliminary Sketch." *HTR* 84 (1991): 105–128.
Parker, J. *The Inner Life of Christ, as Revealed in the Gospel of Matthew*. 3 vols. 9th ed. London: Hazell, Watson and Viney, 1885.
Paschen, W. *Rein und Unrein: Untersuchung zur biblischen Wortgeschichte*. SANT 24. Munich: Kösel, 1970.
Peck, S. *People of the Lie*. New York: Simon and Schuster, 1983.
Pedersen, J. *Der Eid bei den Semiten*. Strassburg: Trübner, 1914.
Perera, S. B. *The Scapegoat Complex: Toward a Mythology of Shadow and Guilt*. Toronto: Inner City Books, 1986.
Perkins, P. *Peter: Apostle for the Whole Church*. Columbia: University of South Carolina Press, 1994.
Perrin, N. "The Use of *(para) didonai* . . . Passion of Jesus . . ." In *Der Ruf Jesu und die Antwort der Gemeinde* (FS J. Jeremias), edited by E. Lohse, 204–212. Göttingen: Vandenhoeck & Ruprecht, 1970.

Pesch, R. *Das Markusevangelium*. Freiburg: Herder. Vol. 2, 1980.
Phan, P., ed. *Christianity and the Wider Ecumenism*. New York: Paragon House, 1990.
Phillips, D. R. "We Don't Own the Likeness." *CToday* (April 4, 1980): 3031.
Plath, M. "Warum hat die urchristliche Gemeinde auf die Überlieferung der Judaserzählung Wert gelegt?" *ZNW* 17 (1916): 178–188.
Plummer, A. "Judas Iscariot." *HDB* (1905), 2:796–799.
Popkes, W. *Christus Traditus: Eine Untersuchung zum Begriff der Hingabe im NT.* ATANT no. 49. Zurich: Zwingli Verlag, 1967.
Preisigke, F. *Wörterbuch der griechischen Papyrusurkunden*. Berlin, 1927.
Preisker, H. "Der Verrat des Judas und das Abendmahl." *ZNW* 41 (1942): 151–155.
Puchner, W. *Studien zum Kulturkontext der liturgischen Szene. Lazarus und Judas als religiöse Volksfiguren in Bild und Brauch, Lied und Legende Südosteuropas. Österreichische Akademie der Wissenschaften*. Philosophisch-Historische Klasse. Denkschriften, 216. Vienna: Verlag der Österreichische Akademie der Wissenschaften, 1991.
Quast, K. *Peter and the Beloved Disciple*. Sheffield: Academic Press, 1989.
Räisänen, H. *The Messianic Secret in Mark*. Edinburgh: T. & T. Clark, 1990.
Rand, E. K. "Medieval Lives of Judas Iscariot." *Anniversary Papers by Colleagues and Pupils of George Lyman Kittredge*, 305–316. Boston, 1913.
Reban, J. *Inquest on Jesus Christ*. Translated by Willi Frischauer. London: Frewin, 1967.
Rehkopf, F. *Die lukanische Sonderquelle: Ihr Umfang und Sprachgebrauch*. WUNT 5. Tübingen: J. C. B. Mohr, 1959.
———. "Matt 26:50: Ἑταῖρε, ἐφ' ὃ πάρει." *ZNW* 52 (1961): 109–115.
Reider, N. "Medieval Oedipal Legends about Judas." *Psychoanalytic Quarterly* 29 (1960): 515–527.
Reik, T. "Das Evangelium des Judas Iskariot/Die psychoanalytische Deutung des Judas-problems." In *Der eigene und der fremde Gott: Zur Psychoanalyse der religiösen Entwicklung*, 1923; 75–129. Literatur der Psychoanalyse. Frankfurt am Main, A. Mitscherlich. 1972.
Reim, G. "John 8:44—Gotteskinder/Teufelskinder. Wie antijudaistisch is 'Die wohl antijudaistische Äusserung des NT'?" *NTS* 30 (1984): 619–624.
———. *Studien zum alttestamentlichen Hintergrund des Johannesevangeliums*. SNTSMS 22. Cambridge: Cambridge University Press, 1974.
Renan, E. *Life of Jesus*. London: Walter Scott, 1897.
Rendtorff, Rolf. "Die neutestamentliche Wissenschaft und die Juden. Zur Diskussion zwischen David Flusser und Ulrich Wilckens." *EvTh* 36 (1976): 191–200.
Rese, M. *Alttestamentliche Motive in der Christologie des Lukas*. StNT 1. Gütersloh: J. C. B. Mohr, 1969.
Richter, G. *Die Fusswaschung im Johannesevangelium: Geschichte ihrer Deutung*. Regensburg: Pustet, 1967.
———. "Die Fusswaschung, John 13:1-20." *Studien zum Johannesevangelium*, edited by Josef Hainz, 13, 1977.
———. "Die Gefangennahme Jesu nach dem Johannesevangelium (18:1-12)," 74–87. *Studien zum Johannesevangelium*, 1969.
Rieu, E. V. *The Four Gospels: A New Translation*. Baltimore: Penguin, 1953.
Robertson, A. T. "The Primacy of Judas Iscariot." *Exp* 8/13 (1917): 278–286.
Robertson, J. M. *Jesus and Judas: A Textual and Historical Investigation*. London, 1927.

Roller, O. *Münzen, Geld und Vermögensverhältnisse in den Evangelien*. Karlsruhe, 1929.
Roloff, J. "Anfänge der soteriologischen Deutung des Todes Jesu (Mark 10:45 und Luke 22:27)." *NTS* 19 (1972/73): 38–64.
Roquefort, D. "Judas: Une figure de la perversion." *ETR* 58 (1983): 501–513.
Rostovzeff, M. "Οὖς δεξιὸν ἀποτεμνεῖν." *ZNW* 33 (1934): 196–199.
Ruppert, L. *Der leidende Gerechte*. FB 5. Würzburg, 1972.
Russell, J. B. *The Devil: Perceptions of Evil from Antiquity to Primitive Christianity*. Ithaca: Cornell University Press, 1977.
Sabbe, M. "The Anointing of Jesus in John 12:1–8 and Its Synoptic Parallels." In *The Four Gospels*, 2051–2082. (FS Neirynck). Louvain: Louvain University Press, 1992.
———. "The Arrest of Jesus in Jn 18:1-11. . . ." BETL 44 Gembloux: Duculot (1977): 203–234.
———. "The Footwashing in Jn 13 and Its Relation to the Synoptic Gospels." *ETL* 57 (1982): 279–308.
Sahlin, H. "Der Tod des Judas Iskariot nach Ag 1,15ff." *ASTI* 12 (1983): 148–152.
Sanders, E. P. *The Historical Figure of Jesus*. London: Penguin, 1993.
———. *Jesus and Judaism*. London: SCM, 1985.
Sanders, J. N. "'Those Whom Jesus Loved' (John xi.5)." *NTS* 1 (1954–55): 29–41.
Sayers, D. *The Man Born to Be King*. London: Victor Gollancz, 1942.
Scharlemann, R. P. "Why Christianity Needs Other Religions." In *Christianity and the Wider Ecumenism*, edited by Peter Phan, 35–46. New York: Paragon House, 1990.
Schechter, S. *Aspects of Rabbinic Theology*. New York: Schocken Books, 1961.
Schendler, D. "Judas, Oedipus and Various Saints." *Psychoanalysis* 2–3, (1954): 41–46.
Schenke, L. *Studien zur Passionsgeschichte des Markus: Tradition und Redaktion in Markus 14:1-42*. Würzburg: Echter Verlag, Katholisches Bibelwerk, 1971.
Schille, G. *Die urchristliche Kollegialmission*. Zurich: Zwingli, 1967.
Schillebeeckx, E. *Jesus*. New York: Seabury, 1979.
Schläger, G. "Die Ungeschichtlichkeit des Verräters Judas." *ZNW* 15 (1914): 50–59.
Schlatter, A. *Die beiden Schwerter*. Gütersloh: Bertelsmann, 1916.
———. *Der Evangelist Matthäus*. Stuttgart: Calwer, 1957.
Schleiermacher, F. *The Life of Jesus*. Philadelphia: Fortress, 1975.
Schlichting, G. *Ein jüdisches Leben Jesus: Die verschollene Toldot-Jeschu-Fassung Tam u-mu'ad*. WUNT 24 Tübingen: Mohr, 1982.
Schmidt, K. Art. "Judas Ischarioth." *RE*³ 9:586–589.
Schneemelcher, W., ed., and Edgar Hennecke, *Neutestamentliche Apokryphen*. 3d ed. Tübingen: J. C. B. Mohr, 1959.
Schneider, G. *Die Passion Jesu nach den drei älteren Evangelien*. Biblische Handbibliothek 11: Munich: Kösel, 1973.
Schneiders, S. "The Footwashing (John 13:1-20): An Experiment in Hermeneutics." *CBQ* 43 (1981): 76–92.
Schonfeld, H. *The Passover Plot*. New Light on the History of Jesus. New York: Bantam Books, 1965.
Schulthess, F. "Zur Sprache der Evangelien. D. Judas 'Iskariot.'" *ZNW* 21 (1922): 250–258.
Schürer, E. *The History of the Jewish People in the Age of Jesus Christ*. 3 vols. Revised

and edited by Geza Vermes, Fergus Millar, and Martin Goodman. Edinburgh: T. and T. Clark, 1979–1987.
Schütz, F. *Der leidende Christus: Die angefochtene Gemeinde und das Christuskerygma der lukanischen Schriften*. BWANT 89. Stuttgart: Kohlhammer, 1969.
Schwager, R. *Brauchen wir einen Sündenbock?* Munich: Kösel, 1978.
———. *Must There Be Scapegoats?* Translated by M. L. Assad. San Francisco: Harper, 1987.
Schwarz, G. *Jesus und Judas: Aramaistische Untersuchungen zur Jesus-Judas-Überlieferung der Evangelien und der Apostelgeschichte*. BWANT 123. Stuttgart: Kohlhammer, 1988.
Schwarz, W. "Die Doppelbedeutung des Judastodes." *Biblical Liturgy* 57 (1984).
Schwier, H. *Tempel und Tempelzerstörung: Untersuchungen zu den theologischen und ideologischen Faktoren im ersten jüdischen-römischen Krieg (66–74 n Chr.)*. NTOA 11. Göttingen: Vandenhoeck & Ruprecht, Universitätsverlag Freiburg, 1989.
Seeley, D. *The Noble Death: Graeco-Roman Martyrology and Paul's Concept of Salvation*. JSNTSup 18. Sheffield: JSOT, 1990.
Segal, Alan. "Matthew's Jewish Voice." In *Social History of the Matthean Community: Cross Disciplinary Approaches,* edited by D. Balch, 3–37. Minneapolis: Fortress, 1992.
Seltmann, M. *Judas Ischariot, Sein Schicksal im Jenseits*. Bietigheim, 1949.
Senior, D. "A Case Study in Matthean Creativity (Matthew 27:3-10)." *BR* 19 (1974): 23–36.
———. "The Fate of the Betrayer: A Redactional Study of Matthew XXVII, 3-10." *ETL* 48 (1972): 372–426; also idem, *Passion Narrative,* 1:343–397. Louvain: Louvain University Press, 1975.
Smith, D. M. *Johannine Christianity. Essays on Its Settings, Sources and Theology*. Columbia: University of South Carolina Press, 1984.
———. "Johannine Christianity: Some Reflections on Its character and Delineation." *NTS* 21 (1974–75): 222–248.
———. "John and the Synoptics and the Question of Gospel Genre." In *Studia Neotestamentica,* edited by M. Sabbe, 1183–1197. Louvain: Louvain University Press, 1991.
Smith, M. *Tannaitic Parallels to the Gospels*. (Philadelphia: SBL) 1958.
Snyder, G. F. "John 13:16 and the Anti-Petrinism of the Johannine Tradition." *BR* 16 (1971): 5–15.
Sonderegger, K. *That Jesus Christ Was Born a Jew: Karl Barth's "Doctrine of Israel."* University Park: Pennsylvania State University Press, 1992.
Spicq, C. *Notes de Lexicographie Néo-Testamentaire,* 504–515. Friburg: Editions Universitaires [OBEO 22/3], 3 (1982): ET: J. D. Ernest, *Theological Lexicon of the New Testament*. Peabody, Mass.: Hendrickson, 3 (1994): 13–23.
Spong, John S. "Did Christians Invent Judas?" *The Fourth R* (March–April 1994): 3–11, 16.
Springer, C. P. E. *The Gospel as Epic in Late Antiquity: The Paschale Carmen of Sedulius*. Leiden: Brill, 1988.
Sproston, W. "Satan in the Fourth Gospel." In *Studia Biblica,* II, edited by E. A. Livingstone, 1978: 307–311.
Stählin, G. "φιλέω." *KTWBNT* 9 (1973): 113–146.
Stauffer, E. *Jerusalem und Rom im Zeitalter Jesu Christi*. Bern: Francks, 1957.

Stein-Schneider, H. L. "A la recherche du Judas historique: Une enque exégétique la luminaire des textes de l'ancien testament et des logia." *ETR* 60 (1985): 403–423.
Storch, R. "Was soll diese Verschwendung? Bemerkungen zur Auslegungsgeschichte von Mk 14:4f." *Jeremias Festschrift,* 1970: 247–258.
Strauss, D. F. *The Life of Jesus Critically Examined.* Translated by George Eliot. Philadelphia: Fortress, 1972.
Stuart, D. R. *Epochs of Greek and Roman Biography.* Berkeley, 1928.
Suggit, J. N. "Poetry's Next-Door Neighbour." *JThSA* 25 (1978): 3–17.
Suhl, A. *Die Funktion der alttestamentlichen Zitate und Anspielungen im Markusevangelium.* Gütersloh: Gerd Mohn, 1965.
———. "Die Funktion des Schwertstreichs bei der Gefangennahme Jesus: Beobachtungen zur Komposition und Theologie der synoptischen Evangelien." *The Four Gospels: Festschrift Neirinck,* 295–223. Louvain: Louvain University Press. I 1992.
Swartley, Willard. *Mark: The Way for All Nations.* Scottdale, Pa.: Herald Press, 1979.
Tabachovitz, D. "Der Tod des Judas Iskariot." *Eranos* 67 (1969): 43–47.
Tacitus. *The Annals of Imperial Rome.* Translated by C. H. Moore. LCL. 1937.
———. *The Annals of Imperial Rome.* Translated by Michael Grant. London, 1956.
Talbert, C. H. "Biography, Ancient." *ABD,* 1 (1992): 745–749.
Tarachow, S. "Judas, der geliebte Henker," Y. Spiegel, ed., 1992, 1:745–749. *Psychoanalytische Interpretationen biblischer Texte,* Munich, 1972: 243–256 = "Judas, the Beloved Executioner." *Psychoanalytic Quarterly* 29 (1960): 528–554 abbreviated.
Taylor, A. "The Burning of Judas." *Washington University Studies* 11 (1923): 159–186.
———. "The Gallows of Judas Iscariot." *Washington University Studies* 9 (1922): 135–156.
———. "Judas Iscariot in Charms and Incantations." *Washington University Studies* 8 (1920): 3–17.
———. "'O Du armer Judas.'" *JEGP* 19 (1920): 318–339.
Taylor, V. *Behind the Third Gospel.* London: Oxford University Press, 1926.
Taylor, Vincent. *Jesus and His Sacrifice.* London: Macmillan, 1959.
———. *The Passion Narrative of St. Luke.* Cambridge: Cambridge University Press, 1972.
Teichert, W. *Jeder ist Judas. Der unvermeidliche Verrat.* Stuttgart: Kreuz, 1990.
Temple, Sydney. "The Two Traditions of the Last Supper, Betrayal and Arrest." *NTS* 7 (1960–61): 77–85.
Thümmel, H. G. "Judas Ischariot im Urteil der altkirchlichen Schriftsteller des Westens und in der frühchristlichen Kunst." Diss., Greifswald, 1959.
Tolbert, M. A. *Sowing the Gospel: Mark's World in Literary-Historical Perspective.* Minneapolis: Fortress, 1989.
Torrey, C. C. "The Name 'Iscariot.'" *HTR* 36 (1943): 51–62.
Trüdinger, L. P. "Davidic Links with the Betrayal of Jesus: Some Further Observations." *ET* 86 (1975): 278–279.
Upton, J. A. "The Potter's Field and the Death of Judas (Matt 27:3-10; Acts 1:15-20)." *Concordia Journal* 8 (1982): 213–219.
van Hooff, A. J. L. *From Autothanasia to Suicide: Self-killing in Classical Antiquity.* London: Routledge, 1990.

van Unnik, W. C. "The Death of Judas in Saint Matthew's Gospel." In *Gospel Studies in Honor of Sherman Elbridge Johnson* (*ATRS* 3). Milwaukee, 1974.
Vermes, G. *Jesus and the World of Judaism*. London: SCM, 1983.
———. *Jesus the Jew*. London: Libral Jewish Synagogue, 1973.
Vielhauer, Philipp. "Gottesreich und Menschensohn in der Verkündigung Jesu," *Festschrift für Günther Dehn*. edited by W. Schneemelcher. Neukirchen Kreis Moers: Verlag der Buchhandlung des Erziehungsvereins, 1957: 51–79.
Viviano, B. "The High Priest's Servant's Ear: Mark 14:47." *RB* 96 (1989): 71–80.
———. *Study as Worship: Aboth and the New Testament*. Leiden: Brill, 1978.
Vogler, W. *Judas Iskarioth: Untersuchungen zu Tradition und Redaktion von Texten des Neuen Testaments und außer kanonischer Schriften*. ThA 42. Berlin: Evangelischer Verlag, 1983; 2nd ed., 1985.
von Dobschütz, E. "Legend, Legendary." *The New Schaff-Herzog Religious Encyclopedia*, 6:441–442. Grand Rapids: Baker, 1956.
Vorster, W. "Gospel, Genre." *ABD*, 3 (1992): 1077–1079.
Wagner, H. "Judas: Das Geheimnis der Sünde, menschliche Freiheit und Gottes Heilsplan." In *Judas Iskariot: Menschliches oder heilsgeschichtliches Drama?* edited by H. Wagner, 11–38. Frankfurt: Josef Knecht 1985.
Weeden, T. *Mark: Traditions in Conflict*. Philadelphia: Fortress, 1971.
Wehr, G. "Judas Iskariot, unser schattenhaftes Ich. Analytische Psychologie im Dienste der Bibelauslegung." *DtPfrBl* 74 (1974): 146–147.
Weiger, J. *Judas Iskarioth: Eine Betrachtung*. Munich, 1951.
Weiss, Johannes. *Die Schriften des Neuen Testaments*. Göttingen: Vandenhoeck & Ruprecht, $1917^3$.
Westcott, B. F. *The Gospel according to St. John*. Grand Rapids: Eerdmans, 1951.
Whelan, C. F. "Suicide in the Ancient World: A Re-examination of Matt 27:3-10." *LavTP* 49 (1993): 505–522.
Wieser, S. *Judas. Der Kreuzweg des Verräters in sechs Stationen*. Neutestamentliche Predigten 8. Paderborn, 1922.
Wilcox, M. "The Judas-Tradition in Acts i.15-26." *NTS* 19 (1972/73): 438–452.
Williams, D. J. "Judas Iscariot." In *Dictionary of Jesus and the Gospels*, edited by J. B. Green and S. McKnight, 46–48. Downers Grove, Ill.: Intervarsity Press, 1992.
Williams, D. S. "Rub Poor Lil' Judas's Head." *Christian Century*, October 24, 1990.
Wilson, W. *The Execution of Jesus*. New York: Scribner's, 1970.
Windisch, Hans. *Der messianische Krieg und das Urchristentum*. Tübingen: J. C. B. Mohr, 1909.
Wolff, H. W. *Jesaja 53 im Urchristentum*. Berlin: Evangelische Verlagsanstalt, $1952^3$.
Wrede, A. "Judas." *HWDA* 4:800–808.
Wrede, W. "Judas Ischarioth in der urchristlichen Überlieferung," 127–146. *Vorträge und Studien*. Tübingen, 1907.
Zehrer, F. "Zum Judasproblem." *ThPQ* 121 (1973): 259–264.
Zeitlin, Irving. *Jesus and the Judaism of His Time*. Cambridge: Polity Press, 1988.